解析中国新闻传播学
2019

主编／刘海龙

JOURN@LISM &
COMMUNIC@TION

中国人民大学出版社
·北京·

序　言

　　三年前的一天，陈力丹老师发来电子邮件，打算在他退休后把《解析中国新闻传播学》（以下简称《解析》）的编辑工作委托给我。当时我几乎是不假思索就立刻回信谢绝。原因很明显，在我看来，这本从2006年开始连续出版的《解析》已经深深地打上了陈老师的烙印，基本上所有的文章都是他撰写或参与撰写，涉及新闻传播学各领域的广泛话题，展现了他广博的知识面和治学的勤奋。这本书之所以得到读者（主要是考研的同学及研究者）肯定，大部分是基于陈老师独特的观点和个人魅力。因此没有了陈力丹的《解析》就像没有了郑渊洁的《童话大王》，还能叫原来的名字吗？

　　另一个原因是我个人比较懒散，学术"产量"和陈老师相比，差了若干数量级。这意味着无法保持目前《解析》的编辑方式，须另起炉灶，几乎是在编一本新书。加之我本人精力有限，更愿意把被杂务侵占殆尽的时间放在自己感兴趣的工作上，所以几乎是本能反应地就敬谢不敏了。

　　过了没多久，陈老师又找我面谈，说这本书已经成为一个品牌，多年建立起来不易，具有了一定公共性，中断了挺可惜。我感觉他似乎把这本书看成了自己的一个孩子，有很深的感情，希望这个具有独立人格的"他/她"能继续成长，这就使得此番劝说颇有点"托孤"的意味。与此同时，中国人民大学出版社的翟江虹编辑也不断鼓励我可以按自己的想法来编辑此书。我当时心一软，便答应一试，如果不成功就中止。中间又经过三方数封邮件反复商讨，终于在去年（2018年）惴惴不安地拿出了一个方案。为了保持连续性，仍有近一半的文章由陈老师承包，我按着自己的想法做了一点改革的尝试。陈老师在《解析

2018》的书前写了很感人的序言，情真意切，对这本书的未来寄予厚望，更让人感觉责任重大。书出版后，据说读者反响还可以，至少不算是失败的尝试。既然出版社认为还有继续出版的价值，今年权且再尝试一次。

《解析》之所以被广大读者认可，一个很重要的原因是它的综合性与权威性。不仅有每年的综述，还涵盖了多样的话题，基本将近一两年新闻传播领域的热点问题一网打尽，令人有种一册在手，本领域研究热点了然于胸的感觉。再加之和年鉴类的大部头相比，这本书比较精简，所以对需要迅速了解中国新闻传播研究新动向的研究者和学习者来说，具有极强的参考价值。考研的同学也常将其作为复习备考的参考书。新版的《解析》将延续并强化这一特征。从去年开始，除了例行的《国际新闻界》每年发布的中国新闻学研究、中国传播学研究、中国新媒体研究的综述，以及陈力丹老师每年撰写的《中国新闻传播学研究的十个新鲜话题》以外，我们还获得了《新闻记者》杂志的授权，刊登他们多年以来一直广受关注的《中国虚假新闻研究报告》《中国传媒法治发展报告》《中国传媒伦理问题研究报告》。刘新传、魏然撰写的对全球网络研究的综述也有助于我们从全球的视角来思考中国的网络研究。这样一来，新版比旧版的关注范围更大，读者可以把《解析》作为一个快速了解每年中国新闻传播研究状况的小型年鉴使用。

多年来《解析》还形成了一个突出的特点：广泛关注新闻传播各领域的新锐话题。陈力丹老师每年都会带领研究生撰写新闻传播领域的新鲜话题。新版的《解析》依然会继续关注前沿的甚至是不成熟、有争议的话题，毕竟目前新闻传播领域可能是整个社会最有活力且对社会影响最显著的部分，新闻传播研究也应该保持这种探索未知领域的好奇心。除了收录陈力丹老师关于马克思主义新闻观的权威文章外，我们还从海内外中文期刊中遴选了一些前沿文章，希望能更全面地反映一年来本领域的新进展。

李金铨对于这几年学界、业界热议的"新闻专业主义"做了比较公允的判断，警告大家不要只盯着因文化差异而存在误译的概念，望文生义，而要搞清楚概念的历史语境，以及中国当代新闻业面临的问题，借鉴这个观念背后的思考方法而不是现成的解决方案。黄旦在这几年借着对过去习以为常的媒介本体论的反思，重新定义了新闻传播史的研究对象及问题域，在李金铨提出的知识人的思想史与报刊个案研究、李彬的"新新闻史"等研究思路外别开生面。媒体融合与转型不算新话题，但是扎实的经验研究不多。我们选择了周睿鸣等对媒体转型条件下职业共同体的研究以及王辰瑶对新闻业融合案例的综合分析，以期在泛泛而论之外提供更具有理论性的研究视角。

传播研究曾经与知识社会学同根而生，从知识和知识社会学的角度重新审视新闻传播实践，是一个值得关注的视角，也是我个人一直以来十分感兴趣的问题。方师师所讨论的推荐算法产生的内容是一种新形态的知识——"计算的知识"（computational knowledge），陈力丹和方惠对搜索引擎的研究，也可看作是对这一主题的研究。计算的知识并非客观的知识，它同样也包含知识的政治。

身体视角的传播研究最近突然成为热点，让人颇感意外。可能更让人意外的是为什么传播领域现在才把身体的问题提出来。在技术转型的断裂时期，当传播中习以为常的身体突然面临退场的时候，我们才意识到身体是一直被忽略的传播的基本元素或条件，由此打开了一个全新的领域。人类用于思考和表达的语言是理性的，感性的身体缺乏表述自身的语言，用理性语言的转译难免词不达意，关于身体的议题也具有同样的暧昧性。身体具有物质性，可以被归入广义的传播物质性的探讨之中，但身体又不具有典型的物质性，这也是身体议题具有挑战性和颠覆性的地方。不过陈卫星近年来介绍的德布雷的媒介学可算是典型的媒介物质性研究，《解析2019》中关于媒介域方法的讨论具有一定的媒介物质性研究方法论的意义。吴予敏关于中国传播思想史的书写既有鲜活亲切的个人故事，又有高屋建瓴的宏观剖析，尤其值得关注的是他跨越学科界线，通过几个本土的案例谈中国传播问题，对打开思路尤其有帮助。吴世文、杨国斌对于消逝的网站的记忆研究采用了文化社会学和社会记忆的视角，打破了目前主流互联网史的自然史或编年史的写法，进入了"深互联网研究"的领域，对于进一步推进中国的互联网研究极具启发意义。

当然，任何的选择都带有主观色彩，这部论文集也不例外。我个人不太喜欢读那种绕来绕去，故作高深，但最后没什么学术想象力和启发性的文章。但是这样精致而平庸的文章却充斥着学术界。可能是因为这样的文章形式上整齐规范，观点上不得罪人，审稿人觉得没有功劳也有苦劳，心一软，马马虎虎放过去，于是在层层淘汰中低空飞过，最后刊登出来。越是学术规范化，审稿程序严格，反而这样的文章越占据主流。也不能说这样的文章没有价值，但总让人感觉读来不够痛快，这可能也是韦伯所说的理性化的牢笼的一种体现吧。所以当不必像编杂志那样追求"程序正义"后，就可以在自己的园地里"肆意妄为"。因此在这本《解析》里大家可以看到，精致周到的文章选得少，带有冒险色彩的思想性的文章选得多；传统成熟的题目少，剑走偏锋却又发人深思的题目更受编者青睐；同时，考虑到篇幅有限，短小精悍、议论风生的文章比满篇数据的量化统计的文章选得更多。不过这只是个大致的倾向，只要有新问题或新观点，还是希望尽量做到兼收并蓄。

啰唆半天，以上都只是编者一厢情愿的想法，至于能否真的做到与旧版的《解析》一样受欢迎，只能交给读者来检验了。如果有什么意见或建议，欢迎到我的实名微博、豆瓣小站留言或给 liuhailong@ruc.edu.cn 来函。

最后还要隆重感谢各篇文章的作者及原发期刊慷慨地授予版权！这让编辑工作轻松了很多。在选文和文字编辑过程中，我的博士生束开荣、吴欣慰、于瀛、孙彤昕分担了大量工作，特此表示感谢！

刘海龙

2019 年 9 月 8 日

目 录

第一章　新闻传播学研究综述 ·· 1
2018 年中国新闻学研究综述 ·· 3
2018 年中国传播学研究综述 ·· 20
2018 年中国传播研究新观点 ·· 38
2018 年中国新闻传播学研究的十个新鲜话题 ························ 49
2018 年中国新媒体研究综述 ·· 62

第二章　新闻传播学研究报告 ·· 89
2018 年中国虚假新闻研究报告 ··· 91
2018 年中国传媒法治发展报告 ··· 106
2018 年中国传媒伦理问题研究报告 ······································ 121

第三章　马克思主义新闻观研究 ··· 143
继承和发展马克思的新闻传播思想 ·· 145
习近平论"建设全媒体" ·· 155

第四章　新闻学研究 ·· 163
"媒介专业主义"的悖论 ·· 165
媒介再思：报刊史研究的新路向 ··· 171
液态的连接：理解职业共同体
　　——对百余位中国新闻从业者的深度访谈 ······················· 186
双强寡头平台新闻推荐算法机制研究 ···································· 211
新闻融合的创新困境
　　——对中外 77 个新闻业融合案例研究的再考察 ·············· 227

第五章　传播学研究 ………………………………………………… 245

人的记忆、搜索引擎与新闻传播学研究
　　——搜索引擎批判 ………………………………………………… 247
知识的政治：搜索引擎中的乌坎事件研究 ………………………… 260
传播中的身体问题与传播研究的未来 ……………………………… 277
交流者的身体：传播与在场
　　——意识主体、身体-主体、智能主体的演变 ………………… 287
从"零"到一：中国传播思想史书写的回顾和展望 ……………… 309
媒介域的方法论意义 ………………………………………………… 329
追忆消逝的网站：互联网记忆、媒介传记与网站历史 …………… 336
语境、演进、范式：网络研究的想象力 …………………………… 361

第一章　新闻传播学研究综述

- 2018年中国新闻学研究综述
- 2018年中国传播学研究综述
- 2018年中国传播研究新观点
- 2018年中国新闻传播学研究的十个新鲜话题
- 2018年中国新媒体研究综述

2018年中国新闻学研究综述

■ 刘海龙　束开荣

一、马克思主义新闻观研究：中共新闻实践与马克思新闻传播思想

马克思主义新闻观既可以观照当下的新闻理论与业务实践，也可以历史地回眸中国共产党早期开展新闻宣传工作的思想与传统。2018年的马克思主义新闻观研究兼顾上述两个面向，在共时、历时与空间视角等三个维度上呈现了较有层次感的研究成果。

（一）中共农村办报传统及其历史实践

与1942年延安《解放日报》改版所确立的"全党办报"传统相比，自1927年既已开始的"农村办报"理念及其实践探索也被视为中共在革命战争时期对马克思主义新闻观的创新性贡献，"1927—1949年间中国共产党提出并践行的这一办报理念虽说是根据中国土地革命的实际状况而采用的权宜之计，（但是由于）马克思、恩格斯、列宁没有设想、探讨党在农村创办报纸这一情况，也没有提出过有关的指导意见，'农村办报'作为一种创举，填补了马克思主义新闻观、马克思主义党报理论的空白"。值得注意的是，作为农村办报的具体做法和经验，"对不识字的党员读书报"早在1929年古田会议的决议中就已明确提出，后来发展为适应苏区实际情况的"读报组"。[1]这一做法在党的农村基层宣传工作中曾经发挥了重要作用。[2]一项对新中国成立初期陕西农村"读报小组"变迁过程的考察展现了读报组从群众运动到制度化、常态化的转变，"读报组已经抵达农民日常生产生活的维度，成为一种政治学习的日常仪式"。[3]近两年对读报组的研究颇受重视，但如何在历史语境中全面理解其效果与功能，仍然存在分歧。

从历史的纵深感中抽身，对中共新闻理论及其实践的观照也可以在凸显空

间视野的努力中获得一些另类的认识。比如，基于国际共运史的视角，中共新闻理论和实践是国际共运的产物，它的理论合法性来自马克思主义新闻观对资产阶级新闻制度的批判，实践合法性来自中国革命的成功；又比如，基于北美新闻传播的在地实践理解中共新闻理论与实践，会做出新的诠释，对美国右翼意识形态构成冲击；此外，在全球视野下，结合批判传播政治经济学、后殖民文化研究和转型政治学等学术理论资源，中国新闻理论与实践又构成了新的规范性的乌托邦。[4]就像1968年中国的革命思想输出西方一样，这样一种去语境化的解读固然可以为西方的媒介政治经济研究提供一种另类的参照，但是当其经过双重跨语境实践后重新回到本土，与在地现实还具有多大的契合性，还有待观察。

（二）马克思新闻传播思想与新闻真实观

对马克思经典文献中所蕴含的新闻传播思想与观念的持续开掘，以及在此基础上结合中国实践对经典新闻理论问题的哲学思辨，一直是研究者关注和回应当代中国马克思主义新闻观及其现实意义的重要路径。2018年是马克思诞辰200周年，纵观其一生，马克思所从事的革命斗争和理论研究，伴随着一系列的新闻实践，由他所开创的"世界交往体系、现代传播的时空观、报刊的内在规律、有机的报刊运动、党报立场与人民性等五个方面的思想渊源"，正在为当下中国的新闻理论与实践所继承和发展。[5]其中，有机的报刊运动是马克思对新闻真实及其运作特征的论证，顺着这一思路，当代中国马克思主义新闻真实观，在坚持"事实真实"这个根本观点、"过程真实"（有机的报刊运动）这个实现方式的观念外，其明确的典型特征是强调新闻真实的统一性，即"统一真实"，这样的真实观念，实质上要求新闻传媒要反映、呈现出一定社会在一定时空范围内主导的、主流的真实面貌，能够引导人们正确和全面地认识一定社会的整体情况。值得进一步思考和讨论的是，当代中国马克思主义新闻观、新闻真实观，实际上是通过将"新闻工作"转化为"新闻宣传工作""新闻舆论工作"来解决统一真实这一问题的，如何处理好新闻、宣传与舆论三者之间的关系，是理顺统一真实与事实真实的关键。[6]

二、新闻研究经典问题：理论脉络与中国语境

改革开放以来，欧美新闻研究的不少成果以互访和译介等形式进入国内学人的视野，并逐渐成为中国新闻学者观照中国新闻业改革在理念及其媒介实践

层面的学术话语资源，比如新闻专业主义、新闻生产社会学一直是国内学界比较关注的热点问题。2018年，这两类新闻研究的经典问题依然是研究的焦点，但是更加具有反思性与对话意识，将这些问题重新放回西方的新闻实践脉络中理解，同时在中国的语境中重新诠释。

（一）新闻专业主义的理论旅行

新闻专业主义作为西方特别是美国新闻业主流的职业话语，一直是新闻研究者关注和讨论的一个焦点问题。2018年，中国学者对新闻专业主义的关注开始回归历史脉络的厘清和基本内涵的比较辨析，其理论色彩更加浓厚。

一方面，对新闻专业主义的理解需要考虑跨语境对接。新闻专业主义具有欧美自由主义的色彩，在历史脉络中形成以后，向外不均匀地输出，需要考虑特殊与普遍的辩证以及社会与文化肌理的影响，"这些都是极为复杂的问题……但是如果硬拉西方的一派敲打西方的另一派，完全无助于解决自己的问题……是不是在媒介专业主义的基础上，才可以谈'超越'媒介专业主义？'超越'毕竟不是'摧毁'。如果罔顾现实的社会语境，横向移植任何理论，就犯了具体错置的谬误（fallacy of misplaced concreteness）"[7]。

另一方面，对新闻专业主义在中国的落地需要处理好主体性和适用性的关系。当下中国的政治语境——政治权威-行政宣传，经济环境——利益集团-产消融合，社会文化——中产阶级-人民群众，以及技术现实——个人权利-公共利益等四个方面的语境组合所凸显的主体性，决定了根植于美国语境下的"新闻专业主义"在中国的不适用性。但是，生态学意义上作为专业权力的新闻专业主义，似乎可以视为与科层体制、市场规则并列的组织社会的第三条逻辑，确实存在纠正过度依赖行政权力或是资本权力等弊端的潜力。[8]

（二）媒介社会学经典的重访与反思

在20世纪70年代中后期的美国，基于文化社会学（sociology of culture）路径对媒介问题尤其是新闻生产的关注曾经风靡一时。短短数年间，涌现出一批被称为新闻社会学（sociology of journalism）研究的佳作。时至今日，被国内学者不断回溯并冠之以"黄金时代"的这一时期的这些媒介研究文献颇具典范意义。2017年10月21—22日，浙江大学传媒与国际文化学院以学术工作坊的方式，对新闻社会学经典进行再诠释。那次工作坊的一些成果在2018年以期刊论文的形式陆续推出，较为典型地呈现了国内新闻学者在新闻业变迁背景下对新闻社会学及其问题的重访与反思。

深入考察新闻社会学的研究脉络，是向经典致敬的一种方式，同时也是比较容易被忽略的一种方式。新闻社会学佳作《做新闻：对现实建构的一项研究》(Making News：A Study in the Construction of Reality) 中译本的误译问题除了语言转换、翻译方式等一般性原因之外，更重要的是中译本对《做新闻》的论述语境和理论语境的误认，特别是对社会建构论和现象学、社会学理解和把握得不够全面，这也妨碍了我们对于中国类似问题的思考深度与广度。[9] 从对单个误译文本的探讨抽离，研究者把经典移译本身作为一种跨语际实践（translingual practice）纳入学术批评的范畴，甚至于寻求知识社会学层面的解释，对译介实践本身的研究具有启发性。

然而，为什么经典不再继续？我们可以从知识生产的内部视角去探求这个问题的答案。首先是研究方法面临的困难，参与式民族志是最耗时间精力的方法，对研究者的自我反思和临场发挥也有很高要求；从被研究者的角度来看，传统媒体正处于危机之中，相比20世纪70年代，其在大众心目中的声望早已江河日下，因此，传统媒体机构更加不愿意开放自己的生产后台，展示给外部研究者。其次，伴随着媒介格局变迁，新闻生产研究旨趣本身的转向也可以从一定程度上解释传统新闻编辑室（newsroom）研究的衰落，以文本为基础的文化取向的研究逐渐兴起，这种取向更加注重媒介生产过程里的文本，研究者致力于寻找各种文本之间的相互联系与普遍模式，从而了解生产过程中的权力运作。[10]

其实，肇始于美国本土的新闻社会学"文化转向"在20世纪90年代才真正拉开帷幕，不管是相对于70—80年代的新闻民族志方法，还是与同时代的英国文化研究路径中的媒介社会学相比，它的入场都是较迟的。不过，美国新闻社会学研究的文化视角亦有自己的贡献：一方面，基于意义生产对新闻从业者进行的文化分析，产生了以芭比·泽利泽（Barbie Zelizer）为代表的阐释社群与文化权威的研究，以及以丹尼尔·伯克威茨（Daniel Berkowitz）为代表的有关新闻失范、新闻边界工作以及集体记忆的研究；另一方面，基于新功能主义范式，产生了对新闻业的文化结构如何调适危机、新闻业的二元符号（譬如客观-主观、公正-倡导、体面-煽情等）如何进行意义建构和阐释等问题的研究。[11] 上述面向上的问题，既不同于新闻生产社会学"黄金时代"对媒介组织及其运作过程的聚焦，也不同于英国文化研究早期对意义结构与意识形态建构的关注。

三、新闻业研究：危机话语、边界工作与职业认同

近年来，数字化技术对传统新闻业的系统性冲击，使得中国媒体格局正在或者已经发生了结构意义上的重组。与此同时，新闻学术界对这一行业变局的回应则显得比较从容。一方面，既有的理论与概念资源仍在尝试对新现象进行收编和整合，另一方面，围绕一些老话题的讨论，着力表现其复杂性与不确定性。2018年，中国学者对新闻业变迁的研究比较鲜明地体现了上述两个方面的特征。

（一）新闻业危机及其合法性建构

以"危机"来言说当下新闻业的困局，不仅是欧美新闻界也是中国新闻界的主流话语。但是"新闻业危机"话语内部对危机本质的界定不同，对危机如何影响新闻业与社会以及如何展开危机话语应对的观点不同，对新闻业社会角色这一"元新闻"问题的深层理念也不同。围绕美国新闻业危机型构的三种话语类型：盈利危机话语、结构危机话语以及观念危机话语，三者之间近乎不可调和的矛盾充分呈现了新闻业危机言说的复杂性。尽管如此，"这三种危机话语都从不同方面肯定和维护着新闻性价值（journalistic values），比如真实性和公共性追求，它们都没有因为危机的存在而否定新闻本身"[12]。也就是说，新闻业危机在动摇现代新闻业合法性的同时，围绕这一危机的言说却以内部调适的方式巩固和强化了在前危机时代被视为理所当然的合法性建构。

媒体公信力（credibility）是规范媒体-市场-国家关系的伦理范畴，在当前中国新闻业所面临的新传媒技术冲击与盈利困境的双重压力下，其作为建构、强化合法性的工具属性更加凸显。但令人担忧的问题是，出于摆脱盈利困境的现实需要，对公信力资源的不当挪用有可能进一步加深新闻媒体社会正当性的困境。研究者发现，虽然"公信力"是国内很多媒体机构在经营管理过程中考虑的中心概念，但其对新闻实践与伦理的规范作用较弱，利用公信力在组织架构、收入来源以及采编角色等三个方面进行商业营销反而成为比较普遍的做法[13]，商业主义的统合力量进一步迫使其从规范性范畴向市场化意涵迁移。如果研究视野不再囿于传统媒体行业，基于社会化媒体语境，官方社会化媒体账号与个人社会化媒体账号的信任度对公众社会信心均有明显正向中介效应。从二者传播效果的比较分析来看，社会化媒体上两个舆论场的说法并不成立，中国媒体的"喉舌"功能已经从局限于传统媒体转为覆盖整个社会化媒体，以媒

体公信力的视角观之,新传媒技术非但没有对传统媒体形成挑战,反而形成一种"同化"关系。概言之,中国社会化媒体语境中围绕公共议题形成的众声喧哗,更多是"议论"而非"舆论"。[14]

广义上,新闻业危机及其合法性赤字不仅表现在职业权威衰落、盈利模式困境以及公信力式微等行业惯例方面,也相当宽泛地存在于新闻业所形塑的媒介文化中,对它的解释同样关系到新闻业在社会中的角色规范与价值界定等问题。譬如,当下新闻市场中的媚俗与崇低现象,存在着一个多主体"共谋"机制,以媒介政策和媒介管制为制度性基础,形成了一个从媒体迎合、市场认同、资本驱动、技术强化到社会断裂的"循环影响链",建构并维持着一个媒介生态,进而形成特定时期的媒介景观。这一解释新闻市场中"劣币驱逐良币"现象的理论假说,被研究者称之为"瓦釜效应"。[15]基于瓦釜效应的媒介生态模型,提示我们从场域和关系的视角而不仅仅是以媒体组织及其职业群体的自我言说、内部观察来思考当下新闻业所面临的较为宏观的文化危机及其引致的合法性问题。

(二)新闻职业话语与边界工作

近年来,聚焦新闻从业者对新闻业及其职业实践的自我言说或者阐释成为国内学者研究中国新闻职业群体尤其是职业话语的一个比较鲜明的特征,阐释社群、范式修补(paradigm repair)、集体记忆以及边界工作(boundary work)等是经常被调用的概念资源。尤其是在面对新传媒技术及其实践的持续冲击时,传统新闻业界对边界的阐释显得更加意味深长。研究发现,中国新闻业职业群体作为阐释社群在不同维度(平台、职业以及产品)上对行业边界的言说均呈现为失守的态势,由此直接引致新闻职业话语的整体转向,"去专业化"的话语类型(政治话语、市场话语、大众话语)成为中国新闻业阐释话语的整体特征。[16]

进一步,如何立足中国语境,在使新闻职业话语的研究更加契合本地经验的同时,对新闻研究的一些经典问题给出自己的回应?这或许是该领域有待突破的一个方面。因为现在的不少"研究依然是讨论案例与新闻权威之间的关系,通过对过去与现在、正确与错误、专业与业余、圈内与圈外的区分和对比来塑造新闻权威。不同的理论之间并不是截然区分,反而是经常杂糅在一起"[17]。要知道,对新闻业边界、权威与合法性建构的研究,其最终指向都是新闻业的社会位置,"即新闻业作为一种话语制度和文化实践究竟能在社会中扮演何种角色、发挥何种作用、体现何种功能、提供何种价值"[18]，对中国新闻职业话语的描述、分析和解释并非目的本身，更重要的方面在于观照新闻从业者与其他社会实体、社会脉络中各种权力关系的互构与协商过程。

（三）新闻行业生态与职业认同

中国的新闻职业群体是否可以被界定为"阐释社群"？这是一个有待继续讨论的问题。至少当下中国语境中的新闻从业者并没有在整体上或者仅仅只是局部具有芭比·泽利泽所给定的两个条件：共享的职业话语以及对特定公共事件（热点时刻）的集体阐释。因此，对中国新闻从业者的研究，回到职业认同层面的描述和分析似乎是一个更加契合本地经验的选择。

但即使是这样，中国新闻从业者对"职业共同体"是否存在的理解也在相当意义上展现了一种二元话语结构。如何理解是与否之间的内在联系？研究者在液态新闻业这一描述性概念[19]的基础上提出液态的连接（liquid connection），以描述中国语境下新闻从业者的职业认知状态：一方面，在传媒改革以及技术特征凸显的历史语境中，新闻从业者始终未能被整合在同一套话语体系，代表技术、体制、市场的多重话语在新闻实践中交叠、碰撞，反映了新闻从业者以"液态"的身份观察公共生活的全新尝试；另一方面，在充满不确定性的行业变动中，新闻从业者表达了"连接"的渴望，即凝聚职业群体的一种想象。[20]

由职业新闻从业者的自我言说所揭示的新闻行业生态，也或多或少地体现在新闻实习生的职业认同中。实证研究的数据显示，从业体验的内在满意度（自主性、成就感）、关系满意度（与上级、下级、同级的关系）、对"党媒"的偏好以及对媒体"信息阐释"功能的偏好，都对提升职业认同具有显著影响。不难推论，从业体验层面对职业认同的影响因素，譬如自主性强弱、人际互动是否平等更依赖从业者的自我言说，以此暗示新闻从业者作为同质化群体的一面。但是志业志向层面的影响因素，譬如是否党媒以及信息阐释功能，却更加依托于特定类型的新闻机构即所谓体制内媒体与体制外媒体的二元话语，以此体现新闻从业者作为异质化群体的另一面。[21]也就是说，中国语境下新闻实习生群体的职业认同同样被这两种颇具张力的维度所牵引。

四、新闻传播史研究：新闻观念史与报刊阅读史

2018年中国的新闻传播史研究中的创新之作较少直接以"事件"或"个体"来驱动研究问题，而比较青睐中观视角的文化史、思想史研究。其中，基

于不同历史语境,对不同社会群体的新闻观念史以及报刊阅读史的研究较为亮眼。

(一)新闻观念史及其实践研究

一般而言,涉及特定观念的历史研究者往往希望看透那些隐藏在表面差异性背后的普通逻辑的、或伪逻辑的、或感情的成分。[22]2018年,中国的新闻传播史学者对新闻观念的关注多是在比较研究的视野下试图对特定类型的新闻实践做出逻辑上的解释。这里的"办报实践"主要分为两类:一是中国早期的报界职业实践,二是中华人民共和国成立前后中共党报实践。

中国早期的报界职业实践可以在粗线条的新闻观念溯源或开端的研究中获得一定程度的解释。虽然国人自办报刊的职业实践在19世纪下半叶才逐渐兴起,但早期的在华中文外报所抱持的新闻观念是前者理解何为"新闻"的实践源头。研究者以差异化的办报主体——传教士与外商,区分了两种有关"新闻"何为的观念类型——"益闻"与"风闻"。前者强调"载道",突出新闻真实性;后者倾向"传事",以谋利为要旨。这两种新闻观念的发展和互动,在某种程度上形塑了19世纪末至20世纪上半叶国人办报实践过程中被逐渐凸显的"言论本位"和"新闻本位"的两种传统。[23]值得注意的是,"风闻"观后来被以《申报》为代表的商业报刊发展到一个极端,即有闻必录。那么,这个明显不合常理且不具备操作价值的新闻理念,何以被当时的新闻界广泛接受并长期坚守呢?一个可能的寻求答案的方式,是将这个观念的发展脉络放到清季民初"政治干预与职业抗争"的二元框架中去解释[24],通过争取"有闻"就可以"必录"的自主性空间,结合当时西方"言论自由"思想的传入和散布,以职业权利对抗政治权力的姿态为特定时期的职业报刊实践建构社会正当性。

中共党报理论在20世纪40年代中期臻于完备,在特定时期办报实践中被论述的新闻观念在中华人民共和国成立初期逐渐被细化至地方党报系统。观照彼时中央对央地关系的调整,发表于1958年7月的《毛泽东同志给刘建勋、韦国清同志的信》,很鲜明地体现了毛泽东试图以省级党报为抓手调动地方工作,契合在此前后他对"地方"的重视和权限下放的战略思路,"其间的过程,作为执政模式的构成方面,党报模式以及它所蕴含的赋权结构,在根本架构始终稳定的同时,又不乏相机调适的空间和途径"[25]。抗战期间,中共在解放区和国统区的办报观念及其实践在1942年4月延安《解放日报》改版之后凸显为延安党报范式与城市办报实践在新闻宣传方面的差异。不过很快,作为中共在国统区"唯一公开的舆论阵地"的重庆《新华日报》也开始按图索骥地改版,成为"《解放日报》式的新闻日报"。但是城市办报实践向延安党报范式看齐,并不意味着两种办报观念之间的张力完全消失,作为一种调适的过程,"《新华日报》基于城市办报的环境,譬如,重庆(彼时的陪都)政治关系错综复杂、报社办报条件艰苦等,也会表现出区别于《解放日报》的独特性"[26]。

(二)阅读史与报刊的读者实践

阅读史是近三十年来在年鉴学派、新文化史和书籍史影响下逐渐形成的新兴学科,它从产生之初起,就具有社会史和文化史的双重性格。[27] 2018 年,新闻传播史研究者基于阅读史视角对中国近代报刊读者实践的关注凸显多元维度,在特定社会形态与文化棱镜的交光互影中探寻报刊与读者的互动空间。

其一,从报刊政治立场与读者选择偏好的关系中管窥报刊读者的阅读心态。清末革命思潮的激流涌动虽然具备相当的群众基础,但是在革命报刊与读者群体的关系中,前者显然更加主动,"报刊对革命所持立场,直接影响着读者的阅读偏好。读者对报刊的选择阅读,又表明报刊具有明显的舆论导向作用"[28]。也就是说,彼时读者置身时局的阅读心态在较大程度上由报刊所抱持的革命话语所规训和形塑,其基于身份色彩、价值观差异对报刊新闻、言论的解读和研判所彰显的能动性和独立性十分有限。

其二,描绘战后普通知识群体作为报刊读者的政治角色与文人论政的底色。研究者对《观察》周刊"读者投书"栏目的个案考察发现,相较于精英文人社群,普通知识群体虽然在《观察》周刊掀起的文人论政热潮中始终处于话语空间局促、政治表达碎片化的从属、弱势与边缘的地位,但是他们在对公共话语场域的营造、公众舆论演化与生成机制的推进、身份认同与"知识人社会"的建构等方面发挥了重要作用。[29]

其三,在中共革命史与政治史的双重语境中勾勒党报的阅读史。中华人民共和国成立前,作为党政一体的特殊党报《晋察冀日报》,其在读者构成(党政军民学)、读者获取报纸的渠道(以当地党政军系统扶持的订阅系统为主)、阅读方式(以读报小组为主)、读者反馈与参与(以报刊群工部与读者来信的互动为主)等方面都与当时的商业报刊以及国统区的党报系统形成鲜明对比。[30]由此观之,全党办报的理念在全方位规范党报实践的同时,也有力地塑造了地方党报的读者体验及其与党报的互动模式。

上述新闻观念史与报刊阅读史的研究者都不执着于报纸的特定内容,而是选择将视野聚焦于特定时空语境下的报纸（媒介）及其实践本身与新闻观念的形成、演化以及读者关于报刊的想象、建构之间的复杂关系。如果这不仅仅是中国报刊史研究者开始"再思"继戈公振先生《中国报学史》问世以来即开创的偏重报刊内容的研究传统，顺着再思的旨趣，这似乎也进一步意味着我们有必要跳出以工具论为前提，以报刊性质、内容及其社会作用为尺度的媒介观，转而在技术层面重视媒介形态本身的逻辑及其动力，在人与媒介的关系上强调彼此的相互介入、生成和改变，在研究格局上将报刊史理解为报刊/媒介视野中的人类历史，由此闯出报刊史书写的新路向。[31]

此外，2018年新闻传播史学者也有涉及经典的《大公报》研究，基于报人个案对大公报的考察提示了一些早前比较容易被学界轻视或忽略的材料。譬如，新闻史学界一般认为《大公报》的转向过程主要是由王芸生、杨刚和李纯青等地下党员主导和推动的，其实作为《大公报》长期的社评撰稿人周太玄，在其参与上海、香港、重庆《大公报》报务期间，从传播进步思想、开展知识界统战工作、与新华书店合办印刷厂等多方面促进了《大公报》后来的转向过程。[32] 还有学者关注近代文艺期刊的媒介建构，譬如1930年代《青岛画报》通过对青岛城市意象的选择性描画和凸显，在苦难的中国塑造了一个不同于彼时北平与上海的"世外桃源"，展现了大众媒体在与本地城市形象的媒介再现中探索"现代性"的另一种路径。[33]

五、新议题：非虚构、算法新闻、新闻创新与"后真相"

所谓"新"，并非是指2018年才引起学术界广泛关注的时鲜话题，主要是指近两年新闻学界给予较多关注，并且已经有一定成果积累的新议题。基于此，这里遴选了非虚构、算法新闻、新闻创新以及"后真相"等四个议题。2018年，学者们对这四个议题的探索和研究，在多元视角中呈现逐渐深入的趋势。

（一）作为经验方法与话语范式的非虚构

作为一种文学写作类型与新闻业务实践的非虚构（non-fiction），自20世纪80年代就开始受到国内文学理论界与新闻研究界的长期关注。[34][35] 但是，如何理解近年来非虚构写作作为一种话语范式的社会实践再次强势进入并盛行于新闻报道领域？它与新闻业在当下的危机转型以及更为宏观的政治经济语境有何关系？在某种程度上，新的技术和政治经济语境中，一度面临"去权威化"危机的宣传/新闻话语通过技术重组再度强势出击，与以平台资本化为核心逻辑的商业化新闻生产传播模式形成两极，对以追求公共性为旨趣的专业主义新闻业形成碾压之势，在本土新闻业面临技术驱动的业态转型和制度变迁的双重压力的历史关头，非虚构新闻话语从处于潜流状态上升为当下新闻话语的主导模式之一。[36]由此观之，非虚构写作的叙事特征及其话语实践可以被理解为在传统机构新闻业所倡导的公共性观念悄然退场、专业主义实践迅速衰落之际的真空期所成功实现的"补位"。

此外，聚焦非虚构写作者的个体经验与田野过程本身，它作为一种"内隐""默会"的方法实践与人类民族志的勾连值得关注。[37]其一，选题取向的重要特质是通过挖掘日常生活切片的结构性意义，不再忽视"寻常"的价值；其二，对亚文化生态系统的考察，通过对特定的共享意义群落的扎根，理解该亚文化群体内部流通的意义体系；其三，以超越传统采访和被访关系的方式介入与对象的互动关系塑造。[38]也就是说，非虚构创作的方法论路径离传统新闻的生产惯习更远，离人类民族志方法实践的几个基本规范更近，但这种比较分析更多在于为非虚构写作寻求方法论的资源和规范，并不一定意味着非虚构在观念实践层面同新闻生产的价值传统之间具有明确的边界。

（二）算法新闻及其业务实践的价值反思

2018 年，算法新闻成为学界与业界共同关注的超热点话题之一，不管是新闻产制流程的自动化、平台型媒体的聚合分发还是用户内容消费的定制推荐，都彰显了算法对中国新闻业的强势介入。与此同时，中国学者围绕算法推荐的信息过滤、价值偏向、认知窄化等问题的批判性反思，为当前算法新闻的业务实践提供了"冷思考"的契机。

一方面，不同平台（Facebook 与谷歌）依照自身的技术水平、组织结构以及价值观所建立的算法机制，本身已经内嵌了系统性与结构性的偏好，那么如何建立对算法机制的可信任框架成了颇为棘手的问题。[39]而且，算法构造的过滤器所组成的"过滤气泡"（filter bubble）助长了"信息壁垒"的建立，由此进一步促使用户在信息接触与接收方面的认知窄化，尽管这更多归因于媒体内容提供方还是用户个人因素尚存争议。[40]

另一方面，算法经由工具理性、计算机科技面貌在新闻分发领域所获得的合法性不堪一击，因为算法判断用户与内容是否匹配的逻辑规则无法逃离编程人员的"输入"环节，不同平台使用哪些因素计算用户与内容特征、各因素的权重指标，其都以商业秘密为由自行决定。[41]因此，算法的运用由人类所主导，常受到来自经济、政治等非技术力量的影响,在看似客观的代码中运行着人的意志。[42]

此外,搜索引擎中的新闻呈现亦是算法全面介入新闻业的一个重要面向。然而,公众对搜索引擎几乎一无所知,其算法机制和运作原理一直被视作核心商业机密而讳莫如深。[43]以谷歌为例,它基于网页排名算法所建立的新闻等级体系,设定了媒体网站相对静态的链接排序,以此把控信息在检索过程中的流动,即使是基于用户使用习惯和社交关系的"千人千搜"模式,也并不意味着搜索引擎对新闻内容的呈现更加多元和开放,相反"如果用户对此一无所知,他会认为所有人的搜索结果和他的都一样,不假思索的信任会形成搜索引擎依赖",进而形成信息茧房和观念极化。[44]

(三)新闻创新及其实践研究

近年来,有关新闻创新(journalistic innovation)的学术讨论与新闻业的数字化潮流密切相关,其所关注的主要问题是新闻实践对新兴数字科技进行应用和结合的过程,关于新闻与数字科技的互动构成了当代新闻业研究的重要主题。[45]

因此,新闻创新既是新闻界挽救自身于危局的一种正在被不断尝试的手段,也是新闻研究者考察新闻业变迁的一种资料来源和理论视角。就后者而言,如何系统性地立足于中国新闻业实践的本地经验,从而将新闻创新研究引向深入?就政治经济语境而言,对中国新闻业创新实践的考察,尤其要注意特定的新闻创新主体在权力场域(制度、资本、国家等)中的位置。以社会文化视角观之,新闻创新作为结果在何种程度和意义上影响新闻业,需要进行文化层面的阐释;从技术物质路径来看,技术的介入有利于拓宽我们对新闻场域中多元行动主体的理解,从而打破传统新闻研究中新闻编辑部和新闻组织的中心性。[46]

继续技术物质路径的思路,技术要素如何被纳入新闻创新的组织逻辑,是立足于媒介融合视角展开新闻生产研究的重点。但是,在更为宽泛的层面上,研究者提出组织化新闻生产控制逻辑转移和生产过程的透明化可能只是表象,新技术更深远的影响和新闻传播更深刻的变化往往发生在组织化新闻生产规范之外,互联网用户对新闻的发现、分享、评论,使得新闻不再是刊出(publish),而是公开(publicize),一种协作式新闻布展(collaborative news curation)意味着新闻创新的多主体并不拘泥于传统职业化新闻生产的逻辑[47],而是以互联网多中心"节点主体"[48]展开动态新闻传播实践。

如果将视角继续拓宽，与传统机构新闻业的创新相比，根植于互联网媒介域的自媒体新闻创新实践在生产过程、制度安排、文化评价等方面有什么独特性？值得关注的是，自媒体的新闻创新实践基于"互惠平等"的参与式新闻生产机制，"去制度化"的制度设计，以及在"业余"与"专业"之间所形成的相互依赖、互惠共生的关系为新闻实践提供了某种实践理性。[49]即是说，区别于传统职业新闻业的制度化运作，自媒体的新闻实践创新了一套内生性的生产与理念方面的规范，具备在某种程度上促成新闻创新研究视角转向的潜力。

（四）多元视角中的"后真相"

2016年"后真相"（post-truth）入选《牛津词典》年度热词，引发了政治学与新闻学等研究领域的广泛关注。仅2017年，国内学术界对这个概念及相关现象的讨论文章就达119篇。[50]2018年，中国新闻学研究者就这个新兴话题持续发力，与2017年相比，不少文章的研究视角更加多元，探索也更加深入。

一个比较基础也是比较宏观的价值问题是，后真相对我们所理解的媒体与民主关系产生了何种冲击？如何应对？政治学者基恩（John Keane）对后真相语境下的媒体寄予厚望，不过他所强调的并非媒体基于传统职业规范对"真相"的追逐（因为对"真相"的理解本身就是个问题，后真相在全球的蔓延使这个问题更加复杂），而是媒体扮演更为主动的角色：作为"监督式民主"（monitory democracy）的行使者或者为公众参与"监督式民主"提供渠道和平台，帮助公众学习如何更好地做出诠释并判定不同诠释之间的冲突。[51]即是说，与其将后真相视为对新闻业经典价值规范"追寻事实背后的真相"的冲击和颠覆，不妨将其视为鼓励新闻界和"硬道理"（hard truth）说再见的一次机遇。

如果进一步从理论层面展开追问，后真相是否真的意味着真相出局？"后"作为前缀，它究竟在何种程度上实现了对真相及其背后的一整套真相探寻机制的解构？后真相与解构、颠覆西方主流知识体制及其所编码之社会结构与秩序的后现代思潮步调一致，只不过它集中挑战的是作为现代性之一部分的真相体制（regime of truth）。作为一种类型的表述，后真相概括了"现代性"和"真相"的历史性，但这并不意味着它颠覆了现实的外在性、事实的可知性、事实对真相的制约这一现实主义认识论前提[52]，而这正是现代新闻业寻求、核查、鉴定事实与真相的哲学基础。也正是在这个意义上，研究者认为新闻业应对当前困局的关键主要在于新闻界需要走出如何维系职业垄断的命题范畴，并在新的历史条件下重构并参与公共生活所必需的交往模式。[53][54]

立足中国语境,尤其是社会化媒体消灭时距、生产碎片化、不确定传播文本的过程中对大众媒体传统优势的冲击,由后真相所形塑的传播景观又如何呢?与西方相比,中国的市场化大众媒体在后真相面前表现得尤为被动,它们在平台资本所主导的信息生产门槛及其舆论生发机制的挑战面前,几近无招架还手之力,"时间和速度终结了任何机构以文本的方式来认定事实的可能性,事实的传播主体成为幽灵,导致多极化传播主体在互联网信息平台上的狂欢"[55]。

(原载于《国际新闻界》,2019年第1期)

引用文献 [References]

[1] 黄瑚,徐蓓蓓. 革命战争时期中国共产党对马克思主义新闻观的创新性贡献 [J]. 新闻与写作,2018 (10):56-61.

[2] 周海燕. 意义生产的"圈层共振":基于建国初期读报小组的研究 [J]. 现代传播,2017 (9):27-38.

[3] 沙垚. 新中国成立之初农村读报组的历史考察:以关中地区为例 [J]. 新闻记者,2018 (6):50-57.

[4] 赵月枝. 全球视野中的中共新闻理论与实践 [J]. 新闻记者,2018 (4):4-16.

[5] 陈力丹. 继承和发展马克思的新闻传播思想 [J]. 新闻与传播研究,2018 (6):5-12,126.

[6] 杨保军. 统一性:当代中国马克思主义新闻真实观的典型特征 [J]. 新闻大学,2018 (1):27-34.

[7] 李金铨. "媒介专业主义的悖论" [J]. 国际新闻界,2018 (4):119-125.

[8] 虞鑫,陈昌凤. 政治性与自主性:作为专业权力的新闻专业主义 [J]. 新闻大学,2018 (3):8-16.

[9] 李红涛. 塔克曼到底在说什么?经典移译的语境与《做新闻》中译本的误译 [J]. 国际新闻界,2018 (6):22-45.

[10] 陈阳. 为什么经典不再继续:兼论新闻生产社会学研究的转型 [J]. 国际新闻界,2018 (6):10-21.

[11] 陈楚洁. 意义、新闻权威与文化结构:新闻业研究的文化-社会路径 [J]. 新闻记者,2018 (8):46-61.

[12] 王辰瑶. 反观诸己:美国"新闻业危机"的三种话语 [J]. 国际新闻界,2018 (8):25-45.

[13] 王海燕,斯巴克斯,黄煜. 作为市场工具的传媒公信力:新媒体技术冲击与经济压力下滑双重压力下中国纸媒的社会正当性困境 [J]. 传播与社会学刊,2018 (43):123-154.

[14] 张洪忠，何苑，马思源．官方与个人社交媒体账号信任度对社会信心影响的中介效应比较研究［J］．新闻大学，2018（4）：98-107，154．

[15] 杜骏飞．"瓦釜效应"：一个关于媒介生态的假说［J］．现代传播，2018（10）：31-36．

[16] 尹连根，王海燕．失守的边界：对我国记者诠释社群话语变迁的分析［J］．国际新闻界，2018（8）：6-24．

[17] 白红义．边界、权威与合法性：中国语境下的新闻职业话语研究［J］．新闻与传播研究，2018（8）：25-48．

[18] 白红义．边界、权威与合法性：中国语境下的新闻职业话语研究［J］．新闻与传播研究，2018（8）：25-48．

[19] 陆晔，周睿鸣．"液态"新闻业：新传播形态与新闻专业主义再思考：以澎湃新闻"东方之星"长江沉船事故报道为个案［J］．新闻与传播研究，2018（7）：24-46，126．

[20] 周睿鸣，徐煜，李先知．液态的连接：理解职业共同体：对百余位中国新闻从业者的深度访谈［J］．新闻与传播研究，2018（7）：27-48．

[21] 韩晓宁，王军．从业体验与职业志向：新闻实习生的职业认同研究［J］．现代传播，2018（5）：151-155．

[22] 洛夫乔伊．存在巨链：对一个观念的历史的研究［M］．张传有，高秉江，译．北京：商务印书馆，2015：7．

[23] 操瑞青．"益闻"与"风闻"：19世纪中文报刊的两种新闻观［J］．国际新闻界，2018（11）：22-43．

[24] 操瑞青．政治干预下的职业抗争：清季民初新闻业"有闻必录"理念的奠定［J］．新闻与传播评论，2018（3）：104-118．

[25] 朱至刚．调动地方：试析《毛泽东同志给刘建勋、韦国清同志的信》的历史动因及效应［J］．现代传播，2018（8）：49-56．

[26] 王雪驹，楚航，王润泽．城市办报范式与党报理念的冲突与调适［J］．国际新闻界，2018（8）：141-155．

[27] 韦胤宗．阅读史：材料与方法［J］．史学理论研究，2018（7）：109-117，160．

[28] 蒋建国．清末革命思潮与报刊读者的阅读心态［J］．新闻与传播研究，2018（2）：98-114，128．

[29] 田秋生．战后普通知识群体的报刊论政：《观察》周刊"读者投书"栏考［J］．现代传播，2018（1）：50-57．

[30] 李金铮．读者与报纸、党政军的联动：《晋察冀日报》的阅读史［J］．近代史研究，2018（4）：4-25，160．

[31] 黄旦．再思媒介：报刊史研究的新路向［J］．新闻记者，2018（12）：4-13．

[32] 王咏梅.论周太玄在新记《大公报》转向过程中的推动作用[J].现代传播,2018(4):42-51.

[33] 国家玮."画报"中的"港市想象":以1930年代的《青岛画报》为中心[J].山东师范大学学报(人文社会科学版),2018(2):71-85.

[34] 梁鸿.改革开放文学四十年:非虚构文学的兴起及辨析[J].江苏社会科学,2018(9):47-52,274.

[35] 邓力.塑造人物与再现偏差:人物类非虚构写作中讽刺修辞的效果及争议[J].新闻记者,2018(5):52-61.

[36] 黄典林.话语范式转型:非虚构新闻叙事兴起的中国语境[J].新闻记者,2018(5):35-43.

[37] 周逵.非虚构:时代记录者与叙事精神[M].北京:清华大学出版社,2016.

[38] 周逵.默会的方法:非虚构写作中的民族志方法溯源与实践[J].新闻记者,2018(5):44-51.

[39] 方师师.双强寡头平台新闻推荐算法机制研究[J].传播与社会学刊,2018(43):103-122.

[40] 王斌,李宛真.算法推送新闻中的认知窄化及其规避[J].新闻与写作,2018(9):20-26.

[41] 罗昶.技术赋权与多元共治:公众视角下的算法分发新闻[J].新闻与写作,2018(9):27-31.

[42] 陈昌凤.让算法回归人类价值观的本质[J].新闻与写作,2018(9):1.

[43] 方惠.知识的政治:搜索引擎中的乌坎事件研究[J].传播与社会学刊,2018(45):145-169.

[44] 方师师.搜索引擎中的新闻呈现:从新闻等级到千人千搜[J].新闻记者,2018(12):45-57.

[45] 李艳红,陈鹏."商业主义"统合与"专业主义"离场:数字化背景下中国新闻业转型的话语形构及其构成作用[J].新闻与传播研究,2016(9):135-153.

[46] 白红义.新闻创新研究的视角与路径[J].新闻与写作,2018(1):24-32.

[47] 陆晔,周睿鸣.新闻创新中的"协作式新闻布展":媒介融合的视角[J].新闻记者,2018(9):8-19.

[48] 孙玮.微信:中国人的"在世存有"[J].学术月刊,2015(5):5-18.

[49] 龚彦芳,王琼慧.从参与到互惠:互联网媒介域新闻创新的路径探索[J].现代传播,2018(10):52-57.

[50] 陈力丹,王敏.2017年中国新闻传播学研究的十个新鲜话题[J].当代传播,2018(1):9-14.

[51] 刘沫潇．"后真相时代"的媒体与民主：访著名政治学家约翰·基恩教授 [J]．国际新闻界，2018（6）：162-172.

[52] 潘忠党．在"后真相"的喧嚣下新闻业的坚持：一个以"副文本"为修辞的视角 [J]．新闻记者，2018（5）：4-16.

[53] 潘忠党．在"后真相"的喧嚣下新闻业的坚持：一个以"副文本"为修辞的视角 [J]．新闻记者，2018（5）：4-16.

[54] 潘忠党，陆晔．走向公共：新闻专业主义再出发 [J]．国际新闻界，2017（10）：91-124.

[55] 胡翼青．再论后真相：基于时间和速度的视角 [J]．新闻记者，2018（8）：23-29.

2018年中国传播学研究综述

■ 刘海龙 方 惠

一、发现"身体"

长期以来,对于身体的观念遵循着古希腊、基督教传统和笛卡尔以来的身心二元论,即身体是物理的、世俗的、机械的,心灵则是神秘的、至要的。[1]受益于消费文化的勃兴、女性主义对身体建构的批判,以及福柯作品中对身体规训技艺的深刻反思,身体终于在1980年代的社会学中"闪亮登场",顽固的二元对立观念也逐渐被打破。[2]身体视角所照亮的近代中国的剪辫、放足、新生活运动等身体改造不再是细枝末节的或琐碎的,而直接关切文明教化与政治认同。[3]不过,这些社会学研究注重的仍然是人和制度、社会之间的关系,而非人本身以及人和物的关系。[4]

在传播学中,关于身体的讨论才刚刚开始。促成这一转向的契机,很大程度上源于虚拟现实(virtual reality)、人工智能等技术热潮,它们让以往未被纳入传播学研究视野的身体成为问题。面对面交流的时代一直将身体视为有待克服的障碍——理想的交流需要超越身体达至灵魂的相互触摸;媒介化时代的交流本已是纯粹的灵魂交流,但是人们又常常渴望身体在场加以确认,所以交流变成了跨越中介性的灵魂去触摸另一个人的身体。[5]而当下虚拟技术对身体的复制则使得"在场"和"缺席"彻底失去了原来的意义。赛博格(cyborg)(无机物机器和生物体的结合体,也有学者称赛博人)的出现作为终极媒介重新组装起了被大众媒介分隔的器官,创造出了三种在场的基本状态:携带自己的肉身、离开自己的肉身、进入其他的身体,从而"将人与技术的双重逻辑、实体空间与虚拟世界的双重行动交织互嵌在一起"[6]。

上述反思的理论资源之一,来自麦克卢汉。其"媒介即人体的延伸"的著名论断，再次激发了学者们的另类想象。每一种媒介技术的发展都意味着对人体感官的延伸和肢解，"以记录数据，以加快行动和交往的过程"[7]。通过"环境""身体""媒介""感知"等几个关键概念，麦克卢汉勾勒了身体之于媒介的重要性：身体是媒介/技术的源泉，也是其定位场所，镌刻了技术的独特结构与逻辑。对麦克卢汉的再发现确证了身体与媒介、人与技术论题在当下的迫切与必要。[8]引入身体之维的传播研究也可能因此而格局大开，将肉身视为传播的条件，打破束缚观念的种种桎梏，重新定义身体与传播的关系。[9]经验层面上，具身实践（embodied practices）早已被认知科学证明是深化记忆的关键要素。格斗游戏文本中角色的丰富姿态（通常是非西方、前现代的武术动作）和玩家在游戏过程中呈现出的身体姿态通过游戏界面相接合（articulation），机具（apparatus）中被编程的技术图像得以实现，从而让玩家成为机具的功能（function）。[10]而虚拟现实技术的应用则邀请用户进入界面，虚拟实体与现实身份合二为一（dual unity），身体成为互动和意义建构的核心媒介。[11]对于"90后"的年轻玩家而言，VR游戏的"沉浸感"体验已然成为其最大的可玩性（playfulness）所在。它让玩家得以身临其境，以"第一人称"视角在虚拟空间中自由活动，收获"刺激""兴奋""恐惧"等浓烈的情感体验，甚至能够以假乱真，制造虚假记忆。[12]不过，当VR带来全息沉浸体验的同时，也给予观众无限自由的视角。相比于语言，图片的意义往往是浮动的[13]；而相比于图片和普通视频，VR意义的不确定性更强，其全方位的信息涌现很可能会湮没叙事主线。因此，VR传播效果的提升将有赖于沉浸与叙事的平衡。[14]

二、传播研究的方法论反思

正当人工智能、后人类、大数据等概念冲击人本主义观念之时，学术研究的方法论层面却在呼唤"人"的本质回归。这体现在对实证主义背后的认识论与方法论的反思，当我们急于拥抱大数据的时候，是否遗忘了鲜活的个体生命？是否只看到了冰冷的数字和面目模糊的群体？[15]对于李金铨教授、叶启政教授等经历过从实证转向人文的学者而言，人类社会除了因果关系，还涉及丰富而复杂的意义，人文科学要做的是阐释因果之外的意义，赋予其层次井然的秩序。[16]社会学家当然必须具备科学态度，但更需要的，是像传统工匠一般展现出具有艺术气质的艺匠格局。具体说来，社会学家应当是编织"理念类型"的故事的艺匠人，其诠释"不是使隐者显或浊者清，而是创造更丰富的谜语（寓言），让人们更能激荡出感动的涟漪，感到惊艳不已"。[17]

同样与实证研究渐行渐远的臧国仁教授及蔡琰教授长期躬耕于人文取向的大众传播研究，以叙事范式为基础，关注难以测量的生命故事、人性、价值、伦理等话题，强调传播是以"人"为本的故事交换行为，人们通过不同媒介讲述与聆听彼此的生命内涵，促进了解、互通有无。[18]离开藏区求学14年的藏族学生扎西便完整记录了不同类型的媒介在其生命的不同阶段，对其人生观、价值观、文化适应与民族认同等方面所产生的影响。[19]这样的研究虽然引起了较大争议，但却大大丰富了传播研究的版图。跳出个体从中观层面来看，早期互联网的发展史也是无数网民的生命史，其中遍布着精彩的网络故事和鲜活生动的个体。除了网络政策、公司运作、新闻业前景等议题之外，这些无名之辈的小故事及其背后的大社会的变迁值得深入地挖掘和探索。[20]

人文视角下的世界常常是主观的，不同的主体带着不同的眼光去观察，可以形成"和而不同"的对话和理解。[21]作为描写和呈现文化的必要方式，媒介人类学的田野笔记就是研究者创造意义的一种过程。在媒介人类学的实验性文本中，民族志不再像传统操作一般由学者"单枪匹马"地完成，而是让多个研究者同时"进场"，他们带有不同的"文化框架"，在田野观察的过程中不断"互看"与"比较"，完成对同一个问题、同一个研究对象的多重意义阐释和建构。[22]

对于实证主义的批判，同样见诸对 CiteSpace 应用的讨论。其功能本着眼于描述结构变迁，却被赋予了探查学科演化的潜在动力机制和预测学科发展前沿的使命。本应起辅助作用的 CiteSpace 在传播学中常常被当成研究的终点和目的，超历史的学术地图描绘迎合了科学精致化的潮流，背离了否思的内在精神。[23]

三、传播学的道路选择

不过，对于舒德森而言，传播史研究的困境并不在于缺少或滥用研究方法，而在于大多数学者都不清楚如何将对传播媒介的理解与社会、经济、政治和文化变迁的核心议题相融合。[24]传播技术与文化形式之间的复杂理念让研究要么宏大抽象，要么琐碎狭隘，而少有一般理论与具体经验相融合的中层理论。

20世纪上半叶的美国大众传播知识社会学曾经产生过两个流派：追求"团结"的芝加哥学派与追求"客观性"的哥伦比亚学派。前者致力于再造共享生活的民主"共同体"，以实现社会最大程度的"团结"；后者则尽可能采用定量实证主义方法，以获取客观实在的知识。[25]早在迪凯特研究中，米尔斯便发现拉扎斯菲尔德的研究受制于抽象的经验主义，是在严格的谜题设定及理论、方法论目标下开展的范式"解谜活动"，不可能完成生产理论知识的目标。分道扬镳后的米尔斯转向了对"文化机器"的批判与民主社会的维系问题，形成了截然不同的传播想象[26]；而选择了《人际影响》的主流传播学则在此后经年备受"合法性赤字"与"知识贫困"的质疑。

2018年，中外传播学界相继发表了"反思传播学"和《领域的躁动》(Ferments of the Field)专题专刊，立足当下、回顾过去、展望未来。① 很长时间内，传播学界都面临着以"传"为中心还是以"媒"为中心的道路选择问题。前者关心人的传播行为结构、社会互动关系结构以及与社会文化结构的关系，社会主体的交往实践决定了媒介的使用和改造；而后者则聚焦媒介工具和技术的演进及其建立起来的组织和制度、社会权力与象征体系，媒介成为人们交往实践的工具环境和先决条件。[27]近年来，诸多援引海德格尔、德布雷（Régis Debray）、麦克卢汉的研究则突出了媒介的重要性。比如，德布雷的"媒介域"概念把媒介技术的符号形式和关系结构作为整体来看，涵盖了媒介的内容生成、表现形态、传递方式，它将历史主义价值和技术主义价值相结合，促进了人们对新的社会生态与社会秩序的理解。[28]以"媒介"为进路，还可以消解"大众传播""人际传播"等传统划分，获取一种新思路。在这种思路之下，媒介不再是一个物品、一个机构、一种技术，而是一个事件、一种发生、一种展开，"好比石头扔进水里，激起涟漪引发回声改变形态"[29]。

超越性的媒介想象致力于打破以往媒介研究中重内容轻形式的偏执，关注"性质和形式的激增"及其所设定的具有边界与等级的秩序。[30]不过，"媒介"观念转变的挑战在于，基因复制和人工智能让人本身也成为一种媒介[31]，并反过来延伸了我们对于媒介的理解。在"秦晋之好"这种中国古代的政治传播模式中，女性也可以被视为其中的关系媒介。与女性远离政治的常规预设不同，她们常常以柔性的和亲方式参与到政治之中，通过融合基因、缔结亲属、消弭冲突、传播文化等方式，实现政治沟通与政治结盟。[32]

---

① 参见《国际新闻界》2018年第二期"反思传播学"专题，以及FUCHS C，QIU J L. eds. Ferments of the field: introductory reflections on the past, present and future of communication studies. Journal of Communication，2018，68（2）.

四、经典效果研究新论

以往对于第三人效果的研究倾向于认为正向信息会形成第一人效应，负向信息则会产生第三人效应。但现实中很多议题的性质并不是"非正即负"，而可能涵盖多种元素和多个面向。在全球变暖这一复杂议题中，研究发现：在以个人为中心的自他影响上更可能产生第一人效应（认为自己比社会上多数人更关心）；而在以国家/地区为中心的自他影响上，认知却较为多元，比如负向影响中也存在第一人效应（认为全球暖化对台湾的影响更为严重），正向影响中也存在第三人效应（认为其他国家/地区更可能采取应对全球暖化的策略，其他国家/地区的人民也更愿意采取行动缓解暖化）。这一研究结果也为政府后续的政策制定、执行和宣传提供了指引。[33]

沉默的螺旋是被卡茨和菲阿尔科夫（Yonatan Fialkoff）判定为应当"退休"的传播学概念之一，原因在于它无法解释"阿拉伯之春"和同性恋群体中少数派的奋起反抗，且互联网对个体发声的鼓励降低了公众的被孤立感。[34]尽管理论上如此，但这并不意味着公众的互联网表达因此变得轻松，尤其在互联网日益结构化的形势之下。研究发现，意见气候感知的一致性是激发青年群体由线下政治讨论转化为线上政治表达的关键因素，正向影响网络空间的意见表达，可见沉默的螺旋在网络空间中仍然适用。同时，如果网络效能感高，线上政治表达的意愿会更强烈。因此，社会治理层面应该营造良好的言论氛围和开放的心态，促进良性的政治协商。[35]

框架理论算得上是传播学中生命力最为旺盛的理论之一，其概念和方法广泛运用于新闻学、社会学、政治学等领域，并成为新社会运动研究的重要解释框架。[36]在心理学领域，框架效应常常关注信息的陈述框架在行为层面产生的效果。研究发现，在公益众筹项目的文本叙事中，当项目信息与捐赠者自身关系不太紧密且比较安全时，采用获益型信息框架的效果显著优于采用损失型信息框架，且提供进展信息能够提升捐赠者的信任和捐赠意愿。这也提醒众筹项目的求助者，应避免过度悲情表述，可适当强调受助者获得捐赠之后所产生的积极效果。[37]

五、近代中国的媒介与知识

2018年，一本研究中国打字机历史的书籍获得了费正清奖，再次将学术视野拉回风云际会的近代中国。如果说今日传播学者不断援引尼采关于打字机的名言"我们的写作工具参与了我们的思想"（Our writing tools are also working on our thoughts）并努力将其提升到哲学高度，很大程度上是为了佐证媒介学的主张[38]，那么马拉尼（Thomas S. Mullaney）回溯打字机的历史，则是要审视"东方主义的思维和技术的偶然性如何塑造'现代'的语言系统"。中国打字机的历史是中国文字与全球现代性的紧张关系的历史，是中国信息技术与媒介化的历史，更是一段物的历史："如果郁金香、鳕鱼、糖和咖啡都改变了世界，那么或许中国打字机也是如此。"[39]

当然，此种思路和视野不独为马拉尼所有，留声机[40]、收音机[41]、幻灯[42]等"西器"在中国的传播与应用均有着独特的生命历程。以幻灯为例，作为一种强光透镜投影装置，它最早由传教士引入中国，献给皇帝以作娱乐之用。而后幻灯逐渐成为讲座培训时的辅助演示工具，常常达到较好的教化效果，其引发的关注甚至超越了讲座内容本身。此种知识的剧场化展示，使得基于直觉经验的具体认知逐渐取代了抽象的逻辑推断。经过本土化改造的魔灯脱离了其在西方语境中的"幻术""魔法"等超自然意义，而成功建立起对理性结论的经验主义论证途径，并延伸至政治实践领域，成为中国现代科学主义的重要特征之一，见证了中国特殊现代性的兴起。[43]

传播学中对此研究最为透彻的当属报纸。作为一种与书籍不同的媒介，报纸是作为"新媒体"引入中国的，它意味着一种新的知识类型，虽不见得有书籍深刻，且内容常常简单零散，却源源不断地提供着鲜活且动态的时事资讯。鸦片战争期间，林则徐便是通过组织阅读、翻译《澳门新闻纸》，获得了一个从外部看待中国和重新审视自我的难得视角，它仿佛是一面哈哈镜，从中窥见了羸弱的、傲慢的、落后的东方帝国。[44]

不过，在范发迪（Fa-ti Fan）看来，上述对于知识的解释方式依然逃脱不了"冲击-回应"的西方中心模式和文化冲突论的掣肘，有意无意地将中国知识系统与西方科学相对立。而事实上，很多科学实践和科学知识是在文化"接触区"（contact zone）通过历史行动者的互动形成的，它凸显了文化的多元活力与弹性。[45]19世纪英国博物学家在华从事研究考察时，常常需要和官员、商人、草药师傅、买办、画师、猎户等各式各样的中国人打交道，在不同文化、区域和历史背景的混合、互动、调试和杂化之中，知识及其他文化产物得到转译、传播和繁衍。但这并不是一场自由的交流，权力的差别显而易见，透过博物学的窗口，科学帝国主义和英帝国主义在中国的扩张携手并进。

六、数字时代的代际沟通

家庭一向是华人社会"儒家文化传统"的核心所在，常常形成独特的互动现象。① 而中国社会的个体化进程使得小家庭盛行，家庭关系发生了结构性的变迁，横向的夫妻关系取代纵向的父子关系，成为大多数家庭关系的主轴。[46] 此外，社会的老龄化、媒介技术的"区隔"等因素都让代际沟通备受关注，其中尤为突出的便是数字代沟（digital generation gap）。这一概念源于经典效果研究传统"知识沟"的延伸"数字鸿沟"，指的是教育程度、社会经济地位等因素对 ICT（information and communications technology，信息通信技术）接入、采纳和使用等方面的影响，如今，代际也逐渐被纳入这一社会结构性维度之中。它既表现在中观的社会层面（老中青三代），也表现在微观的家庭层面（祖亲子三代）。以微信为例，不管在社会层面还是家庭层面，不同世代在接入、使用和素养方面都呈现出了清晰的数字鸿沟。但是，家庭关系和家庭身份却作为中介变量干预着代际的数字接入、使用和素养。所以，如果我们将数字代沟放入具体情境，代沟并非不可逾越，而是可以通过家庭中的代际互动（哺育与反哺）来填补。[47]

事实上，在亲子关系中，孩子的反哺意愿甚至高于家长的被反哺意愿，前者取决于居住地、亲子沟通质量以及父母"情感温暖"的教养方式等因素，而后者则与长辈的创新精神、努力期望、绩效期望、受教育程度等因素密切相关。"技术反哺"可以有效弥合代际隔阂，促进沟通的同时也缩小了数字代沟。[48] 在某些特殊情境中——比如老年人的健康信息获取，信息焦虑和技术鸿沟常常会触发老年人对健康信息的回避。但是考虑到老年人的专业知识与媒介素养的有限，子女大多时候想到的并不是弥补数字技术的接入与使用代沟，而是扮演新媒体与老年人之间的桥梁和中介，亲自对健康信息进行甄别与把关，以补偿老年人的信息回避行为和技术因素所致的信息鸿沟。[49]

当然，数字媒体的功能绝不仅仅在于信息获取，还包括社会互动等。虽然

---

① 如孙辈在陈述祖辈家庭故事时，多是讲母亲这边的外婆，而对父母这边的奶奶则显生疏；又如老人的"传世之言"常常受到家族成员的影响，如姑父、伯父、兄嫂、婶婆、叔公甚至爷爷的偏室等。参见臧国仁，蔡琰. 老人学传播研究［A］//洪浚浩. 传播学趋势. 北京：清华大学出版社，2014：459-481.

老年群体在家庭和社会中的地位都渐趋边缘,但社交媒体却为他们重新参与社会提供了契机。研究发现,相比于大众传播和消费功能,微信中的人际交往功能最受老人青睐,且老年女性的社会交往显著高于男性。[50]借由社交媒体,退休女性得以找到一个新的倾诉和交往空间,进行自我身份的表达和主体性的建构(孙信茹,赵洁,2018)。但很多时候,由于缺乏新媒体素养与信息的鉴别能力,中老年女性常常扮演着谣言的"搬运工",成为谣言扩散的重要桥结点。[51]

七、数据泄露与隐私保护

2018年,Facebook被爆出"数据门"事件,五千万用户数据被剑桥分析公司所收集,用以投放定向政治广告以影响美国大选结果。与此同时,百度CEO李彦宏表示,中国人在个人隐私方面更加开放,愿意用隐私交换便捷性或效率。这是继2017年年末一位女生致信周鸿祎的水滴直播《别再盯着我们看了》之后,数据隐私问题再一次引起广泛的社会关注和讨论。其核心议题,皆关乎数据巨型机器和人的自由的丧失、平台的权力及其规制,以及隐私权的法律边界和技术治理新政等。①[52]

那么中国人真的如李彦宏所说,愿意用隐私换取便利吗?至少在"千禧一代"中,情况并非如此。研究显示,中国大学生对个人隐私的平均敏感度甚至高于美国大学生。具体来说,中国大学生对个人习惯、浏览网站记录、搜索记录、网购喜好等数据的敏感度显著高于美国大学生,而美国大学生对电子邮件、手机内容的敏感度则显著高于中国大学生。[53]在家庭层面,成人初显期子女的在线沟通中常常提防的则是父母的"隐私入侵"。在父母介入之前,朋友圈、Facebook主页等数字媒介平台常常被青少年当作自己的隐私领域,可以尽情谈论情感、健康、安全、娱乐等敏感话题。但当父母涉足子女的这一"隐私领域"时,青少年会采用屏蔽、分组、秒删朋友圈等行为策略来调整和管理隐私边界。[54]相比老年人在微信中把家人排在第一位、想要通过朋友圈来了解晚辈的生活,青年人则把家人排在最后,通过分组和屏蔽来对抗"窥视"。[55]足可见,随着时代的变化,跨文化传播学者以往所认定的中国人隐私观念相对淡薄、重集体隐私、轻个人隐私的论点也面临着挑战。

---

① 参见《探索与争鸣》2018年第五期"'裸'之殇:智慧生活中的自主性与秩序性——聚焦Facebook数据泄露事件"圆桌会议栏目。

实际上，很多时候，中国人是不得不用隐私换取便利。尽管《网络安全法》明文规定了信息保护条款，但相当一部分网站在收集个人信息时并未提供隐私政策的声明，教育类网站收集信息的比例最高，但其在提供隐私声明方面的表现却最差；大部分网站在用户注册时就默认用户将接受相关推送服务，但是用户的投诉/举报途径、删除权与更正权、选择性加入/退出机制等权利却没有得到充分保障。几乎所有网站都采用了 cookies 收集个人信息，但超过 75% 的网站都不会明示信息收集的方式，且近四分之三的敏感信息类网站都存在中级以上的数据安全漏洞。[56]移动 App 客户端也多存在霸王条款现象，强行让用户接受相关隐私政策，且隐私政策水平参差不齐。[57]在公共机构-网络中介-用户的三方博弈机制中，体制内力量对互联网的治理和个体权利的实现都不得不依赖于网络中介，使其得以占据核心有利地位，并往往能从中获得最大利益。因此，如何提高网络中介"私权力"运行的透明度，是国内外传播法都必须面对的问题。[58]

八、情感与记忆研究

情感作为一种发声实践（articulatory practice），以其丰富的层次塑造着主体的自我身份，在中国的现代转型中占据着中心地位。清末革命思潮中，革命报刊的舆论造势直接影响着读者对于时局的情感和态度。此时的报刊不再是消遣娱乐之物，而将人们带入了截然不同的世界：进步青年激情澎湃，斗志昂扬；清朝遗老则惊恐焦虑、悲愤交加。[59]以民族主义为导向的政治与社会想象需要同情式的社群，这与现代主体的情感化转向不谋而合，并在文学作品中被反复操演。民族共同体因而一方面在民族内部建构起了强大而持久的同情，另一方面也勾画出了同情在民族之外的限度。[60]时至今日，在媒介化的他国苦难中，"国家"依然是塑造公众同情、建构"我们"想象与"他者"关系的主要框架。这是一个动态协商的过程，它既可能超越国家，诉诸一种"普遍人类"的同情话语，也可能将苦难政治化、去道德化，筑起"我们-他们"的高墙，从而拒绝同情。[61]

长久以来，在理性主义传统中，情感常常被视为影响公共舆论的负面因素。而 20 世纪后期的"情感转向"却为重新评估公共舆论中的情感提供了契机。如何审视公共舆论中的"情感"政治？有学者提出了四个分析维度：媒介——技术形态、报道框架及其背后的政治经济力量；认知——既有观念和具体事件中产生的认知；基调情感——信念、情感定向和情感氛围；状态情感——具体事件中被激发的情感。四者在互动中相互激荡，容易形成难以控制的"叠加效应"，作用于公共舆论。[62]

怀旧作为一种特殊情绪，最初是被当作一种疾病来对待的。但很快，浪漫主义及诗学将其从医学中解放出来，并视其为对当下的某种回应。[63]工业化和现代化激发了人们对于"从前慢"的怀念，数字时代尤甚。虽然在线社交网络能够缓解现代个体的孤独感，但是其情感支持的效能却随着网络的发展而逐渐降低，这意味着线上的弱关系越来越难以转化成为线下的强关系。[64]范迪克（Jose van Dijck）[65]建立了三个维度以考察数字时代复杂的媒介化记忆问题。除了认知科学层面的具身化（embodied）记忆之外，科技和物质常常是使记忆成为可能（enabling）的"肉身"。技术怀旧考察的便是物质与现象的叙事，以及怀旧主体的身份建构。在此，科技物的功能属性退居其次，重建过去的美学体验被突出。新与旧之间，创造出了一种代际间的对话，满载着过去和未来的张力。[66]

第三个维度则与个人嵌入（embedded）其中的文化实践息息相关。媒介的历史也是个人、社会和时代的历史，它勾连起私人体验与公共生活，其意义超越了日常习惯性的使用。数字媒介的发展培养起了新的记忆习惯，从"人本位"向"事本位"的转变成为在线记忆言说重要的逻辑转向。[67]如今，中国早期的网站渐次凋零，可它们却在网友的哀悼与纪念文章中延续着生命。在个人怀旧层面，消逝的网站成为网友青春的见证；在政治抗争层面，记忆成为批判现实的资源或方法：两者的交织也折射出了中国互联网断裂而缺失的曲折发展过程。[68]

九、媒介与政治

研究政治参与，媒介一直被视为一项重要的变量。这里的"媒介"可以做两种理解。一种理解是作为信息生产与传播的专业组织的媒介。在此种理解之下，媒介常常被看成一支独立的力量，和市场、国家分庭抗礼。学者们一度以为，市场化和技术发展所带来的海量的多元信息能够帮助建构一个"民意进、权力退"的社会。但四十年的媒体改革形成的却是一个"信息悖论"：新闻媒体的市场化与国家的新闻管控同步增强。人们渐渐发现，国家不是静态的铁板一块，而是一个动态的、多维度的整合体；市场不过是一种中性资源，它不仅提供了海量信息，还从根本上分化了由信息引发的、不同类型的冲突；甚至媒介专业主义也多半停留于话语层面，鲜少付诸实践。[69]适应性的治理方式和灵活政策赋予了制度以活力，成为中国保持韧性的基础。[70]

第二种理解则是作为事件和节点、中介与改变交往实践的媒介。[71]伴随着信息生产方式的变革，以专业化著称的媒介组织的垄断地位受到极大挑战，一个"人人都能生产信息"的互联网群体传播时代已然到来。[72]网络技术降低了政治参与的门槛，催生了一种参与政治的重要方式——"键盘参与"，并在"阿拉伯之春""占领华尔街"等运动中彰显了其威力。台湾的"零时政府"作为一个分散式的公民黑客社群，便是利用网络分享资讯，将共识实践为专案，与政府互动，以推动并参与政府决策，为政治参与树立了正面风气。[73]在武汉一小区拟建临终关怀医院的抗争传播故事中，新媒介也悄然嵌入并改变着政府、医院和业主三方的关系网络，各方均需要借助新媒体来合法化自身的诉求并与其他势力进行较量，最终以一种空间平衡的状态来完成权力的循环与更迭。[74]

围绕着媒介和政治权力的博弈，演化出了多个行动空间和机会结构，如线上与线下、官方舆论场与民间舆论场之分。传统/官方媒体扮演着"喉舌"角色，在政治问题上的报道框架、话语和立场都较为统一。对中国大学生而言，接触此类政治新闻反而让他们对媒介管制的感知更加强烈，从而弱化他们的政治信任，强化了政治疏离感；大学生们因而越发渴望一个相对宽松的环境，反对政府对互联网的管制。[75]但即便网络为公众提供了讨论与表达政治话语的平台和空间，出于政治不信任和政治怀疑，青年群体也似乎更习惯在线下通过人际渠道谈论政治，只有当意见气候感知一致，线下政治讨论才可能转变为线上政治表达。[76]但事实上，"喉舌"已经呈现出从局限于传统媒体转为覆盖社交媒体的态势，官方舆论场和民间舆论场的裂缝在弥合，两者开始扮演相同的角色，且都对网民的社会信心起到了积极且显著的效果。[77]

十、信息传播技术的政治经济学

信息传播技术不仅是促进其他行业信息化与效率提升的辅助力量，它本身作为一种产业，也在国家主导的市场改革与经济转型中扮演着关键角色。[78] 2018年4月，美国商务部宣布对中兴通讯实施制裁，禁止美国供应商向中兴出售软件、技术、芯片等商品，信息和通信技术领域的地缘政治成为关注焦点。它暴露了中国一直以来对西方主导的信息传播技术的依赖，尽管以中国为代表的新兴政治经济力量一直试图重建国际信息秩序，但是美国在数字资本主义的跨国政治经济中的领先地位仍然显而易见。[79]美国以巨额军费打造的信息设备、信息处理系统和信息产品将全世界拖入了追随领袖的游戏中，"信息的自由流动"成为开疆拓土的观念武器。而对于后起国家而言，政治问题被简化为了技术问题，追随和竞争皆源于一种被排除在市场之外、失业、经济下滑以致陷入更深依赖的恐惧。[80]

作为全球信息地缘政治中尤为重要的一部分，中国在吸引大量境外投资的同时也努力向外推进市场，并为本国企业保留了高增长的市场。在波谲云诡的资本与政治博弈中，中国能否建立一个不同于美式的信息资本主义模式，成为政经学者的核心关切。[81]

而在国内市场，以BAT（百度、阿里巴巴、腾讯）为首的互联网科技公司都曾经打着"共享经济"的旗号积累用户，实则是经营着"民主"的生意：以分享、民主为价值诉求召唤用户辛勤"垦殖"。到了20世纪末，信息社会的未来想象不再强调公共服务、知识共享，转而与日益扩张的商业和市场关系暧昧。[82]资本的逻辑在于将使用价值转换为交换价值，数量庞大的用户被用来实现最大程度的变现。用户的创造性劳动也成了自我出卖的过程，他们的自我数码化构成了新媒体时代的"大数据"，再生产过程以数据的方式成为剩余价值的来源，人也被彻底数据化。[83]斯蒂格勒（Bernard Stiegler）将这一过程称为"无产阶级化的第三阶段"，即基于互联网的网状阅读和书写带来了系统性愚昧，资本的生产和流通超越了空间限制，创造出了巨大市场，自动主义通过数据踪迹控制着消费，社会失去了人与人真正的协商和交流基础上的主体性决策。[84]

当然，这是个"制造同意"的过程，受众从原来的"商品"演变为"劳动者"，通过媒介使用、内容生产、社交行为和情感劳动为资本市场创造剩余价值。[85]受到意识形态召唤或蝇头微利诱惑的用户在"众包"的弹性雇佣生产模式下成为推动资本增值的数字劳工。他们逐渐学会感知并迎合网民的喜好以提升"业绩"，也造成了视频产业繁荣表象下的乱象。[86]普通用户和互联网公司、资本市场一起创造了历史上最大的牢笼，消费主义意识形态成为主导价值观，倒逼所有的文化生产机制，软文、烂片当道。如果任由商业逻辑横行无阻，新媒体在社会和政治层面的全面缺失必将到来。[87]

（原载于《国际新闻界》2019年第1期）

引用文献 [References]

[1] SYNNOTT A. The body social：symbolism, self and society [M]. London and New York, UK and USA：Routledge, 2002.

[2] 希林. 身体与社会理论 [M]. 2版. 李康，译. 北京：北京大学出版社，1993/2010.

[3] 黄金麟. 历史、身体、国家：近代中国的身体形成（1895—1937）[M]. 北京：新星出版社，2006；深町英夫. 教养身体的政治：中国国民党的新生活运动 [M]. 北京：三联书店，2017.

[4] 於兴中. 后人类时代的社会理论与科技乌托邦 [J]. 探索与争鸣，2018（4）：18-28.

[5] 约翰·彼得斯. 对空言说：传播的观念史 [M]. 邓建国，译. 上海：上海译文出版社，1997/2017.

[6] 孙玮. 赛博人：后人类时代的媒介融合 [J]. 新闻记者，2018（6）：4-11；孙玮. 交流者的身体：传播与在场：意识主体、身体-主体、智能主体的演变 [J]. 国际新闻界，2018（12）：83-103.

[7] 麦克卢汉. 麦克卢汉如是说：理解我 [M]. 何道宽，译. 北京：中国人民大学出版社，2003/2006.

[8] 刘婷，张卓. 身体-媒介/技术：麦克卢汉思想被忽视的维度 [J]. 新闻与传播研究，2018（5）：46-68.

[9] 刘海龙. 传播中的身体问题与传播研究的未来 [J]. 国际新闻界，2018（2）：37-46.

[10] 章戈浩. 数字功夫：格斗游戏的姿态现象学 [J]. 国际新闻界，2018（5）：27-39.

[11] Google News Lab. Storyliving：an ethnographic study of how audiences experience VR and what that means for journalists [OL]. [2017-08-01]. https：//newslab.withgoogle.com/assets/docs/storyliving-a-study-of-vr-in-journalism.

[12] 周逵. 沉浸式传播中的身体经验：以虚拟现实游戏的玩家研究为例 [J]. 国际新闻界，2018（5）：6-26.

[13] 刘涛. 语图论：语图互文与视觉修辞分析 [J]. 新闻与传播评论，2018（1）：28-41.

[14] 周敏，侯颗，王荟萃，兰美娜. 谁才是风险的"放大镜"？：一项关于不同视觉媒介可视化方式对受众风险感知影响的实验研究 [J]. 新闻与传播研究，2018（2）：34-48.

[15] 吴世文. 互联网历史学的前沿问题、理论面向与研究路径：宾夕法尼亚大学杨国斌教授访谈 [J]. 国际新闻界，2018（8）：59-75.

[16] 李金铨,於渊渊.传播研究的"跨界""搭桥"与"交光互影":与李金铨教授谈方法论[J].新闻记者,2018(7):42-52.

[17] 叶启政.实证的迷思:重估社会科学经验研究[M].北京:三联书店,2018.

[18] 蔡琰,臧国仁.试析"大众传播研究"之人文取向[J].湖南师范大学社会科学学报,2018(6):129-139.

[19] 郑欣,次仁群宗.寻找家园:少年扎西的媒介之旅[J].开放时代,2018(2):198-223.

[20] 吴世文.互联网历史学的前沿问题、理论面向与研究路径:宾夕法尼亚大学杨国斌教授访谈[J].国际新闻界,2018(8):59-79.

[21] 李金铨,於渊渊.传播研究的"跨界""搭桥"与"交光互影":与李金铨教授谈方法论[J].新闻记者,2018(7):42-52.

[22] 孙信茹,王东林,赵洁.作为意义探究的田野笔记:媒介人类学"实验性文本"的实践与思考[J].新闻记者,2018(8):75-84.

[23] 廖金英.愿景与悖论:传播学CiteSpace可视化工具引入现状批判[J].国际新闻界,2018(7):145-155.

[24] 舒德森.传播研究的历史取向:谈谈传播史的研究方法[J].沈荟,邓建国,译.新闻记者,2018(4):86-96.

[25] 王颖吉.客观或团结:美国大众传播知识社会学的两种类型[J].国际新闻界,2018(7):100-121.

[26] 秦艺丹.超越"人际影响":米尔斯的迪凯特研究与传播想象[J].国际新闻界,2018(8):76-97.

[27] 吴予敏.从"零"到一:中国传播思想史书写的回顾与展望[J].国际新闻界,2018(1):90-108.

[28] 陈卫星.媒介域的方法论意义[J].国际新闻界,2018(2):8-14.

[29] 黄旦.新闻传播学科化历程:媒介史角度[J].新闻与传播研究,2018(10):60-81;胡翼青.显现的实体抑或关系的隐喻[J].中国地质大学学报(社会科学版),2018,18(2):147-154.

[30] 孙藜."版面"之物:"媒介"想象中的超越与返归[J].新闻记者,2018(12):14-22.

[31] 陈卫星.媒介域的方法论意义[J].国际新闻界,2018(2):8-14.

[32] 潘祥辉."秦晋之好":女性作为媒介及其政治传播功能考[J].国际新闻界,2018(1):109-127.

[33] 黄惠萍.第一人或第三人效应?探析全球暖化的二阶自他认知差异与影响[J].新闻学研究,2018(1):41-87.

[34] KATZ E, FIALKOFF Y. Six concepts in search of retirement. Annals of the International Communication Association, 2017, 41 (1): 86-91.

[35] 闵晨, 陈强, 王国华. 线下政治讨论如何激发青年群体的线上政治表达: 一个有调节的中介模型 [J]. 国际新闻界, 2018 (10): 44-63.

[36] 郭小安, 滕金达. 衍生与融合: 框架理论研究的跨学科对话 [J]. 现代传播, 2018 (7): 46-53.

[37] 李武, 毛远逸, 黄扬. 框架效应、进展信息对公益众筹意愿的影响 [J]. 新闻与传播评论, 2018 (5): 68-78.

[38] KITTLER F A. Gramophone, film, typewriter. WINTHROP-YOUNG G, WUTZ M. Trans. [M]. Stanford, CA: Stanford University Press, 1986/1999.

[39] MULLANEY T S. The Chinese typewriter: a history [M]. Cambridge, MA: The MIT Press, 2017.

[40] 韩晗. 早期视听文化: 中国现代文化产业的重要起源 [J]. 武汉大学学报（人文科学版）, 2017, 70 (5): 111-117.

[41] 王雨. "听"的技术: 收音机、空间与听觉现代性 [J]. 文学与文化, 2018 (1): 41-51.

[42] 孙青. 魔灯镜影: 18—20 世纪中国早期幻灯的放映、制作与传播 [J]. 近代史研究, 2018 (4): 65-83.

[43] 孙青. 魔灯镜影: 18—20 世纪中国早期幻灯的放映、制作与传播 [J]. 近代史研究, 2018 (4): 65-83.

[44] 卞冬磊. 开眼看"中国": 在《澳门新闻纸》发现世界、国家与自我 [J]. 二十一世纪（双月刊）, 2018 (2): 51-64.

[45] 范发迪, 知识帝国: 清代在华的英国博物学家 [M]. 袁剑, 译. 北京: 中国人民大学出版社, 2004/2018.

[46] 阎云翔. 中国社会的个体化 [M]. 陆洋, 等译. 上海: 上海译文出版社, 2009/2012.

[47] 周裕琼, 林枫. 数字代沟的概念化与操作化: 基于全国家庭祖孙三代问卷调查的初次尝试 [J]. 国际新闻界, 2018 (9): 6-28.

[48] 朱秀凌. 手机技术反哺、亲子沟通与父母教养方式: 基于技术接受与使用整合模型的分析 [J]. 新闻大学, 2018 (4): 108-119.

[49] 公文. 触发与补偿: 代际关系与老年人健康信息回避 [J]. 国际新闻界, 2018 (9): 47-63.

[50] 周裕琼. 数字弱势群体的崛起: 老年人微信采纳与使用影响因素研究 [J]. 新闻与传播研究, 2018 (7): 66-86.

[51] 李彪, 喻国明. "后真相"时代网络谣言的话语空间与传播场域研究: 基于微信朋

友圈 4160 条谣言的分析 [J]. 新闻大学, 2018 (2): 103-121.

[52] 吴飞, 孔祥雯. 智能连接时代个人隐私权的终结 [J]. 现代传播, 2018 (9): 25-31.

[53] 王敏. 价值趋同与文化存异: "千禧一代"大学生对敏感数据的感知对比 [J]. 新闻与传播评论, 2018 (2): 28-41.

[54] 曾秀芹, 吴海谧, 蒋莉. 成人初显期人群的数字媒介家庭沟通与隐私管理: 一个扎根理论研究 [J]. 国际新闻界, 2018 (9): 64-84.

[55] 腾讯研究院 S-Tech 工作室. 吾老之域: 老年人微信生活与家庭微信反哺 [M]. 杭州: 浙江出版集团数字传媒有限公司, 2018.

[56] 邵国松, 薛凡伟, 郑一媛, 郑悦. 我国网站个人信息保护水平研究: 基于《网络安全法》对我国 500 家网站的实证分析 [J]. 新闻记者, 2018 (3): 55-65.

[57] 朱颖. 我国移动 App 隐私保护政策研究: 基于 96 个移动应用 App 的分析 [J]. 暨南学报 (哲学社会科学版), 2018 (12): 107-114.

[58] 张小强. 互联网的网络化治理: 用户权利的契约化与网络中介私权力依赖. 新闻与传播研究, 2018 (7): 87-108.

[59] 蒋建国. 清末革命思潮与报刊读者的阅读心态 [J]. 新闻与传播研究, 2018 (2): 98-114.

[60] 李海燕. 心灵革命: 现代中国爱情的谱系 [M]. 修佳明, 译. 北京: 北京大学出版社, 2007/2018.

[61] 袁光锋. "国家"的位置: "远处的苦难""国家"与中国网民的"同情"话语 [J]. 国际新闻界, 2018 (7): 16-36.

[62] 袁光锋. 公共舆论中的"情感"政治: 一个分析框架 [J]. 南京社会科学, 2018 (2): 105-111.

[63] BOYM S. Nostalgia and its discontents [J]. The Hedgehog Review, 2007, 9 (2): 7-19.

[64] 陈福平, 李荣誉, 陈敏璇. 孤独地在一起: 互联网发展中的在线情感支持问题 [J]. 社会科学, 2018 (7): 77-88.

[65] VAN DIJCK J. Mediated memories in the digital age [M]. Stanford, CA: Stanford University Press, 2007.

[66] 刘于思. 从"记忆的技术"到"技术的记忆": 技术怀旧的文化实践、情感方式与关系进路 [J]. 南京社会科学, 2018 (5): 121-127.

[67] 陈旭光. 逻辑转向与权力共生: 从网络流行体看青年网民的集体记忆实践 [J]. 新闻与传播评论, 2018 (3): 71-85.

[68] 吴世文, 杨国斌. 追忆消逝的网站: 互联网记忆、媒介传记与网站历史 [J]. 国

际新闻界，2018（4）：6-31.

[69] 李金铨."媒介专业主义"的悖论［J］. 国际新闻界，2018（4）：119-125；林芬. 权力与信息悖论：研究中国媒体的国家视角［J］. 传播与社会学刊，2018（45）：19-46；周翼虎. 中国超级传媒工厂的形成［M］. 台北：秀威资讯科技股份有限公司，2011.

[70] 韩博天. 红天鹅：中国非常规决策过程［M］. 石磊，译. 香港：香港中文大学出版社，2018.

[71] 黄旦. 新闻传播学科化历程：媒介史角度［J］. 新闻与传播研究，2018（10）：60-81.

[72] 隋岩. 群体传播时代：信息生产方式的变革与影响［J］. 中国社会科学，2018（11）：114-134.

[73] 郑婷宇，林子伦. 键盘参与：从"零时政府"检视黑客社群协作式的公民参与［J］. 传播与社会学刊，2018（46）：15-51.

[74] 何志武，吴丹."我的地盘我做主"：社区、行动者与空间争夺：一个关于武汉H小区拟建临终关怀医院的抗争传播故事［J］. 新闻与传播研究，2018（2）：115-125.

[75] 王童辰，钟智锦. 政治新闻如何塑造参与行动：政治心理的视角［J］. 国际新闻界，2018（10）：64-83.

[76] 闵晨，陈强，王国华. 线下政治讨论如何激发青年群体的线上政治表达：一个有调节的中介模型［J］. 国际新闻界，2018（10）：44-63.

[77] 张洪忠，何苑，马思源. 官方与个人社交媒体账号信任度对社会信心影响的中介效应比较研究［J］. 新闻大学，2018（4）：98-107.

[78] HONG Y. Networking China：the digital transformation of the Chinese economy［M］. Chicago, IL：University of Illinois Press, 2017.

[79] 席勒. 信息资本主义的兴起与扩张：网络与尼克松时代［M］. 翟秀凤，译. 北京：北京大学出版社，2018.

[80] SCHILLER H I. Information and the crisis economy［M］. New York：Oxford University Press, 1986.

[81] HONG Y. Networking China：the digital transformation of the Chinese economy［M］. Chicago, IL：University of Illinois Press, 2017；王维佳. 网络与霸权：信息通讯的地缘政治学［J］. 读书，2018（7）：3-10.

[82] WU J, YUN G. From modernization to neoliberalism? How IT opinion leaders imagine the information society［J］. International Communication Gazette, 2018, 80（1）：7-29.

[83] 吕新雨. 购买"民主"：新媒体时代的劳动价值论［J］. 新闻与传播评论，2018（1）：42-55.

[84] 张一兵. 心灵无产阶级化及其解放路径：斯蒂格勒对当代数字化资本主义的批判

[J]. 探索与争鸣，2018（1）：4-13.

[85] 蔡润芳. "积极受众"的价值生产：论传播政治经济学"受众观"与Web 2.0"受众劳动论"之争［J］. 国际新闻界，2018（3）：114-131.

[86] 吴鼎铭. 作为劳动的传播：网络视频众包生产与传播的实证研究：以"PPS爱频道"为例［J］. 现代传播，2018（3）：56-62.

[87] 吕新雨. 新媒体时代的"未来考古"：传播政治经济学视角下的中国传媒变革［J］. 上海大学学报（社会科学版），2018（1）：121-140.

2018年中国传播研究新观点

■ 刘海龙　吴欣慰

一、人工智能时代的身体研究

2018年，人工智能概念在社会生活各个领域持续走热，其中显现出人与技术的关系问题继续成为各领域的焦点。在传播学领域，将"身体问题"带回传播学研究中成为今年的一个新话题。其实，传播学研究中的身体问题一直若隐若现。比如彼得斯在梳理传播思想史时就提出了"在人类交流中人体在多大程度上可以保持缺席"的设问。一方面，苏格拉底和洛克等早期学者正面强调了面对面对话中肉身在场的重要性；另一方面，通过大众传播现代科技逐渐实现的幽灵（精神）交流，却带来与日俱增的身体缺席的焦虑，从反面强化了身体在场对于传播的价值。[1]

以此作为基点，反观身体与传播的思想史，麦克卢汉的身体-媒介/技术思想、基特勒的信息唯物主义、控制论和女性主义是这一脉络上不可或缺的一部分；同时，这一视角也是笛卡尔、胡塞尔、海德格尔、梅洛-庞蒂和后期维特根斯坦、福柯等哲学家的核心关怀。[2]特别是后人类主义的赛博格概念，即机器可以从人体的延伸发展到人机结合，成为当下和未来人机界面互动的得力诠释。人机结合突破了身与心、肉身与机器的二分法，造就了新的主体"赛博人"。赛博人是处在不断流动过程中的移动网络的节点主体，它打通了实在与虚拟世界的界限。[3][4]美国现象学哲学家休伯特·德雷福斯（Hubert Dreyfus）所揭示的身体-情境-心智的整体性观念[5]，以及游戏研究中身体姿态与具身"沉浸"体验的探索，或都可作为努力的参照方向。正如麦克卢汉曾声称的："技术的影响不是发生在意见和观念的层面上，而是要坚定不移、不可抗拒地改变人的感官比率和感知模式。"[6]

二、电子游戏的玩家研究

一直被社会舆论视为"鸦片"和"洪水猛兽"的电子游戏,逐渐受到传播学界的正视,玩家的研究视角成为传播学视域下游戏研究的出发点。具身性感官实践是电子游戏的一大卖点。20世纪70年代的格斗游戏,正是通过手部操作,以玩家身体姿态的变化,体验初级的感官刺激。[7]而如今的虚拟现实技术使全身体验和沉浸感成为可能。在这类游戏中,玩家可以利用独特的空间叙事与身体交互经验,"身临其境"地感受由场景叙事唤起的情感(如恐惧),一边建立对新身份的认同感,一边激发亲历的"虚拟记忆"。[8]游戏世界因而一度被视为由魔环(magic circle)所区隔出的纯粹的虚拟世界,但多人在线游戏中玩家的结盟合作行为研究展示出游戏与现实之间相互渗透的可能性。研究发现,玩家们在"娱乐"和"闲聊"中形成了重复互动,其中丰富的社交线索、自我揭露和情感交换,使我们看到网络社会的社群形态如何超越个人-集体、线上-线下的二元对立。[9]

女性玩家的快速增长,将性别考量带入游戏研究。研究者们观察到,游戏呈现出社会偏见和对女性的物化,对游戏产业、研究者甚至女游戏玩家本身都常有性别刻板印象。这种刻板印象具体体现为:认为女性玩家游戏水平低、竞争性弱、对他人依赖性强、注重团队协作、乐于承担辅助角色、性格好、注重外在美观而不重实际等。文章通过SEB实验和焦点小组访谈不仅发现显著的内隐性别刻板印象,而且还发现游戏设置会带来人身攻击、边缘化和自我否定等负面的刻板印象威胁。[10]而杨美雪和赵以宁基于台湾的相关研究成果似乎没有如此悲观。她们发现,女性玩家已逐渐跳脱传统的性别刻板印象,会透过对角色性别和职业的塑造来展现自我,其对角色外貌形象的塑造也较少受到性别认同的影响。[11]是否真是如此呢?《恋与制作人》这款女性向游戏在大陆的风靡引人重新反思,其"白日梦"特质、设计理念与市场效应等都引领着研究者们持续深入何为性别平等、如何构建性别认同等议题。[12]

三、数字代沟与家庭传播

家庭和代际关系一直是社会学研究的重要领域,但是家庭作为一个传播场域和分支学科在中国却仍属于尚未开垦的研究领域。周裕琼和林枫通过将数字代沟概念化和操作化,呼吁在代的生物和社会属性之外,引入家庭属性,从接入-使用-素养这三个维度将代问题与代沟现象置于中国特色的家庭传播场域加以考察。[13]除了代际问题之外，家庭传播在美国其实已经成长为一个较为系统的研究领域，它从人际传播和群体传播中剥离出来，吸收社会学、心理学和家庭学的成果，主要关注父母与子女沟通、夫妻之间的交流以及父母对子女接受媒介信息的影响等。这一领域以彼此承诺和依存的互动定义家庭[14]，强调传播在家庭中的角色和功能，以关注家庭成员相互关系的系统模式和过程取向作为研究视角，使用想象互动、自然观察、日记访问、媒介分析、问卷调查等研究方法，现已发展出关系传播、符号聚合、传播隐私管理等原创性理论，日臻成熟。如何使之在中国本土文化土壤中落地生根，朱秀凌初步勾勒出可供参考的五个方向：传受双方研究、内容和形式研究、媒介与效果研究、社会情境研究、家庭传播史研究。[15]

国内学者目前也已做过一些有益尝试。如通过技术接受与使用整合模型（UTAUT，Unified Theory of Acceptance and Use of Technology）探究青少年家庭内部手机"技术反哺"现象的发生机制及其社会影响；从代际关系的视角看代际因素在老年人健康信息回避行为的发生、改变、补偿等方面的影响和作用[16]；以及以沟通隐私管理理论为基础，探讨因学习或工作分隔两地的成人初显期子女与父母之间的数字媒介沟通进程及影响[17]。如此，家庭传播研究不仅将一直被忽视的老年人重新带回研究视野之中，也将"隐私"和"边界"等在中国文化下隐而不宣的问题带入讨论议题中来。[18]

四、社交媒体、虚拟社群与身份认同

社交媒体的广泛使用，开创了虚拟社群的新形式。在社交媒体主导下的群体传播时代，普通个体的情绪、个体认知的社会化传播成为传播新环境、信息生产新方式中的突出现象。[19]由此构建的虚拟社群，也正是通过人与人关系的纽带，以网络化的个人为中心形成。移民人口或离散人群的社交关系，往往在这种数码通信技术的中介作用下得以维系与发展。此类研究的核心关怀在于，新的人际交往与传播模式如何在社交媒体使用中形成，又如何建构社群认同与归属感。当代中国社会变革下，中国新生代农村移民的社交媒体使用是典型案例。研究发现，从线下到线上的"二度迁徙"为他们提供了一个相较于线下更具有社区归属感的社交平台，QQ空间等看似"虚拟"的数字化平台，已经成为新生态农村移民日常中承载更多认同的居所与场域。[20]

而海外离散群体作为穿梭于不同国度之间的移民群体，同样不能被简单放置于单一新技术或媒体体制的背景中。就 Facebook 与微信使用的对比研究来看，"世纪潮一代"的在英流寓华人将其作为不同的社交符号，以"想象融入"和"持续认同"活跃在不同文化集体和社群，实现"双面人生"[21]；而在美国和台湾的中国"90后"留学生则因早年在中国大陆的社交媒体使用经验（以微信为代表），与海外互联网文化（以 Facebook 为代表）形成新的"数字文化冲突"，这加剧了"文化休克"现象，为离散者的社会融入带来新的挑战。[22] 无独有偶，对于美国 L 城华人社区的民族志考察也显示，微信群以"社会互助"和"故事讲述"的方式来赋予社区成员归属感，其抗拒文化同化和适应美国文化的双重功能，以线上、线下的"弱关系"构建出新型的强社会关系网络。[23]

在社交媒体的关照下，往往被视为"落后者"的老年群体也通过手机拍照行为获得新的交往关系，参与到社会关系中来。这种自我身份的彰显与表达，不仅在一定程度上实现了个体情感表达与心理调适，同时也为"弱势"群体的身份认同与主体性建构开拓出可期的领域和空间。[24]

五、权力视角与公民参与

中国社会转型超越了线性的"市场挑战国家"或"技术挑战国家"的模式，中国媒体转型中亦面临着信息悖论：一方面，媒体市场化为新闻提供了更多自主空间和新闻保守主义的新形式；另一方面，威权国家的权力在受到信息挑战的同时，其控制媒体的能力得以增强。由市场和传播技术带来的"信息赋权"机制一直是媒体转型研究的主流，但在解释威权国家的媒体转型中却呈现乏力的状态。学者林芬在研究中借助史蒂芬·路克斯（Steven Lukes）三个维度的权力框架，将"信息冲突"框架进行更新，更为细致地勾勒"信息赋权"的构建条件和动态过程，并以此分析中国国家与媒体的互动状态并形成解答。其研究认为，在政权、市场、技术和民意的角逐里，中国媒体摇摆于相对自由化的经济政策和保守的政治制度之间，分化于各路思潮的争论里，沉浮于周而复始的周期之中。"国家与媒体"关系也随之起伏动荡，而这又与中国目前在国际社会中所展示出的"脆弱的超级大国"形象相呼应。[25] 曾温娜、柯林·斯巴克斯以中国当红的韩国模式节目《奔跑吧，兄弟》作为研究案例，以人类学研究方法对电视生产模式进行考察，探究电视生产者在引进和本土化改造电视节目模式的过程中文化相似性与权力协商之间的关系，重点分析版权方所代表的自上而下的权力在本土化过程中的协商过程。文章认为,中国电视团队引进、本土化改造《奔跑吧,兄弟》的过程,更为直观地展现出各主体在文化差异与政治干预影响下多向、螺旋式、多层次的权力协商过程。通过各方权力协商把一个在外国文化语境中生产出来的节目,成功地本土化为一个高收视率的本地版本。作者分析指出,拥有更专业知识的一方并不一定在权力结构中占上风,文化相似性也不能解释所有全球化背景下产生的文化现象。文化差异和政治壁垒成为干预电视节目模式本土化中的关键要素。[26]

公民作为"政府-媒体-社会"动态互动关系链条中的重要一环,以线上线下的多种方式参与到政治权力争夺之中。一方面,研究者以"零时政府"为个案,观察黑客社群如何奉行开源文化,展现其运用网络工具进行协作的过程。借由分享资讯、将共识实践为专案、与政府互动等行动,将公共议题散播开来,从而打破以往因资讯不流通而被专业权威把持知识与资源的格局,真正推动公民审议过程。"零时政府"将社群外的公民转化为参与者,进而达成审议中"广泛的公共参与""公平审议的机会""充分资讯下的公众判断",以及"可信的结果"等四个重要元素。"零时政府"的公开透明和分散式协作让参与者具有自我实现的满足感,也让多元思想汇聚碰撞。一方面,这一研究展现出"零时政府"对培养公民素养具有难以量化的重要性[27];另一方面,研究者通过武汉 H 小区拟建临终关怀医院的抗争个案,展现了政府、医院、业主三方主体在新媒介作用下进行的持续互动与协商过程。作者认为这种"日常生活政治"中潜藏的微观抗争情绪与倾向需要加以重视,否则有可能转化成显见的宏大社会冲突。随着网络社会的发展,公民借助线上表达推进线下诉求的满足将成为常态,为民众提供诉求表达的网络渠道和空间对推动国家和社会进步是有益的。[28]

六、情感研究的新维度

近年来,新闻传播领域中与情感相关的媒体事件呈爆炸性增长,这也促使传播学研究的学者在"情感"问题上投入更多关注。在公众情感的研究方面,目前国内的学术领域尚缺少系统的研究分析框架。袁光锋在他的研究中提出一种兼具静态和动态的视角,一个包含"认知""媒介""基调情感""状态情感"四种要素的系统性的分析框架,用于分析公共舆论中的情感政治。研究中,他借助这种分析框架,对在中国情感政治场域中占据主导地位的情感形态及其形成机制做出描述和解释。在诸如阶层冲突、医患冲突、官民冲突等议题上突出体现出愤怒、怨恨、不公感、同情、悲情等情感。媒介、认知、基调情感、状态情感四种要素为研究公共舆论与情感政治提供了一个基础。在国家与公众之间基于情感的互动和博弈将会呈现出更为复杂的态势，这样一个情感研究的框架意义深远。[29]

在情感研究方面，袁光锋研究的另外一个维度也颇具启发。其在"国家"与公众"同情"之间的关系探讨中引出一系列问题。研究发现，面对他国的"苦难"，形成了关于"普遍人性"话语与"国家"话语之间的争论。中国网民形成了多个层次（layers）的"同情"话语，不同层次的"同情"之间既可以产生冲突，也可以"携手并进"。国家记忆、苦难的"政治化"和"去道德化"、将他者的"非人化"等都塑造了网民的"同情"/拒绝"同情"的话语。媒介化的他国苦难并不是简单地促进世界主义或者强化国家身份认同，在这种二元的范畴内，更多的是"国家"认同的动态协商和反思性重构。[30]陈福平、李荣誉、陈敏璇的研究指向更为明确——孤独感。其研究的核心问题是：虽然互联网普及，在线社交应用蓬勃发展，但是"孤独地在一起"的社会忧虑依然存在。研究发现，互联网使用者将在线关系转化为线下亲密关系的能力越强，越能从互联网获得情感与社会支持。然而，随着互联网发展，使用者将在线关系转化为线下关系的能力却在下降，进而导致人们从互联网获得情感与社会支持的能力也下降。这与社会资本的利益需求吻合，值得警醒。这也意味着，未来互联网企业或是社区治理者将要面临的诸多挑战之一将是如何把人们从虚拟的线上转移至实体的线下。[31]

七、数字化记忆与技术怀旧

媒介记忆研究在今年不仅在研究视角上有了新延伸，还开拓出新的话题与研究领域。在研究视角上，数字化记忆着眼于日常生活的民间话语，从意识形态和批判的立场深入在线协作式的记忆书写与知识生产。陈旭光在对青年网民的网络流行语的记忆实践研究中乐观地发现，数字化记忆通过身体在场的转向（从物理空间上的在场转为社会意义上的在场）构建在线记忆的合法性，这种合法性使得"民本立场"的意识形态加入官方意志与精英意识的博弈之中，彰显出"事本位"的民间话语场所带来的情感力量与价值张力。当然这种网络公民的话语场实践总离不开政治和商业力量的拷问。[32]通过搜索引擎的知识生产实践，我们可以发现这种新型知识背后藏匿的权力控制，看破沉溺于搜索引擎知识优化中的表象。[33]这一研究视角的延展，一方面用社会价值与观念的建构逻辑打破技术决定论或技术中立的迷思；另一方面跳出传统视野，重大历史事件与精英权力不再成为集体记忆研究领域的唯一主角。

技术怀旧的视域则为媒介记忆研究注入新鲜血液。媒介怀旧通常表现为以原有的社会和文化意义、美学、风格、操作方式、触觉等来重新拥抱过时的媒介技术。[34]它带领我们反思"旧媒体"所指向的日常经验与情感方式。刘于思指出，尽管技术怀旧没能逃脱"回归理想化过去"的窠臼与商业化带来的消解真正记忆的威胁，但人们如何想象与感知媒介技术变迁的关系性进路或可成为解决途径。在方法论层面上，"实验媒介考古学"的研究取径和"块茎"思维都是这一领域可尝试的新方法。[35]

而具有同样理论关怀的"消逝的网站与网友记忆"研究则更为直接地开辟出一个新兴研究领域，关注网民的参与和体验如何影响数字记忆、网友如何记忆消逝的网站等命题。吴世文和杨国斌首次对中国网站和网友记忆进行研究，发现早期的中国互联网更为人性化，消逝的网站与使用者的日常经验紧密交织在一起，映照出怀旧个体鲜活的生命印迹。网友不仅哀悼记忆中"有生命的"网站，而且通过自传式回忆观照现实。研究者呼吁后续研究从社会史和媒介史等中观维度切入，致力于推动中国互联网历史学的研究。[36]

八、关系与意义建构的媒介观

如何认识媒介及媒介观的形成是传播学研究中长久存在的议题领域，历史的、现实的、群体的、个体的、反思的、展望的多维探索，于媒介观的丰满形塑极具价值。在媒介观形成的学术性历史渊源方面，学者张昱辰通过回顾和解读齐奥尔格·西美尔（Georg Simmel）的经典著述来形成解答。他发现，西美尔作为形式社会学家在其研究中虽然甚少提及"媒介"这一关键词，但是其研究问题中大量涉及媒介研究的核心议题。西美尔通过对路、桥与门的分析，在形而上层面揭示了媒介"联结"与"分离"的双重角色。通过对货币媒介的分析，西美尔在现代社会不同层次的形式之间建立了关联，也揭示出媒介解放和束缚的双重效果。通过对形式和生活之间的辩证关系以及现代文化危机的分析，西美尔揭示了媒介工具性和建构性的双重面向。媒介理论意义上的"媒介"可被归为西美尔笔下诸种相互关联的形式中的特殊形式，通过"形式因"的考察，可以探究媒介之间、媒介与非媒介形式之间的相互关联和影响，以理解媒介在人类交往和社会生活中扮演的角色。[37]

当前，主流传播学界将媒介理解为像媒介组织那样的功能性实体，使得学术研究聚焦于非传播问题，却对真正的传播问题视而不见。胡翼青指出这正是媒介实体化导致的后果，是传播学学科身份危机最主要的原因之一，他主张回到关于媒介内涵的讨论以应对传播领域对自身学术身份和学术合法性的集体焦虑。借助马丁·海德格尔（Martin Heidegger）的视角，胡翼青的研究认为从表面上看，特定媒介是一个机构，是一种技术；而实际上，它是由某种形式和技术构建的意义空间，这个空间在观念的传达上具有明显的侧重、强调和偏向，它向其使用者展开在特定空间中才可视和可理解的意义，而其使用者在这些空间中的意义生产和消费又会不断带动意义空间的开拓与转型。传播学意义上的"媒介"是一种显现的实体，同时又具有中介物的抽象性。媒介是一种隐喻，它为我们建造和呈现出一个可见的世界和空间，并构成我们观念中生活的意义。在认识论上把媒介看作一个意义汇集的空间，而在方法论上把媒介理解为一个抽象的隐喻，就会在研究内容上有所突破，并有可能重塑传播学的学科气质和学科认同。[38]

关系与意义的建构研究的对象不仅可以是现时发生的媒介案例，亦可是历史久远的媒介事件。学者伍静以抗战时期中国共产党在国统区重庆的机关报《新华日报》的祝寿活动为标本，呈现特殊历史时期、特殊社会环境中报纸利用媒介仪式进行的关系建构。研究发现，抗战时期的中国共产党已初具依靠象征进行民众动员的意识，对现代报纸功能与技巧的运用达到了相当娴熟的水平。在这里报纸既是纸面内容、意识形态的扩音器，也是纸面之外关系、网络的黏合剂。它勾连了传统与现代、秘密与公开、实体与象征，既制造现实接触，又催生文化性及心理上的反应、认同。[39]学者王雨则选择了1932年亚美公司《无线电问答汇刊》的内容，通过解析听众对"响亮"与"清楚"这两个听觉诉求的不断追问，学术性还原这一时期媒介在资本主义殖民主义和民族主义互动的大背景下如何促使都市居民重新认识声音、自我与环境的关系[40]——以听觉媒介建构起来的关系。媒介研究、探索对象的群体特征是常态，但是这也更凸显出郑欣、次仁群宗研究的特殊与珍贵。他们通过解析藏族学生扎西这一个体的媒介接触史，探析媒介对其文化适应和国家民族认同带有的时空流动性影响。研究深描扎西寻找精神家园的媒介之旅，从传播社会学的视角去生动、整体地描述、分析甚至重新建构该个体的生命历程及其文化适应过程。在14年的求学过程中，一路的媒介在不断解构和重构着扎西的民族认同。[41]

从关系网络的角度理解媒介也为传播史研究提供了新的视角。潘祥辉从

"秦晋之好"这一典故出发,探讨了中国古代社会建构政治联盟关系最常见的沟通合作机制。研究发现,女性在这一模式中充当了一种关系媒介,通过融合基因、缔结亲属、消弭冲突、传播文化等方式,建构古代的政治社会网络。[42]卞冬磊则以物质性与历史性来深描近代中国传播网络的一个片段,通过追寻1838年到1840年间林则徐的旅行、禁烟与翻译活动,呈现出近代中国传播网络的日常运作方式。研究指出权力和信息网络的封闭、权力网络和广阔疆域存在的矛盾、信息网络的要素限制,是19世纪前期中国传播网络存在的主要问题。而19世纪后期甲午战争引起强烈的社会震动,则与新闻纸的兴起、网络地理的拓展、同时性的增强以及传播网络对于人群意见的凝聚力提升息息相关。[43]可见,关系网络的新视角,诚如德布雷的媒介域概念所启示的,应把媒介技术的符号形式与关系结构作为整体来看,将技术主义价值放回到历史主义价值之中去考察,加深对信息传播新格局和新兴社会生态的理解。[44]

(原载于《湖南师范大学学报》2018年第3期)

引用文献 [References]

[1] 刘海龙. 传播中的身体问题与传播研究的未来 [J]. 国际新闻界, 2018 (2): 37-46.

[2] 刘婷, 张卓. 身体-媒介/技术: 麦克卢汉思想被忽视的维度 [J]. 新闻与传播研究, 2018 (5): 46-68, 126-127.

[3] 孙玮. 赛博人: 后人类时代的媒介融合 [J]. 新闻记者, 2018 (6): 4-11.

[4] 孙玮. 交流者的身体: 传播与在场: 意识主体、身体-主体、智能主体的演变[J]. 国际新闻界, 2018 (12): 83-103.

[5] 王颖吉. 作为形而上学遗产的人工智能: 休伯特·德雷福斯对人工智能的现象学批判 [J]. 南京社会科学, 2018 (3): 120-127.

[6] 刘婷, 张卓. 身体-媒介/技术: 麦克卢汉思想被忽视的维度 [J]. 新闻与传播研究, 2018 (5): 46-68, 126-127.

[7] 章戈浩. 数字功夫: 格斗游戏的姿态现象学 [J]. 国际新闻界, 2018 (5): 27-39.

[8] 周逵. 沉浸式传播中的身体经验: 以虚拟现实游戏的玩家研究为例 [J]. 国际新闻界, 2018 (5): 6-26.

[9] 王喆. "为了部落": 多人在线游戏玩家的结盟合作行为研究 [J]. 国际新闻界, 2018 (5): 40-56.

[10] 曹书乐, 董鼎. 傲慢与偏见: 对女性玩家性别刻板印象的研究 [J]. 艺术评论,

2018 (11): 38-49.

[11] 杨美雪,赵以宁. 线上游戏女性玩家性别认同与角色塑造关联性之研究 [J]. 新闻学研究, 2018 (134): 89-144.

[12] 温彩云, 周宣任. 恋爱·游戏·白日梦: 女性向恋爱类游戏的心理作用机制分析 [J]. 艺术评论, 2018 (8): 41-50.

[13] 周裕琼, 林枫. 数字代沟的概念化与操作化: 基于全国家庭祖孙三代问卷调查的初次尝试 [J]. 国际新闻界, 2018 (9): 6-28.

[14] BRAITHWAITE D O, BAXTER L A. Engaging theories in family communication: multiple perspectives [M]. London: SAGE Publications, 2006: NA.

[15] 朱秀凌. 家庭传播研究的逻辑起点、历史演进和发展路径 [J]. 国际新闻界, 2018 (9): 29-46.

[16] 朱秀凌. 手机技术反哺、亲子沟通与父母教养方式: 基于技术接受与使用整合模型的分析 [J]. 新闻大学, 2018 (4): 108-119, 155.

[17] 曾秀芹, 吴海谧, 蒋莉. 成人初显期人群的数字媒介家庭沟通与隐私管理 [J]. 国际新闻界, 2018 (9): 64-84.

[18] 公文. 触发与补偿: 代际关系与老年人健康信息回避 [J]. 国际新闻界, 2018 (9): 47-63.

[19] 隋岩. 群体传播时代: 信息生产方式的变革与影响 [J]. 中国社会科学, 2018 (11): 114-134, 204-205.

[20] 王心远. 流动生活中的线上社区: 中国新生代农村移民社交媒体使用的人类学研究 [J]. 传播与社会学刊, 2018 (44): 151-180.

[21] 赵瑜佩. "世纪潮一代"的网络社会资本重构: 对比在英流寓华人 Facebook 和微信的数字化融入 [J]. 国际新闻界, 2018 (3): 40-62.

[22] 付晓燕. 网络空间的"文化休克"与文化认同: 基于中国留学生社交媒体使用的生命故事 [J]. 国际新闻界, 2018 (3): 63-82.

[23] 肖荣春. 微信群的"社会互助"与"故事讲述": 一项基于美国华人社区微信群的探索性研究 [J]. 新闻与传播研究, 2018 (1): 66-83.

[24] 孙信茹, 赵洁. 手机拍照、社会参与及主体建构: 基于一个城市中老年女性群体的观察 [J]. 现代传播, 2018 (2): 26-31.

[25] 林芬. 权力与信息悖论: 研究中国媒体的国家视角 [J]. 传播与社会学刊, 2018 (45): 19-46.

[26] 曾温娜, 斯巴克斯. 文化相似性与权力协商: 基于对电视模式节目的参与性观察研究 [J]. 传播与社会学刊, 2018 (45): 91-120.

[27] 郑婷宇, 林子伦. 键盘参与: 从"零时政府"检视黑客社群协作式的公民参

与[J].传播与社会学刊,2018(46):15-51.

[28] 何志武,吴丹."我的地盘我做主":社区、行动者与空间争夺:一个关于武汉 H 小区拟建临终关怀医院的抗争传播故事[J].新闻与传播研究,2018(2):115-125.

[29] 袁光锋.公共舆论中的"情感"政治:一个分析框架[J].南京社会科学,2018(2):105-111.

[30] 袁光锋."国家"的位置:"远处的苦难""国家"与中国网民的"同情"话语[J].国际新闻界,2018(7):16-36.

[31] 陈福平,李荣誉,陈敏璇.孤独地在一起?:互联网发展中的在线情感支持问题[J].社会科学,2018(7):60-62.

[32] 陈旭光.逻辑转向与权力共生:从网络流行体看青年网民的集体记忆实践[J].新闻与传播评论,2018(3):71-85.

[33] 方惠.知识的政治:搜索引擎中的乌坎事件研究[J].传播与社会学刊,2018(45):145-169.

[34] LIZARDI R. Mediated nostalgia: individual memory and contemporary mass media[M]. Lexington Books,2014.

[35] 刘于思.从"记忆的技术"到"技术的记忆":技术怀旧的文化实践、情感方式与关系进路[J].南京社会科学,2018(5):121-127.

[36] 吴世文,杨国斌.追忆消逝的网站:互联网记忆、媒介传记与网站历史[J].国际新闻界,2018(4):6-31.

[37] 张昱辰.论西美尔的媒介思想及其当代启示[J].现代传播(中国传媒大学学报),2018(5):69-74.

[38] 胡翼青.显现的实体抑或意义的空间:反思传播学的媒介观[J].国际新闻界,2018(2):30-36.

[39] 伍静.媒介仪式与政治斗争:重庆《新华日报》的祝寿活动及意义探析[J].新闻记者,2018(9):80-87.

[40] 王雨."听"的技术:收音机、空间与听觉现代性(1929—1932)[J].文学与文化,2018(1):41-52.

[41] 郑欣,次仁群宗.寻找家园:少年扎西的媒介之旅[J].开放时代,2018(2):198-223.

[42] 潘祥辉."秦晋之好":女性作为媒介及其政治传播功能考[J].国际新闻界,2018(1):109-127.

[43] 卞冬磊.林则徐去广州:19世纪中国"传播网络"的一个片段[J].国际新闻界,2018(11):6-21.

[44] 陈卫星.媒介域的方法论意义[J].国际新闻界,2018(2):8-14.

2018年中国新闻传播学研究的十个新鲜话题

■ 陈力丹　夏　琪

一、在线新闻生产

2018年新闻生产的社会化、职业化和智能化并存状态引发研究者关注。社会化生产包括公民讲述、官方发布两种方式；职业化生产则包括媒体复述、记者改写、记者代言、记者创作、记者策展等五种方式；智能化生产包括机器人写作和算法分发新闻等。这一新闻生产主体网络，使传统媒体时代的"我-他"传播，转变为"我-你"传播和"我-我"传播，从而获得了新闻生产主体的主体间性的实现。[1]

面对网络新闻的海量与碎片化，研究者借用艺术学中"策展"（curation）的概念，倡导对全民新闻进行内容管理，公开新闻生产过程，设置域外信息的情境和语义学边界，调动全民参与和理性对话，实现参与式协作和意义共享，使之成为一种以"对话"为中心的新闻实践，揭开新闻生产的"黑箱"。[2]

有研究者提及在线新闻的三种神话：即时性方面的时间终结的神话、互动性方面的空间终结的神话，以及参与性方面的政治终结的神话。由于数字时代市场压力的加剧，新闻机构出于商业利益和巩固媒介权力的目的，考量这些"新"的价值观时，多少忽略了新闻传播业的公共性目标。[3]竞逐速度带来了速度价值至上的理念，形成新的"赶工仪式"，新闻的定义与价值愈来愈模糊，边界难定；记者在速度与新闻质量间仍难以找到合适的工作节奏。[4]

还有研究者认为，新闻传播学的创新可以从组织、过程、产品和意义四个视角加以考察，从政治-经济、社会-文化、技术-物质三种路径展开研究。研究时需有批判意识，对那些可能影响公共生活的新现象保持警惕，比如算法带来的负面效应、平台对新闻业格局的重塑等。[5]

二、短视频

2018年短视频迅速发展，截至12月，抖音的国内日活跃用户已经达到2亿，月活用户突破4亿；快手日活跃用户突破1.5亿，用户使用时长超过60分钟，每天3亿次点赞。[6]截至2018年12月18日，CNKI中国知网2018年有相关文章1 513篇，2017年有664篇，2016年仅有229篇。

移动互联网用户的增长、智能手机的发展、移动互联网与宽带的普及、短视频拍摄与编辑等硬件和技术的提升，是移动短视频发展的外部动因；社交化视听场景，碎片化、分众化、订制化的精准推送，是其内部发展的逻辑。外因与内因联动成就了今天的这种热度极高的新媒体形式。[7]研究者指出，短视频火爆背后体现着复杂多元的社会心态：网生代展示自我、张扬个性的青春心态；草根群体追求愉悦、幽默搞笑的娱乐心态；主播群体急于求成、不择手段的逐利心态；男性网民在文化消费中追求感官刺激的色情化心理；底层青年在秀文化中的突围和宣泄心态；空巢青年虚拟生存的孤独心态。这些心态折射着中国社会现实秩序和价值观念的变化。[8]

有研究者认为，网络短视频的叙事逻辑逐渐被幕后的商业逻辑操纵，视觉奇观将受众淹没在表层信息的洪流之中时，碎片化、无深度的视觉符号形成了对人们深度思维环境的"围墙"；当整个社会的价值观被扭曲的观念绑架时，便会滋生出多种社会问题。[9]短视频平台目前主要存在雷同化、垄断化和低门槛化三种趋势，需要治理的方面是：事后治理、模糊规范、手段单一。短视频平台要有行业自律，明确界限；用户要有自觉意识，维护权限。[10]

还有研究者认为，大量乡村用户入驻快手App，实现了乡村居民的重新部落化，并通过拍摄短视频尝试乡村文化自主表达的新路径，快手也逐渐成为促进乡村形成身份界定与文化认同的线上空间，隐喻着乡村人的价值审美与生存状态。而乡村文化作为一种与主流对照的亚文化，最终可能无法逃脱被收编的命运，或被都市话语作为娱乐对象进行选择性呈现与建构，又或被商业话语消解，但乡村亚文化以这种方式悄悄获得了新的传播权力。[11]

三、县级融媒体中心

习近平在2018年8月21日在全国宣传思想工作会议上提出"抓好县级融媒体中心建设"，并要求在全国范围内进行试点和推广。截至2018年12月18

日，CNKI 上已有 88 篇文章涉及这个概念，而 2018 年 5 月份以前仅有 1 篇。

研究者分析，我国以行政力量主导的自上而下的媒介融合进入第二阶段，和第一阶段以大传媒集团"中央厨房"模式为主要特征相比，长期处于行业边缘地带的县级媒体终于有机会进入政策关注的焦点区域，获得政策扶持的发展机遇。其操作经验主要来自县区媒体与社区报实践、第一阶段大媒体的媒介融合探索实践以及 BAT 等商业平台融合发展探索。[12]

区域媒体深度融合过程中依然存在许多问题，有研究者将县级融媒体中心建设的困难总结为四大难题：资金缺乏，人才短缺，内容不足，受众黏性不够。解决的方法应该是信息传播与公共服务的媒介融合、功能融合，通过以公共服务带动信息接收，收获县域受众的关注与黏性，同时通过县级融媒体公信力的进一步构建，实现县域媒体传播力与舆论引导力的提升，加强基层媒体的宣传与舆论引导功能。[13]

也有研究者提供了一些可操作路径：运行机制和考核制度多方位改革，通过项目制和分层发布来寻找特色和创意，依托强有力的技术平台，加大资金、技术、人才扶持力度等。[14]

四、网络综合治理

党的十九大报告中提出要"建立网络综合治理体系"。2018 年 11 月 10 日，中央电视台《焦点访谈》在节目中批评自媒体行业六大乱象——低俗色情、标题党、谣言、黑公关、花钱购买阅读量、伪原创。"网络综合治理"成为新闻传播学界持续关注的热点，截至 2018 年 12 月 18 日，CNKI 上共有 171 篇文章涉及这个概念，其中 2018 年有 37 篇，2017 年有 30 篇，2016 年有 19 篇。

研究者认为，微信公众平台信息传播失范行为主要表现为：使用非法外挂刷粉、煽动诱导用户、滥用原创声明及赞赏功能、极端营销、传播失衡与网络欺诈、群体极化与围观等。微信公众平台中的负面行为不会自行消失，需要法律部门、行政部门和微信平台多方合作进行引导协商、调节控制，同时还需要社会的监督与反馈。[15]还有研究者指出，在网络空间公共性质的"社会契约"（法律）会被私人性质的、具体的"私人契约"（用户条款）代替。网络治理与个体权利实现都要依赖于网络中介（即互联网平台），政府管平台，平台管用户。因而，当前传播法研究的核心问题应该是如何规范网络中介的行为。[16]

另有研究者指出，在理念上，应致力于从旨在"维稳""应急"的管控平抑思维向以"合法""效率""协商"为核心原则的舆情治理思维转变；在实践上，应构建以公权力为主导、多元主体协同，由舆情监控、舆情干预、事后问责等机制构成的立体式网络舆情治理体系，同时，应着力完善网络治理法律体系，将网络舆情治理体系内嵌到国家治理体系之中。[17]

还有研究者指出，网络空间失序和混乱的局面来源于信息过载、有组织的舆论操纵、被放大的民众焦虑感和恐慌感等负面情绪，以及"入戏太深"的网民。其根源是破窗效应和规则漏洞。从"熵定律"视角看当前的网络治理，要避免简单修改规则代替整体、系统规则的制定，规则需要寻求国家、精英和公民之间的良性互动，兼顾管理、赋权和自律。[18]网络社会的本质，是公民、法人及其他组织等主体之间的各种关系，基于互联网技术聚合而形成的新的社会关系格局和结构形态。网络社会治理要运用法治思维，将治理要素、治理结构、治理程序、治理功能纳入法治轨道。[19]

五、人工智能

2018年，机器人开始规模化写稿；4月4日，日本NHK推出人工智能主播"Yomiko"；11月8日，新华社上线"AI合成主播"；使用可以语音操控的智能音箱、智能电视等设备已成为常态。2018年12月18日，CNKI上2018年有相关文章99篇，2017年有49篇，2016年仅有3篇。研究者认为，智能化技术促使内容生产、分发、消费等全面升级，三者之间的界限日益模糊，三者相互渗透、相互驱动。[20]

关于人工智能对新闻业的影响，有研究者提出"劳动-知识-权威"的三级分析框架：新闻劳动是新闻业内直接遭受人工智能冲击的部分，体现为记者的劳动过程、雇佣状况、职业满意度等不同层面的变化；新闻知识是一个相对抽象的认识论层面的问题，它反映在作为知识类型的新闻文本和作为知识实践的新闻技能方面的调适和改变；最后一级新闻权威是更为抽象的概念，它关心的则是新闻业在社会中的位置这一根本性的问题。[21]人工智能技术的介入，将新闻全流程都纳入了人为无法识别的"黑箱"，带来算法偏见、算法主权、透明度等诸多问题。[22]

2018年10月31日，习近平在中共中央政治局第九次集体学习时强调"加强人工智能和产业发展融合"。研究者指出，人工智能技术引入并应用到新闻传播领域，给内外组织结构相对稳定的传统行业带来了前所未有的挑战，并引发诸多次生矛盾：冰冷数据与人性关怀、新闻同质与独家报道、自动生成与议题设置、精准推送与信息茧房、岗位退场与阵地坚守等。人类只有理性对待、认真分析、寻找对策、调适矛盾，才能达到记者与人工智能机器人"共谋"、"合谋"和"人机协作"。[23]

有研究者认为，只要人工智能还在人类控制之中，就不具有独创性，不能成为著作权法意义上的作品。但为了人工智能产业的发展，可以在人工智能生成内容之上设计所有权。该所有权根据不同的阶段可能属于程序设计者、人工智能使用者或者投资者。[24]

六、区块链技术

2018 年，人民网、新浪网、凤凰网等媒体纷纷成立区块链频道，很多研究者也在讨论区块链技术会给新闻业带来什么样的影响。截至 2018 年 12 月 18 日，CNKI 共有 49 篇文章涉及这个话题，而 2017 年仅有 4 篇，在这之前则没有相关文章发表。

区块链技术（blockchain technology）是将数据"化整为零"后分别存放在全球互联网络中的数以千计的节点（电脑）上，并同时使用一种强大的加密技术将这些数据相互锁定在一起，从而能够确保数据的完整和安全。它对新闻业的价值，体现在确保数据采集的真实、确保报道的安全、保护内容版权、利用虚拟货币获得新的众筹商业模式等方面。但是，区块链技术里的新闻不一定就是真相，只是"拯救新闻业"的黑暗隧道中突然出现的一条通路。[25]有文章指出，区块链在媒体中有丰富的应用场景，如打造去中心化的媒体平台、媒体信源追溯、公民新闻审核、媒体信源保护、数字版权保护与收益保证、传播效果统计等。[26]

2018 年 10 月 23 日，人民网宣布开设区块链频道，推进业务布局。研究者认为，区块链技术能自动、忠实、完整和非中心化地记录网络时代所发生的一切"交易"，而且其加密货币也可能成为内容产业微支付的手段，从而为其与读者建立直接联系、摆脱广告商业模式提供了条件。[27]

还有研究者指出，区块链基础上的加密经济虽在理论上阐明了独立媒体"如何自给"，却面临现实操作中"能否自足"的问题，商业模式和技术应用的双重不成熟，将给这一创新实践带来巨大挑战。该研究者以区块链新闻公司 PressCoin 为对象，分析了"加密经济＋区块链技术＋独立媒体辛迪加"的解决方案。这一模式试图建立一种自给自足的盈利机制。这种机制以加密货币为核心，奖赏和鼓励系统中所有成员积极参与新闻的生产与传播，为所有的贡献或"互动"定价并提供权益回报。由此创造互惠互利、基于社区的合理经济激励，并通过准确记录、即时结算和零交易费用为非广告业务模式开辟可能性。[28]

七、网络游戏

2018年8月20日，中国互联网络信息中心（CNNIC）发布的第42次《中国互联网络发展状况统计报告》显示，我国网络游戏用户4.86亿，占总体网民的60.6%。截至2018年12月18日，CNKI有323篇有关游戏与传播文章，历年中最多的是2018年的59篇，其次是2017年的58篇，2016年是36篇。

研究者认为，手机社交游戏打破了以往的社会群体身份藩篱，创造出一个扁平化的社会交往空间。在手机社交游戏中，玩家们积极寻求维持或重新建立社会联系，寻求群体认同，主动建构起单纯以情感维系的零散部落。玩家在手机社交游戏中的行为表现，会生成各类隐喻性的信息，在与他人的社会互动中建构与呈现出唯一性的自我。但是，游戏玩家容易沦为现代社会中的"数字劳工"，因此需对手机游戏产业开展法律法规的强制性规制、社会性的协同化规制、游戏行业的自觉性规制等。[29]多数网游作品力图在主流文化、商业文化和流行文化之间谋求平衡，成为"文化产业"的一部分，以妥协姿态与价值规范"协商"。还有一些低级、粗俗、毫无想象力的网游文本，成为情色、暴力和仇恨等越轨情绪、心理或欲望宣泄的通道，正是这类文本，引发了人们对于网络游戏的"道德恐慌"，也使其行业形象受损。[30]

有研究者认为，游戏规则与符号之间的互动是游戏独特的意义生产空间：游戏规则从头到尾都是对人（玩家）的限制，而非针对符号的限制，角色的"死亡"，惩罚的是玩家本身，所以游戏比媒体更真切；游戏规则的严格程度、等级的分布秩序与现实规则相比是倒置的，高级、具有统摄性的规则可以协商，如"防沉溺系统"的限时规定，微观、具体、接近身体操作的规则不可松动，如某项道具的功能；游戏规则与符号系统之间存在维度拉扯，符号给玩家有效的反馈，低维度的胜败、生死会束缚人的真实感受；玩家能够通过操作实践洞悉这种规则的存在与其存在的目的，游戏作为媒介，具有了一种独特的透明性。[31]

还有研究者以《人民日报》1981—2017年所有提及"游戏"的报道（共

1 718个样本）为研究对象，从文本、话语实践、社会文化实践三个层面展开历时性的分析，发现游戏报道话语实践有六大框架："危害青少年""产业经济""文娱新方式""信息技术""治安管理""电子竞技"。《人民日报》游戏报道话语的变迁折射了数字游戏在中国的社会认知乃至意识形态转向；而这一转向的每一时刻，又无不浸润在媒体话语实践的影响之中。[32]

有研究者认为，智能化媒体时代传媒内容的价值评判标准，更多源自人性中趣味性的诉求，有趣才是实现传播的前提和基础。随着人工智能技术的不断发展，结合大数据挖掘的能力，人工智能和人类心灵的距离在逐渐缩短。未来的传媒业可以依赖智能化的技术，实现人机交互的内容生产，并在此基础上打造一个基于万物互联的传媒内容生产机制。[33]

八、新数字鸿沟

2018年5月，微信公布自己的月活跃用户数已经达到10.4亿，微信已经成为全民社交媒体。根据微信团队公布的数据，截至2018年9月，微信55岁至70岁用户已经达到6 100万，人口老龄化与媒介数字化之间的矛盾日益突出。

有研究者提出"数字弱势群体"（digital vulnerable group）的概念，用来指代以老年人为主的在新媒体采纳与使用方面相对弱势的人群。作者指出，深圳市老年人微信采纳与使用集中于微信的社交功能，其中主观因素（对微信特征和风行程度的感知）对老年人微信采纳与使用的影响大于客观因素（人口变量和健康水平等）。数字弱势群体的形成，其情境扎根于家庭，单向的数字反哺只能弥合代际的采纳沟，老年人在数字技能上的浅尝辄止让使用沟的弥合变得艰难，遑论知识沟的弥合。[34]

还有研究者指出，掌握网络话语权的年轻人一方面将中老年表情包纳入表情包的后现代解码体系中，一方面又通过文化霸权的形式将这些与自身文化审美特征格格不入的文化样式筛选剔除，形成泾渭分明的身份区隔；同时，亦以彰显群体性文化优越感的姿态完成对中老年表情包，乃至该表情包使用群体的嘲讽、排斥与放逐。[35]

有研究者发现，正处于"第三年龄"（退休期）的中老年女性，借助手机拍照，一定程度上实现她们的情感表达和心理调适。通过手机拍照，这类女性群获得新的交往关系，进而展开社会参与，她们也在手机拍照中进行自我身份的彰显和表达，从而完成个体在网络空间中的主体性建构。网络新空间的出现，使得那些在新技术面前较为"弱势"的群体，也拥有了同样的创造文化、表达自我的权力与可能性。[36]

有研究者认为，在当下城乡二元体制的背景下，作为嵌入日常生活中的信息工具，微信群线上、线下活动都难以逾越外来工城市融入的阶层断裂鸿沟。要消除鸿沟，必须建立城乡一体化的社会保障制度，废除潜在的隐形身份壁垒，以及错综复杂的制度性利益分配格局。[37]大量的农村移民在流动迁徙过程中面临着人际交往危机与认同危机。社交媒体为农村移民提供了一个相较于线下生活更为稳定、更为理想的社交平台。依托于社交媒体的在线"小区"，已经成为农村移民日常中极为重要的新的"居所"。[38]

九、非虚构写作

2018年，新闻传播学业界和学界持续讨论"非虚构写作"，截至2018年12月18日，CNKI上有相关文章326篇，其中2018年有76篇，2017年有75篇，两年的文章约占总数的一半。有研究者认为，非虚构写作这一文体既溢出了现实主义文学的经典理解之外，也溢出了传统新闻的外延和边界，但其基因还是新闻的基因，因它以写实为底线。这种非主流文体，以其灵活的身段出场，弥补了主流新闻叙事的盲点，拓展了新闻表达空间，增强了新闻表现力。[39]但究其本质，非虚构写作仍然是类似于报告文学或纪实文学的文学体裁，与新闻写作真实客观准确的原则相矛盾。

也有研究者认为，从精确新闻到数据新闻，新闻业拥抱社会科学中量的研究路径，从"新"新闻到非虚构写作，新闻业则从文学范式转向拥抱社会科学研究中质的研究路径。非虚构写作与质的研究方法有三个共同的特征：在采访方式上，推崇自然主义；在记者与受访者关系上，提出向受访者学习；在意义的生成阶段，记者要与受访者达成视域的融合以求真正的理解。[40]但是，非虚构写作对文学化表达方式的强调与对文学价值的追求，势必会与传统新闻生产过程中的价值理念产生冲突。对于记者来说，记者从旁观者变成了参与者，是对新闻报道的客观性的冲击。[41]

有研究者基于对参与非虚构写作训练工作坊的前后三届新闻专业硕士生的非虚构习作的分析，发现面对非虚构写作，即使有新闻写作背景的学生，依然在选题、采访和文学手法的应用方面存在着各种各样的问题，如学生不知道写什么和为什么要写，搜集信息的方式存在缺陷，缺乏对文学手法的自如应用。有必要从题材、采访和表达三个模块，提高学生的非虚构写作能力。[42]

也有研究者指出，"非虚构"未能形成概念的清晰内涵及外延，创作涉及的类型庞杂。由于写作的文体类型不一，方法论也千差万别，这就进一步模糊了非虚构写作的理念和实践边界。作者建议，从民族志方法论中提炼出"寻访隐秘的他者""对亚文化系统的考察"以及"田野情景中的互动"等基本规范，将非虚构写作中"默会的知识"（tacit knowledge）转化成为"可言说的知识"（articulated knowledge），可以为眼下边界模糊的非虚构写作寻求方法论的资源和规范。[43]

十、"二次元"文化

有数据显示，我国"二次元"核心用户在 2018 年已达 9 100 万。[44]这年 3 月 28 日，"二次元"平台哔哩哔哩（bilibili 视频弹幕网站，简称"B 站"）在美国纳斯达克上市，"二次元"形成讨论话题。截至 2018 年 12 月 18 日，CNKI 有相关文章 197 篇，近三年文章数为 184 篇，占文章总数的 90%。

日语中的"二次元"（にじげん，Nijigen）是二维、平面之意，特指以漫画、二维动画、电子游戏等媒体形态展示的"平面化"的虚拟人物与世界。有研究者指出，"二次元"是中国独有的学术热点概念，日本学界仍以"otaku"（御宅）来指称相关群体及其文化。"二次元"作为身份标识，得到了产业资本和青少年的双重肯定。学术界略显滞后地追随了业界的话语轨迹，但学术话语在总体视角广度和分析深度上仍不足因应现实之复杂。[45]

有研究者指出"二次元"粉丝不仅追逐动画、漫画、影视、游戏等作品，还会对影视文本（图像、文字、声音等）进行挪用与改写，不同于官方授权的影视剧漫画，粉丝创作的同人文本有着明显的个人偏好。互联网为幻想式的、自我满足的"二次元"粉丝们提供了一个更为自由的公共展示窗口和聚集地。"二次元"粉丝利用自身的符码系统对原作进行阐释、重构，在虚拟社区中实现粉丝文化生产，同时使影视作品完成了由传统媒介向移动互联空间的跨屏衍生，粉丝也这一过程中构建特殊的身份认同。[46]

"二次元"用户在观看视频时的一个既定习惯是发送"弹幕"，即观众可随时发送评论，评论即时覆盖于播放画面之上，形成独特的幕布景观。作为"二次元"文化的越界与蔓延，国内主流视频网站相继上线"弹幕"功能，看视频、看评论、发评论三者可以同时进行,由此带来了即看即评、游离式"浅观看"、主动参与二次创作、匿名互动的观看习惯,改变了评论与视频内容相分离的状态。但是,弹幕的纷杂呈现也带来了视觉疲惫、专注度下降、观看过程中愈加浮躁等问题。[47]

被贴上"二次元"标签的"B站"用户群体,观看兴趣大都集中在动漫剧、游戏直播等方面,但从2016年开始,许多传统文化类节目在"B站"上大受追捧,如纪录片《我在故宫修文物》、电视剧《大秦帝国之崛起》、综艺节目《国家宝藏》等。有研究者认为,"B站"中传统文化题材作品屡屡出现"爆款",反映了以其为代表的"二次元"平台在新语境下对传统文化资源的挪移、征用和继承。由传统文化绵延而来的庞大话语流,既是构成主体的不可或缺的文化符码,又是把各种异质性因素裹携其中、不断延伸的"他者话语",还是历年历代各类群体进行交流和思考时共享的文化资源。[48]

随着传播技术的翻新,新闻传播学每年的新鲜话题都有新变化,不过,目前多数文章比较浅薄,缺少批判思考和前瞻预见。究其原因在于两点:一是缺少学术积淀。面对传播新现象、新问题,可以颇为敏感地一拥而上泛泛而谈,但大多是一些以工作经验和生活经验为基础的感受或现象描述,缺少学理方面的深刻分析。二是缺少多学科的研究视角。传播技术发展带来的新现象、新问题都是综合性的,日趋复杂,迫切需要本学科的研究者强化计算机科学、社会学、心理学、经济学等学科最新理论知识,或者与这些学科的研究者展开合作研究。

(原载于《当代传播》2019年第1期)

引用文献 [References]

[1] 曾庆香,陆佳怡. 新媒体语境下的新闻生产:主体网络与主体间性 [J]. 新闻记者,2018(4):75-85.

[2] 吴果中. 策展新闻:以"对话"为中心的新闻实践 [J]. 湖南师范大学社会科学学报,2018(1):143-148.

[3] 丁方舟. "新"新闻价值观的神话:一项对即时性、互动性、参与性的考察 [J]. 新闻记者,2018(1):81-89.

[4] 刘蕙苓. 台湾记者的3L人生:数字时代的工作状况与赶工仪式 [J]. 传播与社会学刊,2018(43):39-72.

[5] 白红义．新闻创新研究的视角与路径［J］．新闻与写作，2018（1）：24-32。

[6] 北京晨报百家号．抖音推出政务媒体号成长计划［OL］．https://baijiahao.baidu.com/s?id=1610578360627379455&wfr=spider&for=pc；中国青年网．快手日活突破1.5亿创始人程一笑披露持续成长逻辑［OL］．http://economy.youth.cn/dtxw/201812/t20181203_11802029.htm．

[7] 朱杰、崔永鹏．短视频：移动视觉场景下的新媒介形态：技术、社交、内容与反思［J］．新闻界，2018（7）：69-75．

[8] 刘胜枝．商业资本推动下直播、短视频中的青年秀文化及其背后的社会心态［J］．中国青年研究，2018（12）：5-12，43．

[9] 王长潇，刘盼盼．网络短视频平台的场景演变及其舆论博弈［J］．当代传播，2018（4）：16-18，27．

[10] 吕鹏，王明漩．短视频平台的互联网治理：问题及对策［J］．新闻记者，2018（3）：74-78．

[11] 刘娜．重塑与角力：网络短视频中的乡村文化研究：以快手App为例［J］．湖北大学学报（哲学社会科学版），2018（6）：161-168．

[12] 朱春阳．县级融媒体中心建设：经验坐标、发展机遇与创新路径［J］．新闻界，2018（9）：21-27．

[13] 栾轶玫．信息传播与公共服务：县级融媒体建设的"双融合"［J］．视听界，2018（5）：37-40．

[14] 陈国权，付莎莎．传播力建设的最后一公里：县级融媒体中心建设路径［J］．新闻与写作，2018（11）：24-27．

[15] 兰甲云，艾冬丽．微信公众平台信息传播失范行为及其协同治理路径［J］．湖南大学学报（社会科学版），2018（3）：154-160．

[16] 张小强．互联网的网络化治理：用户权利的契约化与网络中介私权力依赖［J］．新闻与传播研究，2018（7）：87-108，128．

[17] 王立峰，韩建力．构建网络综合治理体系：应对网络舆情治理风险的有效路径［J］．理论月刊，2018（8）：182-188．

[18] 陈龙．舆论熵的控制与防范：一种关于网络治理的认识方法论［J］．新闻与传播研究，2018（8）：65-80，127．

[19] 徐汉明，张新平．网络社会治理的法治模式［J］．中国社会科学，2018（2）：48-71，205．

[20] 彭兰．智能时代的新内容革命［J］．国际新闻界，2018（6）：88-109．

[21] 白红义．当新闻业遇上人工智能：一个"劳动-知识-权威"的分析框架［J］．中国出版，2018（19）：26-30．

[22] 仇筠茜,陈昌凤. 基于人工智能与算法新闻透明度的"黑箱"打开方式选择 [J]. 郑州大学学报(哲学社会科学版),2018(5):84-88,159.

[23] 沈正赋. 人工智能时代新闻业次生矛盾的生发、纠结与调适 [J]. 编辑之友,2018(7):37-43,68.

[24] 王渊,王翔. 论人工智能生成内容的版权法律问题 [J]. 当代传播,2018(4):84-87.

[25] 邓建国. 新闻=真相?区块链技术与新闻业的未来 [J]. 新闻记者,2018(5):83-90.

[26] 微信公众号"热链". 区块链+媒体的 N 种可能 [J]. 中国报业,2018(15):60-61.

[27] 邓建国. 新闻=真相?区块链技术与新闻业的未来 [J]. 新闻记者,2018(5):83-90.

[28] 谭小荷. 加密经济重构媒体生态?区块链驱动下的新闻商业模式创新:基于 PressCoin 的案例 [J]. 新闻界,2018(6):10-17.

[29] 袁潇,张晓. 手机社交游戏的传播价值与规制方式研究 [J]. 当代传播,2018(4):45-47,56.

[30] 陈伟军. 网络游戏的表意逻辑与价值向度 [J]. 福建论坛(人文社会科学版),2018(8):48-55.

[31] 陈静,周小普. 规则与符号的关系:游戏传播的另一个研究视角:以王者荣耀为例 [J]. 当代传播,2018(4):41-44.

[32] 何威,曹书乐. 从"电子海洛因"到"中国创造":《人民日报》游戏报道(1981—2017)的话语变迁 [J]. 国际新闻界,2018(5):57-81.

[33] 喻国明,景琦. 传播游戏理论:智能化媒体时代的主导性实践范式 [J]. 社会科学战线,2018(1):141-148,2.

[34] 周裕琼. 数字弱势群体的崛起:老年人微信采纳与使用影响因素研究 [J]. 新闻与传播研究,2018(7):66-86,127-128.

[35] 黄钟军,潘路路. 从中老年表情包看网络空间的群体身份区隔 [J]. 现代传播,2018(4):97-102.

[36] 孙信茹,赵洁. 手机拍照、社会参与及主体建构:基于一个城市中老年女性群体的观察 [J]. 现代传播,2018(2):26-31.

[37] 高传智. 共同体与"内卷化"悖论:新生代农民工城市融入的社交媒体赋权 [J]. 现代传播,2018(8):141-148.

[38] 王心远. 流动生活中的在线社区:中国新生代农村移民社交媒体使用的人类学研究 [J]. 传播与社会学刊,2018(44):151-180.

[39] 张涛甫. 非虚构写作：对抗速朽 [J]. 新闻记者, 2018 (9)：37-41.

[40] 徐笛. 新闻业与社会科学的第二次联姻：从量的转向到质的发现 [J]. 新闻界, 2018 (11)：24-31, 90.

[41] 蔡雯, 李婧怡. "非虚构写作"对新闻编辑业务改革的启示 [J]. 当代传播, 2018 (4)：9-12.

[42] 庄永志. 非虚构写作教学：模块构建与实践路径 [J]. 新闻与写作, 2018 (8)：102-107.

[43] 周逵. 默会的方法：非虚构写作中的民族志方法溯源与实践 [J]. 新闻记者, 2018 (5)：44-51.

[44] 二次元：从小众走向大众？[N]. 工人日报, 2018-12-10 (05).

[45] 何威. 从御宅到二次元：关于一种青少年亚文化的学术图景和知识考古 [J]. 新闻与传播研究, 2018 (10)：40-59, 127.

[46] 齐伟. "臆想"式编码与融合式文本：论二次元粉丝的批评实践 [J]. 现代传播, 2018 (10)：113-119.

[47] 张蓝姗, 葛欣怡. 弹幕流行背景下网络视频用户观看习惯的转变 [J]. 当代传播, 2018 (3)：93-95.

[48] 曲春景, 张天一. 网络时代文化的断裂性和连续性："B站"传统题材作品的"爆款"现象研究 [J]. 现代传播, 2018 (9)：86-92.

2018 年中国新媒体研究综述

■ 彭 兰 苏 涛

一、身体与传播/技术

2018 年,可谓中国新媒体研究的反思之年。一方面,在传播学传入中国四十年和中国新闻传播教育开展一百年之际,学界展开了一系列系统的总结与反思[1];另一方面,更为重要的是,随着人工智能从技术开始走向实际运用(2017 年被誉为"人工智能应用元年"),由它引领的下一场(比互联网)更为深远的科技革命即将到来,学者们也陷入深深的(学科)身份焦虑和未来忧思,展开对不确定未来的憧憬与期许。2018 年的新媒体研究①,在这种背景下整体呈现出浓厚的反思氛围,并出现了一些新的特点与面向。

在由科技发展而引发的多维反思中,今年学者们不约而同地聚焦于"身体"。[2]这个议题至关重要,但却在过去的研究中若隐若现,没有得到应有的重视。

刘婷等把"身体"作为理解麦克卢汉媒介理论的关键,认为麦克卢汉不仅将其研究假设建基于身体之上,而且始终聚焦于身体的技术延伸(媒介)及其影响。麦克卢汉以身体为突破口,分析技术隐而不显的广泛影响和人-技术的复杂关系,从而开辟了研究身体-媒介、人-技术论题的新路径。因此,他不仅为传播和媒介理论提出了具身性的重要议题,也能够激发我们今天(新媒体时代)

---

① 本文的文献检索方式如下:首先收集 2018 年《新闻与传播研究》《国际新闻界》《新闻大学》《现代传播》《新闻记者》《新闻界》《当代传播》七种期刊上全部新媒体研究论文;其次,在此基础上进行主题聚类,提炼出一些关键词(如算法、知识付费等),并在知网全文期刊库进行第二次检索;再次,以我国一些著名新媒体研究学者为关键词进行第三次检索。最后检索所得文献共四百多篇。文献的最终采纳,以问题意识是否清晰、研究方法是否得当、研究结论是否可靠、研究议题是否新鲜等作为标准。由于截稿日期的原因,本年的文献检索只能截止到 2018 年 11 月。

思考身体问题的灵感，让我们重新检视并追问"身体"在传播及其研究中的应然角色。[3]曹钺等把"身体在场"（由于沉浸传播时代的"身体"也不再拘泥于肉身，这里的"身体"也不再拘泥于肉身，主要指向吸收知觉经验的"现象身体"）作为理解当下融合了虚拟与现实、具有超时空泛在体验的沉浸传播（immersive communication）环境和人与媒介关系的关键，认为这种"身体在场"也使得智能时代的技术与身体呈现出双向驯化的交互特征。[4]

刘海龙认为，"身体"问题的重要性的凸显，恰恰是源于我们进入新媒体时代所感受到的、身体在传播中重要性下降所带来的空虚感。[5]因此，他一方面回到麦克卢汉、媒介考古学、控制论和后人类主义，以寻求"身体"的理论资源；另一方面则借助后人类主义叙事，从未来视角反思当下的传播研究中身体问题的重要性以及展开方式。未来，"如何跟机器交流，如何和分布式的认知打交道？自然与文化的界线消失了以后，我们怎么理解它们之间的关系？信息/传播、物质/身体之间的关系发生松动之后，人还需不需要身体？具身化是不是我们传播或者人类存在的必要条件？……"[6]这一系列的问题，都彰显了"身体"议题既是挑战也是机遇，对它的态度会影响传播学科未来的价值与地位。

孙玮从媒介融合的角度来思考"身体"问题。[7]她指出，未来由新技术引发的媒介融合，不仅是媒介形态和社会形态的融合，更是技术与人的融合——技术会嵌入人的身体，而成为主体的一部分。这种由技术与人的融合创造出的新型主体，正在成为一个终极的媒介。正是在这个意义上，孙玮将为技术所穿透、数据所浸润的身体，命名为"赛博人"。而"赛博人"的产生、主体性的变化（传播的主体已经从掌握工具的自然人转变为技术嵌入身体的赛博人），是媒介融合出现后一系列社会系统融合重组的根本性条件与动力。

彭兰则从自拍这一新媒体时代独特的身体表演方式角度，对技术在自我建构中的作用进行了探讨。[8]她指出，对于个体来说，自拍可以通过彰显"在场感"来进行自我呈现与表达；但一方面，沉浸于自拍可能使得在场成为缺席，另一方面，在场方式也往往是从他人的角度构建的。作为一种典型的自我建构方式，自拍体现着"个体自我""关系自我""集体自我"这三重自我的冲突与调和过程，建构与解构、个性与去个性的矛盾也会体现在自拍的自我建构中。从自我认同的角度看，自拍强化了基于身体的表演在自我反思与社会互动中的中介作用，也可能带来"虚假的自我"的弥漫。以上三个方面的矛盾纠结都表明，尽管自拍是一种不同于"权力技术"的"自我技术"，但在社交互动变得广泛而频繁的今天，它也可能成为一种新的规训力量，通过自拍进行自我表现-从他者角度进行自我审查-自我调整这一过程变得越来越常态化。

二、算法、智能化媒体与传媒生态变革

近年来，人工智能技术得到迅速发展，也越来越广泛地被应用于线索发现、信息采集、内容的生产和分发、效果反馈等各个新闻实践环节。人工智能技术在传媒业的应用模式及其引发的媒介生态变革，特别是其对新闻生产的影响，继续成为2018年新媒体领域研究的一大焦点。

算法与新闻的结合，是人工智能进入传媒业的主要方式之一。目前，算法新闻集中体现在机器写作（算法内容生成）和个性化推荐（算法内容推荐）这两种新闻实践上。对此，学界给予了持续的关注和深入的思考，也产生了一些新的观点和看法。

算法在一定程度上解决了海量的社会化信息与个性化的信息需求之间的"信息传播效率"问题，而成为人工智能技术在新闻领域中最有成效的应用。方师师通过对算法接入新闻业的整体性梳理和分析，发现在世界范围内，算法内容生成逐渐成熟，算法内容推荐大受欢迎，平台媒体重塑新闻业从而体现出算法新闻业的蓬勃发展。[9]

何苑等通过对机器写作的技术发展、工作原理和现状的梳理，发现机器写作一方面无法采集到线下事实，另一方面只能按照人设定的模块来写作，因此还不算真正的写作，只是一个基于算法并依赖互联网大数据来源的写作工具。[10]机器写作与真人写作不仅在思维能力和创造能力上存在较大差别，在实际的应用中也存在诸多局限。

通过算法分析来提供适配的内容或服务，已经成为当下社会中的一个普遍现实。各类算法的流行，在扩张了人的能力的同时，也带来了很多新问题与新风险。因此，如何识别甚至抵抗其中的风险，是学者们格外关注的话题。

彭兰认为，算法流行的可能风险和问题包括：一是引发信息茧房效应；二是算法中的偏见或歧视对人们社会资源与位置的限制（将人们因禁在偏见与歧视固有的社会结构中）；三是算法在幸福的名义下对人们的无形操纵（在个性化服务的"伺奉"下，个体逐渐失去自主判断与选择能力，越来越多地被算法或机器控制）。[11]她同时也提醒我们，作为算法基础的"客观性"数据，不仅并不一定能带来更多真相（数据生产环节的偏差可能导致客观性数据堆积成的假

象),反而可能走向它的反面(数据分析也可能成为客观事物的干扰因素)。因而,识别、抵抗其中的种种风险,也应该成为我们生活的一部分,成为媒体和各种数据应用机构的基本责任。

李林容同样对算法所谓的"中立性"提出批判,认为算法的信息生产、筛选与分发尽管有极大的隐蔽性,但仍是一种有意识的信息"加工"行为,因此体现为一种隐藏于代码中的"伪中立性"。[12]而任何"技术中立"与"无价值观"的主张都是平台逃避作为媒体的社会责任的一种手段。

仇筠茜等通过梳理多个国家新闻生产中对人工智能的实际运用,发现技术本身和技术商业化一道,将新闻线索发掘、写作、分发等的诸多流程推向了"黑箱"——新闻生产的"幕后的幕后"。[13]黑箱化的过程不仅改变了新闻的样态、新闻生产的格局,而且带来了"流量工厂"驱逐优质新闻、定制推送固化社会分层、技术平台"反收编"新闻机构等社会格局变化。她据此提醒我们,当下研究者们不能仅停留于讨论人工智能在技术层面能实现什么,而应将视线转移到黑箱,审慎地观察这一过程可能的社会影响。

对于如何打开算法黑箱、增强其透明度,仇筠茜等也做出了积极的思考。[14]她认为,目前两种方法,"I-T-O"(试图从算法新闻的输入、吞吐、输出三个阶段来进行公开,增强透明度)和"逆向工程学"(尝试通过技术手段从结果去反推算法规则)都在尝试以庖丁解牛般"看进去"的思路来打开算法黑箱、对待算法偏见。然而,这两种方法都受到商业机密、民众算法素养、专业技术门槛等掣肘,"看进去"的策略很难落地。因此,她提出以"可理解的透明度"(用户导向,以可行性和社会接受效果作为衡量标准,更加注重普通大众是否可以不依靠专家、不需要有关机器学习的专业知识就可以理解)这种"看出来"的思路,从技术和规制理念两个方面增强算法的透明度。

常江也有着类似的看法。[15]他认为,算法对于内容生产本身的影响是显而易见的,但更重要的是把握算法如何楔入新闻业内的人、理念和实践模式三者的相互关系,进而以新闻业为切入点,理解算法对于整个社会结构产生的潜在影响。而现有的研究(包括他的这篇文章)都带有浓厚的探索性色彩。对此,他提出,只有深入新闻编辑部的内部,近距离地参与观察(算法如何影响新闻机构的日常运作),才能获得更有价值的信息。

从机器写作、算法分发等应用模式的研究入手,研究者进一步提出,智能化技术将全面进入传媒业并带来一场大变革。

曾为资深媒体人的范以锦基于对实践的深入观察指出，智能化媒体时代已经到来，智媒可以提升内容生产效率、丰富新闻产品形态、强化内容传播效果、创新商业模式，媒体对接人工智能后，随着媒体边界的不断扩展，将形成智能化思维下的新闻生产模式和泛内容生产盈利模式。[16]

对于人工智能推动的传媒业变革，彭兰称之为智能技术的驱动下的"新内容革命"——智能化技术正在进入内容行业，并促使内容生产（以智能化、人机协同为特征）、分发（以算法为核心）、消费（个性化与社交化交织、消费与生产一体）等全面升级，三者相互渗透、相互驱动，集成了内容生产、分发与消费的平台，也在逐步构建全新的内容生态。[17]

陈昌凤等认为，人工智能在新闻业的运用，不仅带来新型的新闻形态，更需要一种新闻思维上的升级换代。[18]她通过对"互动新闻"的前瞻式展望来说明这一问题：应用人工智能技术的"互动新闻"，不预先确定路径，而是通过展示和呈现的数据的解释力，给用户尽可能多的自主性，让用户能够自己讲故事，因此不仅改变了新闻工作的输出模式，也为人们获取信息提供了一个新机会。

曾庆香等则从主体视角来看待这场新闻生产的变革。[19]他们认为，在人工智能的语境下，新闻的生产包括社会化生产（生产主体包括所有个人和组织机构）、职业化生产（生产主体即新闻媒体等专业组织机构）和智能化生产（生产主体为机器人）诸种生产方式，促成各社会行为主体成为新闻生产者，从而形成了巨大的新闻生产主体网络，使得传统媒体时代的"我-他"传播，转变为"我-你"传播和"我-我"传播，实现了新闻生产主体的主体间性。

他山之石，可以攻玉。国外领先的人工智能应用实践，无疑对我们有着巨大的启发和借鉴意义。余婷等以美国为观察个案，发现技术巨头主导核心技术研发、传媒巨头主导关键技术引入和应用、专业技术公司主导智能新闻服务提供，三者构成了美国的人工智能研发及应用现状。[20]由此带来的影响是：人工智能技术的引入或将改变美国新闻业的利益格局，形成新的垄断格局；人工智能辅助下的自动化新闻生产将改变新闻从业人员的岗位职责，刺激新闻生产流程变革；人工智能技术的广泛应用，也使数据使用规范和算法偏见等问题进入新闻伦理探讨的视野。

常江同样以美国为观察对象。[21]他通过对11位美国主流媒体编辑的深度访谈，深入考察自动化新闻（即机器人新闻）生产模式对新闻编辑群体心态构成的影响。考察发现，新闻编辑针对自动化新闻所形成的温和、静止且带有一定盲目色彩的群体心态将成为算法在新闻生产领域全面普及的重要制衡力量，而更加宏观的社会文化习俗和道德标准，是包括算法在内的各类内容生产新技术难以逾越的价值鸿沟。因此，在行业内建立起一套适用于算法机制的专业、经济和伦理标准，成为自动化新闻发展的一个基本方向。

人工智能技术的发展不仅引发了传媒生态的变革，也对现行的法律制度和版权制度带来巨大挑战。其中，两个逐渐凸显的重要议题是：由人工智能生产的内容是否构成作品？如果构成作品，它的著作权属于谁？

王渊等认为，人工智能（至少目前）不具有主体地位，不具有思想和情感，其生成内容不属于人的智力成果（只是按照人类设计的算法、规则、模板而生成的内容），不具有独创性，因此，就不能成为著作权法意义上的作品。[22]但是，为了人工智能产业的健康发展，可以在人工智能生成内容之上设计所有权——根据不同的阶段可能属于程序设计者、人工智能使用者或者投资者。

王志刚与前者的看法大相径庭。[23]他认为随着算法的进步，基于机器学习技术的人工智能产品已经具备了高度独创性，应当赋予其版权保护。在版权归属方面，虽然存在由人工智能创作主体的"非人类"性引发的理论困境，但面对大量涌现的实践，仍可做出一些现实安排：在尊重智能技术变化规律的基础上，现阶段宜遵从"操作人优先"原则确定其权利归属。

郑宁发现，对于上述版权和法律问题，国外同行也是观点不同、做法不一。[24]她还提示我们，除了上述问题之外，个人信息保护、人工智能的侵权责任认定、人工智能是否具有法律人格、算法歧视引发的平等权问题、人工智能涉及的劳动法等问题也逐渐浮出水面。因此，我们在大力发展人工智能的同时必须正视由其引发的法律问题，并智慧地运用既有的或者创造新的法律规则来加以解决。

白红义从新闻劳动的重构（体现为记者的劳动过程、雇佣状况、职业满意度等不同层面的变化）、新闻知识的重组（反映在作为知识类型的新闻文本和作为知识实践的新闻技能方面的调适和改变）与新闻权威的重塑（新闻业在社会中的位置变化）三个维度，具体分析了人工智能"嵌入"新闻业后带来的变化。[25]他认为，虽然人工智能从不同层次对新闻劳动、新闻知识和新闻权威构成了冲击和挑战，但仍无法从根本上代替人类在新闻业实践中的核心角色。

三、微博、微信与社交媒体

受到技术迭代发展、网络空间规制趋紧等因素的影响，微博不仅影响力下降，还呈现出诸如平台功能的分化、泛娱乐化等一些新变化。王晗啸等通过对微博文本与用户之间的耦合分析，以及对用户间隐性关系的挖掘，发现微博目前主要活跃着休闲娱乐、社会民生、竞技体育和金融时政四种意见领袖。[26]其中，休闲娱乐类和社会民生类的意见领袖相关程度相对较高，存在大量重叠的地方。由此可见，微博生态的泛娱乐化与生活化倾向明显。

陈敏等通过对微博、微信、知乎三个平台上有关南海仲裁案热门讨论的文本分析，也发现了社交媒体平台中的意见领袖出现的新变化：主流机构媒体树立起新的舆论影响力，商业性自媒体与主流机构媒体合流，草根型意见领袖相对较少且影响力有限。[27]这也造成了社交媒体无论是在言论的专业性上，还是在公共讨论的质量上仍有很大的提升空间。

微信作为一种典型的社会化媒体，它的使用对人们社会资本的影响逐渐引起学界关注。潘曙雅等发现，大学生微信使用强度越大，他们所拥有的"粘连社会资本"（bonding social capital）和"桥接社会资本"（bridging social capital）① 这两类社会资本越多。[28]刘毅则进一步发现，大学生的微信使用强度与主观幸福感无关，相反，其"桥接社会资本"越多，负向情感越强。[29]也就是说，大学生微信使用或许并不能带来他们生活满意度的提高，也不能带来他们正向情感体验的增加；而"桥接社会资本"增多却可以带来他们负向情感体验的增加。这也为人们日常生活中减少和控制社交媒体的使用时间提供了理论根据。

伴随现代化进程对少数民族乡村社会带来的深刻影响，以及离乡务工人员的增多，新兴社交媒体特别是微信，成为少数民族社群的重要的虚拟社会空间和社交平台。高莉莎以哈尼族、彝族农民工为观察对象，通过线上观察与线下田野调查相结合的方式，考察手机微信在重构熟人社会中的作用。[30]她发现，得益于手机微信的普及，少数民族农民工群体的日常生活行为逻辑依旧受到熟

---

① "粘连社会资本"指强连接，代表个人之间亲密的社会联系，能够增加可信度评估、获得其他人的同意以及增强情感支持；"桥接型社会资本"指弱连接，代表个人之间松散的社会联系，优势在于建立新鲜的、异质的社会资源。[95]

人社会的运行规则的支配，而来自乡村的社会关系、社会结构在移动网络空间中得以重组，构筑了一个勾连城市与乡村的"移动主体熟人社会"。张媛等则通过对一个彝族家族微信群的长期的深入观察，发现微信作为一个社交平台，也成为少数民族成员寻求自己民族身份来源的重要根据地。[31]而随着线上与线下的勾连，在微信群中所构建的民族共同体认同感也延伸到了现实世界，少数民族的民族身份认同也得以凝聚。

在社交媒体时代，以政务微博为代表的政务新媒体，不仅可以促进政务公开，而且为公众提供了一个开放、便捷的政治参与和互动平台。顾洁等以我国政务微博时政类新闻为研究对象，探索新闻价值要素如何影响政务微博受众参与。[32]研究发现，在社交媒体时代，新闻价值理论框架对于受众的新闻信息选择和参与实践仍然具有指导意义。具体而言，研究中所检验的12个新闻价值元素在整体上对受众的评论、转发和点赞行为均具有显著影响作用，其中时新性、周期性、趣味性、显著性、个体性和争议性这六大要素对受众参与具有显著预测力。目前，拟人化策略①在政务微博中应用十分广泛。张放等通过控制实验发现，政务微博的拟人化互动呈现出一种由外而内效果逐渐衰减的"封面效应"：账号资料拟人化对提升互动效果的作用最佳，表达风格拟人化次之，而交流内容拟人化的作用最为有限。[33]因此，政务微博拟人化策略的最优线索组合应该是：账号资料和表达风格拟人化，而交流内容尽量非拟人化。

在我国社会迅速进入老龄化之际，老龄化与媒介数字化两大浪潮深度交汇，两者之间的矛盾也日益突出。然而，目前针对这一群体的相关研究不仅数量有限，且大多泛泛而谈，研究发现远远落后于社会实际。周裕琼把目光投向了这个庞大的群体。[34]她发现，老年人对微信的使用主要集中于社交功能，其微信采纳率、使用时长和频率都比较高。主观因素（对微信特征和风行程度的感知）对老年人微信采纳与使用的影响大于客观因素（人口变量和健康水平等）。虽然老年人面对信息化浪潮，借助微信实现了崛起，但仍需警惕的是：微信采纳和使用率并非意味着数字代沟的弥合（它有可能加重人群分化和内容区隔，成为系统性社会排斥的"帮凶"），也不代表真正意义上的数字融入。

进入社交媒体时代，特别是微信的勃兴，造就了人们以"群"的状态存在

---

① 政务微博拟人化是指赋予政务微博虚拟人格并以"虚拟自然人"的身份与网民进行互动的一种传播策略。

的生活方式。肖荣春发现，微信群作为社区传播基础结构的重要部分，构建了新型的网络化社区，持续的线上、线下的互动形成了社区成员之间的"弱关系"，从而结成互助、互惠的社会关系网络。[35]可见，微信群的连接能力，使群成员关系网络大大超出了传统手机联络人构成的"熟人"网络。然而，微信群的规模扩张，并不意味着信任关系的顺延。宫贺发现微信群网络的大小与网络信任呈显著的负相关，即用户的微信群网络越大，用户对其关系网络持有的信任度越低。[36]

传统的信任关系无法随着网络的扩张而拓展，那实体社会中的权力关系在网络中是否有明显的变化？张军以"科层式微信群"（成员均来自实体社会的某一科层组织，相互熟识且为同事）为研究对象，发现其中的权力实践体现为"流动性权力"——与实体科层组织权力相差无几，体现为实体权力在网络空间中的延伸与映射。[37]这种权力体制反过来又推动了虚拟社群"科层化"的过程。郑满宁以某校友微信群对突发事件的公共讨论为个案，也发现线下社会资本被部分带入虚拟话语空间，并呈现出选择性局部放大效应。[38]微信群被各种权力或资本占据着不同的位置，群的结构恰是不同的权力或资本分布的空间。

微信群内部存在着复杂的会话结构，其具体的信息交互类型以及演化规律都有待进一步探究。巴志超等运用社会网络分析和内容分析法对十个微信群进行分析对比，发现微信群中的信息交流更多是一种"有限度"和"碎片化"的会话形式，会话结构存在话题"无限漂移"和话语"无限流动"的特征；群成员在群中观点的表达受群体压力、群类型以及与其他成员之间的熟悉度、信任度的影响，表现为一种"沉默螺旋"状态；微信群会话过程是由话题的延续、迁移、转换及回逆构成，同一话题的演化也表现出启动、保持、沉默及终结的生命周期。[39]

社交媒体的影响力已经全面渗透到政治、经济、社会和生活领域。当社交媒体日益成为人们获取政治新闻的重要渠道，从细分变量深入考察，有助于我们进一步了解社交媒体政治新闻传播规律和特点。薛可等基于中国网民社会意识调查数据，比较分析了社交媒体政治新闻使用的性别和代际差异性效应。[40]研究发现，社交媒体政治新闻使用不仅存在性别和代际差异，还同时出现了"性别鸿沟""代际鸿沟"和"性别代沟"等三种效应。李静等以社交媒体上的"医疗众筹"现象切入，研究人们的信息分享行为。她通过半结构访谈发现，人们对医疗众筹信息的转发行为，主要基于利己取向。[41]而与捐款行为相比，他们对信息的转发更为谨慎（并非每一次的捐款都会伴随着信息转发）。其中，人情交换、知觉负面评价是影响人们信息分享行为的主要因素。李武等通过实验法，同样证实了人们对公益众筹项目的分享意愿显著低于捐赠意愿。[42]

四、粉丝、网红与短视频

进入 21 世纪以来，互联网的发展普及使得原本分散的粉丝个体结成粉丝群体，从而扩展了粉丝规模；互联网所提供的技术和场所保证，使得粉丝的分享性和创造性得到最大程度的激发和满足；"大众媒介文化的高度发达，使得粉丝对象的范围和数量快速增长，促使粉丝规模爆炸性扩大的同时，也给粉丝群体之间带来了竞争，使得粉丝群体的活动开始变得更有组织性和目的性"。[43]粉丝文化所呈现出来的这些新变化也引导粉丝文化研究走向了新的方向。

陈天虹等介绍了源于国外的作为粉丝行动主义的"文化针灸"模式。[44]这一研究认为，文化针灸的方法是富有想象力和俏皮的，它通过提供一整套本已属于年轻人生活的一部分的、源自内容世界的另类隐喻和类比，来理解范围广泛的当代问题，并以此构成批判既有秩序的文化资源。因此，它的实质是一种以流行文化联系社会议题的策略——运用大量粉丝技术汇聚注意力，并在此基础上形成对话与动员。

胡岑岑认为，交流实践既是粉丝文化的重要体现，也是网络社区形成的重要前提，因而理解网络粉丝社区需要关注社区中参与者的交流实践。[45]她通过对百度"太阳的后裔吧"的持续观察，将当下粉丝的交流实践划分为信息性、情感性、生产性以及仪式性四种交流类型。她认为这些交流实践既在粉丝建构和维系网络社区的过程中承担着不同的角色，又与社区中粉丝个体的观剧体验、个人展演及认同建构等息息相关。

马志浩等通过田野调查的方式来解读粉丝群体的集体行动逻辑。[46]研究发现，虽然粉丝追星行为是一个休闲消遣行为，但粉丝群体仍是一个扁平化真实社会的展现。其中，由应援会组成的粉丝群体在解决"搭便车"困境上形成了结构清晰、分工明确的粉丝阶层。同时由于应援活动的规范和游戏规则由顶层粉丝制定，所以金钱与时间的投入是参与应援活动的基本要求，也是粉丝阶层流动并在群体内形成社会资本的主要动力。研究者同时提示我们：应援会在粉丝追星的集体行为中发挥着至关重要的作用，这种有组织、具备理性领导的集体行为应为后续粉丝研究所重视。

陈昕通过对鹿晗粉丝的研究，将粉丝社群作为情感社群的一个独特类型。[47]这一研究认为，粉丝社群的动力机制是围绕共同的情感依赖对象所形成的情感力量——正是在对偶像的共同情感的推动下，对内形成了一套清晰的规则体系和等级结构，对外则通过一系列线上线下应援活动积极建构"有理性、有秩序"的新形象和合法性。李镓等则以中国本土打造的虚拟歌姬"洛天依"为研究个案，探究虚拟偶像的传播影响力和粉丝群体的互动情况。[48]研究发现，虚拟偶像作为二次元亚文化和数字技术的产物，主要依靠其内容生产环节的高度自主和"隔空喊话式"的拟社会互动模式来吸引粉丝；同时粉丝群体内部也通过特定的符码传播、创造再生性文本和关系想象来建构身份认同。

与粉丝文化相伴而生的是近年来蓬勃发展的网红现象——它既见证了微观个体命运的戏剧性变化，又体现为一股强大的经济社会力量。

杨江华基于网络社会理论，通过对网红现象的历史比较研究，发现其存在三类不同的逻辑生成机制：网络虚拟空间的公共广场效应、网络交往的社群化模式，以及资本市场的商业打造。[49]而网络走红的社会后果及影响，经历了从文化社会领域到经济领域的过渡演变，并伴随互联网经济的兴起而衍生出网红经济的商业模式。他认为，网红现象还为理解中国网络社会的形成机理与发展变迁提供了鲜活样本。

在网络平台走红后，通过开设网店将流量变现成为一个常见网红经济模式。燕道成等以淘宝网红店主为研究对象，以网络消费者行为分析模型"AISAS模型"以及ABC消费态度理论为理论基础，研究网红微博营销对消费者态度的影响。[50]研究发现，内容相关性、网红个人魅力、品牌影响力、互动和评论因子能够对消费者认知和情感态度产生正向影响，并对购买意愿产生间接影响；而有奖促销和互动性因子对消费者认知和情感态度均无正向影响。

刘海鸥等借助CAS量表模型，基于问卷调查从娱乐社交、情感投射、完全认同、关系幻想和病理边缘五个维度，分析网红经济下青少年卷入行为的类型、特征，以及该现象产生的原因。[51]研究结果表明，不同的性别、年龄、接触网红时间、生活费所对应的青少年卷入程度均不同，而商品因素（质量、价格、售后）、网红类别、消费倾向（购买倾向和总和体验）等因素与研究对象呈正相关。

2017年短视频迎来了爆炸式的发展，而进入2018年，短视频依然热度不减，直播、社交、新闻、照片、音乐、知识问答等各领域新进入者络绎不绝。

全面爆发的短视频行业，已由文化领域成功延伸到经济领域，在表现出巨大的商业价值和全新的商业机制同时，也吸引了资本和互联网巨头密集进场，进一步催化了原本就已经非常激烈的市场竞争。与热火朝天的业界实践相比，今年的短视频研究并不算多，原因可能在于学界仍需一段时间来进行深入观察和沉淀。这也为今后的研究留下了足够的空间和想象。

高菲认为，找不到稳定的盈利模式、缺乏优质内容和版权纠纷不断等网络行业的通病同样制约着短视频的发展。[52]吕鹏等则发现，短视频平台目前主要存在雷同化、垄断化和低门槛化三大发展趋势。[53]而以政府为主的治理，也存在事后治理、模糊规范、手段单一等问题。

梁玲注意到，短视频平台的崛起，正在改变"看"文字或图文这种数千年来人类最基本的阅读形态，5秒到30秒的超级短视频，已经成为移动终端最火爆的阅读形式。[54]由此，短视频在实现对文字阅读的低成本替代、潜在改变了人们的阅读模式的同时，也正在为出版与传播领域带来一场深刻的变革。

短视频流行，使其愈发成为乡村人青睐的休闲娱乐与信息获取方式。刘娜和姬广绪都注意到了这一现象，也同样以"快手"为例展开对短视频流行之于乡村文化和乡村空间影响问题的探讨。[55][56]刘娜发现，大量乡村用户入驻快手App，通过拍摄短视频尝试乡村文化自主表达的新路径，快手也逐渐成为促进乡村形成身份界定与文化认同的线上空间。姬广绪则发现，村民日常生活中快手短视频的制作和发布对于消解传统城乡二元对立有着特殊的作用和意义。快手成为城乡边界消解、城乡文化拼接的舞台，展示出网络时代城乡文化并存的另外一种可能性。

五、网络谣言与网络舆论

互联网的流行始终伴随着谣言的大量滋生和扩散，尤其是进入当下所谓的后真相时代，传统的单一权威信息来源机制遭到瓦解，各种基于观点、情绪和个人体验的相关话题越来越多，甚至盖过了事实和理性。由此，网络谣言不仅在形成和演化机制上出现了新的变化，也与网络舆论、网络暴力等现象复杂地纠缠在一起。

苏宏元等发现，社交媒体是突发事件中网络谣言传播的核心条件，而网络谣言负面传播效应则是多条件组合作用的结果。[57]在一些影响较大的社会安全事件中，信息透明度低和传播主体的有意讹传，更容易导致网络谣言的产生和传播。这也说明突发事件中网络谣言的传播并非单一条件作用，而是存在多条件的组合作用。

喻国明认为，与信息成本降低和网络结构因素等相比，反馈机制的缺失才是社交网络上谣言传播加剧的根源。[58]一方面，个体对于谣言的反馈无法与谣言的传播同步，谣言的单向导通使得信息并不需要获得反馈就可以传播，这样导致反馈远远滞后；另一方面，社交网络的反馈只针对谣言发起者，并不具有等同的局域广播性，这使得反馈变得异常微弱。

针对当下网络谣言和网络暴力之间频繁融合演化，加剧破坏舆论生态的现实，刘绩宏等从个体层面探索了网络谣言向网络暴力演化过程中的影响因素及机制。[59]通过对网民心理和行为数据的结构方程模型分析，研究发现：契合网民道德焦虑，并能激发网民多元、复合道德情绪的网络谣言，能够使网民形成对相关主体的消极道德判断，进而实施网络暴力行为。这些网络谣言也由此演化为网络暴力。

徐建军等依据生态位理论，在非平衡态、非线性、开放的逻辑语境下来理解网络舆论的演进，认为舆论同生态系统中的物种一样，存在萌生、演进、消亡的生命过程，并拥有最适合其生存的生态位。[60]网络空间舆论生态系统的生成与演进有赖于其生态适应、生态补偿、生态冗余、竞合共生等动力机制的彼此依存和共同作用。

受众媒介使用是网民态度和行为的外化形式，是网民采取进一步行动的前期行为。从舆论生成来看，受众媒介使用及其遗留的搜索痕迹可以据以预见将要发生的行为，特别是关于某一议题的爆发式搜索的出现，在大数据的支撑下，可以据以提前研判网民即将表现的态度和采取的行为。[61]

焦德武通过对受众网络搜索行为的数据分析，发现"PX项目"的搜索峰值总是和具体的PX事件相关联。[62]因此，受众媒介使用与网络舆论生成存在着互动促动、渐为一体的内在逻辑。

曾凡斌将百度指数这样的自然数据①应用于网络舆论研究。[63]他通过将75个网络热点舆情事件的百度指数与媒体（报纸）对这些事件的报道进行对比分

---

① 所谓自然数据，指的是数据并不通过问卷获得，而是在现实生活中自动形成，其特点是价值性、多源性和碎片性。自然数据方法属于非反映与无干扰的测量方法（unobtrusive measures），也就是说，测量工具不会对研究者造成干扰或侵犯，其关键特性是被研究的人不知道有人在研究他们，而是"自然地"留下他们社会行为或行动的证据。

析，发现在网络热点舆情事件属于社会新闻事件或国外政治事件时，媒体舆论场和民间舆论场呈正向相关，但在其他事件中却存在着一定程度的背离。该研究结果也显示，在某些事件上，中国的媒体议程难以很好地影响受众的议程。

龙思思等也发现，新形势下的网络舆论平台已不再局限于"三微一端"，知乎、果壳等以中等收入群体为主要成员的专业网络社群已然兴起。[64]这类网络社群及知识问答社区中，网民发声较为专业理性，思辨能力强，在舆论场内的介入程度和影响范围不容忽视。

六、个人信息保护与网络治理

进入社交媒体时代，随着公民个人信息泄露、被滥用以及由此引发的信息诈骗等问题，个人信息保护引起了社会公众的普遍关注，也凸显了这一问题的紧迫性与重要性。2017年6月，《网络安全法》正式实施，其中第四章对个人信息安全问题进行了专门规范，被认为是目前我国个人信息保护领域最重要的法律规定；同年10月，《民法总则》也开始实施，其中第111条对个人信息保护做出新的规定，首次从民事基本法层面对个人信息权进行确权，明确了个人信息保护的基本行为规范。那么，法律政策层面设计的实际效果如何？学者们对此也及时开展了考察研究。

邵国松等对我国500家网站的隐私政策声明进行了分析，比对审查这些网站是否很好地执行了《网络安全法》（2017年6月1日实施）相关条款。[65]结果发现，我国大部分网站合规程度较低，不同类别网站的合规程度也存在差异。其中，70%的敏感信息类网站存在中级及以上的数据安全漏洞。这也意味着，大部分网站并没将个人信息保护政策落到实处，法律在个人信息保护中发挥的作用有限。徐敬宏等则发现大学生微信使用中隐私关注水平不高，且大多数受访者在注册账号时并不关心相关的隐私条款。[66]

陈瑞华等则对国内10家社交网站个人信息保护条例进行文本分析，发现大部分社交网站将个人信息置于隐私保护框架下，缺乏独立的个人信息保护规则；用户与网站之间的权利与义务关系也不对等，缺乏有效的个人信息保障机制与法律救济指导。[67]同时，网站在收集、处理个人信息时亦存在着很多问题，如收集较多的个人基本信息、行为信息、地理位置信息、设备信息和分享信息，却缺乏对这些信息使用细节的详细说明。

网络治理一直以来同样是新媒体研究领域的一个热点议题，2018年的研究在理论和方法上都有所突破。陈龙把"熵定律"（即热力学第二定律）引入网络治理研究，进而以"网络舆论熵"作为熵定律视角下观察网络生态系统风险来源的一个聚焦点。[68]他认为，行政手段的全面控制，虽然能够成功地扼制某些网络舆论的泛滥，然而由于流通性差，这种做法只会导致整个网络生态系统熵的不断增加，结果会抑制网络发展的生机与活力，使整个系统处于一种静态的"热寂"结构。而解决之道在于，尽可能多地输入负熵流——让不同的网民拥有相同的机会表达各自的诉求，并按照网络民主的原则来维护自身利益，以最终实现整个网络生态系统的和谐稳定。

作为管理网络空间传播活动的主体，"网络中介"特别是超级中介占有技术、平台和信息资源等多种优势，又成为与公权力相对的私权力主体，因此被称为数字环境的"结构性角色"，对互联网治理和用户权利都有着重大影响。张小强从来源于"用户条款"①的网络中介私权力视角切入，发现传播法在网络空间的运行主要由网络中介私权力与公权力之间的博弈主导，从宏观上形成了一种三方（政府、网络中介、用户）博弈机制。[69]而在这三个群体的博弈中，不仅已经形成了对网络中介最为有利的情形，传播行为与传播法相关权利的实现也因网络中介私权力的介入而发生转变。因此他建议，今后的传播法理论研究和具体实践，应从以规范为核心转向对规范和行为的综合分析，特别是规范对网络中介行为的影响和网络中介的行为及其如何规范本身应作为网络空间传播法的核心问题。

侯健关注网络治理中的表达自由与行政法规制定权的关系问题。[70]他通过对涉及网络信息内容管理的行政法规的分析，发现其中的禁止性规定存在着超越宪法和法律的现象，即禁止了宪法和法律没有禁止的某些种类的信息内容。行政法规中的这些超越性规定，与我国宪法中人民主权、依法治国、尊重和保障人权等原则相悖，并不妥当。为了推进网络空间治理的现代化，我国行政法规制定权的制度安排需要进一步完善。冯建华则发现，在网络治理与现实形势的双重压力之下，网络信息安全防线将可能收紧，其极端表现就是以网络信息安全之"名"行网络信息管制之"实"。[71]

七、知识付费与新闻付费

知识付费作为一种新的学习模式、商业模式和信息传播模式，近年来得到

---

① 用户条款，即网络中介与用户之间通过点击接受等形式签订的格式合同的统称。

异乎寻常的发展。2016 年才被称为知识付费元年（得到、知乎、分答、喜马拉雅等知识付费平台在该年相继上线，纷纷探索各种知识付费形式），2017 年中国知识付费产业规模已达 49 亿元人民币，而预计到 2020 年该产业规模将达到 235.1 亿元。①在"知识付费"浪潮的带动下，"为有价值的内容付费"的用户观念也已初步形成。

徐敬宏等认为，知识付费给整个内容生产领域带来了新的生机：对生产者来说，知识付费能够在某种程度上保护知识信息生产者的知识版权，激励优质内容的生产；对用户来说，知识付费能够使用户高效地筛选知识，获得更个性化的信息服务。[72] 马澈等则认为，知识付费代表了正在发生的互联网知识生产、传播与消费范式的重大转变：从过去的公共、分享式的知识社区转变为有着工业化、专业化的知识生产机制和基于数字经济的知识服务产业；从过去碎片化的信息获取转变为依赖知识中介，获取跨界通识、中层化的知识类型。[73]

彭兰基于知识付费平台的视角，认为知识付费平台要实现持续发展，需要重点解决两个方面的问题：从机制角度来说，平台的机制设计需要有效开发用户的认知盈余并实现供需双方的匹配，以刺激知识生产，同时需要推动基于自组织的平台进化和平台文化建设，提高社区整体和个体的社会资本，推动知识共同体的产生；从用户意愿角度来说，感知有用性和感知易用性都会影响到用户使用知识付费产品的意愿。[74]

李武等基于用户研究视角发现：质量价值、社会价值、价格价值和收益价值对于用户付费意愿均具有显著影响，其中社会价值是最主要的影响因素；过去行为对社会价值/价格价值与用户付费意愿的关系具有调节作用（相较于已付费人群，社会价值对未付费人群付费意愿的作用更为显著；相较于未付费人群，价格价值对已付费人群付费意愿的作用更为显著）。[75]

杜智涛等通过实证分析，探讨了用户在线知识付费行为的影响因素和形成机理。[76] 研究发现，与传统的课堂教育与系统性的知识学习不同，人们在线知识付费的意愿更多地由一种对知识内容的专业性、有趣性感知和主观规范等体验因素驱动。这种体验驱动本质上是由商家构建出来的一种消费场景，其底层商业逻辑与一般消费品并无差异。

---

① 艾瑞咨询.2018 年中国在线知识付费市场研究报告. http：//report. iresearch. cn/wx/report. aspx？id=3191.

喻国明等认为，计算社会科学范式可应用于内容付费研究的诸多领域。[77]在用户方面，通过计算的手段不仅可对用户进行画像描述和筛选分类，且能比传统工具更快更具信度地获得用户的关系数；在营销效果方面，计算方法在如何研究通过语义对照提升付费内容的异质性以及如何精准地推送付费内容方面将大有作为；在内容方面，计算方法可用于内容生产方向的预测（测量公众对于特定付费内容的喜好、预判）；在平台方面，计算方法可用于平台所构建出的社群如何影响人们的内容付费意愿或行为的研究。

在知识付费引发内容行业的风起云涌的同时，新闻付费则引起人们对于媒体商业模式和优质内容价值的重新定位。财新网作为第一家全面试水新闻付费的媒体（2017年11月6日，财新网在国内率先启动了全网收费的实验），其总编辑张继伟认为，与注重实用性和垂直细分市场的一般性知识付费产品不同，新闻付费产品的延展空间、长尾效应极强，容易受到新闻热点的带动，而不是一次性爆发后便陷于沉寂。[78]而从财新的新闻付费实践来看，付费获得读者认可的基础，仍在于内容本身。不断提升用户体验，最小化用户负担，是付费实验得以成功的关键。

自2011年3月《纽约时报》率先提出"付费墙"（paywall）概念之后，付费墙不仅成为传统媒体（特别是报纸）为其网上数字内容建立的一种主要新闻付费模式，也是目前中外报业集团应对收入下滑、摆脱经营危机的一种积极的自救实践。胡泳等发现，与国外相对成熟的付费墙实践相比，中国报业囿于经验不足及体制性约束，在付费墙实践上更显坎坷。[79]因此建议，未来国内媒体的付费墙实践，宜充分利用网络新技术，以内容生产专业化（能否提供有高质量、独特价值的在线内容直接影响着读者的付费意愿）、服务化运营（由单纯的内容产品向服务化产品转变）、市场化运作聚拢（将读者视为具备独特个性与交往需求的个体，以会员化运营思路对待付费读者）和收费渠道多元化，并以此作为转型发展的基本思路，实现其在新媒体时代的逆势上扬。

八、区块链技术与新闻业的未来

2018年年初，在金融、商业、网络安全等领域受到热捧的区块链技术，开始实质性地涉足新闻业——欧美国家已开展将区块链技术应用于新闻业的新尝试。面对这种新实践和新发展，我国学人也给予了及时的关注和介绍。

邓建国从媒介的偏向、传播史研究和新闻生产的政治经济学角度分析了区块链技术对新闻业的价值,并介绍了目前该技术在美国内容产业中的具体应用。[80]他认为,区块链技术对新闻业的价值体现在四个方面:确保数据采集的真实性,纠正报道者的刻板印象和"媒介的偏向";确保报道的安全性,抵御政治和技术力量的干预;准确跟踪内容流向,保护内容版权;利用虚拟货币获得新的众筹商业模式。因而,区块链技术对新闻和信息的生产、发布和消费有着特别的价值,可以成为去中心化和去中介化的新闻传播解决方案。

吴果中等带着提高新闻的真实性、防止虚假新闻泛滥的诉求,对欧美两家媒体机构 Userfeeds 与 PressCoin 进行了分析。[81]他们发现,前者依靠区块链技术,创造了一个公开透明的、能被公众审查的新闻内容平台及配套的排名算法,从而显著降低了假新闻的曝光度;后者则依靠区块链技术为新闻机构搭建了一个"依存共生"的生态系统,从而将新闻内容的质量与收入挂钩,颠覆了媒体的传统商业模式。

谭小荷运用个案研究法,对美国的两个区块链新闻机构展开了深入考察。她首先以初创公司 Civil 为个案来呈现这种基于区块链技术的新闻运作模式。[82]研究发现,Civil 的整体架构实际上是围绕三个要点展开:第一,为公众和新闻工作者建立一个自治的新闻市场;第二,公平、开放、透明的管理系统;第三,区块链可作为底层技术保障,其中"加密经济"带来的激励和保障是这种模式自我维持的核心。

谭小荷又以媒介机构 PressCoin 为个案,从商业模式和技术逻辑的双重视角,探究建立在区块链技术基础上的"加密经济"能否成就一个财务自由的新闻媒体生态系统。[83]发现,PressCoin 公司虽然在理论上阐明了独立媒体"如何自给"——试图以加密经济为路径,彻底打破传统的、外部依赖性的媒体商业模式,建立自给自足的"全球媒体生态系统",以"去中心化的价值再分配"重构新闻生产者、分发者和消费者的关系。但在现实操作中,商业模式和技术应用的双重不成熟,将带来"能否自足"的问题,为这一创新实践带来巨大挑战。

"传统互联网解决了信息传递的效率问题,而区块链则进一步解决了价值传输问题。"[84]因此,它与致力于提高社会透明度的新闻业似乎有着一种天然的亲近感,值得我们对其进行持续、审慎的观察和关注。正如一位学者所言:"区块链与新闻业的结合还需要更多的试错,我们固然不可对它过于乐观,但也不可断然忽视,因为很多迹象表明,它很可能已成为颠覆当今社会所有常规的革命性技术,其潜力不容小觑。"[85]

周茂君等认为，区块链技术以分布式记账技术为基础，借助用户赋权和共识机制，以构建多方参与的数据账本为解决路径，重构数据市场中多方的主体关系，最终实现数据生产方、数据使用方和数据垄断方的共赢。[86]因此，区块链技术为我们提供了破解数据孤岛困境（指由数据生态中参与各方利益博弈造成的数据割据并进而形成数据孤岛的现象）的钥匙。

结语：赛博格时代的新媒体研究

进入21世纪第二个十年，人工智能、基因技术、纳米技术等前沿科技领域相继取得了重大的突破，使得人类想象中的"未来"已初露端倪：人工智能轻松击败人类顶尖棋手，自动驾驶汽车技术日趋成熟，生产线上的机器人大量取代工人……

而在传播领域，以人工智能、大数据、区块链为代表的新媒介技术，正在对全球传媒业产生颠覆性的影响，不仅使人类社会加速迈入一个"泛媒""智媒"化的信息时代，也使得虚拟偶像（如洛天依）、网红机器人（如索菲亚）、AI主播（如新华社AI合成主播）等新现象不断涌现，预示着人机深度互动迎来了集中爆发的时刻。

当新闻生产的每个环节都快速迈向智能化，人类也将实现从人到赛博格的转变，不仅新闻业的发展迎来"拐点"，新媒体研究也正迎来"拐点"。

由新技术所引发的一个颠覆性事实，同时也是赛博格时代新媒体研究要面对的第一个维度的难题是：人与媒介/技术正迈向主体层面的融合——传播的主体已经从掌握工具的自然人转变为技术嵌入身体的"赛博人"。[87]因此，身体与媒介、人与技术很难再作为二元对立的存在，他们之间的边界也变得愈发模糊。那么，我们将如何跟机器/智能程序打交道？如何处理现实与虚拟世界的纠缠？特别是如何面对我们信息化的身体……

陈卫星认为，"任何一次技术革命的背后，实际上都是一种主体性质的观念革命，而且在这个过程当中一定会产生新的社会呼唤，因为它涉及我们怎样重新定义象征世界、重新组合社会群体、重新确定信息边界以及重新铸造权力秩序"[88]。因此，他建议引入"媒介域"（媒介域把媒介技术的符号形式和关系结构作为整体来看，从而确定一个信息传播格局的存在方式或存在状态）这个把历史主义价值和技术主义价值相结合的方法论体系，以便于帮助我们理解信息传播的新格局。

刘海龙认为，我们需要超越传统的身体在场/缺席的观念，回到控制论的模式/随机的观念，用新的观念去思考虚拟现实等新技术，从新的角度重新定义身体与传播的关系。[89]杨国斌则希望新媒体研究能够向"数字文化"（从媒介和传播的生产、流通到消费和使用的各个环节和层面的数字文化）研究转向。[90]具体而言，可借鉴威廉斯的方法和视野，把数字文化研究与社会紧密联系在一起，从数字文化的现象出发，深入社会问题的根源。

新媒体研究面临的另一个维度的难题在于，新媒体技术在其进化过程中呈现出明显的迭代特征——新的技术尚未完全普及就被更新的技术所替代。因此，这些新技术不仅对新闻业的运作产生了巨大影响，也在深刻改变着新媒体作为一个研究领域的面貌。

张昱辰认为，面对不断变化的媒介融合现实，新媒体研究仅仅满足于在原有的路径上深耕细作是不够的。[91]需要勇于打破既有的学科边界，广泛吸纳不同学科的视野和方法，在跨区域和跨学科的对话中不断推进理论创新。王昀也认为，面对人工智能影响的媒介转型，新媒体研究不能浅尝辄止于描述智能时代的新图景、新现象，而如何迅速调整现有视野，发展出一套适用于关怀人工智能的学科思路，尤为必要而紧迫。[92]

未来已来，面对不断迭代升级的新媒体技术，学者们对新媒体研究的未来发展逻辑似乎已经达成了基本的共识：一方面，从赛博格所蕴含的"信息论生命观"[93]出发，激发新媒体研究的想象力，不断扩大其研究的边界，将那些原本有所忽视的问题，诸如新闻生产、传播过程涉及的硬件、软件和其他类型的技术充分纳入研究视野（类似于杨国斌提倡的数字文化研究）。另一方面，新媒体研究对象愈发显现出的复杂性和多学科特点，也要求我们更多地引入、借鉴其他学科（如计算科学、统计学、心理学、社会学、政治学等）的理论资源和研究范式。通过与诸多交叉学科的积极对话，妥善应对伴随智能技术向外部环境延伸而出现的各类新现象、新问题。

上述来自研究领域的种种变化，实际上也意味着对新媒体研究者的更高要求，"呼唤研究者提高媒介研究的开放性，吸收、整合不同渠道的意见资源，批判性地看待智能媒介建构的文化价值意义，从而在此基础之上不断发掘传播学科能够得以回应的理论落差，勾连起新媒介技术与公共生活福祉之间的内在共鸣"[94]。

（原载于《国际新闻界》2019 年第 1 期）

引用文献 [References]

[1] 吴予敏. "重构中国传播学"的时代场景和学术取向 [J]. 国际新闻界, 2018 (2): 85-98; 龙强, 吴飞. 认同危机与范式之惑: 传播研究反思之反思 [J]. 国际新闻界, 2018 (2): 73-84; 杨国斌. 转向数字文化研究 [J]. 国际新闻界, 2018 (2): 99-108; 胡翼青, 张婧妍. 中国传播学40年: 基于学科化进程的反思 [J]. 国际新闻界, 2018 (1): 72-89.

[2] 刘海龙. 传播中的身体问题与传播研究的未来 [J]. 国际新闻界, 2018 (2): 37-46; 孙玮. 赛博人: 后人类时代的媒介融合 [J]. 新闻记者, 2018 (6): 4-11; 彭兰. 自拍: 一种纠结的自我技术 [J]. 新闻大学, 2018 (5): 45-55, 76; 刘婷, 张卓. 身体-媒介/技术: 麦克卢汉思想被忽视的维度 [J]. 新闻与传播研究, 2018 (5): 46-68, 126-127; 曹钺, 骆正林, 王飔濛. "身体在场": 沉浸传播时代的技术与感官之思 [J]. 新闻界, 2018 (7): 18-24.

[3] 刘婷, 张卓. 身体-媒介/技术: 麦克卢汉思想被忽视的维度 [J]. 新闻与传播研究, 2018 (5): 46-68, 126-127.

[4] 曹钺, 骆正林, 王飔濛. "身体在场": 沉浸传播时代的技术与感官之思 [J]. 新闻界, 2018 (7): 18-24.

[5] 刘海龙. 传播中的身体问题与传播研究的未来 [J]. 国际新闻界, 2018 (2): 37-46.

[6] 刘海龙. 传播中的身体问题与传播研究的未来 [J]. 国际新闻界, 2018 (2): 45.

[7] 孙玮. 赛博人: 后人类时代的媒介融合 [J]. 新闻记者, 2018 (6): 4-11.

[8] 彭兰. 自拍: 一种纠结的自我技术 [J]. 新闻大学, 2018 (5): 45-55, 76.

[9] 方师师. 算法如何重塑新闻业: 现状、问题与规制 [J]. 新闻与写作, 2018 (9): 11-19.

[10] 何苑, 张洪忠. 原理、现状与局限: 机器写作在传媒业中的应用 [J]. 新闻界, 2018 (3): 21-25.

[11] 彭兰. 智能时代的新内容革命 [J]. 国际新闻界, 2018 (6): 88-109.

[12] 李林容. 网络智能推荐算法的"伪中立性"解析 [J]. 现代传播 (中国传媒大学学报), 2018 (8): 82-86.

[13] 仇筠茜, 陈昌凤. 黑箱: 人工智能技术与新闻生产格局嬗变 [J]. 新闻界, 2018 (1): 28-34.

[14] 仇筠茜, 陈昌凤. 基于人工智能与算法新闻透明度的"黑箱"打开方式选择 [J]. 郑州大学学报 (哲学社会科学版), 2018 (5): 84-88, 159.

[15] 常江. 生成新闻: 自动化新闻时代编辑群体心态考察 [J]. 编辑之友, 2018 (4): 76-82.

[16] 范以锦. 人工智能在媒体中的应用分析 [J]. 新闻与写作, 2018 (2): 60-63.

[17] 彭兰. 假象、算法囚徒与权利让渡: 数据与算法时代的新风险 [J]. 西北师大学报 (社会科学版), 2018 (5): 20-29.

[18] 陈昌凤, 霍婕. 以人为本: 人工智能技术在新闻传播领域的应用 [J]. 新闻与写作, 2018 (8): 54-59.

[19] 曾庆香, 陆佳怡. 新媒体语境下的新闻生产: 主体网络与主体间性 [J]. 新闻记者, 2018 (4): 75-85.

[20] 余婷, 陈实. 人工智能在美国新闻业的应用及影响 [J]. 新闻记者, 2018 (4): 33-42.

[21] 常江. 生成新闻: 自动化新闻时代编辑群体心态考察 [J]. 编辑之友, 2018 (4): 76-82.

[22] 王渊, 王翔. 论人工智能生成内容的版权法律问题 [J]. 当代传播, 2018 (4): 84-87.

[23] 王志刚. 论人工智能出版的版权逻辑 [J]. 现代传播 (中国传媒大学学报), 2018 (8): 15-19, 48.

[24] 郑宁. "人工智能+媒体"时代的法律问题 [J]. 青年记者, 2018 (13): 24-26.

[25] 白红义. 当新闻业遇上人工智能: 一个"劳动-知识-权威"的分析框架 [J]. 中国出版, 2018 (19): 26-30.

[26] 王晗啸, 于德山. 意见领袖关系及主题参与倾向研究: 基于微博热点事件的耦合分析 [J]. 新闻与传播研究, 2018 (1): 51-65, 127.

[27] 陈敏, 黄睿. "大V"去哪儿了?: 基于微博、微信、知乎南海仲裁案讨论文本的分析 [J]. 新闻记者, 2018 (7): 61-72.

[28] 潘曙雅, 刘岩. 微信使用对大学生社会资本的影响机制研究 [J]. 国际新闻界, 2018 (4): 126-143.

[29] 刘毅. 微信使用对大学生主观幸福感影响的实证研究 [J]. 现代传播 (中国传媒大学学报), 2018 (8): 154-159.

[30] 高莉莎. "移动主体熟人社会": 基于少数民族农民工手机微信使用的研究 [J]. 新闻大学, 2018 (2): 36-45, 150.

[31] 张媛, 文宵. 微信中的民族意识呈现与认同构建: 基于一个彝族微信群的考察 [J]. 国际新闻界, 2018 (6): 122-137.

[32] 顾洁, 闵素芹, 詹骞. 社交媒体时代的公民政治参与: 以新闻价值与政务微博受众参与互动关系为例 [J]. 国际新闻界, 2018 (4): 50-75.

[33] 张放, 王盛楠. 政务微博拟人化互动效果的实验研究 [J]. 国际新闻界, 2018 (3): 132-151.

[34] 周裕琼. 数字弱势群体的崛起：老年人微信采纳与使用影响因素研究 [J]. 新闻与传播研究, 2018 (7): 66-86, 127-128.

[35] 肖荣春. 微信群的"社会互助"与"故事讲述"：一项基于美国华人社区微信群的探索性研究 [J]. 新闻与传播研究, 2018 (1): 66-83, 127-128.

[36] 宫贺. 网络信任对信息传递与意见寻求的影响：基于微信用户与微信群的实证研究 [J]. 新闻与传播评论, 2018 (3): 86-95.

[37] 张军. 流动的权力："科层式微信群"的权力实践研究 [J]. 社会科学战线, 2018 (9): 213-222.

[38] 郑满宁. 公共事件在微信社群的传播场域与话语空间研究 [J]. 国际新闻界, 2018 (4): 76-96.

[39] 巴志超, 李纲, 毛进, 徐健. 微信群内部信息交流的网络结构、行为及其演化分析：基于会话分析视角 [J]. 情报学报, 2018 (10): 1009-1021.

[40] 薛可, 余来辉, 余明阳. 社交媒体政治新闻使用的性别和代际差异：基于中国网民调查的实证分析 [J]. 新闻记者, 2018 (7): 53-60.

[41] 李静, 杨晓冬. 社交媒体中"医疗众筹"信息分享行为研究：转发还是不转发？[J]. 新闻与传播研究, 2018 (2): 64-79, 127.

[42] 李武, 毛远逸, 黄扬. 框架效应、进展信息对公益众筹意愿的影响 [J]. 新闻与传播评论, 2018 (5): 68-78.

[43] 胡岑岑. 网络社区、狂热消费与免费劳动：近期粉丝文化研究的趋势 [J]. 中国青年研究, 2018 (6): 5-12, 77.

[44] 陈天虹, 胡泳. 文化针灸模式的粉丝行动主义 [J]. 新闻爱好者, 2018 (8): 30-32.

[45] 胡岑岑. 建构社区与制造快感：网络社区中粉丝的交流实践类型及意义 [J]. 国际新闻界, 2018 (3): 152-173.

[46] 马志浩, 林仲轩. 粉丝社群的集体行动逻辑及其阶层形成：以 SNH48 Group 粉丝应援会为例 [J]. 中国青年研究, 2018 (6): 13-19, 45.

[47] 陈昕. 情感社群与集体行动：粉丝群体的社会学研究：以鹿晗粉丝"芦苇"为例 [J]. 山东社会科学, 2018 (10): 37-47.

[48] 李镓, 陈飞扬. 网络虚拟偶像及其粉丝群体的网络互动研究：以虚拟歌姬"洛天依"为个案 [J]. 中国青年研究, 2018 (6): 20-25.

[49] 杨江华. 从网络走红到网红经济：生成逻辑与演变过程 [J]. 社会学评论, 2018 (5): 13-27.

[50] 燕道成, 刘振, 王淼. 网红微博营销对受众消费态度的影响路径及应对策略 [J]. 国际新闻界, 2018 (7): 62-78.

［51］刘海鸥，陈晶，孙晶晶，等．网红经济下青少年卷入行为及其归因实证研究［J］．情报杂志，2018（2）：104-109，141．

［52］高菲．短视频发展的现状和瓶颈［J］．当代传播，2018（4）：33-36，40．

［53］吕鹏，王明漩．短视频平台的互联网治理：问题及对策［J］．新闻记者，2018（3）：74-78．

［54］梁玲．短视频的火爆让传统出版业反思什么？［J］．编辑学刊，2018（6）：41-47．

［55］刘娜．重塑与角力：网络短视频中的乡村文化研究：以快手App为例［J］．湖北大学学报（哲学社会科学版），2018（6）：161-168．

［56］姬广绪．城乡文化拼接视域下的"快手"：基于青海土族青年移动互联网实践的考察［J］．民族研究，2018（4）：81-88，125．

［57］苏宏元，黄晓曦．突发事件中网络谣言的传播机制：基于清晰集定性比较分析［J］．当代传播，2018（1）：64-67，71．

［58］喻国明．双因机制：移动互联网时代的谣言生成［J］．新闻与写作，2018（3）：45-48．

［59］刘绩宏，柯惠新．道德心理的舆论张力：网络谣言向网络暴力的演化模式及其影响因素研究［J］．国际新闻界，2018（7）：37-61．

［60］徐建军，管秀雪．论网络空间舆论生态系统的动力机制与优化策略［J］．云南民族大学学报（哲学社会科学版），2018（5）：42-48．

［61］焦德武．网络搜索与网络舆论生成的互动研究［J］．现代传播（中国传媒大学学报），2018（4）：67．

［62］焦德武．网络搜索与网络舆论生成的互动研究［J］．现代传播（中国传媒大学学报），2018（4）：65-69．

［63］曾凡斌．百度指数对议程设置理论的检验及"两个舆论场"的关系：基于2013—2016年75个网络热点舆情事件的分析［J］．新闻记者，2018（11）：66-74．

［64］龙思思，林沐青，汤景泰．中等收入群体网络舆论参与特点及引导研究［J］．当代传播，2018（1）：68-71．

［65］邵国松，薛凡伟，郑一媛，等．我国网站个人信息保护水平研究：基于《网络安全法》对我国500家网站的实证分析［J］．新闻记者，2018（3）：55-65．

［66］徐敬宏，侯伟鹏，程雪梅，等．微信使用中的隐私关注、认知、担忧与保护：基于全国六所高校大学生的实证研究［J］．国际新闻界，2018（5）：160-176．

［67］陈瑞华，郑洁萍．在利益与人格之间：社交网站个人信息保护研究：基于10家社交网站的分析［J］．新闻界，2018（5）：46-54．

［68］陈龙．舆论熵的控制与防范：一种关于网络治理的认识方法论［J］．新闻与传播研究，2018（8）：65-80，127．

[69] 张小强. 互联网的网络化治理：用户权利的契约化与网络中介私权力依赖 [J]. 新闻与传播研究, 2018 (7)：87 - 108, 128.

[70] 侯健. 表达自由与行政法规制定权：以网络信息内容管理规范为例 [J]. 新闻大学, 2018 (2)：83 - 92, 152.

[71] 冯建华. 网络信息安全的辩证观 [J]. 现代传播（中国传媒大学学报）, 2018 (10)：151 - 154.

[72] 徐敬宏, 程雪梅, 胡世明. 知识付费发展现状、问题与趋势 [J]. 编辑之友, 2018 (5)：13 - 16.

[73] 马澈, 穆天阳. 一种新的互联网知识传播范式："知识付费"的逻辑与反思 [J]. 新闻与写作, 2018 (4)：40 - 47.

[74] 彭兰. 平台机制与用户意愿：知识付费的两大要素解析 [J]. 中国编辑, 2018 (11)：11 - 17.

[75] 李武, 许耀心, 丛挺. 在线付费问答平台用户感知价值对付费意愿的影响：基于过去行为的调节效应分析 [J]. 新闻界, 2018 (10)：92 - 100.

[76] 杜智涛, 徐敬宏. 从需求到体验：用户在线知识付费行为的影响因素 [J]. 新闻与传播研究, 2018 (10)：18 - 39, 126.

[77] 喻国明, 段泽宁, 孙琳. 计算社会科学框架下内容付费产品研究 [J]. 现代传播（中国传媒大学学报）, 2018 (2)：7 - 12.

[78] 张继伟. 付费阅读：财新网的思考与实践 [J]. 新闻战线, 2018 (5)：27 - 29.

[79] 胡泳, 崔晨枫, 吴佳健. 中外报业付费墙实践对比及省思 [J]. 当代传播, 2018 (5)：26 - 30, 35.

[80] 邓建国. 新闻＝真相？区块链技术与新闻业的未来 [J]. 新闻记者, 2018 (5)：83 - 90.

[81] 吴果中, 李泰儒. 用区块链技术打击虚假新闻：Userfeeds 与 PressCoin 模式介绍 [J]. 新闻战线, 2018 (13)：88 - 90.

[82] 谭小荷. 基于区块链的新闻业：模式、影响与制约：以 Civil 为中心的考察 [J]. 当代传播, 2018 (4)：91 - 96.

[83] 谭小荷. 加密经济重构媒体生态？区块链驱动下的新闻商业模式创新：基于 PressCoin 的案例 [J]. 新闻界, 2018 (6)：10 - 17.

[84] 蒋卫阳. 区块链＋媒体业的 N 种可能 [J]. 传媒评论, 2018 (4)：16.

[85] 邓建国. 新闻＝真相？区块链技术与新闻业的未来 [J]. 新闻记者, 2018 (5)：83.

[86] 周茂君, 潘宁. 赋权与重构：区块链技术对数据孤岛的破解 [J]. 新闻与传播评论, 2018 (5)：58 - 67.

[87] 孙玮. 赛博人：后人类时代的媒介融合 [J]. 新闻记者，2018（6）：4-11.

[88] 陈卫星. 媒介域的方法论意义 [J]. 国际新闻界，2018（2）：13.

[89] 刘海龙. 传播中的身体问题与传播研究的未来 [J]. 国际新闻界，2018（2）：37-46.

[90] 杨国斌. 转向数字文化研究 [J]. 国际新闻界，2018（2）：99-108.

[91] 张昱辰. 跨学科视野中的媒介融合研究：多重维度与范式 [J]. 新闻记者，2018（6）：19-27.

[92] 王昀. 新媒介研究拐点：人工智能时代传播学的现貌与反思 [J]. 编辑之友，2018（2）：60-66.

[93] 计海庆. 赛博格分叉与 N. 维纳的信息论生命观 [J]. 哲学分析，2017（6）：122-132，194.

[94] 王昀. 新媒介研究拐点：人工智能时代传播学的现貌与反思 [J]. 编辑之友，2018（2）：65.

[95] 刘毅. 微信使用对大学生主观幸福感影响的实证研究 [J]. 现代传播（中国传媒大学学报），2018（8）：155.

第二章　新闻传播学研究报告

- 2018年中国虚假新闻研究报告
- 2018年中国传媒法治发展报告
- 2018年中国传媒伦理问题研究报告

2018年中国虚假新闻研究报告

■ 白红义　陈　斌

一、2018年虚假新闻的基本特点

经过2017年的"略显沉寂",2018年特别是下半年来的虚假新闻又呈现出"欣欣向荣"的态势。截至2018年年末年度虚假新闻研究课题组搜集到的虚假新闻案例,与前一年相比,不仅数量出现很大增长,而且类型也更为多元。一些往年经常出现的虚假新闻类型仍然频频出现,而一些新的造假类型也在不断涌现。透过2018年的这些案例,我们可以总结出如下特点:

第一,总体而言,源于传统媒体的虚假新闻数量趋于减少。但这不是说传统媒体强化了对虚假新闻的把关进而降低了虚假新闻的生产,而是因为新媒体在虚假新闻的生产、传播、纠错过程中扮演着更重要的角色,源自新媒体的虚假新闻在数量和影响力上都"更胜一筹"。另外,令人遗憾的是,本年度入选的源自传统媒体的虚假新闻典型案例每一条都代表着一种虚假新闻的特定类型,值得深入讨论。

第二,社交媒体在虚假新闻生产中日益发挥重要作用。我们已经多次讨论了社交媒体在虚假新闻扩散和传播过程中发挥的作用。而随着新闻消费的移动化成为主流,新闻机构纷纷开通"两微一端",成为另一个生产和发布新闻的重要渠道。很多网上的虚假信息通过这些渠道弄假成真,作为"新闻"扩散。2018年的典型案例中就有多个与此有关:要么是官方微博和官方微信公众号上的文章以标题党的风格拟制题目,夸大、歪曲了新闻事实;要么是官方微博和官方微信公众号直接转载、采用自媒体上的素材,并且不经核实就予以刊发,以自身的公信力为之"背书",以假乱真。

第三,虚假新闻体现在各种类型的新闻中。与往年一样,社会新闻依然是虚假新闻的高发地带。尤其是在社会热点事件的报道中,真相和谣言彼此竞逐。

还有些案例分布在体育新闻、教育新闻、文化新闻、财经新闻、法治新闻、政治新闻等各个领域。领域如此广泛，在历年的虚假新闻报告中也十分少见。涉事媒体既有传统媒体，也有新媒体，这也说明虚假新闻与媒体属性并不相关，而是与新闻机构和从业者专业意识的淡漠、专业素养的下滑密不可分。

二、2018 年度虚假新闻的典型案例

（一）保研大学生破解彩票漏洞获刑

【刊播时间】2018 年 5 月 18 日

【"新闻"】5 月 17 日，一篇名为《保研大学生利用专业知识破解彩票漏洞获刑》的帖子在网上成为热点。5 月 18 日，《重庆青年报》官方头条号报道《大学生破解彩票漏洞获利 380 万被取消保研名额并获刑》称：近日，就读于某知名大学的张某，因涉嫌利用专业知识破解彩票漏洞非法获利 380 万元，涉及金额特别巨大，相关执法机关正式向法院提出起诉，而一旦罪名成立，除没收 380 万元赃款之外，张某还将面临 3 年以下有期徒刑。文章后半部分详细介绍了张某如何计算出博彩网站的漏洞，并晒出了张某与昵称为"注册网址"的博彩网站管理员的聊天页面。这篇"新闻"发布后，在各类内容平台上热传。

【真相】《北京青年报》记者发现这篇报道没有事发的具体时间、地点、人名以及单位名称，疑点重重。而且文中 3 张配图都是其他新闻事件的照片，其中"保研大学生张某"的庭审图片，源于 2011 年一篇题为《向多名个体摆摊人员勒索 8 万元地头蛇强收保护费获刑 7 年》的新闻报道；"张某的班主任"则为已故著名学者李佩的照片；而"张某母亲"的照片，则源于一组题为《高考男孩车祸失忆只记得考试母亲含泪陪考》的图片新闻。更为蹊跷的是，在这条新闻的配图中，留下了"暗号"，指向一家名为"爱购彩"的博彩网站。工信部工作人员称这家网站没有在工信部备案，是一家在境外注册的网站。

【点评】从表面来看，这只是一则普通的社会新闻，但实际上，从新闻人物、图片到整个事件均为虚构。而通过报道"不经意"透露一个博彩网站网址，有业内人士指出，这是博彩网站的钓鱼新套路，不明真相的读者有可能因此陷入博彩网站的陷阱。《重庆青年报》等传统媒体的官方账号为它打上了"新闻"的幌子，新媒体的转载则加快了它的传播。据不完全统计，网易新闻客户端、百度百家号、腾讯天天快报、今日头条等平台上都刊发过类似新闻。作为具有专业资格（即依法取得互联网新闻信息服务资质）的网络媒体，不论是一类资

质（拥有采编发布权）还是二类资质（只拥有转载权），对内容进行专业性审核是题中应有之义。主管部门早就发布规定，新闻媒体不得未经审核就发布、转载网上信息，为什么还会有媒体置若罔闻呢？

（二）淄博从未进过长春长生生产的疫苗

【刊播时间】2018年7月19日

【"新闻"】7月19日，《鲁中晨报》刊发《淄博从未进过长春长生生物生产的疫苗》，报道称：被爆出狂犬病疫苗生产过程中存在记录造假等行为后，长春长生生物科技有限责任公司2017年曾生产过问题百白破疫苗一事又被旧事重提。记者从淄博市食品药品监督局了解到，淄博没有进过该企业生产的疫苗，市民不管是接种百白破疫苗还是狂犬病疫苗都是安全的。

【真相】《鲁中晨报》报道见报后，有淄博市民很快晒出了自己孩子的接种记录，可以清楚看到曾三次接种长春长生生产的疫苗，接种地为淄博新区预防接种门诊。

7月22日，《鲁中晨报》微信公众号发布致歉声明《我们错了，诚恳道歉！》："本报7月19日7版刊发的《淄博从未进过长春长生生产的疫苗》一文，经调查，已认定该信息不实、报道有误。本报采编环节对采访到的相关信息，没有进一步求证核实，把关不严，误导了读者，我们诚恳道歉并引以为戒。目前，鲁中晨报社已经启动问责程序，将对包括总编辑在内的所有责任人进行严肃问责。"

【点评】在疫苗风波的关键时刻，《鲁中晨报》从贴近性的角度将重要新闻本地化，报道了这样一条新闻，应该说新闻的敏感性很强，也试图提供一条具有服务性的信息，只是最终呈现的结果却起到了反面作用。事实上，记者采访的食品药品监督局是掌握这些信息的权威部门，但不知由于什么原因，该局提供了当地没有进过问题疫苗的信息。一般说来，政府部门提供的信息是具有权威性的，这一方面表现为信息通常是真实可信的，另一方面也体现了这个政府部门对相关事项的态度和立场，有的甚至体现某种关系的法律事实，所以对官方信息一般应该如实报道。但是媒体同时应该估计到官方机构也可能受到某种外来因素的影响，因此有必要适当报道另外来源的消息，以使受众更加全面地了解情况，不然就会遭遇《鲁中晨报》面临的尴尬：报道很快被当地市民在网上贴出的接种记录证伪，报社为政府部门背了黑锅。

（三）《读者》快发不出工资了

【刊播时间】2018年8月22日

【"新闻"】8月22日，读者传媒发布2018年中报显示，报告期内，公司实现营业收入 3.08 亿元，同比下降 4.68%；归属于上市公司股东的净利润 1 402 万元，同比下降 59.96%；实现扣除非经常性损益后的归母净利润 475 万元，同比下降 83.26%。证券日报社旗下微信公众号"上市公司文娱头条"以《〈读者〉快发不出工资了》为标题发布文章，在出版传媒业界引起热议。

【真相】8 月 22 日下午，澎湃新闻采访读者出版传媒集团有限公司行政办公室一名工作人员，工作人员称"这篇稿子标题的准确性有一定问题，杂志社那边（《读者》）不存在这样的情况"。8 月 22 日晚间 8 时许，澎湃新闻记者联系到了读者杂志社管理层相关负责人。该负责人表示，"读者杂志社员工 400 余人，资产优良，负债极低，现金充足，怎么会出现发不起工资的现象？""近来纸价大幅上涨，《读者》没有调价，降低了利润，公司在经营上有波动属于正常现象"。

8 月 22 日晚 10 时许，"上市公司文娱头条"发布《致歉声明》表示：《〈读者〉快发不出工资了》一文标题与事实不符，存在错误，本报各发稿平台已删除该稿件。在此特向读者传媒股份有限公司和广大读者致以诚挚歉意！

【点评】这篇报道其实是对上市公司读者传媒发布的 2018 年中报的解读，主要内容都来自中报，提供了一些基本数据，如实引用不太容易出问题。恰恰是稿件的标题提供了一个主观判断"《读者》快发不出工资了"，对中报中的数据进行了导向性的错误解读。发不出工资，暗指这家公司的经营状况出了很大问题，已经超出了经营波动的范畴。作为财经媒体公号的运营者，应该不会不清楚两者的本质差异，但是为了吸引眼球，给这么一条常规新闻取了一个十分耸动的标题。虽然引发争议后稿件很快被删除，但引人关注的目的已经达到了，而它对涉事公司的负面影响却不会那么快消除。

（四）米脂故意杀人案罪犯赵泽伟被执行死刑

【刊播时间】2018 年 9 月 12 日

【"新闻"】米脂县发生的"4·27"赵泽伟故意杀人案件，经榆林市中级人民法院依法公开开庭审理，于 2018 年 7 月 10 日做出刑事判决：被告人赵泽伟犯故意杀人罪，判处死刑，剥夺政治权利终身。9 月 12 日 9 时 26 分，"华商头条"发布《米脂"4·27"故意杀人案凶手赵泽伟昨日被执行死刑》称：华商报记者了解到，陕西省高级人民法院现已复核终结，赵泽伟于 9 月 11 日被执行枪决。新京报网、中国新闻网、央视新闻、人民网、环球网等多家重量级媒体转载，引发极大关注。

【真相】9月12日10时52分，澎湃新闻发布《陕西米脂县警方："4·27"案凶手赵泽伟仍被羁押在看守所》，报道表示澎湃新闻从米脂县公安局一负责人处获悉，"已执行死刑"的消息不实，目前赵泽伟仍被羁押在看守所。陕西高院宣传部门一负责人则表示："该案在最高法复核。"

12日，榆林市中级人民法院官方微博"@榆林中院"发布声明：网上传播"赵泽伟被执行死刑"的消息系不实消息，目前赵泽伟一案正在审理中。

9月14日，"华商头条"就"赵泽伟被执行死刑"不实消息致歉。

9月27日上午，经最高人民法院核准，米脂县"4·27"故意杀人案罪犯赵泽伟在陕西省米脂县被执行死刑。

【点评】"华商头条"的报道中没有明确交代消息来源，我们无法判断信源的权威度。但从后续报道来看，该报的消息显然过于超前了。究其实质，还是为了抢发一条新闻，对所获信息的真实性未能尽到核实的义务。在融媒条件下，新闻发布来源大大增多，特别是这一类政法新闻，执法机构不再需要通过专业媒体报道，就可以自行在自媒体发布消息，这确实给专业媒体增加了很大的压力，生怕迟发、漏发重大新闻。但是专业媒体的核实职责还是不容忽略的。其实罪犯的结局早已注定，抢先发一条这样的新闻对媒体并没有多大意义，反而因为错报又出了一次洋相。

（五）内蒙古女教师车祸瞬间推开2学生自己被撞身亡

【刊播时间】2018年9月12日

【"新闻"】9月12日，《呼和浩特晚报》刊发报道《车祸瞬间老师把生的希望留给了孩子》称：9月4日中午，托克托县双河镇小学语文老师丁燕桃从学校出来准备去吃午饭的路上，一辆失控的小轿车突然飞速开上了道牙向行人撞去，一瞬间，丁老师奋力将身边的两位学生推开，自己却被轿车碾轧并拖行了好几米。两个孩子得救了，丁老师却因伤势严重，在送医途中不治身亡。而还有3天就是丁老师女儿一周岁的生日。一名在车祸中受皮外伤的二年级学生说，在汽车撞来的瞬间，他确实感觉被推了一下，因事发突然，他不知道是谁把他推了出去，让他躲开了汽车。5个四年级的学生说，他们目睹了丁老师舍己救人的瞬间：她将身边一左一右两个学生推开，自己却被撞倒在地……这则报道被许多媒体、公众号等转发。

【真相】9月13日，呼和浩特市托克托县宣传部官方微博"@魅力托克托"发布《关于托县双河镇第五小学丁燕桃老师发生交通事故身亡的情况说明》称，县委、县政府及时组织相关部门开展走访调查，极力寻找丁燕桃老师舍己救人的有力证据，但目前还未找到目击证人，且据同行的三位老师的口述和一段行车记录仪视频，丁燕桃老师舍己救人的行为仍无法确定。9月30日，托克托县县政府发布了第二次调查情况说明：经过调查组的进一步调查，没有找到丁燕桃老师"被撞瞬间推开学生"的有力证据。情况说明还指出，"另据接受媒体采访的学生郑某某、崔某某、李某的监护人证实，事发当时他们均不在现场；被车蹭伤的小学生高某及其监护人证实，事发瞬间也没有被人推过。根据行车记录仪找到一位目击者郝某某，该目击者证实，当时没有看到丁燕桃老师周围有其他学生"。

【点评】丁燕桃老师因车祸遇难，是一件令人悲伤的事情。但当地报纸的虚假报道却让逝者卷入一场小小的争议。原报道中舍己救人最直接的证据一是一名受伤学生感觉被人推了一下，二是5个四年级的学生声称目睹了丁老师推开学生的行为。但地方政府发布的第二次情况说明则明确指出，受伤学生在事发瞬间没有被人推开，所谓的目睹救人行为的学生事发时并不在车祸现场。由于没有来自媒体一方的解释，我们无从判断记者是受了被采访对象的误导，还是为了"拔高"丁老师去世的新闻价值，编造了一个推开学生舍己救人的场景。无论如何，当地晚报疏于核实，虚构了一个莫须有的英勇事迹，消费了读者的爱心，难辞其咎。

（六）朱旭9月14日去世

【刊播时间】2018年9月14日

【"新闻"】9月14日，新浪娱乐发文《著名表演艺术家朱旭去世享年88岁》，"@人民日报"等媒体官方微博相继转发了此条消息。随后，刘晓庆等演艺界人士也纷纷发微博悼念朱旭，疑似证实消息的真实性。但此后，"@人民日报"删除了该条微博。

【真相】9月14日10：44，新京报网发快讯《北京人民艺术剧院声明，表演艺术家朱旭去世消息系谣传》称：《新京报》记者通过北京人民艺术剧院老干部处获悉，确认该消息为不实消息，特此声明。

中新网发文称，网传著名表演艺术家朱旭去世，北京人民艺术剧院工作人员表示此为不实消息。演员濮存昕在13日接受采访时表示，朱旭老爷子被肺癌折磨，医院已经下了病危通知书，家属也放弃治疗。

9月15日北京人民艺术剧院发布消息：北京人民艺术剧院著名表演艺术

家、北京人艺艺委会顾问、离休干部朱旭同志因病医治无效,于 2018 年 9 月 15 日凌晨 2 时 20 分在北京逝世,享年 88 岁。

【点评】名人去世消息是虚假新闻的高发地带。在往年的案例中,我们已经多次看到过这一类型的虚假新闻。有的是当事人明明还健康在世,逝世的消息就已经满天飞。还有的则是媒体在当事人仍弥留之际就抢发了逝世消息,本案例即属这一类型。就像美剧《新闻编辑室》中的一句经典台词:能宣布人死亡的,只有医生,而非媒体。尽管朱旭先生不久后真的去世了,但在他仍在世的情况下就发布逝世消息,本质上还是一条假消息。而且这种行为也不太尊重当事人及家属的感受。很遗憾的是,媒体多年来都未能吸取教训。即便抢到一条简单的名人去世消息,也很快就会全网纷飞,抢先发布究竟能给相关媒体带来多大的好处呢?无非就是吸引点有限的流量,但与制造虚假新闻带来的污点相比,这点好处能算得了什么呢?

(七)的哥见义勇为被奖励"甘 A88888"车牌

【刊播时间】2018 年 10 月 8 日

【"新闻"】10 月 8 日《河南商报》A08 版全媒体阅读版刊文《的哥见义勇为,政府奖励"甘 A88888"车牌》,报道称:甘肃兰州一名出租车师傅曾因见义勇为且坚持做善事,获政府奖励"甘 A88888"车牌。此后,另一位司机承包该车,成为该车牌的新主人。《人民日报》官方微信公众号随即于当晚推送了此消息,标题为《"甘 A 88888"号牌政府给了一辆出租车!网友:干得漂亮!》。《环球时报》同样通过微信公号推送了这则消息。很快,这则带着"炸弹号""出租车""老人""做善事"等元素的消息,便迅速传播开来。

【真相】10 月 9 日,新京报网发快讯称,记者从兰州市公安局交警支队获悉,"甘 A88888"号牌系 2010 年 1 月 17 日正式启用,2017 年 7 月 13 日,兰州双龙汽车出租有限责任公司对其名下所拥有的"甘 A88888"号牌机动车进行报废更新,并办理注销登记业务。2017 年 8 月 22 日,该公司对新购置车辆办理注册登记业务,按照公安部相关规定,启用原有"甘 A88888"号牌。警方表示,目前,持有"甘 A88888"号牌的出租车是按照出租车公司办理注册登记的先后顺序依次排序确定的,并无特殊之处,更无"奖励"一说。

此后,《人民日报》官微头条推送的相关文章显示"该内容已被发布者删除"。《环球时报》则用《我们"翻车"了!》的调侃跟进了此事的后续进展。

10 月 10 日,微博"@大佬坊间八卦"公布了《河南商报》的致歉声明,并对"假新闻出炉"过程做了细致的交代。声明指出，撰写该篇文章的实习记者听信单方信源并且将网上说法（来自百度知道认证团队）作为印证依据，再加上正值国庆假期，所以没有第一时间向当地主管部门进行求证，以致新闻失实。

【点评】一个特殊的车牌号挂在了一辆出租车上，为什么会出现这种情况？《河南商报》的报道试图回答这个问题。应该说，这位实习记者的新闻敏感性还是值得称道的，但片面听取了出租车司机的说法，未能通过其他信息源进行确认，则暴露了记者业务素养以及媒体审核机制的不足。一般来说，通过不相关的其他信息源进行核实是新闻专业基本要求，如今处在泥沙俱下信息爆炸的时代，更需要新闻人提高警惕，多留个心眼，毕竟媒体的公信力来之不易来自多信源的事实校正，在避免新闻失实的同时也保护了媒体的权威度和公信力。

（八）刘强东案涉案女子涉嫌诬陷被美警方收押

【刊播时间】2018年10月16日

【"新闻"】10月16日，"刘强东案涉案女子涉嫌诬陷"在多个微信群疯传，"@凤凰新闻"客户端微博发文《刚刚，刘强东案涉案女子涉嫌诬陷被美国警方收押》称：明尼苏达州警方召开发布会，证实刘强东是被诬告，涉案女子因为涉嫌诬陷罪，已经被当地警方刑拘。据当地警方消息称，该女子是在向刘强东索要高额投资被拒绝后，当晚就制造出来"性侵事件"，对刘强东进行污蔑和抹黑。

【真相】10月17日，今日头条官方消息称，头条号作者"@方圆几里檬"发布题为《爆炸新闻：涉案女子涉嫌诬陷已被收押，刘强东终获清白之身》的文章，经用户举报，平台确认，该文章系虚假信息且情节严重，影响恶劣，已按照《头条号运营规范》对该头条号予以封禁处理。

【点评】在热点事件中，真真假假的信息大量流传，令人难辨真伪。刘强东涉嫌性侵事件一出，就有自媒体爆料"涉案女子涉嫌诬陷"的假消息。没想到时过多日，又被这位头条号作者炮制扩散。凤凰新闻客户端未经核实照搬网友帖子，然后在被揭露是虚假新闻后删除原文，"义正词严"地与其他媒体一起声讨虚假新闻，着实可笑。

（九）万州女司机逆行致大巴坠江

【刊播时间】2018年10月28日

【"新闻"】10月28日，"@重庆青年报"微博发布视频消息：#重庆突发

♯《重庆青年报》消息，今（28）日上午，重庆市万州区长江二桥发生重大交通事故，一辆大巴车被撞后冲破护栏坠入长江，疑有重大伤亡。目前，事故伤亡情况不详，政府正在组织救援。据传，事故系一女司机驾驶的红色私家车桥上逆行所致。新京报网也发布报道《重庆万州大巴坠江前曾与逆行轿车相撞》，称新京报记者从万州区应急办获悉，大巴车坠江前曾与一小轿车发生相撞，系一小轿车女车主驾车逆行导致。

【真相】10月28日12：03和17：46，重庆市公安局万州区分局官方微博"@平安万州"发布两次通告，其中第二次通告指出：10月28日10时08分，一辆公交客车与一辆小轿车在重庆万州区长江二桥相撞后，公交客车坠入江中。经初步事故现场调查，系公交客车在行驶中突然越过中心实线，撞击对向正常行驶的小轿车后冲上路沿，撞断护栏，坠入江中。

【点评】在真相未明之前，媒体不宜对事件作先入为主的定性，在权威调查未回应前，有图也未必有真相。在这起"新闻事故"中，还有很多媒体也引用了错误的消息，把肇事原因归咎于"女司机"，并给她及家人造成很大困扰。不过，很多自媒体在知道真相后，第一时间向这位被冤枉的女司机道歉，而众多专业媒体把稿件一删了之，反而没有什么明确的表示。本就日薄西山的传统媒体，靠的就是公信力才能延缓衰退，这种失误会大大消耗媒体的公信力。因此，对于消息真实性的确认一定要慎之又慎。对于突发事件，既要及时，又要准确。事故之初应该力求客观报道不同信源的不同信息，避免过于单一和绝对，否则一旦事件有所反转，就很容易陷入被动。

（十）快递小哥因快递被偷雨中痛哭20分钟

【刊播时间】2018年11月18日

【"新闻"】据《北京青年报》报道，一段快递小哥雨中痛哭的视频近日引发了不少关注。据网友爆料，上海一快递员冒雨送快递，一车快递被偷得没剩几件了，在雨中痛哭20多分钟。目击者小晴（化名）对北青报记者称，视频拍摄于11月15日下午，地点在上海华东师大三村，当时她听到有人在楼下大喊所以打开了窗帘看到了事发经过。小晴称，她看到快递员哭得很厉害，一直喊"这叫我怎么办，怎么办"。期间还有一位大爷前去安慰。11月18日下午，北青报记者从事发地附近的上海公安局普陀分局长风新村派出所了解到，15日下午确实接到一位快递员报警称其派送的快递丢失，快递员报警时说公司可能将损失算在他身上，截至当时快递仍未找回。

【真相】11月18日晚间，视频拍摄者在微博上澄清，称她只看到快递员雨中哭泣，所谓快递被盗是其个人推断。11月19日，多家上海本地媒体发布了进一步的调查情况。上海普陀区公安分局称：他们并未接到类似警情，消息不实。11月15日至当时，视频拍摄地所属的长风新村派出所未接到过快递小哥报案称快递被盗的警情。快递小哥系韵达快递公司的快递员，当日其在华师大三村送快递时因与女友吵架后站在雨中哭泣，并没有发生快递被偷的情况。11月19日上午12时，普陀公安局官方微博发布了通告。警方提醒，在网络中发帖时不要主观臆断，不明事件具体情况就编造不实信息，网络空间不是"法外之地"，一旦造成严重后果需要承担相应的法律责任。

【点评】从东方网对这条假新闻的出炉过程进行的追溯来看，这是一个非常典型的未经核实的用户生产内容经由媒体报道落地成为假新闻的案例。最初的线索来自网友在新浪微博上传的视频和文字，上传者在不知快递员因何哭泣的情况下发布了自己的推测。此后，视频网站、微信账号的转载加速了这则内容的发酵，逐渐将原因归结为"快递被偷"。11月18日16时许，《北京青年报》跟进此事，并在相关报道中增加了一句"当地派出所接到过快递丢失的报警"。即便的确有派出所接到过快递丢失的报警，但是所谓的报警与哭泣的快递员之间也不能建立因果关系。综观2018年，《北京青年报》在新闻打假方面做了很多努力，但在此事件中却暴露了核实责任和核实能力方面的缺陷。

（十一）丁守中击败柯文哲当选台北市长

【刊播时间】2018年11月24日

【"新闻"】11月24日22：53，环球网报道《国民党候选人丁守中击败柯文哲，当选台北市长》称，在11月24日进行的台湾"九合一"选举中，历经长达数小时的计票过程，国民党候选人丁守中最终击败了现任台北市长柯文哲，当选台北市长。

【真相】11月25日凌晨2时58分，台北市1563个投票所才全数完成计票作业，结果显示，柯文哲得票数为58.0820万张，与丁守中的57.7566万张拉开到3254张票的差距。台北市长柯文哲在"九合一"选举中险胜国民党候选人丁守中，连任台北市长职务。

【点评】环球网在台北市长选举还没出全部结果时根据当时的投票情况对台北市长两位候选人的胜负情况进行了报道，原本是想拔得头筹，但是没想到最终投票结果反转，柯文哲逆转丁守中获得连任。选举新闻存在的赛马式报道风格已经屡屡遭人诟病，一味地追踪票数高低变化并无太大的意义，更何况还报道了错误的结果。与其绞尽脑汁抢发选举结果，不如多花点精力挖掘一些深度信息出来，帮助人们理解选举格局变化的原因和后果。

（十二）300斤小伙挤地铁被大爷骂哭

【刊播时间】2018年11月25日

【"新闻"】"@北京晚报"11月25日发布视频报道，视频显示：北京天通苑北地铁站发生了一起纠纷事件。在排队时，一名比较胖的小伙子因为人流拥挤，不慎踩到了一位老大爷的脚。老大爷跟在小伙子的后面不断出言训斥小伙："这么胖还来影响别人，没自知之明！"小伙子道歉之后，这位老大爷依旧不依不饶，一直在对他进行人身攻击。最终，该小伙被老大爷骂哭，并退出了排队通道。

【真相】11月27日，《北京青年报》报道《300斤胖子挤地铁被北京大爷骂哭？视频内容疑摆拍》称：有自媒体运营者向北青报记者提供了一份聊天截图，对方称"我们这边有个内容，您看看能不能接。是一个视频，内容大概是在地铁站，一个大爷嫌弃一个胖子，说他不应该坐地铁，应该打车"。这位自媒体运营者拒绝了他。热传的49秒原始视频中，两个当事人已被打码，且视频从头到尾都有字幕，结尾还有"如果是你你会怎么办"的字样。记者在视频发布者的微博主页看到，除发布视频外，他还发起了一个"撑胖子反歧视"的话题，并在全国各地拍摄"撑胖子反歧视"的举广告牌视频。文中还指出，26日记者前往天通苑地铁站，工作人员称"这几天在地铁站未曾看到过视频中的事件"。

【点评】根据《北京青年报》的报道，所谓胖子被大爷骂哭的视频有人为制造的嫌疑。只是从报道中提供的有限的信息来看，视频发布者的意图似乎不是为了牟利，而是对抗社会中存在的对肥胖人士的歧视。不管目的如何，视频的真实性是存疑的。一个被自媒体运营者拒绝的视频却在被专业媒体转发后变成了"新闻"，看起来专业媒体对真实性的把关意识居然还不如自媒体。这恐怕不仅是新闻从业者偷懒的问题，而是为了追网络热点，从根本上丧失了核实的意识。我们可以理解有些事件超出了能力范围核实不了，但是这样完全可以证实或证伪的小事件都未曾付出过核实的努力就太不应该了。

（十三）小偷偷电瓶被电死向车主索赔20万

【刊播时间】2018年12月19日

【"新闻"】12月19日，一位网友在新浪微博上发布了一条帖子，内容为一个小偷看中了武汉的刘先生放在楼下正在充电的电动车,在偷电瓶时意外触电身亡。小偷家属索赔 20 万元,经法院调解后,刘先生赔偿了 5 万元精神损失费。这条微博链接的信息出处是《北京青年报》19 日刊发的一篇评论《小偷偷电瓶车身亡车主要不要赔偿》。这桩离奇的判决在网上引起相当大的关注和批评。

【真相】20 日,武汉市中级人民法院发布通告称:"我市两级法院近年来没有受理过媒体所报道、评述的相关案件或类似案件。我们注意到,报道该'案件'的首发媒体已自行删除了相关文章。"据《楚天都市报》报道,网上最早出现类似消息是在 2018 年 7 月 13 日,但文中没有时间、地点、当事人等信息。此后信息在多轮传播中,增加了"刘先生""武汉的刘先生"等信息。12 月 19 日,《北京青年报》刊发评论《小偷偷电瓶车身亡车主要不要赔偿》,作者以这条三无信息为依据进行讨论,在网上引发了新一轮的大规模传播。

【点评】这条假新闻比较典型地反映了网络空间假新闻的生成流程。先是没有明确时间、地点、当事人信息的三无消息在网上流传,然后被平台媒体抓取后推送,扩大了它的传播范围。在这个过程中,报纸的评论文章煞有介事地从法律角度讨论案件在法理上的因果关系,把事件的真实性当作默认的前提,也为假新闻增强了"洗白"的效果。有了专业媒体的背书,这一"匪夷所思"的"新闻"又被社交媒体突出、放大传播,进一步扩大了影响。可以说,是社交媒体、商业网站、聚合平台、专业媒体合力"炮制"了这条虚假新闻。

三、2018 年度虚假新闻的成因

虚假新闻是一种有着悠久历史而又难以根绝的行业现象,在不同时期呈现出兴盛与衰落的周期循环。可以说,当前正是一个虚假新闻的繁荣发展期,过去多次出现过的虚假新闻类型依然存在,而新的类型又层出不穷。指认某些媒体或者某些类型的媒体容易造假,在此基础上分析原因乃至提出对策可能都不足以准确地把握虚假新闻的现状和趋势,我们需要在一个新闻生态系统(news ecosystem)[1]变化的视角下看待它的演化与发展。

第一,媒体因为制造虚假新闻而得到教训已经屡见不鲜了,但为什么还是要一而再再而三地犯同样的错?恐怕与媒体犯错的成本太低有很大关系。重庆公交车坠车事故就是一个很典型的例子。事件发生之初，就有媒体报道称事故是由迎面而来的小轿车所致，驾车的女司机被当作罪魁祸首遭到攻击甚至谩骂。真相却是，女司机也是事故的无辜受害者，但当初那些言之凿凿指责女司机的媒体受到了什么惩罚吗？他们甚至连基本的道歉都吝于表示。犯错的成本如此之低，就难怪一些媒体没有记性了。

第二，新媒体环境对新闻机构新闻生产能力提出了更高的要求。在2017年的虚假新闻报告中，我们已经提出不能完全以虚假新闻的后果来指责媒体的失职。事实不是一个结果，而是一个过程。[2]虽然我们都知道核实是保证信息准确的必要工序，但在越来越复杂的信息环境中，有些信息难以核实。由于不可抗力而无法核实的信息，即使出错也可原谅。问题就在于很多媒体面对新闻的原始素材毫无求证意识，甚至把核实的责任转嫁给其他主体。随着新闻生产链条的扩张，进行事实核实的难度也越来越大，更何况还有专门炮制虚假新闻的网络写手令人防不胜防。[3]

第三，在当前"众声喧哗"的舆论生态中，针对热点事件发声的不仅有新闻媒体，还有商业网站及其平台，各种政府机关、企事业单位和自然人设立的各类自媒体。随着即时性、流量等新闻价值的新标准越来越成为各种新闻机构所着力追逐的目标，新闻质量的下滑趋势似乎是不可逆转的。追逐速度的代价就是放弃了新闻工作中最基本的核实责任，存在瑕疵的报道一旦发出后，很快就会遭遇事件的反转，令新闻业持续陷入合法性流失的风险境地。在这种情况下，应该鼓励专业媒体适当地让新闻慢下来。

四、结语

《新闻记者》开展对虚假新闻的盘点和梳理已经有十多年，累积了数百条典型案例，不仅为新闻业界保存了一份珍贵的历史记录，也为新闻学界对虚假新闻的研究提供了一份翔实的材料。过去数年来，不少以《新闻记者》遴选的虚假新闻案例为研究对象的期刊论文和学位论文纷纷发表。我们在欣喜之余，却也感到深深的遗憾。一方面，新闻界这一突出的行业问题长期以来较少受到学术界的关注，学界虽然意识到了虚假新闻的危害，但始终没有把它作为一个严肃的"学术问题"来认真对待。另一方面，现有的少数研究成果在研究方法、数据搜集、分析解释等方面与西方学术界的研究水准存在着巨大的差距。虚假新闻不是中国新闻界独有的现象，而是已经成为全世界都十分关注的突出问题，这也激发了 2016 年以来西方学术界对虚假新闻进行深入研究的热情。2018 年，著名的《科学》杂志刊发了两篇有关虚假新闻的研究，一篇是对虚假新闻（fake news）的理论探讨，另一篇则是对真实和错误新闻在推特上的传播效果的实证研究。前者是多位不同学科背景的学者合作的产物，它正是文章所倡导的多学科研究虚假新闻的一种努力。该文对虚假新闻进行了界定，考察其历史场景，甚至为未来的研究方向设置了议程。[4] 后者则对 2006 至 2017 年间推特上的 12.6 万条推文进行了分析，发现所有类型的错误信息都要比正确信息扩散得更快、更深、更广，这是因为人比机器更有可能去传播错误新闻。[5]

这两篇文章显示了西方学者为此所做出的努力，我们也殷切希望中国学者对国内的虚假新闻情况展开深入扎实的研究。《新闻记者》2018 年第 9 期刊发的一篇论文就提供了一个很好的示范，作者基于 2017 年的全国性问卷调查的数据，考察了公众对虚假新闻的看法。[6] 在我们看来，虚假新闻和信息不仅是一个新闻报道层面的失实问题，它还反映了媒介技术的渗透、信息生态的变化、受众观念的调整等多方面的深层次问题，是一个值得深入思考和认真研究的领域。因此，历年的虚假新闻研究报告遴选出的这些案例只是冰山的一角，仅以这些案例为研究对象是远远不够的。而且，虚假新闻和信息不仅是一个新闻传播领域的问题，还广泛影响到政治、社会、文化、商业等各个领域。它不该只是新闻传播学者关心和研究的问题，还迫切需要来自政治学、社会学、心理学等其他学科的加入，通过不同学科的合作，运用更为科学的方法，对虚假新闻做出更为严谨和扎实的分析。

（原载于《新闻记者》2019 年第 1 期）

引用文献 [References]

[1] ANDERSON C W. News ecosystems [A] //WITSCHGE T, ANDERSON C W, DOMINGO D, et al. The SAGE handbook of digital journalism. New York: SAGE, 2016: 410 - 423.

[2] 白红义，江海伦，陈斌. 2017 年虚假新闻研究报告 [J]. 新闻记者，2018（1）：21 - 31.

[3] 骆正林，曹钺. "被扭曲的交流"：社交媒体时代假新闻现象的三重批判 [J]. 新闻与传播评论，2018（4）：80 - 89.

[4] LAZER D M J, BAUM M A, BENKLER Y, et al. The science of fake news [J].

Science, 2018, 359 (6380): 1094-1096.

[5] VOSOUGHI S, ROY D, ARAL S. The spread of true and false news online [J]. Science, 2018, 359 (6380): 1146-1151.

[6] 韦纳, 唐硕, 石鉴, 等. 中国公众如何看待记者、媒体和假新闻: 基于2017年全国性问卷调查的研究 [J]. 新闻记者, 2018 (9): 20-31.

2018年中国传媒法治发展报告

■ 中国传媒大学媒体法规政策研究中心

2018年全年，中国传媒大学媒体法规政策研究中心共搜集到传媒法相关事例853个，本报告在概述本年度出台的有关传媒指导方针和基本法律规定之后，对媒体体制改革与监管、互联网治理、信息公开、著作权保护、人格权保护这五个领域做出述评。报告中未注明年份的表述均为2018年。

一、有关传媒的指导方针和法律规定

2018年3月，第十三届全国人大第一次会议通过《中华人民共和国宪法修正案》共21条（按照历次修正案序数为第32条至第52条），其中在序言确立科学发展观、习近平新时代中国特色社会主义思想的指引地位，在第1条增写"中国共产党的领导是中国特色社会主义最本质的特征"，第24条增加了倡导社会主义核心价值观，诸多内容为传媒法治的发展方向提供了宪法指引。

4月，全国人大常委会通过《英雄烈士保护法》，全面加强对英雄烈士的保护，规定文化传媒监管部门应当鼓励和支持以英雄烈士事迹为题材、弘扬英雄烈士精神的优秀作品的创作生产和宣传推广，传媒机构应当广泛宣传英雄烈士事迹和精神。禁止歪曲、丑化、亵渎、否定英雄烈士事迹和精神。任何组织和个人不得在公开场所或者媒体上以侮辱、诽谤或者其他方式侵害英雄烈士的姓名、肖像、名誉、荣誉，不得将英雄烈士的姓名、肖像用于或者变相用于商标、商业广告，违者要承担民事、行政甚至刑事责任。

8月，全国人大常委会通过《电子商务法》，它是继《网络安全法》之后互联网领域又一部法律。该法调整电子商务活动中的各种社会关系，包括电子商务经营者、电子商务平台经营者和消费者之间的关系，通过互联网等信息网络销售商品或者提供服务的商务活动从此有法可依。此法规定利用信息网络提供的新闻、信息、音视频节目、出版以及文化产品等方面的内容服务，不在该法调整范围内，明晰了电子商务与互联网内容服务的界限。

领导人也频频就传媒工作及相关事项做出指示。

4月，习近平总书记在全国网络安全和信息化工作会议上强调，必须敏锐抓住信息化发展的历史机遇，加强网上正面宣传，维护网络安全，推动信息领域核心技术突破，发挥信息化对经济社会发展的引领作用，加强网信领域军民融合，主动参与网络空间国际治理进程，自主创新推进网络强国建设。

8月，习近平总书记在全国宣传思想工作会议上发表讲话，强调完成新形势下宣传思想工作的使命任务，必须以新时代中国特色社会主义思想和党的十九大精神为指导，增强"四个意识"、坚定"四个自信"，自觉承担起举旗帜、聚民心、育新人、兴文化、展形象的使命任务，坚持正确政治方向，在基础性、战略性工作上下功夫，在关键处、要害处下功夫，在工作质量和水平上下功夫，推动宣传思想工作不断强起来，促进全体人民在理想信念、价值理念、道德观念上紧紧团结在一起，为服务党和国家事业全局做出更大贡献。

11月，习近平主席在中国国家进口博览会上发表主旨演讲，强调要坚决依法惩处侵犯外商合法权益特别是侵犯知识产权行为，提高知识产权审查质量和审查效率，引入惩罚性赔偿制度，显著提高违法成本。

二、传媒体制改革与监管

2018年2月，中共十九届三中全会通过《深化党和国家机构改革方案》并决定将其中部分内容按照法定程序提交全国人大审议。3月，第十三届全国人大第一次会议审议通过了《国务院机构改革方案》。这两个"方案"中与传媒相关的内容有：中央网络安全和信息化领导小组改为中央网络安全和信息化委员会，优化中央网络安全和信息化委员会办公室职责。中央宣传部统一管理新闻出版、电影工作，将国家新闻出版广电总局的新闻出版、电影管理职责划入中宣部，对外加挂国家新闻出版署（版权局）、国家电影局牌子。国务院组建国家广播电视总局，作为国务院的直属机构，不再保留国家新闻出版广电总局。组建中央广播电视总台，作为国务院直属事业单位，归口中央宣传部领导。撤销中央电视台（中国国际电视台）、中央人民广播电台、中国国际广播电台建制，对内保留原呼号，对外统一呼号为"中国之声"，以及重新组建国家知识产权局、整合组建文化市场综合执法队伍等。

根据"方案"，国家广播电视总局、国家新闻出版署、国家版权局、国家电影局于 4 月 16 日分别挂牌。

9 月，国家广播电视总局的三定方案出台，规定其主要职责和下设 13 个司，其中媒体融合发展司和安全传输保障司是新增的。

12 月，国务院办公厅继 2008 年和 2014 年以后，第三次印发《文化体制改革中经营性文化事业单位转制为企业的规定》和《进一步支持文化企业发展的规定》，保留和延续原有给予转制企业的财政支持、税收减免、社保接续、人员分流安置等多方面优惠政策，支持力度不减，特别是增加了有关加强党对转制后的文化企业的领导、保障"内容导向"等内容。

（一）新闻出版

1. 规范新闻采编秩序

《互联网新闻信息服务管理规定》进一步落实。前三季度，各地网信办会同属地电信主管部门关闭"法治山东网""河南环保网""当代中国网"等违规从事互联网新闻信息服务的网站，关闭"四川新闻网""合肥新闻在线""中央电视台闻道栏目官网""网信新闻网"等侵权假冒网站。上海市委网信办对上海佩柏公司未获得互联网新闻信息服务许可即非法组建"新闻采编团队"，在"好奇心日报"网络平台上提供时政新闻信息做出处罚，责令其停止互联网新闻信息服务。南充市委网信办对于不具有新闻采编资质的四川某法治网工作人员自制"新闻采访"牌子放置于私家车上的行为进行了约谈训诫。国家网信办还指导北京市委网信办对凤凰网、凤凰新闻客户端传播违法不良信息，歪曲篡改新闻标题原意，违规转载新闻信息等问题，约谈凤凰网负责人，要求其限期整改。

"扫黄打非"部门继续开展"秋风 2018"专项行动，1—8 月，全国共查办"三假"刑事案件 80 多起，依法惩治一大批借媒体报道、网络曝光为名，危害企业和群众利益、实施敲诈勒索的人员，集中曝光了两批"三假"（假媒体、假记者站、假记者）典型案件。

8 月，由中央网信办违法和不良信息举报中心主办、新华网承办的中国互联网联合辟谣平台正式上线，为公众提供辨识和举报谣言的权威平台。

2. 整治网络文学

5—8 月，国家新闻出版署和全国"扫黄打非"办公室联合开展了 2018 年网络文学专项整治行动，整治对象包括：传播导向不正确、内容低俗的网络文学作品行为，传播淫秽色情网络文学作品行为，侵权盗版行为。整治行动关闭了 400 余家境内外违法违规文学网站。10 月，上述两部门就微信公众号传播淫秽色情和低俗网络小说问题约谈了腾讯，责令其立即下架违背社会主义核心价值观，低俗、庸俗、媚俗的网络小说，坚决清理传播淫秽色情等有害内容的微信公众号，切实履行企业主体责任。

3. 规范网络游戏

针对网络游戏中文化内涵缺失、用户权益保护不力、青少年网络沉迷的问题，中宣部、网信办等部门联合印发《关于严格规范网络游戏市场管理的意见》，并查处了河南郑州陈长阳传播淫秽物品案等 7 项网络游戏违法犯罪重大案件。

8 月，根据教育部等 8 部门印发的《综合防控儿童青少年近视实施方案》，国家新闻出版署对网络游戏实施总量调控，控制新增网络游戏上网运营数量，探索符合国情的适龄提示制度，采取措施限制未成年人使用时间。

为贯彻落实中宣部关于开展严格规范网络游戏市场管理专项行动、网络直播违法违规行为整治行动等统一部署，文化和旅游部组织开展网络表演、网络游戏市场集中执法检查，集中排查清理手机表演平台传播渠道、网络表演市场禁止内容，规范网络文化市场经营秩序。花椒直播因在游戏中将港台列为国家，被北京市委网信办责令全面整改。

4. 加强出版物管理

3 月，国家新闻出版广电总局开展出版物"质量管理 2018"专项工作，以 2017 年以来出版的社科、文艺、少儿、教材教辅、生活、地图和古籍类图书为重点，开展内容质量和编校质量检查，对引进版和公版图书质量加大检查力度；以"三审三校"制度执行情况检查为重点，进一步加强图书质量保障制度建设。

8 月，国家新闻出版署发布关于 2018 年第一季度、第二季度印刷复制暨内部资料性出版物专项督查情况的通报，督察组随机抽查了 10 个省（区、市）的 76 家印刷复制企业，指导地方管理和执法部门对 27 家违规企业给予行政处罚。

在网络出版方面，4 月，北京市委网信办等部门就京东在网上售卖违法违规出版物及印刷品，约谈其负责人并责令整改。10 月，北京市委网信办就长期存在大量严重违法违规信息问题，责令 360doc 图书馆限期整改。

（二）广播影视

1 月，国家新闻出版广电总局印发《关于进一步加强广播电视节目备案管理和违规处理的通知》，明确电视上星综合频道播出歌唱选拔、晚会、引进境外模式节目和在黄金时段播出的综艺娱乐、真人秀、访谈脱口秀类等节目须提前2个月向省级广电局备案，省局同意后，向总局备案。所有受到总局整改、警告、停播处理的节目，不得以任何形式复播、重播或变相播出，也不得在互联网新媒体上播出。

2月，总局发出通知，要求对网络视听直播答题活动加强管理，规范网络传播秩序，防范社会风险。3月，总局办公厅出台特急文件《关于进一步规范网络视听节目传播秩序的通知》，禁止非法抓取、剪拼改编视听节目的行为，加强网上片花、预告片等视听节目管理，加强对各类节目接受冠名、赞助的管理；严格落实属地管理责任。2月，总局发布《电影行政处罚裁量办法（征求意见稿）》公开征求意见，对电影处罚裁量的原则和程序做了详细规定。3月，总局发布《点播影院、点播院线管理规定》，拓宽了点播影院的范围，要求点播院线应当拥有片源的发行权，国产电影的放映场次和时段不得低于全年放映电影时长总和的三分之二。

8月，国家广播电视总局发布《未成年人节目管理规定（征求意见稿）》，对未成年人节目内容规范、类型规范和传播规范做了详细规定，强调要防止未成年人节目出现商业化、成人化和过度娱乐化倾向。未成年人节目不得宣扬童星效应或包装、炒作明星子女，不满10岁儿童禁止代言广告，并且播出过程中至少每隔30分钟设置明显的休息提示信息。如以科普、教育、警示为目的，节目中确有必要出现上述内容的，应当适时地在显著位置设置明确提醒，并作相应技术处理。

9月，针对收视率造假问题的舆情，总局对收视率问题开展调查，表示一经查实违法违规问题，必将严肃处理。12月，广播电视节目收视综合评价大数据系统正式开通试运行，有望从根本上治理收视率造假问题。

9月，国家广播电视总局起草《境外视听节目引进、传播管理规定（征求意见稿）》和《境外人员参加广播电视节目制作管理规定（征求意见稿）》，重申禁止引进境外时事类新闻节目，要求对所有境外视听节目引进实施许可制度，网络视听节目服务单位可以对广播电视播出机构以直播方式引进的境外视听节目进行同步转播，其他单位和个人不得通过信息网络直播境外视听节目。网络视听节目服务单位可供播出的境外视听节目，不得超过该类别可供播出节目总量的30％。境外人员作为主创人员比例不超过30％（港澳台除外）。

11月，总局发布《关于进一步加强广播电视和网络视听文艺节目管理的通知》，要求遏制追星炒星、泛娱乐化等不良倾向，严格控制偶像养成类节目和影视明星子女参与的综艺娱乐和真人秀节目，减少影视明星参与的娱乐节目的播出量，每个节目全部嘉宾总片酬不超过节目总成本的40%，主要嘉宾片酬不超过嘉宾总片酬的70%，严禁播出机构对制作机构提出收视率承诺要求，严禁签订收视对赌协议，严禁干扰、伪造收视率（点击率）数据。

同月，根据北京市广播电视局通知，自2019年2月起，网络视听节目由节目制作公司进行备案，不再通过网络播放平台备案，在未取得规划备案号前，不得进行拍摄，成片还需要提交省级广电局审核。这意味着视频网站自审自播时代即将结束，台网同一标准正在落地。

三、互联网治理

据国家网信办官网披露，各级网信部门加大行政执法力度，前三季度，约谈违法违规网站1 189家，警告违法网站566家，会同电信主管部门取消违法网站许可或备案、关闭违法网站4 867家。

（一）规范互联网信息内容

1. 监管部门严格执法，净化互联网信息内容

危害国家安全、导向不正确、色情低俗、危害未成年人、侮辱英烈是本年度互联网信息内容治理的重点。

前三季度，网信办严厉打击了网上传播危害国家安全信息行为，会同有关部门关闭了"舆情日报""飞盘侠""绿华网"等一批传播危害国家安全信息的违法网站；相关网站按照服务协议关闭或禁言"禚律师_aj6""玄鸟"等一批发布反对宪法基本原则信息的账号。

在扫黄打非办开展的"净网2018"专项行动中，1—4月，各地共处置淫秽色情等有害信息175万余条，取缔、关闭淫秽色情网站2.2万余个，查办淫秽色情信息案件390余起。北京市委网信办约谈新浪微博，指其持续传播炒作导向错误、低俗色情、民族歧视等违法违规信息，责令其热搜、热门话题榜等板块暂时下线整改。公安部会同其他部门对各大视频网站在儿童频道中播放"邪典片"的行为进行了查处。6月，扫黄打非办约谈网易云音乐等网站，要求清理涉色情低俗的ASMR内容。12月，国家网信办会同有关部门开展清理整治专项行动，依法关停肆意传播淫秽表演、宣扬血腥暴力、窃取隐私等各类App共计3 469项。网络作者刘某某因编写和描写男同性恋性行为书籍《攻占》，并通过网络销售7 000余册，获利15万元，该书被主管部门认定为淫秽出版物，10月，安徽芜湖县法院一审认定其构成制作、贩卖淫秽物品牟利罪，判刑10年6个月并处罚金。

今日头条在2017年底因传播色情低俗信息被网信办约谈之后，关闭其社会频道，集中清理违规账号。2018年1月，今日头条对其算法推送进行调整，大规模招聘内容审核编辑岗位。4月，国家广播电视总局又发现今日头条的"内涵段子"客户端软件和相关公众号存在导向不正、格调低俗等突出问题，责令永久关停。网信办并责令今日头条、凤凰新闻、天天快报等App暂停下载服务。今日头条随即整改，招募审核员4 000名，进一步加强内容审核。

《英雄烈士保护法》颁行后，北京市委网信办等联合约谈属地重点网站，责令严格贯彻落实法律规定，切实履行主体责任，采取有效措施坚决抵制网上歪曲、丑化、侮辱英烈形象的违法违规行为。新浪视频、爱奇艺等因提供恶搞红色经典及英雄人物的视频被文化市场监管部门处罚。5月，今日头条发现"暴走漫画"账号有侮辱、诽谤侵害英雄烈士形象内容，主动予以封禁。新浪微博也关闭"@暴走漫画"等多个严重违规账号。6月，北京市委网信办、市工商局针对抖音等公司在搜狗搜索引擎投放的广告中出现侮辱英烈内容，联合约谈上述企业，责令其整改。

对近年兴起的直播、短视频等网络传播方式，主管部门予以充分关注。全国扫黄打非办公室召集多家互联网企业，要求网络直播及短视频企业加强内容管理。2018年2月，网信办对网络直播平台和网络主播进行专项清理整治，关停一批低俗媚俗、斗富炫富、调侃恶搞、价值导向存在偏差的严重违规、影响恶劣的平台和主播。7月，网信办会同其他五部门开展网络短视频行业集中整治，处置B站、秒拍等一批违法违规平台。8月，国家新闻出版广电总局要求北京市文化市场行政执法总队对快手、抖音传播违法内容的行为做出处罚。10月，虎牙网络主播杨凯莉在直播时公开戏唱中华人民共和国国歌，并作为自己"网络音乐会"的"开幕曲"，被上海市公安局静安分局行政拘留5日。11月，网信办等部门对自媒体账号展开集中清理整治专项行动，处置了9 800多个自媒体账号，并约谈了10家客户端自媒体平台，要求各平台清理涉及低俗色情、"标题党"、炮制谣言、黑公关、洗稿圈粉，以及刊发违法违规广告、插入二维码或链接恶意诱导引流、恶意炒作营销等问题的账号；全面清理僵尸号、僵尸粉，修订账号注册规则，改进推荐算法模型，完善内容管理系统。

2. 互联网监管规范密集出台，强化网络服务提供者主体责任

2月，网信办发布《微博客信息服务管理规定》，规定了微博客服务提供者主体责任、实名制、分级分类管理、辟谣机制等措施。5月，网信办主管的中国网络社会组织联合会成立，各大互联网公司纷纷加盟。8月，全国扫黄打非办与工信部等六部门联合下发《关于加强网络直播服务管理工作的通知》，首次明确行业监管中网络直播服务提供者、网络接入服务提供者、应用商店各自的责任，推动互联网企业严格履行主体责任。

网信部门还将监管拓展到了一些新领域。1月，上海市委网信办就万豪国际集团在给会员邮件中将我国西藏和港澳台地区列为"国家"的事件，约谈万豪负责人，责令其官方网站及App自行关闭一周并全面整改。3月，网信办和证监会发布《关于推动资本市场服务网络强国建设的指导意见》，推动网信事业和资本市场协同发展，保障国家网络安全和金融安全，促进网信企业规范发展，发挥资本市场作用，推动网信企业加快发展。9月，国家宗教局会同网信办等部门发布《互联网宗教信息服务管理办法（征求意见稿）》，拟对互联网宗教信息服务实行许可制度，这是我国首次制定利用互联网进行宗教信息服务的规定。10月，网信办发布《区块链信息服务管理规定（征求意见稿）》，明确网信办是主管部门，对区块链实施备案制，对监管的属地管辖、监管对象、监管内容、监管流程、违规处罚办法做了规定。12月，网信办公布《金融信息服务管理规定》，就在网上从事金融分析、金融交易、金融决策或者其他金融活动的用户提供可能影响金融市场的信息或者金融数据的服务制定了规范。

3. 加强对互联网广告治理

2月，国家工商管理总局发布《关于开展互联网广告专项整治工作的通知》，以社会影响大、覆盖面广的门户网站、搜索引擎、电子商务平台、移动客户端和新媒体账户等互联网媒介为重点，集中整治虚假违法互联网广告。4月，国家市场监督管理总局发布2018年第一批典型虚假违法广告案件，其中包括今日头条App因发布多条未取得医疗广告审查证明的医疗广告被工商部门责令停止发布相关广告，并被处罚金近百万元。据统计，2018年上半年，全国工商、市场监管部门共查处互联网广告案件8 104件，同比增长64.2%，罚没金额

11 668.7万元，同比增长17%。

（二）网络安全法各种配套制度陆续出台

1月，全国信息安全标准化技术委员会发布了《信息安全技术网络安全等级保护定级指南（征求意见稿）》，为等级保护的具体适用提供了指引。3月，为规范测评行为，保障国家网络安全等级保护制度实施，公安部发布了《网络安全等级保护测评机构管理办法》，对测评机构的申请、管理、年审、责任等做了规定。

6月，公安部发布《网络安全等级保护条例（征求意见稿）》，旨在具体落实《网络安全法》第21条所确立的网络安全等级保护制度。

9月，公安部发布《公安机关互联网安全监督检查规定》，规定在重大网络安全保卫任务期间，公安机关可对互联网安全情况实行专项检查，并对监督检查的对象、内容、程序和法律责任做了明确规定。

11月，网信办和公安部发布《具有舆论属性或社会动员能力的互联网信息服务安全评估规定》，要求相关互联网信息服务提供者自行对信息服务和新技术新应用的合法性，落实法律、行政法规、部门规章和标准规定的安全措施的有效性，对防控安全风险的有效性等情况进行全面评估，并对评估结果负责。网信部门和公安机关就此开展检查。

（三）划定互联网法院管辖范围

9月，最高人民法院发布《关于互联网法院审理案件若干问题的规定》，规定互联网法院管辖范围包括十一类：在互联网上首次发表作品的著作权或者邻接权权属纠纷；在互联网上侵害在线发表或者传播作品的著作权或者邻接权而产生的纠纷；在互联网上侵害他人人身权、财产权等民事权益而产生的纠纷；因行政机关做出互联网信息服务管理、互联网商品交易及有关服务管理等行政行为而产生的行政纠纷；等等。随后，北京、广州相继成立互联网法院。互联网法院综合运用互联网技术，推动审判流程再造和诉讼规则重塑，是对传统审判方式的一次革命性重构。

（四）整治互联网行业不正当竞争

2018年，新修订的《反不正当竞争法》实施。国家市场监督管理总局联合国家发改委、工信部、公安部等多部门发布中国"2018网剑行动"方案，其中包括整治互联网不正当竞争行为，维护公平竞争的市场秩序。5月，市场监管总局开展反不正当竞争执法重点行动，互联网领域的刷单炒信等虚假宣传行为等成为重点。

1月，朝阳法院在腾讯诉世界星辉公司不正当竞争案中，驳回原告诉讼请求，认为市场竞争具有天然对抗性，必然导致损害，只要该损害并非直接针对性的、无任何可躲避条件或选择方式的特定性损害，就不单独构成评价竞争行为正当性的倾向性要件。具有选择性屏蔽广告功能的浏览器，其不针对特定视频经营者，亦未造成竞争对手的根本损害，故不构成不正当竞争行为。法律对经营模式的保护要谨慎，要给予市场最大的竞争环境。8月，最高法院发布第一批涉互联网典型案例共10个，其中尚客圈公司诉"为你读诗"公司等擅自使用知名服务特有名称纠纷案，原告创设"为你读诗"公益艺术活动已发布节目473期，产生一定社会影响，而被告创设"为你读诗客户端"发布信息，法院认定构成不正当竞争，判决被告停止使用此名称并赔偿损失。最高法院认为，对于互联网环境下的竞争纠纷，要结合网络本身所具有的特点，充分考量互联网软件产品或服务的模式创新以及市场主体的劳动付出，通过司法裁判，促进和规范市场竞争秩序。

9月，杭州互联网法院对淘宝公司诉安徽美景公司不正当竞争纠纷案做出一审判决。法院查明淘宝公司对涉案数据产品享有合法权益，美景公司以提供远程登录已订购涉案数据产品用户电脑技术服务的方式，招揽、组织、帮助他人获取涉案数据产品中的数据内容，并从中获取利益，已构成不正当竞争，判令停止侵权行为并赔偿淘宝公司经济损失及合理费用共计200万元。此案是我国首例互联网大数据产品不正当竞争纠纷案，明确了大数据能否成为民事权利客体、如何把握网络运营商对原始网络数据的权利边界、网络运营商对其开发的大数据产品是否享有法定权益等一系列值得深入探讨的新问题。

8月，广东省高院对爱奇艺公司诉华多公司（虎牙直播平台）侵害作品信息网络传播权及不正当竞争案做出再审裁定，认为：被告为涉案作品提供的服务属于信息存储空间服务，设置了版权提示及投诉指引，尽到了合理审查义务和管理责任；未对用户直播的涉案内容进行任何编辑推荐及修改；不知道也没有合理理由知道用户的传播行为；也未从中直接获取经济利益。因此维持二审判决中不认定为帮助侵权。这对于界定直播平台的注意义务有积极示范作用。

四、信息公开

（一）政务信息公开有新进展

1月，中央网信办、发改委、工信部联合印发《公共信息资源开放试点工作方案》，确定在北京、上海、浙江、福建、贵州开展试点，建立统一开放平台，明确开放范围，提高数据质量，促进数据利用，建立完善制度规范，加强安全保障。

4月，国务院办公厅印发《2018年政务公开工作要点》，要求围绕建设法治政府全面推进政务公开，建立市场准入负面清单信息公开机制，抓好财政预决算、重大建设项目批准和实施、公共资源配置、社会公益事业建设等领域政府信息公开制度的贯彻落实，围绕稳定市场预期加强政策解读，围绕社会重大关切加强舆情回应，提升政务服务工作实效，强化政府网站建设管理，用好"两微一端"平台。

7月，国务院印发《关于加快推进全国一体化在线政务服务平台建设的指导意见》，就推进互联网＋政务服务，建设全国一体化在线政务服务平台做出部署。

12月，国务院办公厅印发《关于推进政务新媒体健康有序发展的意见》，要求注重运用生动活泼、通俗易懂的语言以及图表图解、音频视频等公众喜闻乐见的形式提升解读效果，强化政务新媒体办事服务功能，推动更多事项"掌上办"。

（二）司法公开更加深入务实

2月，《最高人民法院关于人民法院通过互联网公开审判流程信息的规定》发布，旨在规范法院审判流程公开行为，保障当事人的知情权。明确了审判流程信息公开的范围、方式和程序，除极特殊情况外，人民法院应当通过互联网向当事人公开一切依法应当公开的审判流程信息；确定了应当公开的四大类二十余小类重要审判流程信息。2018年是"基本解决执行难"的决战之年，5月起，最高法院和各地法院举行了多期"决胜执行难"全媒体直播活动，受到社会广泛关注。6月，最高法院通过官方微博对顾雏军等虚报注册资本，违规披露、不披露重要信息，挪用资金再审一案庭审全程进行了图文直播，共发布129条微博。8月，最高法院官方新浪微博由于在司法公开、服务水平方面的出色表现，在"政务Ｖ影响力峰会"上获得最佳政务公开案例奖。10月，新修订的《人民法院组织法》和《人民检察院组织法》都确立了司法公开原则。11月，最高法院印发《关于进一步深化司法公开的意见》，重申坚持主动公开、依法公开、及时公开、全面公开、实质公开五项原则，从进一步深化司法公开的内容和范围、完善和规范司法公开程序、加强司法公开平台载体建设管理、强化组织保证四个方面提出具体要求。

五、知识产权保护力度加大

（一）知识产权的行政监管力度更大

2月，国家新闻出版广电总局改革办制定《新闻出版广播影视企业版权资产管理工作指引（试行）》，要求高度重视版权资产管理工作，推动落实版权资产管理。

4月，2018中国网络版权保护大会发布了《2017年中国网络版权保护年度报告》，指出"剑网2017"专项行动在立案调查和行政查处的案件数量上均有提升，共检查网站6.3万个，关闭侵权盗版网站2 554个，删除侵权盗版链接71万条，收缴侵权盗版制品276万件，立案调查网络侵权盗版案件543件，会同公安部门查办刑事案件57件、涉案金额1.07亿元。查办大案要案的数量和处罚力度空前，重点监管和专项整治领域由点及面，逐步深入。

7月，国家版权局、网信办等联合开展"剑网2018"专项行动，集中整治网络转载、短视频、动漫等领域侵权盗版多发态势，重点规范网络直播、知识分享、有声读物等平台版权传播秩序。9月，国家版权局约谈抖音、快手等多家互联网企业，要求其提高版权意识，不得滥用避风港规则。

（二）知识产权司法保护的实践发展

1. 确立惩罚性赔偿思路

4月，北京高院发布《侵害著作权案件审理指南》，明确案件的审理原则和审理思路，提出了"加大保护、鼓励创作、促进传播、平衡利益"的基本审理原则；规范客体审查标准，统一署名的认定规则，提出了作品审查的四要件；界定权利保护范围，提出类案的审理规则；加大权利保护力度，探索惩罚性赔偿机制，细化了损害赔偿的适用方法和计算依据，回应了赔偿数额"举证难"的问题，并针对"恶意侵权"行为提出惩罚性赔偿的思路。

2. 应对更多新型案件的挑战

1月，《红色娘子军》原作者梁信诉中央芭蕾舞团侵害著作权纠纷案经过一审、二审、再审，最终法院认定舞剧《红色娘子军》演出不构成侵权，但中芭未支付给梁信表演报酬，故判决赔偿梁信12万元，并向其赔礼道歉。但败诉方中芭发表声明，指责一审北京西城法院枉法裁判，并对法官进行语言攻击。西城法院和最高法院通过微信谴责拒不执行生效判决的行为，维护司法权威。5月，最高院下发通知，要求各级法院妥善审理好使用红色经典作品报酬纠纷和英雄烈士合法权益纠纷案件，不得判令红色经典作品停止表演或演出。在确定红色经典作品报酬时，要综合考虑类型、实际表演或演出情形以及演绎作品对红色经典作品使用比例等因素，充分考量创作的特殊时代背景，酌情确定合理报酬。

4月，北京知识产权法院对"国内体育赛事直播第一案"——新浪网诉凤凰网非法转播案做出终审判决，推翻一审判决对于体育赛事转播画面构成作品的认定，认为涉案两场赛事公用信号所承载连续画面既不符合电影作品的固定要件，亦未达到电影作品的独创性高度，故涉案赛事公用信号所承载的连续画面不构成著作权法意义上的电影作品。但二审法院也认为，并不是任何情况下的中超赛事直播公用信号所承载连续画面均不可能符合电影作品独创性的要求，需要进行个案分析。

8月，广州天河法院对同人作品第一案——金庸诉《此间的少年》作者江南著作权侵权及不正当竞争纠纷一案做出一审判决。法院认为，《此间的少年》中使用金庸小说人物姓名数十个，但并未沿袭金庸小说情节，而是撰写全新的故事情节，创作出与金庸作品完全不同的校园青春文学小说，故不构成著作权侵权，但江南利用读者对金庸作品中武侠人物的喜爱提升自身作品的关注度，以营利为目的多次出版且发行量巨大，其行为已超出必要限度，违背公认的商业道德，构成不正当竞争行为，判令赔偿金庸经济损失188万元。

10月，江苏高院对现代快报诉今日头条侵害著作权案做出终审判决，驳回上诉，今日头条因未经授权转载现代快报4篇文章，须赔偿10万元，该案也被称为传统媒体诉网络媒体非法转载第一案，是目前网络违法转载传统媒体原创新闻判赔数额最高的案例。

区块链在司法中的运用增多。6月，全国首例区块链存证案在杭州互联网法院一审宣判，法院支持了原告采用区块链存证的方式，并认定了对应的侵权事实。10月，北京互联网法院开庭审理成立后受理的首起案件——"抖音短视频"诉"伙拍小视频"著作权权属、侵权纠纷一案，采用在线审理模式，抖音短视频的运营方作为原告所提交的电子证据是通过北京中经天平公司司法电子证据云平台在线取得的，该案是对区块链技术在司法领域发展潜力的认可。

六、传媒与人格权保护

（一）网络侵害人格权典型案例

1月，医务工作者谭秦东因发网文质疑鸿茅药酒公司虚假宣传，被内蒙古自治区乌兰察布市凉城县公安局以"涉嫌损害商品声誉罪"跨省追捕，在社会舆论高度关注以及最高检、公安部的监督下，内蒙古自治区检察院指令凉城县检察院将该案退回公安机关补充侦查，并变更强制措施为取保候审，谭秦东才暂获自由。5月，谭秦东发道歉声明，鸿茅药酒公司随即声明接受致歉并撤回报案及侵权诉讼。

3月，鸿茅公司起诉上海律师程远经营的某微信公众号侵害名誉权，认为该公号的一篇文章标题为《广告史劣迹斑斑的鸿茅药酒》，诋毁鸿茅国药商誉，还以"这12件典型虚假广告涉嫌违法，已被依法查处"开头来吸引读者眼球。上海闵行法院认为，涉案文章并未指明这12件虚假广告中有鸿茅药酒广告，鸿茅药酒广告确有违法记录，文章措辞虽尖锐，但不构成侮辱诽谤，驳回原告请求。

6月，由江苏淮安检察机关提起的全国首例英烈保护公益诉讼案件在淮安市中院审理，法院判决网民曾某对谢勇烈士救火一事在微信群中发表侮辱性言论，侵犯了英烈名誉权，损害了社会公共利益，责令其公开赔礼道歉。北京三中院对演员景甜诉重庆新兴医院侵害肖像权、名誉权案做出终审判决。被告在其网站上发布有关预防、治疗"宫颈肥大""宫颈息肉"等文字多篇，旁配肖像。经审理，配发女子照片属于原告肖像属实，被告须承担相应民事责任。

（二）个人信息保护有新进展

互联网巨头涉嫌侵犯个人信息事件频发，凸显网络信息安全的重要性。

1月，针对支付宝年度账单涉嫌非法收集个人信息一事，网信办约谈支付宝和芝麻信用负责人，责令其全面排查，专项整顿。江苏省消费者权益保护委员会就百度公司两款手机App未取得用户同意，获取各种权限涉嫌违法获取消费者个人信息问题向南京中院提起民事公益诉讼。

同月，网信办、质监总局、全国信息安全标准化技术委员会联合发布推荐性国标《信息安全技术个人信息安全规范》，以《网络安全法》确立的个人信息保护框架，全面规定了个人信息处理各个环节的合规要求，创设性地将"个人信息控制者"概念定义为"有权决定个人信息处理目的、方式等的组织或个人",提出了收集环节中的同意规则,间接获取个人信息时的有限尽调,服务终止后信息数据的保存和处理,流转环节中的三方关系处理规则。11月,公安部网安局发布《互联网个人信息安全保护指引(征求意见稿)》,将网络安全等级保护相关要求与个人信息安全国家标准要求相结合,对个人信息保护的管理机制、技术措施、业务流程等进行了规定。

2月,针对部分平台、机构和个人大肆炒作明星绯闻隐私和娱乐八卦等低俗之风,网信办会同其他部门联合对上述行为主体进行全面排查清理和综合整治,相关平台对卓伟粉丝后援会、全明星通讯社等专门进行明星绯闻隐私炒作的账号进行永久关闭。

6月,工信部公布一批问题软件的名单,21个应用商店的46款App被责令下架,其中不少涉及未经用户同意收集使用个人信息的问题。11月,工信部发布了2018年第三季度关于电信服务质量的通告,指出苏宁云商等12家互联网企业存在未公示用户个人信息收集使用规则、未告知查询更正信息的渠道、未提供账号注销服务的问题,在工信部的督促下,这些企业均进行了整改。

最高法院在8月发布的10件互联网典型案例中,确认旅客庞某起诉航空公司和票务公司泄露其姓名、电话和所订航班等个人信息案,可以以侵害隐私权案由提起民事诉讼。

(原载于《新闻记者》2019年第1期)

2018年中国传媒伦理问题研究报告

■"年度传媒伦理研究课题组"合作出品,王侠等执笔

技术变迁对新闻传播格局的影响日益加深,新技术引发的媒介融合,不仅仅是媒介形态的融合,也不仅仅是社会形态的融合,还是技术与人的融合。[1]这意味着新媒体不仅仅是社交工具,更是人类的存在方式。而传媒机构正在从相对专业化的社会子系统,转变为社会网络的一个节点。传媒机构在传播网络与社会网络中的位置和价值发生了根本性的变化,它的传播对象(受众)堂而皇之进入传播网络中,成为另一个节点主体,与传媒机构并置在传播网络、社会网络中。尽管它们传播的力量就单体来说无法与传媒机构相提并论,但网络社会中的节点有强弱之分,却没有唯一的中心。专业传媒机构的价值也发生翻转,连接、整合能力正在超越内容生产,成为传播平台的优先核心价值。[2]

从新闻生产角度看,上述新传播格局下的新闻生产体现为职业记者和公众共同参与的动态实践;传媒机构不再是新闻事件的唯一阐释主体,基于互联网社交平台,新闻报道的价值和意义经由公众的集体参与而被不断重塑;新闻生产流通的速度大大加快,颠覆了工业化时代以报纸新闻为主的新闻生产流程和常规;新闻职业社区的专业控制和社会大众的开放参与之间,形成了强大的张力,组织化新闻生产正在变成协作性新闻"策展"(curation)。据此,有学者以"液态"(liquid)状态概括当前新闻业的特点。[3]

所谓"液化",意味着原有边界的消融。传统意义上的新闻业,无论作为产业、行业、商业,还是职业,都遭到颠覆性挑战。新的传播格局中,传统媒体主导的单一、线性的传播形态被彻底打破,新闻生产的行动者从过去的专业媒体扩展到政务微博、微信等各种机构媒体、商业媒体,乃至个体用户,呈现出"万众皆媒,万物皆媒"的状况。在这样的传播格局中,信息与新闻的界限愈发不确定,更多的信息泛化为新闻,立足于传统媒体时代的诸多新闻观念也被质疑。

变革中的新闻传播格局也为传媒伦理研究带来挑战，首先是研究对象超出专业媒体范畴，伦理适用标准也不尽相同。就新闻生产的不同行动主体而言，对专业媒体当然不妨继续沿用长期以来已成共识的专业标准，但当前各种机构、普通用户的传播行为又如何考量？从学界的探讨来看，纽约大学的罗伯特在《数字时代的伦理两难：网络媒介的职业伦理问题》中提出：任何职业背景的信息发布者，均应对其网络言论承担道德责任；但也有学者认为对互联网言论应持宽容与开放态度，比如克莱·舍基就提出"先出版，后过滤"的网络信息发布原则。[4]更为关键的变化是衡量标准的不确定性——边界的模糊必然带来原有伦理规范不同程度的失灵，变革的媒介现实正在重塑传媒伦理。比如新闻的真实性问题，传统新闻业要求记者必须重视对事实的核实，以此作为维护公众信任的一种方式。然而目前也有许多学者认为，社交媒体的采用正在质疑传统的验证价值，应接受和拥抱这种传播中纠错的变化，并把它视为发展新的新闻生产常规的机遇。

伦理和法律一样都是调整人际关系的。两者的一个重要区别是法律以国家强制力实施，伦理由社会自行调节。在传统大众传播模式中，新闻伦理就是消息源-媒体-受众的关系，比较简单；而在网络空间，演变为平台-用户的关系，用户兼为受者和传者，而传者又有专业媒体、机构媒体、用户自媒体等等之分，如何建立新型的网络空间传播伦理，是正在探索的问题。这正显示了当前传媒伦理讨论的意义所在——通过对相关案例的梳理和分析，不仅为新闻传播业变革留下一系列经验性材料，多方面意见的展示也有助于新的制度和规则的建立。因此，《新闻记者》如往年一样，继续对2018年若干有代表性的传媒伦理问题案例进行研讨（文中未注明年份的均为2018年），在以专业媒体案例为主的前提下，更注重新传播格局下表现出的新特点、新问题的探讨。从本年度的相关案例可以看出，用户参与对传播的影响总体上是积极的，有利于纠正专业媒体的某些失误（有的可能是难以避免的），可以使有关事实获得更加全面而公正的评价。重视千百万网络用户的声音，正是中国特色社会主义传媒伦理最根本的规范之一——"以人民为中心"的体现。

一、2018年传媒伦理典型案例

（一）"汤兰兰案"报道的二次伤害问题

【事件】2008年10月3日，14岁的女孩"汤兰兰"向黑龙江省五大连池市警方写了一封举报信,称其从7岁开始被父亲、爷爷、叔叔、姑父、老师、乡邻等十余人强奸、轮奸。此后,包括"汤兰兰"父母在内的11人分获无期徒刑和5到15年不等的有期徒刑。但多名被告人以诬陷、刑讯逼供等为由提出申诉,请求再审改判无罪。

2018年1月19日,前《南方周末》记者王瑞峰以《家族、屯子集体"强奸"之谜》为题,首先披露了"汤兰兰案",但因发表在个人微信公众号上,且不久后即删除,影响并不大。

1月30日,澎湃新闻发布了报道《寻找汤兰兰:少女称遭亲友性侵,11人入狱多年其人"失联"》(澎湃新闻微信公众号上的稿件名为《10年前,14岁的她以性侵等罪名把全家送进监狱,然后失踪了……》),文中暗示了案件的诸多疑点,如两张彼此矛盾的B超单、干爸干妈得知汤兰兰被强奸这一消息的时间点说法不一、多名被告人当庭翻供、对刑讯逼供的质疑等。这篇报道引发舆论对案件关注的同时,也引发不少网友对媒体操守的批评,认为媒体不敢质疑公检法,而将落脚点放到寻找遭受性侵的女孩身上,并且文中图片有泄露受害女孩个人信息的嫌疑。

1月31日,《新京报》发表评论《被全家"性侵"的女孩,不能就这么"失联"着》,呼吁"以还原真相的名义,别让汤兰兰'失联'了"。对这篇文章,前《南方周末》记者、宾夕法尼亚大学传播学院博士生方可成评论道,如果说澎湃新闻的报道中存在诸多不足,那么《新京报》的评论将这种不足放大了十倍、百倍。[5]对于媒体反复呼吁"汤兰兰"重新现身回应案件疑点的做法,也有很多网友表达了愤慨。

2月7日,黑龙江高院回应对汤继海等人申诉正在依法处理。7月27日,黑龙江高院公开开庭宣布,驳回"汤兰兰案"原审被告人汤继海、万秀玲等人的申诉。

【点评】正如《人民日报》评论所说的:"客观冷静、深入扎实的新闻报道,对于我国法治建设,特别是一系列个案中公平正义的实现,起到了不可替代的作用。无论是在聂树斌案、呼格吉勒图案中为冤者平反昭雪,还是在于欢案、徐玉玉案中追问真相、呼吁反思,负责任的媒体、记者不仅发挥了关键的推动作用,同时也充当了理性分析的传声筒、法治理念的扩音器。在任何一个高度法治化的文明社会,都少不了媒体对真相的呼唤、对问题的质疑,让阳光和正义涤荡社会的每一个角落。"[6]然而,这次部分媒体对"汤兰兰案"的报道却遭到网友的广泛质疑甚至反感。仔细分析网友的评论，发现批评的重点并不是案情本身，而是媒体的操作方式。有评论认为，"这篇新闻特稿客观性存疑，倾向性明显……全篇文章似乎'证据'十足，结论呼之欲出，当年的受害者汤兰兰一定是个满口谎言前后矛盾的骗子"[7]。而"寻找汤兰兰"被解读为暗示公众去"人肉"汤兰兰。尽管报道使用的"汤兰兰"是化名，其关键信息也做了打码遮盖，但也有网友质疑当年的报案笔记：载有"汤兰兰"户籍信息的"常住人口详情"记录并无披露的必要。相关报道不仅侵犯受害者的隐私，而且可能导致"汤兰兰"的身份泄露，造成二次伤害。

网友的质疑指出了相关报道的缺陷所在，《人民日报》评论也指出："媒体进行监督，是职责所在，不能因可能有人'借媒体炒作、企图翻案'就迟疑退缩。但在媒体的个案监督过程中，如何有节制、更客观地传递信息、表达观点，考验从业者的媒体素养。这就需要每一个媒体、每一位记者更具法治思维、法治意识，更多考虑自己对社会舆论的责任，以客观、理性的职业伦理，更好地推进问题解决，涵养整个社会的法治精神。"[8]

另外，从媒体报道常规看，不排除是在舆论监督报道空间受限、采访无法突破的情况下，以"寻找汤兰兰"为切入口，倒逼公检法部门对案件回应、审查。但这种舆论动员的方式蕴含了极大危险，显然不够审慎。对此，也有评论指出，正是由于近年来传统媒体不景气、调查性报道难以展开等原因，造成大批专业媒体调查记者流失，才会出现"汤兰兰案"报道水准下降现象。这些问题同样值得重视。

（二）朋友圈晒"车马费"引出的有偿新闻潜规则

【事件】1月9日，一张朋友圈消息截图将多年来似乎司空见惯却又鲜少公开讨论的"车马费"问题摆上了桌面。一位微信名为"姜涞"的前记者在朋友圈晒出写有《南方都市报》名称的信封，附文写道："制作资料，明天打发要饭的，做甲方的感觉真好。"还在评论区留言点名："羊晚、信息时报、南方日报啥的，排好队，排直喽！"

根据"姜涞"在问答社区"悟空问答"的自述、微信公众号"媒媒哒"的调查[9]来看，"姜涞"曾是珠海某报社的一名记者，当时从媒体跳槽到企业工作不久，职务并非公关，而是帮做公关的同事写好信封后，随手拍照发至自己的朋友圈。对于他的言论，"姜涞"表示，"这种活动稿一直被圈里人戏称为'向金主讨饭'。于是，一时孟浪完成了这个文配图的编辑工作。联想到当初我们乌泱乌泱围着'金主'嗷嗷待哺的样子，满腹恶趣味的我，又有了'排好队，排直喽'的戏言"[10]。

刘亚娟、展江等认为，对于媒体来说，此事的尴尬之处在于难以自证清白。"姜涞"捅破的这层"窗户纸"，媒体该怎么修补？正面回应底气不足，不予理睬又被认为是默认，因此媒体圈的确陷入某种危机。有广州媒体人在姜的公号文章下留言："做过媒体的都知道，记者是有多忙，哪有闲工夫和这种人扯不清，广州媒体圈不屑与他争论，他却自以为赢了，阿Q精神很上线啊！"姜则反唇相讥："到底是不屑还是不敢？我觉得我跟我兄弟才是写文章的祖宗。现在的媒体人不行。"还有微信截图显示了某记者与姜的领导的沟通内容："想核实一下，这人是不是你们的员工，为什么要污蔑媒体要饭。今天采访的车马费，我会退回给你们。"从姜的叙述和对问答平台的评论看，各方都没有否定这张截图的真实性。这就尴尬了：这位记者已经收了车马费，且在姜称一些记者是"要饭的"之前并没有主动退还。[11]

【点评】对于此事，一家汽车自媒体评论说："给媒体'车马费'这种略显尴尬的存在，却是媒体人士难以越过的一道坎。"[12]某些媒体的条线记者在采访一些活动时收"红包"或"车马费"的问题由来已久，因为单笔金额不多，大多数记者持相对宽容的态度，甚至辩护认为这些钱数量少，不足以干扰他们的新闻判断和报道，另外收"红包"也是为了与消息源建立"关系"。[13]对此类"红包"，有的媒体机构明令禁止，有的则予以默许，将之视作记者收入的一种补贴形式。但当"姜涞"以"打发要饭的"的口吻，将这个隐形的"行规"抖出来时，媒体人除了一时脸面无光、难堪之外，恐怕要深思收取"车马费"时，付出的是什么代价。

严格来说，收取"车马费"后发表的报道，其实质属于有偿新闻。公关人员向记者发放"车马费"，无非是希望记者能按照他们的意图进行报道、宣传，所以记者一旦收取了"车马费"就必然损害了报道的独立性，这是以自己的采访权和公众的知情权为代价的。

刘亚娟、展江撰文认为："姜涞"事件捅出来的"篓子"，不仅直观体现了某些媒体某些条线在红包受贿这一道德问题上的"灯下黑"，和一部分媒体人暴露出来的"驯从"乃至"自我安慰"，也侧面印证了纸媒式微的大趋势。媒体人张丰在回答"记者跳槽做公关后发朋友圈称前同行是'要饭的'，你怎么看？"时写道："媒体发达的时候，连政府部门的发布会，都会给记者一点车马费。如今这种行为被称为'乞讨',足见报纸这个行业的衰落已经到了什么程度……"微信号"此地无言"中署名"此间飞"的作者在《叛徒姜涞,你不知道说真话需要努力吗》中直言:"你(媒体)要想让大家接受收红包是可以理解的行业惯例,那就得承认媒体并没有多少公信力,以及我们并没有真正的舆论监督……我们需要姜涞这样的叛徒和挑衅者,来打破这虚假的和谐。一句难听的真话,胜过一万句漂亮的谎言。"[14]

与此事件形成映照的是澎湃新闻记者拒收30万元"红包"事例。5月起,澎湃新闻连续报道了"生发神药"邦瑞特的涉嫌虚假广告问题,并对邦瑞特背后的河南郑州题桥商贸有限公司进行了调查。其间,澎湃新闻记者陈兴王接到自称是题桥公司股东华某的电话,华某以说明情况为由与记者见面,在留下一个蓝色双肩包后迅速离开。陈兴王随即将双肩包送至有关部门。后证实,包内装有约30万元现金。正如澎湃新闻在评论中所说,"严守新闻职业操守本身,就是对新闻记者最好的保护,法律和职业规范是新闻记者在履行监督报道职责时最大的'保护伞'"[15]。

(三)"奥数天才坠落"与非虚构写作争议

【事件】 5月3日,《人物》杂志刊发特稿《奥数天才坠落之后》,讲述曾占领IMO(国际数学奥林匹克竞赛)高点的"奥数天才"付云皓被保送北大后沉迷游戏,因为挂科无法拿到毕业证,"意外地在学术界消失"的故事。文中提及付云皓现在一所二本师范学校任教,并做数学竞赛教练。

翌日,付云皓本人以"自白书"的形式对这篇文章作了回应:认为作者虽然采访了付云皓本人却很少引用他的讲述,多是依靠周边采访的选择性报道,并不符合事实;不认同文章价值观——学科上有天赋的孩子必须要去做学术研究,否则即为"坠落",相反认为自己做个普通老师很充实;反驳偏科的说法,表明自己并非"竞赛机器",其他科目也不错;回应挂科肄业一事。

此文一出,《奥数天才坠落之后》一文引发更多争议,知乎上的问题"如何评价《人物》杂志的《奥数天才坠落之后》一文,以及付云皓本人对此做出的回应?"截至本文统计时获得412个回答。其中"数学、数学分析话题的优秀回答者""dhchen"的观点被置顶,得到2 650人的赞同,"dhchen"批驳了《奥数天才坠落之后》中预设的非常"流行"的成功观。

【点评】 非虚构写作,或称非虚构文学创作,以强调作者完全独立的个人视角进行写作为主旨,近年来被引入我国,得到响应和推广,影响越来越大,收获很多读者,但也往往引发争议,比如当年的"厉害女士""惊惶庞麦郎""耶鲁村官秦玥飞"等报道。与对单纯事实进行报道的其他新闻不同,人物本身就具有复杂性,人物特稿往往为追求对观念和意义的处理,在写作上单纯以作者的视角理解和重构人物的经验,即便是基于事实的叙述,也很可能生成不同的意义与阐释[16],这也是非虚构作品容易引发争议的重要原因。可见其焦点仍然在于:这究竟是新闻还是文学创作?作者的主观视角掌握到什么尺度才是合理的?

《奥数天才坠落之后》虽然未直接给付云皓的人生扣上"失败"二字,但描述中却处处渗透着与世俗成功观两相对比下他的失意与落魄。正是因为写作中表现出较强的预设立场、强加于人的价值观,因此也被受访者本人及众多网友指责裁剪事实——选择性地强调或者忽略一些内容,从而使得文章的客观性和权威性受到质疑。这一事例也再次提醒我们,尽管"强调叙事性的非虚构新闻话语本质上是一种文学化的言语实践",但也需要注意"非虚构叙事可能陷入风格主义的景观陷阱,从而变成一种纯粹审美的文字游戏或陷入碎片化细节的泥潭,走向它所宣称的接近真实的对立面"。[17] 由于自媒体和网络作者的迅速扩张,即使很多作者并不一定知道"非虚构写作"这样的外来"流派",也确实需要把握好主观抒发和客观表现之间的界限。

另外一个值得关注的现象是,在当下人人都有麦克风的时代,专业媒体并不是事实和观点的唯一提供者,付云皓在知乎发表"自白书"对《人物》杂志的文章进行批驳,采取了与专业媒体完全不同的竞争性叙事,很快获得超过10万个"赞"以及2 000多条赞同的评论。这意味着新传播格局下议程设置权、话语引领权的开放与转移,传受各方的互动有助于进一步逼近真相,而对于专业媒体来说也需要更加谨慎,才能保持公信力。

(四)"二更食堂"低俗文章与野蛮生长中的价值观缺位

【事件】5月6日凌晨,21岁的空姐李某珠,在郑州通过滴滴平台搭乘顺风车,不幸被司机杀害,这一事件引发社会广泛关注。

5月11日20时,知名自媒体公众号"二更食堂"发布头条推文《托你们的福,那个杀害空姐的司机,正躺在家里数钱》,文章虚拟空姐遇害的细节,措辞夸张,甚至出现不堪的色情想象,引发大量用户强烈反感和质疑。

当晚,"二更食堂"CEO李明发布致歉声明,称"斯时斯刻,羞愧难当",因为审核流程把关不严,出现严重的表述不当,给读者造成了强烈的不适感,也给文章涉及的当事人造成了恶劣的影响,向各方致歉。

5月12日,浙江省委网信办联合杭州市委网信办依法约谈了二更网络科技有限公司负责人,责令其限期整改。"二更食堂"公众号被微信平台封号7天。

5月13日晚,"二更"创始人丁丰在题为"致歉和反省"的公开信中公布了内部调查结果,"此次事件深层次原因,在于'二更食堂'运营团队在价值观导向上出现了偏差,内部审核机制存在漏洞,运营负责人缺乏应有的管理意识,把关不严,才造成如此严重的后果"。宣布永久关停"二更食堂"公众号及其他所有平台的"二更食堂"账号,免去李明在二更网络公司担任的一切职务,解聘此次事件相关运营责任人。

5月25日,杭州市委网信办联合市文广新局(文化广电新闻出版局)再次约谈二更网络科技有限公司负责人,要求对涉事人员进行严肃处理,严禁开设"二更食堂"的转世账号和返聘违规员工,并联合进驻公司督导落实整改要求,逐条对照验收。

【点评】从一个个人自媒体(公众号)发展出一家公司,如"二更食堂"那样,已经不是个别现象。其存在并不违背现行法律制度,而在传统媒体领域,个人是不可以创办任何报纸刊物的。这种商业性质的自媒体应该如何运行呢?确有办得不错的商业自媒体,但也有些自媒体在快速膨胀中存在不少潜在的问题。正如"二更"创办人丁丰所言,"二更食堂"的问题一是价值观出现偏差,二是审核机制存在漏洞。

"二更食堂"那篇文章意在蹭"空姐顺风车遇害案"的新闻热点。眼下,"蹭热点"已成为自媒体的一种重要流量导入方式,有研究者总结了"蹭热点"可带来的诸多好处——提高流量、展现实力、拉近情感、使用户对内容同质脱敏。[18]但个人自媒体即使成立了公司,也不可能拥有采访权,事实上也不可能投入很多精力去采访核实,这样在闭门造车的情况下如何"蹭"新闻热点呢?据归纳,常用的套路就有"补充、整合、戏仿、意义泛化等"。[19]为了在众多公号的"同题作文"中"夺人眼球","二更食堂"选择了"补充"这起恶性事件的"细节",用庸俗、色情的想象性描述挑逗读者的兴趣,刻意"消费"逝者,攫取"10万+",罔顾传播伦理。

对于"审核机制存在漏洞"的解释,有些网友认为这属于官话套话,是为了逃避责任,但这确实是目前商业自媒体管理中一个非常严肃的问题。吸引眼球为的是增加流量,增加流量的目的则在于获得商业广告及风险投资。在急于追求商业变现的过程中，忽视审核机制，既可以降低人力物力成本，也暗含着放任其野蛮生长的意图。然而商业自媒体还是有其存在边界的，"二更食堂"事件就此敲响了警钟，无论在什么平台上，内容生产者始终要遵法守规，以如履薄冰的谨慎态度，从价值观塑造到流程制度设计安排都要落实妥当，给社会提供正能量。

（五）中国游客遭"粗暴对待"报道的不同面向

【事件】9月14日，中国驻瑞典大使馆发布提醒，近期有中国游客遭到瑞方公务人员粗暴对待。中方已就此向瑞方提出严正交涉。

9月15日，《环球时报》发布独家报道《中国游客遭瑞典警方粗暴对待，一家三口被扔坟场，外交部严正交涉！》（此为环球网上的标题，"环球时报"微信公众号上的文章标题为《看完能气炸中国人！瑞典就是这么一个国家？！》），详细报道了上述"粗暴对待"的事件。文章主要援引中国游客曾先生的话，报道了曾先生及父母一行三人凌晨抵达斯德哥尔摩市区的一家旅店准备住宿，但预订的房间须当天白天才能入住，曾先生请求旅店让他们付费在大厅休息，酒店不但拒绝还报警。警察将曾先生父亲拖出酒店，扔在地上，一家人半夜被强行带到郊外墓地的事件。同时该报发表社评《瑞典必须严惩对中国老人施恶的警察》。一时间，民愤四起，引发网友对同胞在国外遭遇不公对待的关切。

但事件很快出现了第二个版本。当地时间15日晚，瑞典本地媒体《晚报》（Aftonbladet）从涉事酒店及警方的角度报道了此事。报道称，酒店方面认为，三名中国游客在预订房间时弄错了日期，凌晨到达旅店时客房已满。旅店接待人员要求他们离开，但三人不同意，与旅店工作人员发生了争执，后者因而报警。瑞典警方也是要求三人离开，但他们闹了起来，才采取措施。流出来的现场执法视频中，两位瑞典警察将家属抬出酒店，但未见有殴打。除了呼天抢地的喊叫外，曾先生在一段视频中还存在故意摔倒的嫌疑。所谓的"坟地"与我们语境中的也不一样，"林地公墓"是世界文化遗产之一，距离斯德哥尔摩最中心的皇宫约6公里。

随着更多专业媒体、自媒体加入报道，人们开始质疑：游客是否也存在过错？《环球时报》的报道是否存在问题？蔡雯等对今日头条、新浪微博相关报道下网友留言进行统计发现，在众多意见中，"谴责曾先生一家，认为瑞典警方处理无误"的观点占了大多数。"批评媒体报道，认为媒体报道缺乏公允"和"对媒体报道持怀疑态度，认为还有'未发现的真相'"的评论意见也不在少数。[20]

【点评】虽然发生在国外，但此事本质上仍属一场顾客与服务企业纠纷事件。而《环球时报》在最初的报道中，采纳曾先生单方面的说辞，"隐去了冲突的前因后果和细节，建立起了一个中国游客外国无故受辱、被歧视的信息模型，也引发了很多对瑞典警方的批评"[21]。随后进一步的报道发布后，公众发现《环球时报》所呈现的情况是片面的，自然会对初始报道持怀疑态度。

在当下中国，一方面"不同价值观和意见激烈交荡，多种社会思潮新兴崛起，尤以民族主义和民粹主义在互联网的刺激下悄然抬头为显要趋势"[22]。如果媒体的出发点不是挖掘真相、引导受众，而是刺激煽动公众情绪，也许会收获较高的阅读量，但也会带来撕裂社会的危险。

另一方面，这一案例再次印证信息供给从专业媒体垄断向公众参与的变革。日益复杂的真相语境下，多方力量共同参与的事实与观点发布，让我们获知这起纠纷的不同面向。类似的情况在未来有可能成为常态，就像有学者所提醒的，这一案例中表现出的新闻重构和公众话语的复杂，提示我们必须重视公众与专业媒体不同的观察角度，以及"逆反"心理导致的对抗式解读。[23]

（六）微信截屏拼凑"新闻"的伦理陷阱

【事件】9月20日起，"新晚报""新华社""成都商报""澎湃新闻""楚天都市报"等多家专业媒体微信号都转发了《深夜12点，小学生爸爸问老师：睡了吗？群里瞬间炸锅》一文（不同媒体标题略有出入），相关话题♯深夜爸爸问老师睡了吗♯还登上了微博热搜。

此文的主体是三张微信截屏图。第一张图显示：一位家长晚上12点在某小学班级微信群里问老师是否睡觉了。在老师回复睡了后，这位家长提出，"我闺女还没睡觉呢，你睡什么睡，你给孩子布置那么多作业，你凭什么能睡觉？……"第二张截图中，老师表示已将那位家长移出聊天群，其他家长也开始抱怨作业多。第三张图是网友评论。

这只是当时众多"截屏新闻"中的一例，没有采访，没有背景介绍，只用几张微信截图就凑成一则"新闻"，被不断转发，进而成为热点话题。

当然，也不是所有报道都这样"随意"。10月初，同样一则"午夜给老师发微信被拉黑"的微信聊天截图在网上流传，一位妈妈为了让上幼儿园的孩子当上值日生，给老师发了一条长消息，可几天后却发现被老师"拉黑"了。澎湃新闻在报道此事件时追踪到当事人，采访当事老师未果后，采访了幼儿园园长以及这位妈妈，还原了事件的原貌。

【点评】微信截屏随手转发已成为 UGC 新闻生产方式的一种，被广泛应用，影响越来越大。但是，未经当事人允许，将他人的微信聊天、朋友圈内容等截屏传播，也是有待探讨的伦理问题。比如，2018 年由微信截屏引发关注的新闻事件当属"新财富不雅饭局"。几位证券分析师在饭局中的不雅行为被一起参加聚会的同行录下视频，传播到聊天群，之后被截屏广泛转发，不断发酵，最终相关人士受到公司处罚，新财富最佳证券分析师评选也宣布取消。但在这一事件传播过程中，私人场合的聚会被拍摄、朋友圈聊天被截屏转发，是否有侵犯他人隐私的嫌疑？

普通用户随手转发微信截屏也成为专业媒体报道的重要线索。但对专业媒体来说，是否找到当事人进行过采访、核实，是检验媒体是否专业的基本标准。微信截屏貌似来源于当事人，有图有真相，但抽去语境后的三言两语很难说明问题，技术作弊更是轻而易举。因此，没有经过核实的微信截屏不应成为专业媒体报道的依据。

第一篇截屏报道就是专业记者放弃了把关、放弃了核实，为抢热点将截屏"新闻化"。我们找到的最早的报道来自《新晚报》，署名"来源搜狐、新浪微博，新晚报综合整理"[24]，新闻五要素残缺，记者也未曾核实真伪，但经过专业媒体背书，微信截屏以"新闻"的面目被其他媒体跟进转发，以致推波助澜，遂成焦点。

其实，2016 年 7 月国家网信办发布的《关于进一步加强管理制止虚假新闻的通知》中，专门强调严禁"未经核实将社交工具等网络平台上的内容直接作为新闻报道刊发"。这种将未经核实、新闻要素不全的微信截屏"新闻化"的做法，不仅易滋生虚假新闻，也损害了专业新闻机构的公信力。

（七）照搬"官方"材料引发舆情的多方反思

【事件】山东大众报业集团主办的大众网 5 月 27 日报道称，5 月 26 日，中国胸痛大学在济南正式成立。报道介绍说："中国胸痛大学是中国第一所以提升胸痛教育和研究为目标的高等学校。中华医学会急诊医学分会主委、中国医师协会胸痛分会候任主委、中国医促会胸痛分会主委、山东大学齐鲁医院副院长陈玉国担任中国胸痛大学首任校长。目前下设三个学院，分别为胸痛学院、抗栓学院和心衰学院……"

这篇报道被广泛转载，并引起舆论关注。山东省教育厅、教育部先后表示未审批"中国胸痛大学"。陈玉国接受媒体采访时表示，"中国胸痛大学"并不是一所高等院校，也没有他担任校长一说，而是中国医促会胸痛分会成员自发组成的一个学术组织，"我们分会在起名时考虑不周，起这个名字欠妥，给公众造成了误解"。

11月6日《重庆日报》发表报道称，"重庆市教育考试院发布的消息，政审材料是参加高考录取的必备材料……政审不合格者不能参加普通高校的录取"。"政审"一词撩动了人们敏感的神经，引发网友热议。

针对此事，重庆市教育考试院办公室主任罗胜奇接受《中国新闻周刊》采访时表示，"关于政审是媒体记者写错了。我们叫思想政治的考核和现实表现的审核。记者把这个理解错了，就出了一个'政审'。重庆市严格按照教育部的精神，文件是一脉相承的，没有做变化。只是记者的片面误读"。

但网友追根溯源发现，早在11月2日，重庆市教育考试院微信公号"重庆招考"发布的《考生关注的热点问题，都在这儿》中，就将"思想政治品德考核"表述为"政审"，并解释了"政审怎样进行？政审主要有哪些内容？"。

11月8日，重庆市教育考试院官网发布说明，承认是"重庆招考"的表述不规范、不准确，以及"我院工作人员在回答记者电话询问时，答复也是不准确的"。

【点评】将这两起乌龙事件放在一起，表面上看都是相关机构的错误造成信息误导，让媒体背了黑锅，但是在批评相关机构不够谨慎、规范的同时，也有必要反思媒体记者在其中所起的作用。

针对重庆"政审"报道，南京大学新闻传播学院教师郑佳雯认为：在任何一家新闻学院的写作课堂上，这篇报道都不可能及格。《重庆日报》的报道只有单方面信源，就是教育考试院发布的通知，记者没做任何核实采访。高考"政审"是第一次实行还是一直如此？如果是第一次实行，政策出台背景是什么？如果过去一直如此，那么这篇报道的新闻点在哪里？过去是否有学生因为政审而不准参加考试？这些构成新闻的基本要素，报道中都没有涉及，只是对教育机构公文的转摘。

对所谓"中国胸痛大学"的报道，同样可以有此质疑。我们都知道，开办一所大学需要各种审批，需要师资队伍、教学场地以及生源等等，和一个自发成立的学术组织完全是两回事。那么，媒体记者在发布这一消息的时候，采访了吗？核实了吗？还是仅仅拿了会议材料直接就贴上网了？"胸痛大学"引发舆情被曝光后，大众网将原报道一删了之，究竟这个"自发成立的学术组织"是否做了合法登记、起名"大学"背后是否有商业考量，网友们的疑问也不见回答。

新媒体环境下信息传播格局、舆情生成路径更加复杂。挖掘真相、澄清事实、净化舆论生态，是专业媒体的责任，必须通过更主动更深入的采访调查核实工作来完成。当然，各方面也有必要为媒体提供更宽松的报道空间，这样既有助于民众的监督，也有利于工作的改善。

自媒体有个人设立的，也有机构设立的。机构有大有小，大到一家央企公司，小到一个住宅小区的业主委员会。中国敬重"官"字，机构办自媒体往往自称"官微""官号"，似乎戴着一顶"官"帽，就给用户吃了一颗定心丸，一定是正确的、权威的，其实不然。有的"官"媒体就是一个人在操作，与个人自媒体无异。有的"官"机构其实也没有多少权威地位，也容易犯错。这一方面提醒从组织传播转变为大众传播的机构自媒体包括政务媒体亟须构建恰当的伦理规范，另一方面也提醒专业媒体对机构自媒体的内容也要做好核实，不要轻信转发。

（八）"洗稿"侵权实为变相剽窃

【事件】1月23日，自媒体大V"六神磊磊"推送文章《这个事我忍了很久了，今天一定要说一下子》，揭开了自媒体创作中的一大弊病——"洗稿"。所谓"洗稿"，是一种避免直接抄袭的改头换面、变相剽窃行为。盖子一经揭开，不断有自媒体原创作者曝出其文章被变相剽窃的经历。

5月，科技自媒体"差评"宣布获得A轮融资，领投方包括腾讯TOPIC基金等。多个公号发文对"差评"之前的"洗稿"劣迹，以及腾讯投资"洗稿"大户这种违背主流价值观之举表示批评。"差评"虽连发多篇文章进行反击和自辩，但最终主动退还了腾讯相关投资。

9月29日，针对网络转载版权专项整治中发现的突出问题，国家版权局约谈了趣头条、淘新闻、今日头条、一点资讯、百度百家号、微信、东方头条、北京时间、网易新闻、搜狐新闻、新浪新闻、凤凰新闻、腾讯新闻等13家网络服务商，要求其进一步提高版权保护意识，切实加强版权制度建设，全面履行企业主体责任，规范网络转载版权秩序。

10月3日，新华社记者在"新华视点"中报道了自媒体地下"洗稿"的产业链："千字10元至30元找网络写手，将'爆款'原创文章移花接木、改头换面上线，一些自媒体靠'洗稿'做成大号。"[25]

【点评】"洗稿"在某种意义上是一种"高级抄袭","高级"并不是指志趣上的,而是指抄袭的手段升级。随着互联网版权保护的进一步强化,各大平台都建立了原创保护机制,鼓励、优先推荐原创文章,"洗稿"就是应对原创保护机制的一种策略,通过篡改删减,将别人的作品改头换面迅速生成伪原创。洗稿手段不但有人工的,还伴生了大量的洗稿软件,有些就是"同义词互换"。[26] "洗稿"之所以成为一种大规模的现象,其经济动因在于微信公号、头条号等自媒体的产业化,形成了"原创文章-点击量-变现"的通道。有媒体调查发现,靠"洗稿"形成爆款文章,迅速吸粉养成大号,再靠数据流量卖广告赚钱,形成了一条完整的产业链。[27]

"洗稿"大肆泛滥和它在某种意义上处于灰色地带有关,在法律上难以界定,被侵权者大多停留于道德谴责,真正诉诸法律的很少。因为版权保护的基本原则是只及于表达,不涉及思想和创意。其本意之一是为了避免保护范围过大而限制创作自由,但表达方式经过改头换面后在判定是否为抄袭上存在一定难度。另外,诉诸司法要投入时间、精力和其他成本,被侵权人即使打赢了官司,也难以得到充分的补偿。

对于"洗稿"这种新媒体技术带来的新问题,需要在法律和技术两个层面来共同解决。相关法律法规须进一步具备可操作性;而平台作为利益攸关方,应设计和制定合理的版权投诉规则,以及投诉处理和处罚机制。目前已能看到一些举措,例如9月今日头条为保护原创,封禁、禁言了3 591个有搬运、篡改和歪曲行为的违规账号。微信平台截至11月10日,已处理涉及"抄袭"的投诉接近8万单,处理了涉嫌侵权的账号5万个,处理涉嫌侵权的文章接近3万篇。12月3日,微信公众平台把合议机制引入洗稿判定中来,开始随机邀请坚持原创且无抄袭违规记录的个人作者担任"洗稿投诉合议小组"首批内测成员,协助平台对有争议的"洗稿"内容进行合议。

(九)人民网批浮夸自大文风

【事件】6月13日,《人民日报》发表评论批评"跪求体""哭晕体"等语言形式在一些网络媒体的标题、正文中频频出现,"其浮夸荒诞的文风,令不少读者感到不适"。7月2日开始,人民网又连续推出"三评浮夸自大文风"系列评论,指出:"最近在网上,'美国害怕了''日本吓傻了''欧洲后悔了'之类的文章,总能赚取不少莫名点击。然而,纵观这些所谓'爆款'文章,内容其实了无新意,令人担忧。"[28] 评论列举某些浮夸自大文风的案例:有的一味夸大、以偏概全，高喊《在这些领域，中国创下多个"世界第一"！无人表示不服》；有的任意拔高、贻人口实，鼓吹《别怕，中国科技实力超越美国，居世界第一》；有的一厢情愿、照单全收，将国外的只言片语，放大成"中国在世界舞台上占据中心位置""中国现在是全球第一经济体"等声音。

《人民日报》、人民网的系列评论切中时弊，引发极大关注。

【点评】某种程度上，浮夸文风也是媒体规律的表现。因为媒体在选择报道对象时，总是倾向于寻找那些"异常个案"中的"亮点"，从而"建构出一个被强化的现实"。[29]而网络环境下对流量的追求，更使媒体倾向于使用夸张耸动的言辞以吸引眼球。因此，"标题党"现象可谓屡禁不止，最近还有网友搜索发现，《抖音正在毁掉我们的下一代》《外卖毁掉了我们的下一代》《拼多多正在毁掉年轻一代》等"毁掉体"标题也让人"震惊"。

不过，《人民日报》、人民网所批评的浮夸自大文风，比一般的"标题党"现象为害更甚，"消解媒体公信力，污染舆论生态，扭曲国民心态"。[30]并且，浮夸自大的文风关系着"党风民风"，"以自欺或自吹的方式换来的自信与自豪，并不会真正赢得尊重，反而蒙住了人们正确看待发展的眼睛、遮挡了'风物长宜放眼量'的视线"。[31]因此，无论是在传统媒体平台还是在新媒体渠道，以实事求是、求真务实的态度展开报道进行编排，都是我们的媒体，尤其是主流媒体应该遵循的基本规范。

（十）专业媒体炒作单方觅爱

【事件】12月10日，梨视频播放视频新闻《可能是最肉麻的起诉书！书店痴情男欲起诉"一见钟情"女生：我不在意任何人对我的看法，只想找到她》。报道一位男青年在北京王府井书店邂逅一位女生，自称当时两人对看十秒，他认为对方对自己也一定有意思。此后，他先是在书店蹲点连等50天，不去工作，甚至到了向亲戚借钱的地步。苦等未果后，他开始张贴寻人启事，甚至想出去法院起诉女生的方法，以找到她。

梨视频的报道引发网友批评，认为这不是浪漫，而是骚扰，媒体炒作"正中偏执狂下怀"。梨视频随后删除了这条新闻，但是相关报道已经广泛传播，甚至一度上了新浪微博"热搜"。

与此事有点类似，10月初，一位空姐寻找自己一见钟情的乘客的"寻人启事"引起热传。这位空姐发布的内容说：自己在飞机上遇到一位围棋少年，对他一见钟情，但当时没有勇气向他要联系方式，之后很后悔，于是在各大社交平台、短视频平台发布"寻人启事",还公布了少年的出生日期及所乘航班信息。《浙江日报》等专业媒体也报道了此事,并发现这位围棋少年是著名围棋国手连笑。

【点评】一见钟情、大胆说爱、长情的等待等,是通俗文艺常用的浪漫元素。但是现实生活并不是小说、电视剧,这种单方面在大众传播渠道公开示爱的方式,很可能给对方生活造成困扰。因此,有网友评论,痴情男青年的行为不是浪漫,而是偏执、病态,提醒女生千万不要再去那家书店;也有网友质疑空姐的行为有侵犯他人隐私之嫌。

而对于参与其中的专业媒体来说,则属于陈力丹等提出的"媒体逼视"的问题。所谓"媒体逼视",主要指由于专业媒体将私人领域的信息未经当事人同意而公开报道,使得报道对象遭受不应有的心理压力。[32]这两起案例,都属于与公共利益无关的私人事件,专业媒体跟进炒作,实属低俗无聊之举。

(十一) 喜提"10万+"暴露价值观偏差

【事件】12月11日,《襄阳日报》记者严俊杰在朋友圈发布日记,详细记录了他自己生病住院的遭际,一度"离死亡只差两三个步骤"。在征得严本人同意后,《襄阳日报》客户端以《向死而生,一名记者的住院日记》为题推送了这篇日记,引发广泛共鸣和转发。12月16日,《人民日报》微信公众号在"荐读"中推送了这篇文章,获得"10万+"的阅读量。《襄阳日报》针对此事在客户端发布文章《喜提〈人民日报〉10万+,襄阳日报首席记者的这篇日记火了》。记者病重无论如何都是一件令人心情沉重的事情,但《襄阳日报》的文章不但无悲悯之情,还在"喜提""10万+",其报格和操守受到质疑。媒体人褚朝新在评论中表示,"恍惚间,我仿佛看到了襄阳日报版的范进中举"[33]。《襄阳日报》随后修改了文章标题。

与此类似,1月24日,"80后"创业代表人物茅侃侃去世,引发人们对创业过程和资本市场残酷性的唏嘘以及对创业者境遇的关注。1月25日,知名媒体人、《赢在中国》制片人王利芬在其微信公众号上发布题为《茅侃侃的离世,掀开了创业残酷的一角》的文章,并同步到微博,这篇紧贴热点的文章很快达到"10万+"的阅读量。1月26日一早,王利芬在微博上写道:"我的微信公众号从未达到过10万+,努力皆有可能,达到目标的速度比我想象的要快很多,先高兴一下。"还配以开怀大笑的图片。王利芬这条微博招致网友的猛烈批评,骂她"冷血""没人性""吃人血馒头"等,当天,王利芬在微博上为不妥言论致歉。

【点评】对"10万＋"的追求，已经让部分媒体人忘记了对生命的尊重，不禁让人倍感凄凉。

"先高兴一下"和"喜提"看似报喜，实际上却反映出日常阅读量的惨淡和对流量的焦虑。媒体人张丰从理解的角度看待王利芬的言论，"在我看来，王利芬人倒不见得有多坏，她只是不小心表达了自媒体的普遍境况：谁不为10万＋高兴呢。王利芬只是不知道掩饰自己而已"[34]。然而，当"10万＋"成为最重要的评判标准时，对它的过度追求和膜拜将造成价值观的扭曲。

二、余论及讨论

结合2018年传媒伦理领域出现的新情况可以看出，在传统新闻传播方式遭到颠覆性变革的情况下，专业媒体新闻生产遇到新的挑战，伦理规范也需重新凝聚共识。

本文开篇已大致描述了新传播格局的特点及新闻生产的变化，新闻业一向是以"真相"挖掘为鹄的。然而，新传播格局打破了过去大众传播渠道的垄断封闭，一锤定音式的真相发布变成碎片化、滚动式、多方面的真相竞争，专业媒体、政务媒体、其他机构媒体、商业媒体、当事人、用户等等都在舆论场中争夺对真相的定义权。很多传媒伦理争议，正是在这种竞争话语中所产生的规范交锋。由此，我们从不同传播主体出发，提出各自的伦理修复建议：

对于专业媒体来说，重塑公信力是最紧迫的要求。尽管新的传播格局中存在无数传播节点，但专业媒体毕竟是其中以新闻生产为职业的相对重要的部分，也是占领舆论阵地、发挥舆论引导功能的主要力量。然而，从2018年传媒伦理诸多案例可以发现，各种竞争性话语对专业媒体话语权形成越来越大的挑战，专业媒体公信力、影响力都呈下降趋势。亚里士多德曾提出，一个成功的演讲取决于三个因素：演讲者的品格、演讲内容的逻辑和对受众的感情诉求。[35]所谓演讲者的品格，对于专业媒体来说就是公信力。借用西方社会"后真相"之说，新传播格局中的用户出现"信者恒信，不信者恒不信"的情感大于事实的信息接收状态，失去公信力的媒体，无论什么报道都会被质疑。忽视核实环节、报道庸俗化、对民众关心的问题缺乏关注、舆论监督乏力、煽动民族主义情绪等等，都可能造成专业媒体公信力下降，让受众产生"坐等反转"的心态。在巨大的融合转型压力下，专业媒体只能以更严格的专业化标准要求自己，以对

"硬新闻"的深入报道体现专业能力，才能重获受众信任，才能彰显在整个社会网络中独一无二的传播价值。

机构媒体，其中包括政务媒体，理应在网络空间发挥更多的舆论主导作用。国家已经多次下达有关加强政府网站和政务"两微一端"建设的指示和意见，要求做好信息发布、政策解读和服务工作，建立并完善与宣传、网信、公安等部门的协调联动机制，加强与专业新闻媒体的沟通联系，及时准确发布权威信息，提高政务舆情回应的主动性、针对性、有效性，稳妥做好突发事件舆情回应工作。同时也应该看到，它们与专业媒体的视角会存在一定差异，需要协调和互动。至于其他各种机构媒体，也应该按照自己的职责功能，制定相应的行为规范，做好相关的信息发布和意见表达。

对于商业媒体来说，确立正确的价值观是持续发展的基础。逐利是商业的本性，但是缺少社会责任意识的商业行为不可能永续发展。新媒体产业"野蛮生长"过程中往往忽视了正确价值观的培育，也许这在起步阶段影响不大，但后续成长中就会带来致命问题。有研究者对财经/财新团队调研发现，"价值共同体"是该团队得以在转型中建构严肃新闻专业主义的核心要素。[36]在商业媒体发展中，个人的道德决策更多反映了特定组织所施加的压力。因此，编辑部内部是否有明确的、相对一致的价值取向在很大程度上塑造着媒体的作为。

对于用户个人来说，随手转发前也有必要提醒自己所承担的道德责任。虽然随手转发往往抱着娱乐心态，但相关信息是否真实？转发内容是否会对其他人造成不必要的伤害？发现转发内容不适当后是否进行了及时删除、解释说明？对这些问题的自我追问也是培养有责任感的公民的一个环节。

最后，不妨引用美国学者亨利·詹金斯的一段话[37]作为结语：

"现在的我们正处在一个转变的节点上。在网络化的文化中，传播容量正在不断扩大，但是我们缺乏历史经验，不知道如何负责任地、建设性地对此加以利用。转变往往伴随着巨大的破坏性，这让人觉得困惑，也有可能带来道德困境，我们到底该如何使用这种力量？……"

"能力越大，责任也越大。"我们应该发展个人道德和集体道德，应该通盘考虑我们的沟通行为所具备的含义，应该夺取错误信息和恶意言论的话语权，应该让彼此压制的群体开展对话。

（原载于《新闻记者》2019年第1期）

引用文献 [References]

[1] 孙玮. 赛博人：后人类时代的媒介融合 [J]. 新闻记者，2018 (6)：4-11.

[2] 孙玮. 赛博人：后人类时代的媒介融合 [J]. 新闻记者，2018 (6)：4-11.

[3] 陆晔，周睿鸣. 液态的新闻业：新传播形态与新闻专业主义再思考：以澎湃新闻"东方之星"长江沉船事故报道为个案 [J]. 新闻与传播研究，2016 (7)：24-46.

[4] 阴卫芝. 选择的智慧：职业传播者网络传播伦理问题、案例与对策 [M]. 北京：中国政法大学出版社，2014：62.

[5] 方可成. "汤兰兰案"报道：容易的事和困难的事 [OL]. 新闻实验室，2018-02-01. https：//mp. weixin. qq. com/s/twGNZhlDhJS1S7xrdNt1dw.

[6] 彭飞. 汤兰兰案引关注，如何界定媒体行动的边界 [OL]. 人民日报评论，2018-02-02. https：//mp. weixin. qq. com/s? src=11&timestamp=1545029335&ver=1283& signature =*c-kxM1mS*jlcoWidhuOdGrxJxDRpIyU2aB7Uj7FaslEJ6o6ecMUhNojJgy9dIq*KESXRZkmdFOAYrLgnYY92KmfsQyuGwHdhW3OaAvT88ol5bNCFuL8-NGiAK8JihQK&new=1.

[7] 汤兰兰火了，而我，有点冷 [OL]. 传媒实验室，2018-02-01. https：//mp. weixin. qq. com/s? src = 11&timestamp = 1543578486&ver = 1276&signature = Kv73TedmmH4VnJyQ66J90p59voXS5RYqkP6uRXmV77KERuCU*r25D7BPqud2sdxHkNac2dc8xeTrYrK QySptj-xsJfKD6vP2ErQsCefNeq2nYGm8YaHEXjWixZdmsfAD&new=1.

[8] 彭飞. 汤兰兰案引关注，如何界定媒体行动的边界 [OL]. 人民日报评论，2018-02-02. https：//mp. weixin. qq. com/s? src=11&timestamp=1545029335&ver=1283& signature =*c-kxM1mS*jlcoWidhuOdGrxJxDRpIyU2aB7Uj7FaslEJ6o6ecMUhNojJgy9dIq*KESXRZkmdFOAYrLgnYY92KmfsQyuGwHdhW3OaAvT88ol5bNCFuL8-NGiAK8JihQK& new=1.

[9] 行业拷问！媒体人转型企业后调侃记者：打发要饭的，排好队 [OL]. 媒媒哒，2018-01-10. http：//www. yidianzixun. com/article/0I6a3rct? title_sn/0&s=3&appid=xiaomi&ver=4.5.5.2&utk=845dq2j0.

[10] 记者跳槽做公关后发朋友圈称前同行是"要饭的"，你怎么看？[OL]. 悟空问答，https：//www. wukong. com/user/? uid=51053652878.

[11] 刘亚娟，展江. "车马费"何以变成打发"乞丐"的饭食？：媒体从业者收受"红包"现象再探 [J]. 新闻界，2018 (2)：10-16.

[12] 媒体参与汽车活动被指是"打发要饭的" [OL]. 中国车市，2018-01-13. http：//dy. 163. com/v2/article/detail/D81EOE590527D2JE. html.

[13] DI XU. Red-envelope cash：journalists on the take in contemporary China [J]. Journal of Media Ethics，2016，31 (4)：231-244.

[14] 刘亚娟，展江. "车马费"何以变成打发"乞丐"的饭食？：媒体从业者收受"红

包"现象再探[J]. 新闻界, 2018 (2): 10-16.

[15] 沈彬. 马上评 | 媒体的公信力是"值钱的" [OL]. 澎湃新闻, 2018-11-23. https: //www.thepaper.cn/newsDetail_forward_2663087.

[16] 邓力. 塑造人物与再现偏差: 人物类非虚构写作中讽刺修辞的效果及争议 [J]. 新闻记者, 2018 (5): 52-61.

[17] 黄典林. 话语范式转型: 非虚构新闻叙事兴起的中国语境 [J]. 新闻记者, 2018 (5): 35-43.

[18] 胡沈明. 自媒体"蹭热点"的逻辑、方法与问题 [J]. 新闻论坛, 2018 (4): 46-48.

[19] 胡沈明. 自媒体"蹭热点"的逻辑、方法与问题 [J]. 新闻论坛, 2018 (4): 46-48.

[20] 蔡雯, 杜华敏. 从一次"新闻反转"看新闻业的"危"与"机": 以"瑞典警察殴打中国人"事件为例 [J]. 新闻记者, 2018 (11): 34-41.

[21] 熊志. 道歉、真相和规则意识, 一个都不能少 [N]. 光明日报, 2019-09-18 (A02).

[22] 袁婷婷. 民粹主义的中国境遇 [J]. 探索, 2018 (1): 93-100.

[23] 蔡雯, 杜华敏. 从一次"新闻反转"看新闻业的"危"与"机": 以"瑞典警察殴打中国人"事件为例 [J]. 新闻记者, 2018 (11): 34-41.

[24] 小学生爸爸深夜12点给女老师发了条消息, 群里瞬间炸锅……[OL]. 新晚报, 2018-09-20. http: //www.sohu.com/a/254951403_338398.

[25] 张紫赟, 韩振, 颜之宏. 千字10元, 靠改头换面做成大号: 揭自媒体地下"洗稿"产业链 [OL]. 新华社, 2018-10-23. http: //www.xinhuanet.com/politics/2018-10/23/c_1123602659.htm.

[26] 央视焦点访谈. 自媒体的这些"病", 是时候该治治了 [OL]. 中国青年网, 2018-11-11. http: //news.youth.cn/gn/201811/t20181111_11782026.htm.

[27] 陈冰. "洗稿"成本这么低, 原创维权成本却那么高, 我们该怎么治他? [OL]. 新民周刊, 2018-10-25. https: //mp.weixin.qq.com/s?src=11&timestamp=1543818842&ver=1281&signature=vd8Q8rZrLsZD-KFde4PZ9wrUpkxxu AFcsXsvYDbOqJvlnIjq4**4Mu4t6NslRT5amY6B1dxb5jPZHbDOqXODBc0nN90yys*nXMDqqtJjW*AOL00pj TN2VHxT51tLp5g&new=1.

[28] 谁在"跪求", 谁在"哭晕"? 人民网批浮夸自大文风 [OL]. 人民日报, 2018-07-02. https: //mp.weixin.qq.com/s?src=11&timestamp=1543890331&ver=1283&signature=gK94PT0ar*YKtBHGCJCjTJvkUPep94qVfEkW8o4huU0KxJ2viHyg4Vb9s5gP2MxtAXeA8DyyIDkmJRmk5KclNwSa88DQwGY8yszA9jhme2S2tpe3nMPZ7Dif-Pp5dRNw&new=1.

[29] 甘斯. 什么在决定新闻: 对CBS晚间新闻、NBC夜间新闻、《新闻周刊》及《时

代》周刊的研究［M］. 石琳，李红涛，译. 北京：北京大学出版社，1979/2009：114.

［30］艾梧. 人民网三评浮夸自大文风之三：文风是小事吗？［OL］. 人民网，2018-07-04. http：//opinion. people. com. cn/n1/2018/0704/c1003-30125559. html.

［31］人民网评："全球首款、世界第一"不自吹中国人就不自信吗？［OL］. 人民日报，2018-07-03. https：//baijiahao. baidu. com/s？id=1604937018951836946&wfr=spider &for=pc.

［32］陈力丹，王辰瑶. "舆论绑架"与媒体逼视：论公共媒体对私人领域的僭越［J］. 新闻界，2006（2）：24-26.

［33］Chuzhaoxin. 襄阳日报，真的是病得不轻［OL］. 老褚说事，2018-12-16. https：//mp. weixin. qq. com/s？src=11&timestamp=1545185650&ver=1283&signature=5w3XNngeOSFhhvq7Dh4k6K * rb-LZ6eglPU2Nf-eauGfHeARltGo2qKFrgQT4Ry4PRE5ihjG5QJhOCAfubaoYtj-hmPNaWsUV2pabrPLAF9MbIR4oloAoUP8UW3nyVQR&new=1.

［34］张丰. 悲伤的故事与10万+后遗症［OL］. 大家，2018-01-26. https：//mp. weixin. qq. com/s？src=11&timestamp=1545270658&ver=1283&signature=qkou bo8tnYnWSp-Zhlzr6g * FYRoRSXgfWiF-KfmRTz3lwETe8U0sPbE3hFegSETQWd * TxGJPUOamR6M2lacfyExuLKWGohYUYdFwU0ffur-jOsWBN-oieIQOhkL5lb8 * &new=1.

［35］刘海龙. 大众传播理论：范式与流派［M］. 北京：中国人民大学出版社，2008：44.

［36］刘颂杰. 新闻室观察的"入场"与"抽离"：对财新团队参与式观察的回顾及思考［J］. 新闻记者，2017（5）：45-53.

［37］詹金斯，伊藤瑞子，博伊德. 参与的胜利：网络时代的参与文化［M］. 高芳芳，译. 杭州：浙江大学出版社，2017：26.

第三章　马克思主义新闻观研究

- 继承和发展马克思的新闻传播思想
- 习近平论"建设全媒体"

继承和发展马克思的新闻传播思想

■ 陈力丹

2018年是伟大的革命导师卡尔·马克思诞辰200周年。两个世纪过去了，现实社会发生了巨大的变化，新闻传播技术的发展令人目不暇接，但马克思关于新闻传播的论述，依然是指导我们思想的理论基础，对我国的新闻传播学产生着关键的影响。

马克思的论著，除了《资本论》和手稿外，大多是以报刊文章和时政小册子的形式发表的，其中相当多的是新闻通讯。因而，他从事的革命斗争和理论研究，伴随着一系列的新闻实践。马克思直接创办和主编、参与编辑和领导的报刊共有12家，即《莱茵报》、《德法年鉴》、《前进报》、《德意志-布鲁塞尔报》、《新莱茵报》、《新莱茵报。政治经济评论》、《寄语人民》、《人民报》（英文）、《人民报》（德文）、《工人辩护士报》、《共和国》、《国际先驱报》。他为100多家报刊撰稿，其中签约撰稿的报纸有3家，即美国的《纽约每日论坛报》、普鲁士的《新奥得报》、奥地利的《新闻报》。他们论著中提及的报刊多达1 500家（包括中国清王朝的《京报》和中国香港的《大陆之友》），覆盖了当时世界的大多数报刊。

习近平多次提及和引述马克思关于新闻传播方面的观点，他认为，马克思主义"至今依然是具有重大国际影响的思想体系和话语体系"。那么，马克思这方面的贡献在哪里？第一，马克思早在19世纪40年代工业革命刚刚兴起之时，就敏锐地意识到世界传播体系正在形成，将对人的全面发展提供极为有利的条件。他和恩格斯写道："只有在交往具有世界性质，并以大工业为基础的时候，只有在一切民族都卷入竞争的时候，保存住已创造出来的生产力才有了保障。"[1]而对人的发展而言，其"特性怎样发展为多方面的或是地方性的，它们超越地方的局限性还是仍然受地方局限性的拘束……决定于世界交往的发展，决定于他和他所生活的地区在这种交往中所处的地位"，"每一个单独的个人的解放的程度是与历史完全转变为世界历史的程度一致的。至于个人的真正的精神财富完全取决于他的现实关系的财富……仅仅因为这个缘故，各个单独的个人才能摆脱各种不同的民族局限和地域局限，而同整个世界的生产（也包括精神的生产）发生实际联系，并且可能有力量来利用全球的这种全面生产（人们所创造的一切）。"[2]

马克思认为："资产阶级历史时期负有为新世界创造物质基础的使命，一方面要造成以全人类互相依赖为基础的普遍交往，以及进行这种交往的工具，另一方面要发展人的生产力，把物质生产变成对自然力的科学统治。"[3]

以上马克思关于世界普遍联系的思想，他用德文词 weltverkehr（世界交往）、英文词 universal intercourse（普遍交往）来概括。他认为，这种全球性的普遍联系使资本主义的劳动生产力创造了一种可能性——每个人都有充分的闲暇时间通过文明交际方式享有一切信息，为未来社会高度发展的新闻传播业准备条件。

习近平很关注马克思世界交往的思想，他在纪念马克思诞辰 200 周年大会上就此特别强调："学习马克思，就要学习和实践马克思主义关于世界历史的思想。马克思、恩格斯说：'各民族的原始封闭状态由于日益完善的生产方式、交往以及因交往而自然形成的不同民族之间的分工消灭得越是彻底，历史也就越是成为世界历史。'马克思、恩格斯当年的这个预言，现在已经成为现实，历史和现实日益证明这个预言的科学价值。今天，人类交往的世界性比过去任何时候都更深入、更广泛，各国相互联系和彼此依存比过去任何时候都更频繁、更紧密。一体化的世界就在那儿，谁拒绝这个世界，这个世界也会拒绝他。"

也这正是在这个意义上，习近平说："有一种观点认为，互联网很复杂、很难治理，不如一封了之、一关了之。这种说法是不正确的，也不是解决问题的办法。中国开放的大门不能关上，也不会关上。""让互联网成为我们同群众交流沟通的新平台，成为了解群众、贴近群众、为群众排忧解难的新途径，成为发扬人民民主、接受人民监督的新渠道。"

第二，在对"世界交往""普遍交往"的认识基础上，马克思提出了他关于现代社会传播的时空观：用时间消灭空间。

1854 年 1 月，由于一场大雪封路，伦敦的电报应用得到普及。英国的带头羊作用，迅速引发电报在欧洲的普及。马克思最早在《南非人报》上报道了伦敦大雪逼迫人们使用电报的新闻。一年后他描述道："电报已经把整个欧洲变成了一个证券交易所；铁路和轮船已经把交通和交换扩大了一百倍。"[4]看了这句话，我们会联想到马歇尔·麦克卢汉关于传媒把地球变成一个部落村的喻证。这是他在马克思之后110年才说的话。在马克思的著作中，"电讯立即闪电般的传遍整个大不列颠"[5]"各种电报象雪片一般飞来"[6]这样的描绘经常可见，字里行间表现出对电报应用的兴奋心情。电报超越空间的能力和意想不到的时效，引起了他对通讯革命意义的整体思考。

后来马克思在《1857—1858年经济学手稿》中进一步论证道："生产越是以交换价值为基础，因而越是以交换为基础，交换的物质条件——交往运输工具——对生产来说就越是重要。资本按其本性来说，力求超越一切空间界限。因此，创造交换的物质条件——交往运输工具——对资本来说是极其必要的：用时间去消灭空间。""把商品从一个地方转移到另一个地方所花费的时间缩减到最低限度。资本越发展，从而资本借以流通的市场，构成资本流通空间道路的市场越扩大，资本同时也就越是力求在空间上更加扩大市场，力求用时间去更多地消灭空间。"[7]这里"用时间消灭空间"的原文是 die Vernichtung des Raums durch die Zeit，对应英译文为 Space Must Be Annihilated by Time。[8]

同时，马克思也意识到诸如电报等新媒介对谣言传播的推动，他写道："顷刻之间就可以把自己的发明传遍全世界的报刊和电讯，在一天当中所制造的神话……比以前一个世纪之内所能制造的还要多。"[9]

"用时间消灭空间"带来的新情况不仅表现在物流方面，更是大大刺激了精神交往的发展。人们在新的环境中，同样需要"用时间消灭空间"，不断了解自己感到陌生的世界遥远地方的情况。现代交易所和新闻业的急遽膨胀，抢行情、抢新闻的职业习惯，实际上是物质交往要求用时间消灭空间在精神交往方面的一种直接反映。从马克思的论述中可以看出，"用时间消灭空间"呈现着一种无限发展的趋势，终究会造成时间完全战胜空间的情形，当今的互联网就是这样的现实。

因而，"时效"概念在当今成为传播工作中必须考虑的要点。习近平有很强的传播时效意识，他在2013年8月19日全国宣传思想工作会议上用较多的篇幅论证了宣传工作的"时度效"。他说："关键是要提高质量和水平，把握好时、度、效，增强吸引力和感染力"。他谈到，把握好时、度、效，不是简单的事情，需要相当的思想政治素质、大局意识、判断能力、业务水平。

在2016年2月19日党的新闻舆论工作座谈会上，习近平再次详尽地论证了新闻舆论工作的时效问题，要求"从时度效着力，体现时度效要求"。谈到"时"时，他认为，时，就是时机、节奏。时效决定成效，速度赢得先机。没有时效性就没有新闻。现在，新闻报道更要做到全时性，全天候，全过程，全方位，零时差，零距离。在坚持真实准确的前提下，力争第一时间介入，第一时间发布，多花气力把"新菱笋""活鱼虾"奉献给读者，不能把权威发布落在社会舆论后面。贵在早，贵在快，要完善快速反应机制，及时发布权威信息，有针对性地回应社会关切，先声夺人，赢得主动，确保首发定调。当然，为了追求时效性而偏离了真实性也不行。

习近平注意到网络已经成为社会传播主渠道，早在2014年2月27日，他在中央网络安全和信息化领导小组第一次会议上发表讲话，首次提出"把握好网上舆论引导的时、度、效"的要求。2018年4月20日他在网络安全和信息化工作座谈会上的讲话中，再次要求"推进网上宣传理念、内容、形式、方法、手段等创新，把握好时度效"。

第三，马克思论证了报刊有自己的内在规律，并且在他的新闻实践中做到了他所说的不因外部压迫而折腰，不为自身私利而任意摆脱规律。早在1843年，马克思就写道："要使报刊完成自己的使命，首先必须不从外部为它规定任何使命，必须承认它具有连植物也具有的那种通常为人们所承认的东西，即承认它具有自己的内在规律，这些规律是它所不应该而且也不可能任意摆脱的。"[10]

马克思认为报刊工作既不能受外部强制力量的干预，自身也应遵循工作规律，而不能任意摆脱。他使用的德文名词"规律"（gesetz）与英语law对应，其第一个含义是"法律"，而不是尺度、标准等其他也可以译为规律的名词，显然，他强调的是报刊"规律"具有不可侵犯的性质。

在"规律"的指代上，德文原文是人或物的代词"sie"，既可指代单数，也可指代复数。1956年旧版《马克思恩格斯全集》第1卷的译文是"这种规律"，1995年新版《马克思恩格斯全集》第1卷的译文校正为"这些规律"。事实上，马克思并没有把报刊的内在规律视为某种单一的、抽象的东西，而是根据报刊本身特殊的运转方式，对诸多报刊的规律性现象进行了具体论证。

马克思在论述报刊的内在规律时，用"植物"做喻证。同一时期，在论述报刊通过其有机组成、互相补充而成为真正的报刊时，他使用了这样的比喻："就像每一片玫瑰花瓣都散发出玫瑰的芬芳并表现出玫瑰的特质一样。"[11] 马克思后来在《资本论》手稿里，多次使用不同的植物来喻证某些规律性的经济现象。马克思惯用这类喻证，强调的是规律的自然形成和不可逆转。

习近平早在1989年就提醒新闻工作者不可忽视新闻规律，他说："不是说新闻可以等同于政治，不是说为了政治需要可以不要它的真实性，所以既要强调新闻工作的党性，又不可忽视新闻工作自身的规律性。"2009年，习近平作为中央政治局常委、中央党校校长，要求党的干部"提高同媒体打交道的能力，尊重新闻舆论的传播规律，正确引导社会舆论，要与媒体保持密切联系，自觉接受舆论监督"。

2014年2月27日，习近平在中央网络安全和信息化领导小组第一次会议上，首次以党的总书记的身份提出"创新改进网上宣传，运用网络传播规律"。2014年8月18日，习近平在中央全面深化改革领导小组第四次会议上指出："推动传统媒体和新兴媒体融合发展，要遵循新闻传播规律和新兴媒体发展规律，强化互联网思维，坚持传统媒体和新兴媒体优势互补、一体发展。"2016年2月19日，他在党的新闻舆论工作座谈会上，再次谈到"尊重新闻传播规律，创新方法手段"，要求党的干部懂得尊重媒体，尊重新闻传播规律，充分运用好媒体这一平台。

第四，马克思从1843年起就开始论证报刊报道的真实性及其运作特征，并且在自己一生的新闻实践中践行了新闻真实的原则。

马克思说："只要报刊生气勃勃地采取行动，全部事实就会被揭示出来。这是因为，虽然事情的整体最初只是以有时有意、有时无意地同时分别强调各种单个观点的形式显现出来的，但是归根到底，报刊的这种工作本身还是为它的工作人员准备了材料，让他把材料组成一个整体。这样，报刊就通过分工一步一步地掌握全部的事实，这里所采用的方式不是让某一个人去做全部的工作，而是由许多人分头去做一小部分工作。"[12]"报刊总是常变常新……今天它所报道的事实或所发表的见解中的错误之处，明天它自己就会推翻。"[13]

1850年，马克思进一步指出，"只有意见相反才有争论，只有从相互矛盾的论断中才能得出历史的真实"[14]。马克思根据报刊每日出版和讲求时效的特点，说明报道一件较大的事实时，新闻真实表现为一个过程。

以上是从新闻从业者客观地追求新闻真实的角度讲的。但若根据主观愿望来报道事实，那就违反了报刊的内在规律。马克思在论述有机的报刊运动的同时，批评了一些报刊用希望来描述事实的行为，他说："不真实的思想必然地、不由自主地要捏造不真实的事实，即歪曲真相、制造谎言。"他向记者提出过一个问题："哪一种报刊说的是事实，哪一种报刊说的是希望出现的事实！"[15]后一句《马克思恩格斯全集》第1版译文为："谁是根据事实来描写事实，而谁是根据希望来描写事实呢？"[16]马克思要求尊重事实本身，他说："最高的力量，即诉诸既成事实的力量。"[17]

习近平关于新闻真实的论述与马克思的很接近。2016年2月19日上午，他视察媒体时与记者对话，两次要求记者"客观、真实、全面"地报道事实。在当天下午党的新闻舆论工作座谈会上，他详尽地论述了新闻舆论工作必须坚持真实性的问题。他谈到，真实性是新闻的生命，事实是新闻的本源，虚假是新闻的天敌。新闻的真实性容不得一丁点马虎，否则最真实的部分也会让人觉得不真实。要根据事实来描述事实，不能根据愿望来描述事实。不仅要准确报道个别事实，而且要从宏观上把握和反映事件或事物的全貌。媒体发表批评性报道，事实要真实准确，分析要客观，不要把自己放在"裁判官"的位置上。其中，"要根据事实来描述事实，不能根据愿望来描述事实"这句话基本是马克思的话的旧版译文。

第五，马克思要求党报党刊维护科学社会主义理论的纯洁性，同时报刊要具有深切的人民性。

1849年，在共产主义者同盟盟员实际上自行活动的状态下，马克思就要求同盟影响下的工人报刊编辑"根据我们党的精神进行编辑工作"[18]；1859年，共产主义者同盟已经宣布解散数年，马克思对恩格斯说，"我们不能直接给一个小报撰稿，而且根本不能给不是由我们自己编辑的一个党报撰稿。而要自己编辑"[19]。1892年，马克思逝世后的第9年，以马克思主义为指导思想的德国社会民主党的组织结构完善，但思想路线尚不成熟，恩格斯再次重申了马克思的这一原则，他说："做隶属于一个党的报纸的编辑，对任何一个有首倡精神的人来说，都是一桩费力不讨好的差事。马克思和我向来有一个共同的看法：我们永远不担任这种职务，而只能办一种在金钱方面也不依赖于党的报纸。"[20]在马克思那里，维护科学社会主义理论的纯洁性，是党报党刊的原则立场。后来，列宁在这方面概括为出版物的党性原则（партийность）。

马克思也很早论证了自由报刊的人民性，他在为《莱茵报》撰写的第一篇文章里就写道："自由报刊的人民性……以及它所具有的那种使它成为体现它那独特的人民精神的独特报刊的历史个性——这一切对诸侯等级的辩论人来说都是不合心意的。"[21]随后不久，他还写道："真正的报刊即人民报刊"，"报刊只是而且只应该是'人民（确实按人民的方式思想的人民）日常思想和感情的'公开的'表达者……'……它生活在人民当中，它真诚地同情人民的一切希望与忧患、热爱与憎恨、欢乐与痛苦"。[22]习近平在纪念马克思诞辰200周年大会上则指出："人民性是马克思主义最鲜明的品格"。他谈到马克思与《莱茵报》："在《莱茵报》工作期间，马克思犀利抨击普鲁士政府的专制统治，维护人民权利。"

习近平关于新闻舆论工作的一系列论述，切实贯彻了马克思以上两方面的思想。他作为党的总书记，2013年8月19日首次发表关于新闻舆论工作的讲话，七个小标题中的第三个就是"关于党性和人民性"。习近平对党报的"党性和人民性"这对概念1982年以来被禁止使用，谈新闻宣传的"人民性"要加引号、作为反面概念使用的历史显然是清楚的。党性和人民性的关系，本来是一个有着明确答案的问题，现在反倒成为一个所谓复杂而敏感的问题了。他重新并提党性和人民性，并对各自的内涵做了定义，打破了我国新闻宣传领域30多年来人为制造的一个禁区，恢复了革命战争年代党报的党性和人民性相一致的光荣传统。这无论在党的理论建设上，还是现实的新闻舆论实践上，都具有重大意义。

习近平很了解近年来党群关系严重对立的现实。他在2013年8月19日的讲话和2016年2月19日的讲话里，均引用了来自基层的干部、党员的两句话："你是替党讲话，还是替老百姓讲话"，"你是站在党的一边，还是站在群众一边"。他批评这样的说法在思想上是糊涂的，在理论上是错误的，在实践上是有害的，决心恢复党在人民群众中的良好形象。他重新并提党性和人民性，纠正在两者关系上的错误认识，强调党性和人民性的一致、统一。

如何坚持党性？习近平所做的定义是："坚持党性，核心就是坚持正确政治方向，站稳政治立场，坚定宣传党的理论和路线方针政策，坚定宣传中央重大工作部署，坚定宣传中央关于形势的重大分析判断，坚决同党中央保持高度一致，坚决维护中央权威。"他虽然没有直接列举事例，但从用词和表达的气势，都可以看出，他对党的十八大召开以前和召开后的一段时间内，党领导的宣传领域出现的没有坚持党性，甚至公开与党中央的方针政策对抗的种种言行进行了反击，提出了严厉的警告。如何坚持人民性，习近平所做的定义是："坚持人民性，就是要把实现好、维护好、发展好最广大人民根本利益作为出发点和落脚点，坚持以民为本、以人为本。"习近平之所以要这样论述，是因为他充分意识到党根基于人民的道理。习近平将是否认同党性和人民性的高度一致，作为检验是否坚持政治家办报的第一个标准。

习近平一向关注人民的生命安危，他在 2015 年新年致辞中回顾 2014 年时说："这一年，我国发生了一些重大自然灾害和安全事故，不少同胞不幸离开了我们，云南鲁甸地震就造成了 600 多人遇难，我们怀念他们，祝愿他们的亲人们都安好。"2015 年 1 月 19 日他首次离京考察，第一站就选在云南鲁甸地震灾区。而鲁甸地震发生之后，《扬子晚报》头版把同一天发生的郭美美被批捕的新闻做成真头条，大号标题并配发两张大照片，鲁甸地震死难数百人的新闻则安排在角落上，无意中显现出媒体对人民生命安危的冷漠；有的媒体则把鲁甸地震的新闻至于头版头条，做了凸显处理。这一对照曾引发新闻传播学界的局部讨论，提醒媒体要时刻关注人民的安危，把人民的利益放在心上。

在纪念马克思诞辰 200 周年大会上，习近平指出，马克思主义的"人民性和实践性在中国得到了充分贯彻"。谈到要学习马克思的思想和实践，其中第二点是："学习马克思，就要学习和实践马克思主义关于坚守人民立场的思想。人民性是马克思主义最鲜明的品格……我们要始终把人民立场作为根本立场，把为人民谋幸福作为根本使命，坚持全心全意为人民服务的根本宗旨，贯彻群众路线，尊重人民主体地位和首创精神，始终保持同人民群众的血肉联系。"而落实到我们的新闻舆论工作中，就是要坚持党性和人民性相一致。

马克思的新闻实践十分丰富，他的新闻传播思想有很强的预见性和很强的实践性。习近平继承了马克思的新闻传播思想，并根据中国特色的社会主义实践，发展了马克思的新闻传播思想。例如他关于"人类命运共同体"思想、关于"形成万物互联、人机交互、天地一体的网络空间"的智能社会论述，显然是对马克思关于"世界交往"思想的发展。他关于党性和人民性相一致的一系列论述，是马克思人民性思想在中国特色社会主义条件下的具体体现。习近平在马克思提出尊重报刊规律的基础上，根据传播技术的发展而进一步提出了"运用网络传播规律""遵循新兴媒体发展规律"，并概括为"新闻舆论的传播规律""新闻传播规律"。习近平关于新闻时效、新闻真实性的论述，在马克思论述的基础，也表现出鲜明的中国特色。

我们纪念马克思，就如习近平所说："要把读马克思主义经典、悟马克思主义原理当作一种生活习惯、当作一种精神追求，用经典涵养正气、淬炼思想、升华境界、指导实践。"

（原载于《新闻与传播研究》2018 年第 6 期）

引用文献 [References]

[1] 马克思, 恩格斯. 马克思恩格斯全集: 第 3 卷 [M]. 北京: 人民出版社, 1960: 61 - 62.

[2] 马克思, 恩格斯. 马克思恩格斯全集: 第 3 卷 [M]. 北京: 人民出版社, 1960: 297, 42.

[3] 马克思, 恩格斯. 马克思恩格斯全集: 第 12 卷 [M]. 2 版. 北京: 人民出版社, 1998: 251.

[4] 马克思, 恩格斯. 马克思恩格斯全集: 第 10 卷 [M]. 北京: 人民出版社, 1962: 653.

[5] 马克思, 恩格斯. 马克思恩格斯全集: 第 15 卷 [M]. 北京: 人民出版社, 1963: 408.

[6] 马克思, 恩格斯. 马克思恩格斯全集: 第 31 卷 [M]. 北京: 人民出版社, 1998: 154.

[7] 马克思, 恩格斯. 马克思恩格斯全集: 第 30 卷 [M]. 2 版. 北京: 人民出版社, 1995: 521, 538.

[8] MARX K, ENGELS F. Karl Marx-Friedrich Engels Werke, Band 42 [M]. Berlin, DE: Dietz Verlag, 1983, S. 430 and 445; Karl Marx & Frederick Engels Collected Works, vol. 28 [M]. London, UK: Lawrence and Wishart, 1986: 448.

[9] 马克思, 恩格斯. 马克思恩格斯全集: 第 33 卷 [M]. 北京: 人民出版社, 1973: 258.

[10] 马克思, 恩格斯. 马克思恩格斯全集: 第 1 卷 [M]. 2 版. 北京: 人民出版社, 1995: 397.

[11] 马克思, 恩格斯. 马克思恩格斯全集: 第 1 卷 [M]. 2 版. 北京: 人民出版社, 1995: 397.

[12] 马克思, 恩格斯. 马克思恩格斯全集: 第 1 卷 [M]. 2 版. 北京: 人民出版社, 1995: 358.

[13] 马克思, 恩格斯. 马克思恩格斯全集: 第 1 卷 [M]. 2 版. 北京: 人民出版社, 1995: 352.

[14] 马克思, 恩格斯. 马克思恩格斯全集: 第 9 卷 [M]. 北京: 人民出版社, 1961: 328.

[15] 马克思, 恩格斯. 马克思恩格斯全集: 第 1 卷 [M]. 2 版. 北京: 人民出版社, 1995: 415, 398.

[16] 马克思, 恩格斯. 马克思恩格斯全集: 第 1 卷 [M]. 北京: 人民出版社,

1960：191.

[17] 马克思，恩格斯. 马克思恩格斯全集：第 13 卷 [M]. 北京：人民出版社，1962：592.

[18] 马克思，恩格斯. 马克思恩格斯全集：第 6 卷 [M]. 北京：人民出版社，1961：687.

[19] 马克思，恩格斯. 马克思恩格斯全集：第 29 卷 [M]. 北京：人民出版社，1972：417.

[20] 马克思，恩格斯. 马克思恩格斯全集：第 38 卷 [M]. 北京：人民出版社，1972：517.

[21] 马克思，恩格斯. 马克思恩格斯全集：第 1 卷 [M]. 2 版. 北京：人民出版社，1995：153.

[22] 马克思，恩格斯. 马克思恩格斯全集：第 1 卷 [M]. 2 版. 北京：人民出版社，1995：352.

习近平论"建设全媒体"

■ 陈力丹

2019年1月25日上午,习近平带领中共中央政治局同志来到人民日报社新媒体大厦,把中央政治局集体学习的"课堂"设在了媒体融合发展的第一线,采取调研、讲解、讨论相结合的形式进行学习。在学习过程中,习近平发表了重要讲话。他指出:"推动媒体融合发展、建设全媒体成为我们面临的一项紧迫课题。"[1]这是继5年前习近平提出"推动传统媒体和新兴媒体融合发展"、描绘我国传媒战略发展蓝图之后,再次详尽论证我国媒体下一步的战略发展蓝图。

一、习近平论证"建设全媒体"思路的回顾

2014年8月18日,习近平主持召开中央全面深化改革领导小组第四次会议,通过了《关于推动传统媒体和新兴媒体融合发展的指导意见》(此文件2015年3月31日正式发布,4 055字),并就此发表了223个字的讲话。在这次讲话里,习近平作为党的总书记,首次提出"遵循新闻传播规律和新兴媒体发展规律",也就是说,他把媒体融合发展视为遵循规律的具体行动。针对当时媒体普遍缺乏互联网思维的问题,他提出"强化互联网思维"的要求;针对当时媒体新旧编辑部普遍貌合神离的问题,他要求"一体发展","在内容、渠道、平台、经营、管理等方面的深度融合"。[2]

循着这个思路,他在以后的多次关于新闻舆论工作、网络工作的讲话里,检查这方面工作的落实,并依据互联网的新的发展动向,不断丰富着关于媒体融合发展的思想。

2016年2月19日,习近平主持召开党的新闻舆论工作座谈会。会上他批评一些媒体人思想上跟不上形势,只是将传统媒体和新媒体作简单嫁接,"左手一只鸡,右手一只鸭",没有实现融合。他强调融合发展的关键在融为一体、合而为一。

2016年4月19日，习近平主持召开网络安全和信息化工作座谈会，要求在践行新发展理念上先行一步，让互联网更好地造福国家和人民。

2016年10月9日，习近平在中央政治局第36次学习时发表讲话，要求加快推进网络信息技术自主创新，朝着建设网络强国目标不懈努力。

2017年12月8日，习近平在中央政治局第二次集体学习时发表讲话，要求审时度势、精心谋划、超前布局、力争主动，深入了解大数据发展现状和趋势，推进数据资源整合和开放共享。

2018年4月20日，习近平在网络安全和信息化工作座谈会上发表讲话，强调信息化为中华民族带来了千载难逢的机遇，必须敏锐抓住信息化发展的历史机遇，推进网上宣传理念、内容、形式、方法、手段等创新，把握好时、度、效。

2018年8月21日，习近平在全国宣传思想工作会议上发表长篇讲话，指出："我们必须科学认识网络传播规律，提高用网治网水平，使互联网这个最大变量变成事业发展的最大增量。"[3]

2018年10月31日，习近平在中共中央政治局第九次集体学习时发表讲话，要求推动我国新一代人工智能健康发展，加强政务信息资源整合和公共需求精准预测。

二、习近平进一步提出了"建设全媒体"

习近平2019年1月25日在人民日报新媒体大厦的讲话，进一步提出了"建设全媒体"的新要求，适时地抓住了全媒体化这一世界范围内传媒业发展趋势，全面论证了新的互联网形势下我国建设全媒体的任务的内容、要求和未来发展。他说，"我们要因势而谋、应势而动、顺势而为，加快推动媒体融合发展"。[4]这是习近平第二次使用"因势而谋、应势而动、顺势而为"这三个词组。

2013年8月19日，习近平在全国宣传思想工作会议上第一次以党的总书记的身份发表关于新闻舆论工作的讲话，新闻报道导语里引用了他使用的这3个词组，原话是"找准工作切入点和着力点，做到因势而谋、应势而动、顺势而为"[5]，这是要求在了解信息接收者方面遵循传播规律。这次将这3个词组运用到"加快推动媒体融合发展"，仍旧属于遵循传播规律的范畴，侧重点是遵循媒体形态发展的规律，更为高屋建瓴。

"全媒体"不再是以往简单的传统媒体和新媒体的两者合一，而是所有接收、表达的方式和形态完全一体化，即习近平所说，打通"报、网、端、微、屏"各种资源、实现全媒体传播。就此，他指出："党报、党刊、党台、党网等主流媒体必须紧跟时代，大胆运用新技术、新机制、新模式，加快融合发展步伐，实现宣传效果的最大化和最优化。"[6]

具体而言，他提及"发展网站、微博、微信、电子阅报栏、手机报、网络电视等各类新媒体，积极发展各种互动式、服务式、体验式新闻信息服务，实现新闻传播的全方位覆盖、全天候延伸、多领域拓展，推动党的声音直接进入各类用户终端"[7]。这里的"两全一多"，即是全媒体的宏观呈现。

习近平还论证了全媒体的表现和传播特征，即"全程媒体、全息媒体、全员媒体、全效媒体，信息无处不在、无所不及、无人不用"[8]。这里他谈到的"四全"媒体和信息的"三无"，概括得颇为精辟，是对网络"浸润传播"的解读，需要逐一加以论证。

马克思1842年曾论证过自由报刊的"三无"，即"自由报刊是国家精神，它可以推销到每一间茅屋，比物质的煤气还便宜。它无所不及、无处不在、无所不知"[9]。那时的报刊还远不及现在的网络信息这样真正无处不在、无所不及，但马克思设想了未来媒体发展的前景。如今，信息依附的载体已经以虚拟情境为主，信息的表达方式也无限多样化了。因而习近平可以用全程、全息、全员、全效来定义媒体；信息的"三无"中多了一项与"全员媒体"对应的"无人不用"，而马克思谈到的"无所不知"因为已经是必要前提而不能作为特点了。

三、习近平论建设全媒体的六方面要求

如何建设全媒体？如何达到"四全""三无"的媒体境界？习近平从六个方面提出了落实的要求。

第一，仍然是他2014年提出的要求，但更加具体化了，即"坚持一体化发展方向"。他肯定了人民日报媒体融合发展的经验，要求通过"通过流程优化、平台再造，实现各种媒介资源、生产要素有效整合，实现信息内容、技术应用、平台终端、管理手段共融互通，催化融合质变，放大一体效能"[10]。

媒体融合一体化，眼见为实的初步成果是电子阅报栏。习近平来到人民日报新媒体大厦，首先到9层观看电子阅报栏的功能演示，这是目前媒体一体化的一个窗口。在历史部分，他看到早先街头的报纸阅报栏，不禁说："以前我经

过那里，也会停一停，看看当天的报纸。"而现在的电子阅报栏，已经是全媒体了，报连着屏，屏连着端。点击一篇报道，就会弹出相关视频、图片、动画等多媒体内容。习近平关切地询问："什么内容最受欢迎？""谁负责安装？""收不收费？"……[11]

目前全国各地这种阅报栏布点投用 2 万屏，日均影响受众近千万，成为国内规模最大的楼宇数字新闻媒体。习近平详细了解电子阅报栏的内容建设、受众兴趣以及运营模式等情况，对这一做法给予充分肯定。

习近平通过观看电子阅报栏，给"一体化发展"以及"放大一体效能"提供了一种样板。这一样板的发展前景和可能遇到的问题，应该是学界的研究话题。

第二，习近平注意到目前移动媒体主导的趋势，提出"坚持移动优先策略"，以便保证思想的引领。进入移动媒体的有很多品牌，习近平在人民日报新媒体大厦参观过程中多次提及"侠客岛"，这显然是他有意推举的一个典型。

"侠客岛"是 2014 年创办的人民日报（海外版）旗下的新媒体品牌。它坚持守正持中立场，以时政新闻解读为主业，在微信、微博、门户网站、资讯客户端等多个媒体平台落地，内容优质、文风清新。2017 年 9 月 20 日，"侠客岛"被新华社视为"中央主要媒体打造的微博微信公众号"的典型。习近平观看人民日报电子阅报栏时问人民日报社社长李宝善："'侠客岛'是你们办的吧？"在融媒体工作室，习近平听取几个公众号的介绍，唯有"侠客岛"汇报工作时，他说了一句："我经常看。"[12]

"侠客岛"受到习近平的青睐，在于它体现了习近平提倡的"时度效"要求。它能够在第一时间解读重大热点新闻事件，及时传播党中央精神。它站位高、领会深、把握稳，能将"高大上"的时政话题变成"接地气"的网络话语。它善于寻求"最大公约数"，广泛凝聚社会共识，既坚持原则立场，又力求理性客观。该公众号的成功，在于实施体制机制创新。其人员来自不同的部门，以兴趣为导向自愿结合，打破部门科层制，海外版编委会给予了他们很大空间，从而把新闻生产力解放了出来。有鉴于此，"侠客岛"的经验值得学界研究总结。

第三，如习近平在 2018 年政治局第九次学习时所说，人工智能要运到社会发展的所有领域，因而他提出了"探索将人工智能运用在新闻采集、生产、分发、接收、反馈中"[13]的任务。

现在的人工智能理论上可以拥有智能感知，通过装配在终端上的各类传感器提高数据收集质量，其智能识别和具有学习能力的分析系统可以帮助媒体有效挖掘大数据中最有价值的信息。人工智能具有可视化的智能展示功能，可完善数据展示，诸如虚拟现实（virtual reality）、增强现实（augmented reality）、混合现实（mix reality）、影像现实（cinematic reality）技术。但在具体使用上，涉及较多的技术问题、职业伦理问题，甚至法律问题。这方面的探索，将是一个较长的过程。

习近平在这里强调的是"探索"人工智能的运用，说明他对此持积极而谨慎的态度。这就如玛丽·米克尔2018年《互联网趋势报告》所言："AI是人类正在研究的最重要事物之一。其意义比电或火更加深远……我们已经学会利用火造福人类，但我们也必须克服它的缺点。……AI十分重要。但我们必须保持警惕。"[14]因为人工智能再精密，也是机械的，唯有思维着的精神，才是地球上最美的花朵（恩格斯语）。[15]

第四，鉴于我国媒体分布的多层级和多样化，从上至下推广媒体融合需要处理各种关系，于是习近平要求"统筹处理好传统媒体和新兴媒体、中央媒体和地方媒体、主流媒体和商业平台、大众化媒体和专业性媒体的关系"，形成"协同高效的全媒体传播体系"。[16]根据2018年8月全国宣传思想工作会议的精神，在中央和省级媒体融合已有成果的基础上，下一步的任务是做好县级媒体的媒体融合。

第五，鉴于新媒体急遽发展的态势，对媒体的管理跟不上形势，管理缺乏可操作的实在标准，于是出现马克思批评过的把所有传播内容假定为怀疑对象的情形，"没有规定客观标准"[17]。习近平针对这种情形，再次要求"全媒体传播在法治轨道上运行"，"依法加强新兴媒体管理，使我们的网络空间更加清朗"。[18]让网络空间清朗起来，是习近平2013年8月19日讲话提出的，如何通过法治手段来实现这个目标，还有较多的问题需要解决。

在技术管理方面，习近平意识到大数据可能带来的风险，因为大数据不等于全数据、真数据。需要全面获得数据，并对数据进行客观性考察。数据不能说话，需要借助一系列算法在数据中挖掘出意义；算法不等于判断，从数据世界进入现实世界是一个充满风险的过程。因而习近平指出："要全面提升技术治网能力和水平，规范数据资源利用，防范大数据等新技术带来的风险。"[19]

第六，根据人民日报融合的经验，习近平提出先有规划、从上至下的融合思路，他要求"抓紧做好顶层设计，打造新型传播平台，建成新型主流媒体，扩大主流价值影响力版图"。[20]这是从一个点向四周漫开的融合方式，稳妥有序。

在具体内容上，习近平要求"主流媒体要及时提供更多真实客观、观点鲜明的信息内容"[21]，起到引领作用。习近平强调主流媒体的引领作用，原因就在于我们有些媒体文章不够真实客观。人民网2018年7月2日—4日曾以"文风无小事"为总标题发表3篇文章，文章的按语指出："近期'跪求体''哭晕体''吓尿体'等浮夸自大文风频现，消解媒体公信力，污染舆论生态，扭曲国民心态，不利于成风化人、凝聚人心、构建清朗网络空间。"第一篇文章还写道："这些'雄文'的共性，一无事实骨架，二无内容血肉，三无思想含量，徒有浮躁外壳，经不起一点风吹日晒。要知道，文章不会因为浮夸而增色，国家也不会因为自大而变强。"[22]

为什么会发生这样的媒体现象，这不是学界的研究接地气的适当话题吗？

引用文献 [References]

[1] 推动媒体融合向纵深发展 巩固全党全国人民共同思想基础 [N]. 人民日报，2019-02-26.

[2] 共同为改革想招一起为改革发力 群策群力把各项改革工作抓到位 [N]. 人民日报，2014-08-19.

[3] 举旗帜聚民心育新人兴文化展形象 更好完成新形势下宣传思想工作使命任务 [N]. 人民日报，2018-08-23.

[4] 推动媒体融合向纵深发展 巩固全党全国人民共同思想基础 [N]. 人民日报，2019-02-26.

[5] 胸怀大局把握大势着眼大事 努力把宣传思想工作做得更好 [N]. 人民日报，2013-08-21.

[6] 推动媒体融合向纵深发展 巩固全党全国人民共同思想基础 [N]. 人民日报，2019-02-26.

[7] 推动媒体融合向纵深发展 巩固全党全国人民共同思想基础 [N]. 人民日报，2019-02-26.

[8] 推动媒体融合向纵深发展 巩固全党全国人民共同思想基础 [N]. 人民日报，2019-02-26.

[9] 马克思，恩格斯. 马克思恩格斯全集：第1卷 [M]. 2版. 北京：人民出版社，

1995：179.

［10］推动媒体融合向纵深发展 巩固全党全国人民共同思想基础［N］.人民日报，2019-02-26.

［11］让主流媒体牢牢占领传播制高点［N］.人民日报，2019-02-26.

［12］让主流媒体牢牢占领传播制高点［N］.人民日报，2019-02-26.

［13］推动媒体融合向纵深发展 巩固全党全国人民共同思想基础［N］.人民日报，2019-02-26.

［14］https：//wallstreetcn.com/articles/3326469.

［15］马克思，恩格斯.马克思恩格斯全集：第20卷［M］.北京：人民出版社，1971：379.

［16］推动媒体融合向纵深发展 巩固全党全国人民共同思想基础［N］.人民日报，2019-02-26.

［17］马克思，恩格斯.马克思恩格斯全集：第1卷［M］.2版.北京：人民出版社，1995：120.

［18］推动媒体融合向纵深发展 巩固全党全国人民共同思想基础［N］.人民日报，2019-02-26.

［19］推动媒体融合向纵深发展 巩固全党全国人民共同思想基础［N］.人民日报，2019-02-26.

［20］推动媒体融合向纵深发展 巩固全党全国人民共同思想基础［N］.人民日报，2019-02-26.

［21］推动媒体融合向纵深发展 巩固全党全国人民共同思想基础［N］.人民日报，2019-02-26.

［22］人民网.文章不会写了吗？中国人不自信了吗？文风是小事吗？［OL］.2018-07-04.http：//wemedia.ifeng.com/67789871/wemedia.shtml.

第四章 新闻学研究

- "媒介专业主义"的悖论
- 媒介再思：报刊史研究的新路向
- 液态的连接：理解职业共同体
    ——对百余位中国新闻从业者的深度访谈
- 双强寡头平台新闻推荐算法机制研究
- 新闻融合的创新困境
    ——对中外 77 个新闻业融合案例研究的再考察

"媒介专业主义"的悖论

■ 李金铨

近年来学界对于媒介专业主义（media professionalism）有许多讨论，我也顺着去年发表的一篇文章的脉络略陈管见。[1]首先，新闻媒介专业精神和规范之称为"主义"，在中文语境易滋误解，实因 ism 的翻译所致（其他涉及 ism 的中译——例如"东方主义"或"消费主义"——都有相同的顾虑），但"媒介专业理念"又不足以全面涵盖其意，故本文仍姑且沿用"媒介专业主义"一词，并视之为分析对象。媒介专业主义强调事实与意见分开，新闻呈现正反两面的事实，力求客观公正，这是 1830 年代以后美国市场不断抬头逐渐形成的规范。媒介为了追求市场利润，必须放弃党同伐异，避免事实混杂意见，逐渐形成多元报道的风格，让各种利益在市场上竞争制衡，以争取庞大的新兴中产阶级读者。[2]学界论述和批评媒介专业主义的文章很多，立场分歧很大，但各方肯定媒介是社会"公器"——为大多数人谋求公共福祉——殆无疑义。[3]在此，我只准备以笔记方式讨论涉及本文脉络的问题，即如何从不同的层次、脉络和语境，解读不同的立场和阐释，权充这场讨论的注脚。

首先，激进西方左派学者，姑且以塔克曼[4]为代表，若非怀抱左翼自由主义的意理，就是充满不同样态的社会民主主义憧憬。塔克曼从现象学的角度分析新闻机构如何建构社会真实，她批判媒介专业主义形同一套"客观的策略性仪式"（strategic ritual of objectivity），意谓媒介运用客观性的技巧，建立社会共识的假象，其实新闻网围绕着合法的中心机构，新闻节奏跟官僚机构的运转同声共气。这样时空交织所布置的"新闻网"，使得媒介机构得以善用有限的资源，灵活调配人力物力，以捕捉难以捉摸的外在环境，进而编织以"事实"为基础的意义之网。正因为"新闻网"的运作，媒介在时间上和空间上都得依附于（不是听命于）权力结构，其长远的宏观效果则是支持既有秩序，甚至抹杀异见，阻挠变革。激进派学者多少有民粹情结，他们批评记者和媒介在专业主义的保护伞下变得傲慢专横，高高在上，不论语言和视野都脱离了草根。这样笔锋一转，其实又可以联系到葛兰西（Antonio Gramsci）角逐"霸权"（hegemony）的理论，做出精彩有力的分析文章了。乔姆斯基（Avram Noam Chomsky）的立场与此接近，只是立论没有这么细致。他们说的对不对？假若出发点是"体制变革"（change of the system），从根本上否定现有政经体制的合理性，这种批评是深刻而颇具洞见的。吊诡的是：民主国家的主流媒介是稳定社会秩序的一股力量，社会上似未普遍认同颠覆体制的必要，更不赞成凭着浪漫的蓝图大修大补。

倘若我们降低调门，把焦点移转到"体制内变革"（change within the system），看法就截然不同了。我们知道，19世纪末20世纪初，进步运动孕育了美国新闻界独特的"扒粪运动"（muckraking），记者以事实为武器，揭露官商的黑暗面，照顾民间疾苦，进一步巩固媒介专业主义的成熟。当年胡适自美归国的时候，曾对"扒粪运动"推崇备至。质言之，媒介专业主义包含一套核心价值和一套操作技术：技术上力求事实与意见分离，形式上力求客观公正、不偏不倚；这套技术后面是核心理念，蕴含着美国主流社会的"恒久价值"，旨在促进政治（行政、立法、司法）、经济和文化各方面的温和渐进改革，最终则务使民主体制"利他"，资本主义必须"负责任"，提倡"好政府"和公平竞争，反对财富集中与劳工剥削，不走极端，保护个人自由。[5]除非能够假设媒介维护社会的恒久价值，否则"客观性"的技术是无法落实的。一百多年来，美国新闻界的"扒粪"传统不绝如缕，而且与时俱进，"水门案"之类的事件不过是承其余绪的现代版而已。自由多元派相信，只有上帝可以设计出一幅完美的蓝图，人类生而不完美，他们所构建的人间社会当然不可能完美，任何以权威暴力推行"救世主"式的激进完美方案，必然不择手段以达到崇高的目的，那终将是通往奴役的道路。他们一向认为现有的西方民主体制和资本主义社会大致健全（不完美，也不可能完美），因此没有必要动摇根本，只需要和风细雨的局部改革，按部就班，一点一滴小规模修修补补，使制度更加完善而已。然而民主不是成品，而是不断追求完善的过程，人和制度都有很强的惰性，所以必须随时戒慎恐惧，舆论监督也永不歇止。换言之，媒介专业主义并不追求乌托邦的绝对理想，而是以务实方案处理"不完美"的人类社会。

西方学者批判全球性的媒介与资本垄断，激进派从根本上否定资本主义的正当性，自由派则批评这些巨无霸跨国公司背驰"负责任的资本主义"（responsible capitalism）的基本原则，立足点不同，却是一种良性的知识（甚至政治）激荡。黑白之间有中间色，多数人犯不着斗得你死我活。在媒介专业主义的问题上，激进派和自由派貌似截然对立，在我看来则是"悖论"，如何取态和裁断，视乎解读者的政治立场、语境、在什么抽象层次看问题而定。媒介专业主义具有美英自由主义的特色，在历史脉络中形成以后，向外不均匀地输出。第三世界国家谈起媒介专业主义，多半停在话语层面，徒具表面形式，能够付诸实践的不多。正如穷人怕营养不良，富人怕痴肥和厌食，只有对症才能下药。在匮乏专业精神的媒介环境里唾弃专业主义，凭空盲目跟随西方激进派追求绝对的乌托邦想象，就像晋惠帝问饥民"何不食肉糜"一样虚幻又荒谬，而且不啻以火攻火，乃至煽风点火，使得火焰愈燃愈炽，以致不可收拾。看到有人罔顾脉络，寻章摘句，或断章取义，或望文生义，硬拉西方的一派敲打西方的另一派，完全无助于解决自己的问题。还有少数聪明的糊涂人，为了迎合某种旨意而反对媒介专业主义，左支右绌，却又隔靴搔痒，是根本没有办法讨论的。

　　反之，过犹不及，如果美国和西方社会把媒介专业主义作为不假思索的信仰，而且经制度化成为习以为常的实践，媒介久而变得太自大傲慢，与底层草根脱节，那么听听理性批判，应该如空谷足音，发人深省，颇有"他山之石，可以攻错"的解放意义。但激进派长于从根本批评现状，却短于提出可行的替代方案，自由派则在可行的方案范围内力求改良。有趣的是学界容易高估意识形态批判的作用。（必须说明：西方的左派通常站在批判权力的位置，但在中国，老"左"不用说了，若干极端民族主义的新"左"却拾西左之牙慧转而拥抱国家权力。两者固然不可混为一谈，却不失为知识社会学的好课题。）激进批判话语固然颇能在西方校园内引起思考或共鸣，但它影响新闻界的实践却不甚彰显，这是西方马克思主义"学苑转向"逐渐与社会运动脱节以后所共同面临的格局与困境。

　　尽管表面上水火不容，激进派和自由派其实都必须尊重共同的底线：新闻不可以罔顾事实（尽管对"事实"的理解有精粗），不可以故意说谎造假，不可以公器私用。我常想，"皮之不存，毛将焉附"，是不是在媒介专业主义的基础上，才可以谈"超越"媒介专业主义？"超越"毕竟不是"摧毁"，好比我们必须借助语言沟通，语言本身有它的内在限制，是必要而不完美的沟通工具。我们需要靠非语言和整体语境辅助以弥补语言的不足，但没有人会蠢到将语言一股脑儿抛弃；抽掉语言的沟通，其他外缘因素都难以奏效。譬如建筑，唯有建立在稳固的基础上，高层的楼阁才能有所依托。

毋庸否认，现在是西方媒介专业主义几十年来的最低潮，恐怕正在滑落到底线的边缘。美国主流媒介的"客观"新闻不断腐蚀，市场垄断和利润挂帅日甚一日，阅听者大量流失，党同伐异的趋势上升，媒介愈来愈与日常的社会生活无关，以致戕害民主的前途。在特朗普当选总统以后，公众对制度与对媒介的信任危机更是雪上加霜。根据盖勒普的调查，2016年全美只有32%的公众相信主流媒介，二十年内竟然像雪崩式从半数（1997年尚有53%）掉到三分之一。更甚者，两极分化日益加剧，两党犹如陌路人甚至仇人，媒介几乎丢掉了共和党人，因为只有14%（1997年尚有41%）的共和党人愿意相信媒介。但右派擅于利用新媒体发布民粹式的煽动消息，其中以特朗普及其盟友（如后来与之闹翻的Steve Bannon）最突出。"恒久价值"面临严重考验，倘若因噎废食而毁掉专业主义，媒介更将缺乏公信，更无凝聚社会的功能。我认为西方应该会重整旗鼓，即使媒介难以客观公正，记者也不能无此用心，更不能因此明目张胆偏袒谋私。好在开放社会有自我矫正的功能，在周期性调整之后，钟摆终可望恢复到平衡状态，专业主义将有所更新。传统媒介目前都设法改变经营策略、技术手段和新闻运作，以图在新媒体的竞争环境中存活或发展。而谷歌、脸书、推特等公司再厉害，若丧失公信也是无法生存的，所以必须增加透明度，并以实际行动防范假新闻和憎恨性言论的流传。目前我们对新媒体的内部运作所知不多，但将来应该会有适当立法措施，矫正结构性的弊端。[6]此时法国正准备立法禁止网上散布虚假消息，也是改革与应对的先声。

在大西洋彼岸的英国，也好不到哪里。记得20世纪70年代中期，卡茨[7]应邀为英国广播公司（BBC）撰写一项政策建议书，他罗列一系列他认为值得研究的问题，以指引未来产学合作的方向。卡茨引的文献以"行政型研究"为基调，遭到英国左派批判学者的反对；左派学者一直嫌BBC不够"左"，他们指责卡茨过分维护既有秩序（包括BBC），不利于广播体制的全面"民主化"。紧接着到了整个1980年代，保守党首相撒切尔夫人（Margaret Thatcher）以市场为名推动公共资产私有化，猛力攻击BBC立场"太左"，企图取消它赖以获得财政支持的"执照费"，矢言将BBC分而拆之（最后未成），这时英国左派学者别无选择，必须捍卫BBC为公共领域的最后一道防线。1990年代以后，尽管政权几经更迭，市场挂帅的"新自由主义"秩序一直没有退潮。如今寒风刮得更凛冽，严肃的主流媒介在新媒体的围攻下生存困难，广告收入几近崩盘，新闻公信降到谷底，社交媒体的假消息满天飞。英国公投决定退出欧盟以后，根据 Edelman 的调查，宣称信任主流媒介的公众，从 2015 年的 34% 降到 2017 年的 24%（两年内跌 12%），即每四个英国人就有三个不信任媒介。媒介的信任危机反映了社会和政治制度的信任危机，这在年轻人当中尤其明显。在这样恶劣的生态下，媒介将何以为继？覆巢之下无完卵，假如媒介走投无路，那么再激进浪漫的想象都将化为泡影，因此左派学者也引以为忧。这种微妙的转变说明左派学者审时度势，原来在抽象的象征层次上反对媒介专业主义，但眼前清楚地看到语境、意义和底线不断在移动，他们不得不调整发言位置和因应对策，以免（如西谚说的）把小孩和洗澡水一起泼出去。

全球化使跨文化交流频繁，促进思想的引入、混生与适调。这是漫长而复杂的过程，橘逾淮为枳，所以无法生吞活剥，而必须考虑到语境对接的程度与面相。媒介专业主义是现代性的表现，西方必须走出困境，如前已述。现代性有不同的道路，不必定于西方一尊，何况西方同中有异，不可以简单笼统归为一尊。媒介专业主义在进入第三世界的语境以后，哪些有普遍性，哪些有特殊性，社会基础何在，如何转化到另一个社会和文化的肌理中？这些都是极为复杂的问题，但维护公共价值、利益与观点的基本精神不可变。反之，贸然把西方的乌托邦式批评闭着眼睛搬到第三世界进行复制，轻率否定媒介专业主义，必造成帽子和头颅尺寸不合的讽刺性结果，这是可以断言的。而在许多现代性尚未完成的社会，如何看待西方流行的"后现代"理论，也值得第三世界学者公开讨论。罔顾现实的社会语境，野蛮生硬地横向移植任何理论，不但犯了"具体错置的谬误"(fallacy of misplaced concreteness)，也是我执和妄想的表现。

史学界可以证明西方（包括英美法）的民主制度在发展过程中充满血腥，但逻辑上是否能引出"我们不要民主制度"（不管如何定义）的结论呢？马克思原来就以人道主义批评西方民主制度不够彻底，而不是全盘否定它。英国首相丘吉尔（Winston Churchill）对"民主"的说法已是耳熟能详了，我对"媒介专业主义"的看法庶几近之：

"许多形式的政府都试过了，而在这个罪恶和苦恼的世界里，将来还会再试。没有人假装民主是完美或全智的。的确，可以说民主是最坏形式的政府，除了时时尝试过的其他各种形式以外。"（1947 年 11 月 11 日，丘吉尔在英国下议院演讲）

最后，我再举三例说明跨国语境对接的微妙关系，有时候语境重叠又留下缺口，产生一些意想不到的后果，其意义在跨文化研究中殊堪玩味。其一，记得在 1960 年代至 1970 年代激越反战和反建制的岁月里，西方著名左翼理论家包括福柯（Paul-Michel Foucault）和威廉斯（Raymond Williams）都自称深受毛泽东思想和"文化大革命"的影响。这之所以成为可能，在我看来，是因为他们只需要在抽象层次抽取毛主义的象征资源（例如矛盾永不熄灭论和"长征"的隐喻），插入当时西方抗议政治和思想的语境，却不必正视"文革"中在中国大地上具体发生了什么，更不必面对大规模的社会破坏与人性摧残。记得威廉斯在阐发葛兰西的"霸权"理论时，曾提出"选择性吸纳"（selective incorporation）的概念[8]，借用在目前这个语境未必说不通。其二，很久以前，我听过美国汉学家狄百瑞（William Theodore de Bary）的演讲，记得他说他最敬佩的两位当代中国学人是胡适和钱穆。狄百瑞身处西方汉学的语境，与中国的学术生态保持适当距离，无须理会圈内分明的壁垒，方可相对超然，从两个极为不同的人物和范式处选取他想要的营养。其三，萨义德的宏大叙述一直以"启蒙"和"解放"为中心旨趣。[9]他主张知识人一贯对权势者讲真话，不要有双重标准，所以他一方面批判西方殖民主义，一方面抨击阿拉伯世界（包括他的原乡巴勒斯坦）的专制封建主义。我们在阅读他的著作时，不要顾此失彼，只选自己要听的那边。媒介专业主义是否也该考虑到跨文化语境的对接？

（原载于《国际新闻界》2018 年第 4 期）

引用文献 [References]

[1] 李金铨. 传播研究的时空脉络 [J]. 开放时代，2017（5）：209–223.

[2] SCHUDSON M. Discovering the news [M]. New York：Basic Books，1978.

[3] 潘忠党，陆晔. 走向公共：新闻专业主义再出发 [J]. 国际新闻界，2017（10）：91–124.

[4] TUCHMAN G. Making news：a study in the construction of reality [M]. New York：Free Press，1978.

[5] GANS H I. Deciding what's news [M]. New York：Pantheon，1979.

[6] Social media and politics [J]. Economist，2017，November 4–10：19–22.

[7] KATZ E. Social research on broadcasting：proposals for further development [M]. London：BBC，1977.

[8] WILLIAMS R. Marxism and literature [M]. New York：Oxford University Press，1977.

[9] SAID E W. Representations of the intellectual [M]. New York：Pantheon，1994.

媒介再思：报刊史研究的新路向

■ 黄 旦

最近又翻了一下凯瑞《作为文化的传播》和梅洛维茨的《消失的地域》。凯瑞在书里面的一句话过去一直没有引起我的注意。他说，在媒介问题上的理论空白，使我们在通往具体的研究之路上必然要走许多弯路。[1]有意思的是，这句话是从他自己关于电报研究的说明中引出来的，可见是有经验基础而不是凭空推测的。梅洛维茨则是具体指出了这样一个怪异现象，许多对媒介影响的研究都忽略了对媒介自身的研究，结果无论是研究什么媒介的内容，比如电视或者报纸、戏剧、电影、小说等等，其方法都是一样的，媒介本身被当作了中性的传送系统。让梅氏印象深刻的是，在其他领域研究技术影响的学者，却很少抱有这种极为狭隘的看法。他举例说，比如研究工业革命的人当中，很少有人会宣称他的研究中唯一重要的东西是新机器生产出的某种物品，恰恰相反，历史学家、社会学家很早就指出，社会工业化研究的重要内容是新的生产方式本身的影响，比如时空问题、劳动的分工、家庭结构、城乡关系等等。[2]

就中国报刊史研究而言，媒介理论的空白以及偏于报刊内容的路数，一直就是其主流，迄今并无大的变化。我在之前关于新报刊史书写范式变更的文章[3]中，曾就此种现象做过一些讨论，提出过比如在研究视角上要坚持以报刊——"媒介"为焦点、以不同媒介会产生不同的"信息方式"[4]为前提、以媒介实践为进路等等一些设想。由于基本上是一些要点，于是也引发一些同行的困惑，其中最大的问题就是不知如何入手，所以想结合自己的研究体会，与同行做一交流。为方便起见，我还是从"报纸"切入，并以两个人的文本为重点，一是戈公振先生的《中国报学史》，一是麦克卢汉关于报纸（媒介）的论述，以此互相做一些比较。借此，一方面使我们的讨论有一个具体依托，另一方面，比较反思或许有助于研究思路的打开。

一

目今做报刊史研究的一些学者，似乎很恐惧理论，生怕玷污了报刊史研究的纯正性。这一点，我感觉是误会了。戈公振先生看来是深明其道，在《中国报学史》一开头就坚定明确地说，"报纸果为何物？此本书一先决问题也"[5]，该书的第一章"绪论"就是解决这一问题的，讨论报纸理论或者习称的新闻理论，戈先生是要以此给自己的历史叙述确定前提。法国著名历史学家保罗·维纳说："如果我们不知道我们有关天空、色彩和利益的观念——不论正确与否，它们至少不是永恒的观念——我们将不会拥有就这些问题查阅文献的想法，或者毋宁说，我们甚至不会去听它们向我们说的。"[6] 这就是说，有了"报纸"观念才能看得到报纸，才能听得到材料的诉说。正是戈公振的报纸观念为后继的报刊史书写提供了一个基本样板。① 史学研究如何用理论，自可再议，若是自称不用理论，恐几如梦呓。中国报刊史研究不过是把所承继的理论——比如报纸——"自然化"了，于是习焉不察，化为了常识。因此，选择《中国报学史》为对象，具有针对性。

戈公振先生对他的"报学史"做了这样的"定名"：所谓报学史者，乃用历史的眼光，研究关于报纸自身发达之经过，及其对于社会文化之影响之学问也。[7] 这个界定里面有两个关键点：第一，什么是报纸自身；第二，影响是如何可能的。这两个问题不澄清，所谓的"报学史"就无从着手。

关于第一点，戈公振丝毫不含糊，他在解释了什么是报学之后，紧跟着就给报纸自身正名：

"报纸者，报告新闻，揭载评论，定期为公众而刊行者也。"随之，又围绕这一个定义，从中抽绎出"原质"意义上的报纸特征——形式上的公告性、定期性和内容上的时宜性、一般性，前二者对应于定义中的"为公众而刊行"，后二者则与"新闻"有关。归总起来就是一句话，报纸即"新闻公布之谓也"。[8] 然而，对于第二个问题，亦即影响是如何发生的，戈公振却没有做出直接解释。仔细阅读，在报纸定义之后紧跟着的这样一句话或许可以透露出与此相关的消息："从社会学上而研究报纸，其要点在研究其对于某特别时代之特定社会之文

---

① 我在《"报纸"的迷思——功能主义路径中的中国报刊史书写之反思》(《新闻大学》2012 年第 2 期)一文中曾指出，现有报刊史中的"报纸"之认定，基本就是来自戈公振。

化所发生而反应之各种特色,因此各特色之发生与发达之过程,而表明其性质,探讨其本源,以求所谓报纸原质之一物。"[9]这句话乍读起来有点别扭,仔细辨析,意思还是清楚的。戈先生是说,社会学意义上的报纸研究,主要关注点就是它对某一时代的特定社会文化的反应以及特色,同时在其特色发生和发达的过程中,可以揭示其性质,探讨其本源,求取报纸原质之状况。这就表示,从报纸的"报告新闻,揭载评论,定期为公众而刊行者"之状况,可以显示出其所在时代和社会的基本特色;反之,从某一时代之特定社会之文化,特色如何,亦足以见出"报纸原质之一物"的面貌,报纸与社会文化是一体两面,互为循环比照。

由此则进一步坚定了我之前的想法,即戈公振的两个"原质",说起来在报纸的构成上是缺一不可的,但重要性却截然不同。"公告性"作为"消息传达之方法"的"外观原质",实际上奠定了报纸之所以是报纸的那个基质,没有"公告性",新闻或许照样存在（如戈氏提到的私函公函）,但不可能是报纸,因为"公告性"不是一般理解上的公开,而是标明报纸与民众的血肉关联,表示报纸的实质,是"多数民众或者至少对于某特别关系之内",借此"行价值的决定及意志决定之精神公开是也"。[10]所以,"社会文化之影响"就表现在"公告性"的基本状况上面。他之所以不再做正面阐释,或许是因为觉得这已经蕴含在报纸定义的"为公众而刊行"之中了,"如此,则方有社会学者需要之定义"。[11]既然如此,"公告性"必定是与报纸同时共生恒定不变,而且也是不能变的,尽管其程度可能有差别。与此不同,"新闻"则是不定的,是顺应社会并随着社会的变化而变化的①,此种变化始终是在"公告性形式的限制之下",被要求"适合于公告性的形式"。[12]这样两个"原质"的变与不变,就构成了戈公振关于报刊史的书写逻辑:以公告性为基准,以社会状况为背景,以报纸内容（新闻）变化为重点而展开。戈公振是以报纸的外观"原质"——"公告性"之形态（谁的公告、何种公告）,来打量"新闻"——报纸内容原质的历史变化（公告了什么）,并由此与某特别时代之特定社会之文化发生连接,揭示"中国报纸之发达历史及其对于中国社会文化之关系"。[13]什么样的时代及其文化,就有什么

---

① 戈公振自己的说法是:故观察报纸之原质,其外观之公告性毫不变更,只其内容之新闻有变更……所谓内容的新闻之变化,不外求适合于社会而已。戈公振. 中国报学史. 北京:三联书店,1955:18.

样的报纸及其呈现的特色。在这个意义上，报纸的发达史也就是社会对之影响的历史，也是报纸反映社会变化的历史。

这样的解读可以在书中找到轨迹，《中国报学史》自第二章开始的整个内容铺陈（官报独占时期、外报创始时期、民报勃兴时期，最后是民国成立之后），就是按照这样的逻辑而展开，只要报纸性质或者其背景（即特定时代之特定社会之文化）一经确定，报纸的"原质"和社会文化之特色就自然展现了。"官报""外报""民报""营业时期"之类的标题，就见出其这样的用心：官报出现是"因全国统于一尊，言禁綦严"；外报"为我国有现代报纸之始"；民报"始开人民论政之端"；民国以后"则因党争岁不绝书"，报纸"遂渐趋向于营业方面，商业色彩大为浓厚"。在这样的思路统领下，报纸的发达史，就是办报的历史。以办报者/机构（官报、外报、民报等）为串接，不同时期的报纸分门别类依时排开，搭建成了全书的内容。

这种写法的长处，是能够对中国报刊历史的轮廓，主要是其年代、种类及特征上有一个比较清晰的展示，这一价值不能否认，更不必说《中国报学史》对此有开拓首创之功。然而，其短处也是显而易见的。第一，本来颇富想象力的报纸之"新闻公布"，成为只是区分报纸与非报纸的定性尺度，报纸成为一个"静物"。研究的工作，就是用这样一个标准的"报纸"来衡量不同时期的报纸表现、变化及其作用。这不仅使得报刊史有点类似于报刊大事记的详细版，同时也让人感到报刊演变的历史是报刊的创办者或者机构的变化，是什么人在掌握和使用报刊，是报刊性质及其社会之影响的自然展示，相当于是"使用与满足"理论在中国报刊历史研究中的搬用。这在一定程度上，使得报刊史的研究不再是经验研究的描述，而是规范研究的评价。报刊史好像就是根据已有的尺度来衡量报纸的作为，比如是否做到了、起到了什么效果、是推动了社会进步还是逆潮流而行等等，而不是报刊实践如何实际展开，它与不同方面发生什么关系，不同的实践反映出什么样不同的意义，其特殊性又是什么等等。第二，在这样的研究中，报纸自身显然是无足轻重了，而且也不必重视，因为报纸是什么已经有了界定，重要的是刊载的内容以及内容中反映出来的倾向，是不同办报者对"公布"之内容的掌控，并由此所呈现的其背后的社会权力。举一个大家都很熟悉的例子，比如"《时务报》之争"，大致就是围绕这样的思路展开：只要办报者的政治立场（保皇派和改革派）确定了，报纸及其争执的性质也就不证自明，顺此也就马上可以发现报纸对于社会的反应或者社会对它的影响。

这样的思维，其实就是梅罗维茨所举的例子，机器是无关紧要的，关键是掌握机器的人以及生产的物品。如果上面这两个方面的理解没有大错的话，后来继之而起的所有中国报刊史（新闻史）研究，全是类似的路子，几无例外。近些年报刊史研究中曾经热门过一阵的所谓"新闻专业主义"或者"报纸的职业化"研究，是这种研究的又一个典型。研究者先预设出一个标准（什么是新闻专业主义或者职业化，就像戈公振设定的报纸定义），然后从报纸内容或办报者的自我言说中去寻找与此相关的东西，最后以那些材料验证做到了还是没有做到，确定是什么原因（社会的、经济的、政治的）导致。

报纸观就是媒介观，从《中国报学史》的基本思路中，可以触摸到以之为代表的这种已经成为传统的报刊史研究媒介观：第一，报刊只是人们（办报者）所运用的一种工具——具有时宜性和一般性内容的公告工具。第二，报刊与现实社会的关系，也就是主体（报刊使用者）和对象的关系，现实在媒介之外，反之也是一样。人使用媒介反映现实，媒介是现实的镜子。第三，现实的人在不同立场和目的（进步的、落后的、革命的、反动的、中间的）上的分野，就会决定其如何反映现实并起到什么效果，这构成了报刊的评价标准，就是看其内容侧重及所起到的作用和效果，究竟是好是坏还是中立（比如新记《大公报》究竟是"小骂大帮忙"，是"新华社的应声虫"，还是"中间道路"），借此也就可以排列认定其在历史上的地位。这是一种以"管道隐喻"为基础而形成的一套媒介概念系统：思想/意义是物体，语言/媒介表达是容器，交流是发送。总起来就是说话者（传播者）把思想/意义（物体）放进语言/媒介（容器）并（顺着管道）传送给听者（受众），而听者（受众）会从语言媒介（容器）中提取思想/意义（物体）。[14]我们的报刊史研究长期以来就是遵循着这样的思路展开的。

二

这种忽视技术本身而将如何使用作为评判标准，显然是主张"媒介即讯息"的麦克卢汉所不能接受的。"因为它忽视了媒介的性质，包括任何媒介和一切媒介的性质"，听上去就是一种"流行的梦游症声音"。[15]他也由此被戴上了"技术决定论"的帽子。尽管他在《古腾堡星汉灿烂》（*The Gutenberg Galaxy*）的前言中声称自己"绝对不抱决定主义的立场"，只不过是"希望阐明社会变革的一个主要因素，它可能会真正增加人的自主性"[16]，但好像没有几个人真正注意过他的这个辩白。

"真正增加人的自主性",或许可以被认为是"人体的延伸"的另一种表述,即人无论使用语言、文字还是在电台上说话,"都在使这一种或那一种感官得到延伸,以至扰动了他的其他感官和官能"[17]。我们借此看看麦克卢汉是如何考察报纸对感官和官能的扰动的。当然,是以麦克卢汉为主,必要时再辅之以其他人的论点加以延展。

麦克卢汉和戈公振一样,十分关注报纸的形态。戈公振用的是"公告性",麦克卢汉的说法是"群体的自白形式"。就是这样一种形式区分了报纸与书籍的不同,后者是一种个人的自白形式。由于是"群体的自白",报纸内容就成为一种公众马赛克形态或团体形态,是五花八门的拼贴,不像作为个人自白的书籍,给人的是"观点"。因此,如果有人"希望用报纸的马赛克形态在单一视角层次上去表现固定的观点",说明其"根本没有看清报纸的形态",是打算以出书的方式来办报。在"一种把报纸当作书籍形态来接受的文化"中,就"不可能到新闻中去寻求娱乐"。[18]这与波斯特的说法有某些类似。他说,大众媒介产生之后,表意方式就从"再现""转变为信息方式","从语境化的线性分析转变为摆出一副客观外表的孤立数据的蒙太奇"。随着19世纪后半期的市场化,报纸追求发行量和覆盖面,"报纸就愈加远离有区别的社团,脱离其参照群体,其话语也就愈加背离再现方式而走向信息方式"[19],也就是越发碎片化了。

报纸的"群体自白"——这样一种马赛克团体形态却有其独特的意义,这就是为群体提供了参与机会,使得群体"参与到过程中去",最终造成报纸与民主过程的不可分离。"报纸的马赛克样式都可以产生一种群体知觉和参与的、复杂的、分为许多层次的职能。"[20]这或许可以借用塔尔德的表述,即报纸是"公共书信"或"公共的交谈"。"各地分散的群众,由于新闻的作用,意识到彼此的同步性和相互影响,相隔很远却觉得很亲近;于是,报纸就造就了一个庞大、抽象和独立的群体,并且由此命名为舆论,从而完成了"公共头脑的宏大的一体化过程"。[21]我在《苏报》研究[22]中就运用过类似的思路。《苏报》声称增添"学界风潮"后"大为阅者之所注目"。这说明是《苏报》的"学界风潮"牵引着"阅者"的目光,报纸为读者提供的一双"眼睛",成为读者与报纸,同时也是与现实交往的中介——人们以自己的"注目"实践参与现实,形成了一个观望、议论"学界"的"共同体"——"群体自白"或"公共头脑的一体化"。依此,报纸的"公告性"就不是像戈公振所认为的那样,仅仅是一个显示报纸性质的刻度，而是一个凝聚眼目的发射光源，既发散又组合不同的关系。

这就生发出"公告性"的另一层潜在意思。报纸的"公告"可以塑造出不同于面对面交谈的新关系，根本转变了"社会生活的时空组织，创造了行动和互动的新形式、运作权力的新模式，即无须连接于共同在场"，大众媒介"可以代理在物理空间缺席的他者，或者对置身于遥远场所的他者做出反应"。[23]这一方面，"重构感知和经验的时空参数，从而使我们能够'远距离地'看到、听到甚至有所行动"[24]；另一方面，又造就了纯粹的"看"，"一切在他眼前进行，但是他不能触摸、不能亲身加入他注视的东西"，即便是参与，"也是通过代理人、中介者，如记者、播音主持人、摄影师、电视摄像师，还有名人、明星、想象世界的英雄实现的"。[25]汤普森正是据此把互动分为三种类型：面对面的互动、中介的互动（mediated interaction），以及中介的准互动（mediated quasi-interaction）。[26]大众传播研究中有一个著名的"二级传播"理论，在大众传播效果检验中，发现了人际传播中的"意见领袖"在其中所发挥的作用。[27]要是跳出效果研究从传播形态入手，"二级传播"就可以看成是汤普森意义上的不同互动形态的交集，相当于现在说的线上和线下之交融，以此就可能拓展出报刊史研究的新思路。比如1903年前后留日学生和上海、江浙地区的往来，其中既有报纸、书刊、电报，还有信件和人际（学堂、集会、演讲等）交往，它们是如何交集，不同的连接线是如何进行，又是如何呼应，并最终鼓荡起革命的风潮的。以此可以改变以往只是盯着报道内容的单一做法。

戈公振把时间——"定期性"作为报纸之重要特征，而且还体察到由此养成了"社会之阅读书报习惯"[28]，这是很有见地的。可惜与"公告性"一样，"定期性"也只是他鉴别确定报纸的一个标准，于是时间好像就成了一个设置好的"闹钟"，"作为不证自明的实在的东西呈现给我们"，而不是一个构造的因素。[29]麦克卢汉看到的"时间"就不同。报纸的定期性，是"信息搜集和信息出版的加速"，由此"产生了报纸安排材料的新形态"，"一旦排字和搜集新闻减速，报纸就会发生变化——不仅是报纸版面的变化，而且是撰稿人文风的变化"。[30]"排字和搜集新闻减速"给报纸带来何种变化，一时难以查验，但速度加快产生新文体新文风则是有据可查的，比如电报技术的运用和新闻的倒金字塔式写法，包括与新闻客观性的关系，是早就有人指出过的。[31]最近看到有学者甚至说，客观性作为一种公共价值而兴起，主要还是为了解决纸质媒介传递知识的局限性。[32]因而，麦克卢汉所说的"电报回过头又使语言和印刷词语相脱离。它开始用难以捉摸的长短电码声来传输信息，电码声信息即所谓的新闻标题风格、新闻体风格、电报体风格"[33]，就不是毫无根据的奇谈怪论。

报刊史研究很少从这样的角度来理解报道和文风。比如梁启超的"平易畅达，时杂以俚语、韵语及外国语法，纵笔所至不检束"的"新文体"[34]，是否与报纸的形式，尤其是每日出版有关呢？梁启超曾把文章分为两类：一是"传世之文，或务渊懿古茂，或务沉博绝丽，或务瑰奇奥诡，无之不可"；一是"觉世之文，则辞达而已矣"。[35]他承认所做的报刊文属于后者。当严复批评他作文不严谨时，他回答根本就没有打算"藏之名山，俟诸百世之后"，不过"应于时势，发其胸中所欲言"。报刊的出版时间，使之"每为一文，则必匆匆草率，稿尚未脱，已付钞胥，非直无悉心审定之时，并且无再三经目之事"，可一想到"此不过报章信口之谈，并非著述，虽复有失，靡关本源"，也就释然。[36]

报纸的时间当然不只与版面和文风有关，在之前的一篇文章[37]中我做过这样的概括，从媒介实践观之，报纸的时间至少牵扯三个层面：媒介内容的界定——新鲜之事；媒介生产的节奏——每日出版；读者阅读的体验——按时收看。这是一个媒介与社会不断互动的过程，其中牵涉到媒介操作、样式及内容的组织和呈现、接触和使用媒介，以及媒介在长期运作中不断卷入日常生活的社会和关系建构，甚至卷入一个总体的社会和文化的建构。[38]由此，时间加速"是现代社会的基础的结构形成和文化塑造的力量"[39]。

这样的时间视野，为我们理解报纸的"影响"打开了新的思路。麦克卢汉说："一旦报纸认识到，新闻报道不是事件和报道的重复，而是事件发生的直接原因，许多事情就会接着发生。"这种多种信息条目以马赛克的形式排列在同一张纸上产生的效果，就是"人的兴趣"。"报纸已将社区的形象塑造成一系列连续发生的行动，这些行动依靠报头的日期统一为一个整体的形象。"[40]依此而行，时间不是静止的刻度，而是一种"创造"的动力，在报纸的连续运转中既创造出了新闻，创造出了社区，也创造出了人的兴趣和行动。这恐怕是报纸作为现代新闻业不同于其他新闻传播的一个重要特征。非新闻业的新闻传播（比如汤普森说的面对面互动），是跟着事件走，以事件为导向，有事件才有传播；报纸是按照自己的生产流程运作，是一种以时间为导向的工业式制作，需要在规定的时间里去发现并组织新闻，在环环相扣的节奏中制作并传播新闻。所以塔奇曼才认为"时间"是新闻生产的物质因素之一，新闻媒体就是依赖严格的时间和空间结构，"以保证自己不仅能够完成任何一天的工作，而且能够保证每天的计划具有连续性"。新闻的类型化,比如硬新闻、软新闻、突发性事件和发展性新闻、连续报道等等,与新闻内容的价值关系相对不大,主要是出于时间考虑,其目的是协调"新闻工作预定计划与事件的预定计划"。[41]"新闻"就是这样被"机械+人工"所征调,一期一期有规律地出现在读者面前的。大众媒介"制造了以自己为前提的时间",从而使"社会就适应着这样的情形",并且因为"大众媒体每日提供新的讯息",迫使社会进行自我评价,"由此制造出——而且也满足了——对总的判断的需求"。鲁曼所总结的"大众媒体的实在,它的真实实在,在于它自己的运作中"[42],表达的就是这样的意思。我的那篇《新报之事,今日之事:上海进入新媒体时间》,就是试图以此来探询《申报》作为上海第一份日报,其每天出版的实际运作和自我意识,以及如何影响当时上海人的日常生活及其现实感知。当然,这篇文章并不令我十分满意,尤其是困于材料,不同的层面展开不够,但其思路应该是清楚的。

三

依照前面的做法,在此也可以对麦克卢汉等人的媒介观做一概括:第一,从物质的层面看,媒介作为一种技术,有其自身的逻辑和动力,会释放出自己的"讯息",从而带来不同的"人体的延伸"或者"信息方式"。第二,在人与媒介的关系上,不再是使用与被使用,而是相互介入、生成和改变,例如前面提到的时间——"定期性"。因而,"人与人造工具的遭逢不能被总结为仅仅(或甚至主要)与'使用'有关。你必须注意到,在一个工具具备任何实用性之前,人必须为它作出某种调整"。"人们并非随心所欲地任意'使用'工具,而是要注意遵守适当的操作程序和技法,满足运转所需的全部物质条件。"[43]由此,不仅要关注人用媒介做什么,同时也要关注媒介使人做了什么。第三,媒介并非仅仅是大众媒介,相反,人类传播史上有着各种各样不同的媒介及其传播实践。即便是大众媒介,它们之间也不是进化的链条关系,它们各有自己的"讯息",所以梅罗维茨才认为,媒介理论是单数的,因为每个媒介的特别性质都不同。[44]第四,有各自特性的媒介,不是"物件、文本、感知工具或生产过程",而是一个"事件",是显示其特性的实践。[45]"事件是一个把自身诸方面发散出去,参与并形成其他事件的摄受统一体。"[46]这样,媒介就成为一个结转关系且又改变关系的"功能性位置"或者"中介环节","它对通过中间项的两者起作用……它要在不可逆转的过程中创造出一个模型,超越所有的企图"。[47]

基特勒甚至认为，在缺席与在场、远与近、存在与灵魂的"中间"，存在着一种本体意义上的"媒介关系"。[48]麦克卢汉的"媒介就是讯息"、塔尔德的"公共交谈"、波斯特的"信息方式"，乃至于梅洛维茨的"场景"以及所谓的"媒介环境学"，恐怕都要摆到这样的层面来重新加以认识。

以上这样的两相映照，虽不免有些粗疏和机械，但意图是明确的，希望借此激发对报刊史研究中"媒介"的反思。况且目前具备了这样的现实条件，我们正亲身经历的新媒体传播实践及其现象，已经为重新理解媒介提供了切实的经验基础，"对电子化信息方式的解剖必然会使口头传播及印刷传播的信息方式的解剖更加明白易解"[49]。所以，再思媒介是当前每一个报刊史研究者都无法躲开的问题，无论愿意还是不愿意。即便仍然坚守戈公振为代表的那条路子（这当然是完全可以的），也应该是"再思"之后的选择。如此，研究才会是自觉的、有分寸感的，而不会是两眼一抹黑，以为一切均是决定了的且不可更改的。

就我们在摸索中的体会而言，再思媒介并非易事，粗粗想来主要有三难：

第一，已有的新闻学和大众传播理论并不能为此提供太多的现成资源，再思的"基本立足点，应是古往今来的传播实践与传播思想"[50]，需要以不同脉络的思想为基础，它们来自不同的学科。因此，首先不能让已有的学科界限成为不可跨越也不想跨越的沟壑。实际上，技术、媒介、身体、实践等等，都是各个学科关注的重点。最近两天正在看白馥兰写的《技术、性别、历史》，她在导论"技术的权与力"中说："构成任何技术实践的物质和技艺，都是在社会关联中实行的，其含义被分置在被生成的对象上以及作为生成者的人上。""技术所承担的最重要的工作便是产出人以及构建人与人之间的关系。"[51]这几乎就是在媒介意义上讨论技术。做报刊史研究的如果连这样的历史著作都不碰，以为研究就是闷头看所谓的史料，要想突破原有的藩篱是不可能的。历史研究者要精通社会科学很难，不过"总要打开大门，尽可能地吸收一点！尽可能予以运用！纵不能运用，也有利于自己态度的趋向开明！"[52]。

第二，技术究竟是工具还是媒介，以德国学者克莱默尔的分析，不是本体论意义上的区别，好像世界上的技术人造物可以分成两类：要么是工具，要么是媒介，这是两种不同的视角，其重要性是不同的。"工具和机器是我们用来提升劳动效率的器具，而技术的媒介却是一种我们用来生产人工世界的装置。它开启了我们的新的经验和实践的方式，而没有这个装置，这个世界对我们来说是不可通达的。"[53]这就是说,重新理解媒介,关涉到思维方式的转变。从工具论视野看过去,媒介就是外在于对象的手段,是提升信息传递的速度和广度、改变传播效果的工具;如果从媒介与人、与现实的交互关系入手,媒介就是一种"装置","它让我们通向那个由于与我们相关而伸向我们的东西","让我们进入与我们相关或传唤我们的东西"。[54]养成这样的思维,不是读几本书所能实现的,非不断琢磨、钻研和实践不为功。

第三,媒介再思,在深层次上与观念有关。媒介是什么,其实就是媒介与现实的关系,甚至现实世界是什么的问题。这里面既包含了哲学观,也包含着史观。借一位学者的概括,关于传播有三个隐喻,分别指向三种世界面孔。第一种是再现或者机器,这是最传统的理解,表示主体至上,理性的人运用技术但不受其奴役。第二种是表现或有机体,在这个隐喻里,技术构成了世界,人服从于技术所诱发的世界面貌。"支配"的思想消失,让位于"适应"的观点,人与媒介共存于一个有机的生态之中。第三种则是混合,人与技术是一种自我同义反复,主体与客体、生产者与产品是混合在一起的。真实性、意义和身份消失。这样的三种隐喻,是人所编制出的与传播有关的三种预先假定的世界面孔,这些假定在悄悄运作之时,就会出现在概念制造、发明、研究等等方法之中[55],就会制约思维和研究。史观同样如此,伊格尔斯的《二十世纪的历史学》,相信做报刊史的应该都读过。作者在该书的绪论中说,自兰克以来的历史学所普遍接受的三项基本前提,即真理符合论(历史学是描绘确实存在过的人和事),人的行为就是人的意图所致(历史学家所做的就是理解这些意图以便讲述一个完整一贯的故事),按照一种一维的、历时的时间观念运作(事件是前后相续而来的),在最近的史学思想中都受到了质疑。20世纪下半叶以来"历史研究和历史写作已经发生了一场基本性的重新定向"[56]。历史学的重新定向,与媒介的重新思考在大趋势上应该是一致的。因此,再思媒介不是技巧,"仅仅再转一转惯例和观念的调谐钮是远远不够的,这样是收听不到新的传播频率的"[57]。如果一种媒介观是一种范式,范式改变则意味着"观察世界的概念网络的变更",好比一个科学革命就是世界观的转变。[58]这对于一个研究者来说,是具有颠覆性的。

为了写这篇小文,重又读了一下麦克卢汉的东西。他在《古腾堡星汉灿烂》前言中表白道,其目的是要"追溯经验、心态和表情的形态如何改变,先是因拼音字母而改变,后是因印刷术而改变","去研究社会和政治中的思想形态和经验组织形态",检视感官被媒介"扰动之后的新文化成果的一系列历史考察"。[59]这似乎和英尼斯的"将人类文明史改写为传播媒介史"[60]有了某些相通之处。在这个意义上,报刊史,实就是报刊/媒介视野中的人类的历史。我们今天所生活的时代,就像梅洛-庞蒂所描述的,"每时每刻目击体验的连接这个奇迹,没有人比我们更了解这个奇迹是如何发生的,因为我们就是关系的扭结"。"真正的哲学在于重新学会看世界,在这个意义上,一种描绘出来的历史就像一篇哲学论文那样有'深度'地表示世界。"[61]再思媒介,既是希望能闯出报刊史书写的新路向,写出不一样的、可以有"深度"地反映这个世界的报刊史,同时也是希望借此让我们能够重新学会理解社会、世界和人的存在,理解媒介与这一切的关系,以呼应"每时每刻目击体验的连接这个奇迹"这个时代。当然,创新之路是多样的,但是无论如何多样,再思媒介,恐怕都是必经之道。

(原载于《新闻记者》2018 年第 12 期)

引用文献 [References]

[1] 凯瑞. 作为文化的传播 [M]. 丁未,译. 北京:华夏出版社,2005:50.

[2] 梅洛维茨. 消失的地域:电子媒介对社会行为的影响 [M]. 肖志军,译. 北京:清华大学出版社,2002:12.

[3] 黄旦. 范式的变更:新报刊史书写 [J]. 新闻与传播研究,2015(12):5 - 19,126.

[4] 波斯特. 信息方式:后结构主义与社会语境 [M]. 范静晔,译. 北京:商务印书馆,2000.

[5] 戈公振. 中国报学史 [M]. 北京:三联书店,1955:2.

[6] 维纳. 人如何书写历史 [M]. 韩一宇,译. 上海:华东师范大学出版社,2018:8.

[7] 戈公振. 中国报学史 [M]. 北京:三联书店,1955:1.

[8] 戈公振. 中国报学史 [M]. 北京:三联书店,1955:2 - 16.

[9] 戈公振. 中国报学史 [M]. 北京:三联书店,1955:6.

[10] 戈公振. 中国报学史 [M]. 北京:三联书店,1955:19.

[11] 戈公振. 中国报学史 [M]. 北京:三联书店,1955:6.

[12] 戈公振. 中国报学史 [M]. 北京:三联书店,1955:18.

[13] 戈公振. 中国报学史 [M]. 北京:三联书店,1955:1.

[14] 考莱夫,约翰逊. 我们赖以生存的隐喻 [M]. 何文忠,译. 杭州:浙江大学出版社,2015:7 - 8.

[15] 麦克卢汉. 理解媒介：论人的延伸［M］. 何道宽，译. 北京：商务印书馆，2000：37.

[16] 麦克卢汉，秦格龙. 麦克卢汉精粹［M］. 何道宽，译. 南京：南京大学出版社，2000：151.

[17] 麦克卢汉，秦格龙. 麦克卢汉精粹［M］. 何道宽，译. 南京：南京大学出版社，2000：151.

[18] 麦克卢汉. 理解媒介：论人的延伸［M］. 何道宽，译. 北京：商务印书馆，2000：256，260.

[19] 波斯特. 信息方式：后结构主义与社会语境［M］. 范静晔，译. 北京：商务印书馆，2000：86-88.

[20] 麦克卢汉. 理解媒介：论人的延伸［M］. 何道宽，译. 北京：商务印书馆，2000：256，269.

[21] 塔尔德. 传播与社会影响［M］. 何道宽，译. 北京：中国人民大学出版社，2005：245-246.

[22] 黄旦. 报纸革命：1903年的《苏报》：媒介化政治的视角［J］. 新闻与传播研究，2016(6)：22-45，126-127.

[23] THOMPSON J B. The media and modernity：a social theory of the media. CA：Stanford University Press，1995：4.

[24] 麦奎尔. 媒体城市［M］. 邵文实，译. 南京：江苏教育出版社，2013：6.

[25] 莫兰. 时代精神［M］. 陈一壮，译. 北京：北京大学出版社，2011：71-72.

[26] THOMPSON J B. The media and modernity：a social theory of the media. CA：Stanford University Press，1995：82-87.

[27] 麦奎尔，温德尔. 大众传播模式论［M］. 2版. 祝建华，译. 上海：上海译文出版社，2008：56-60.

[28] 戈公振. 中国报学史［M］. 北京：三联书店，1955：9.

[29] 沃勒斯坦. 否思社会科学：19世纪范式的局限［M］. 刘琦岩，叶萌芽，译. 北京：三联书店，2008：第二版序2.

[30] 麦克卢汉. 理解媒介：论人的延伸［M］. 何道宽，译. 北京：商务印书馆，2000：257-258.

[31] 埃默里 M.，埃默里 E. 美国新闻史［M］. 8版. 展江，殷文主，译. 北京：新华出版社，2001：212-214.

[32] 温伯格. 知识的边界［M］. 胡泳，高美，译. 太原：山西人民出版社，2014：177.

[33] 麦克卢汉. 理解媒介：论人的延伸［M］. 何道宽，译. 北京：商务印书馆，

2000：258.

[34] 梁启超. 清代学术概论 [M]. 北京：东方出版社, 1996：77.

[35] 梁启超. 原序//饮冰室合集·文集：第一册 [M]. 北京：中华书局, 1989.

[36] 梁启超. 与严又陵先生书//饮冰室合集·文集：第一册 [M]. 北京：中华书局, 1989：106 - 111.

[37] 黄旦. 新报之事, 今日之事：上海进入新媒体时间 [A] //黄旦·城市传播：基于中国城市的历史与现状 [M]. 上海：上海交通大学出版社, 2015.

[38] KROTZ F. Mediatization：a concept with which to grasp media and societal change [A] //LUNDBY K. ed. Mediatization：concept, changes, consequences [M]. New York：Peter Lang, 2009.

[39] 罗萨. 加速：现代社会中时间结构的改变 [M]. 董璐, 译. 北京：北京大学出版社, 2015：28.

[40] 麦克卢汉. 理解媒介：论人的延伸 [M]. 何道宽, 译. 北京：商务印书馆, 2000：266, 256, 266 - 267.

[41] 塔奇曼. 做新闻 [M]. 麻争旗, 刘笑盈, 徐扬, 译. 北京：华夏出版社, 2008：60 - 67.

[42] 鲁曼. 大众媒体的实在 [M]. 胡育祥, 陈逸淳, 译. 台北：台湾左岸文化, 2006：54 - 55, 26.

[43] 温纳. 自主性技术：作为政治思想主题的失控技术 [M]. 杨海燕, 译. 北京：北京大学出版社, 2014：168, 171.

[44] 梅罗维茨. 消失的地域：电子媒介对社会行为的影响 [M]. 肖志军, 译. 北京：清华大学出版社, 2002：13.

[45] 库尔德利. 媒介、社会与世界：社会理论与数字媒介实践 [M]. 何道宽, 译. 上海：复旦大学出版社, 2014：39.

[46] 德昆西. 彻底的自然：物质的灵魂 [M]. 李恒威, 董达, 译. 杭州：浙江大学出版社, 2015：128 - 129.

[47] 德布雷. 媒介学引论 [M]. 刘文玲, 译. 北京：中国传媒大学出版社, 2014：125.

[48] 基特勒. 走向媒介本体论 [J]. 胡菊兰, 译. 江西社会科学, 2010 (4)：249 - 254.

[49] 波斯特. 信息方式：后结构主义与社会语境 [M]. 范静哗, 译. 北京：商务印书馆, 2000：14.

[50] 孙玮. 为了重建的反思：传播研究的范式创新 [J]. 新闻记者, 2014 (12)：50 - 58.

[51] 白馥兰. 技术、性别、历史：重新审视帝制中国的大转型 [M]. 吴秀杰, 白岚玲,

译.南京：江苏人民出版社，2017：6-7.

[52] 严耕望.治史三书[M].上海：上海人民出版社，2011：8-9.

[53] 克莱默尔.作为轨迹的和作为装置的传媒[A]//克莱默尔.传媒、计算机、实在性：真实性表象和新传媒[M].孙和平，译.北京：中国社会科学出版社，2008：76，7-8.

[54] 海德格尔.在通向语言的途中[M].孙周兴，译.北京：商务印书馆，1997：164.

[55] 吕西安·斯菲兹.传播[M].朱振明，译.北京：中国传媒大学出版社，2007.

[56] 伊格尔斯.二十世纪的历史学：从科学的客观性到后现代的挑战[M].何兆武，译.济南：山东大学出版社，2006.

[57] 波斯特.信息方式：后结构主义与社会语境[M].范静晔，译.北京：商务印书馆，2000：9.

[58] 库恩.科学革命的结构[M].金吾伦，胡新和，译.北京：北京大学出版社，2003：94.

[59] 麦克卢汉，秦格龙.麦克卢汉精粹[M].何道宽，译.南京：南京大学出版社，2000：148、153.

[60] 梅罗维茨.消失的地域：电子媒介对社会行为的影响[M].肖志军，译.北京：清华大学出版社，2002：14.

[61] 梅洛-庞蒂.知觉现象学[M].姜志辉，译.北京：商务印书馆，2001：18.

液态的连接：理解职业共同体
——对百余位中国新闻从业者的深度访谈

■ 周睿鸣　徐　煜　李先知

一、引言

　　近年来，职业共同体已成为考察中国新闻从业者理念、实践、话语的关键词之一。以中国新闻从业者的论述为对象，研究者运用阐释共同体（interpretive communities）这一概念，分析了新闻报道、新闻业务研讨刊物和社会化媒体当中的特定文本。采用这样的视角，研究者将特定范围内的中国新闻从业者视作阐释共同体成员，透过文本展现他们的话语权威。这为切入新闻业变迁提供了既有别于专业社会学（sociology of profession）又可以相互补充的另类进路（alternative approach）。[①] 不过，一个值得注意的问题是：阐释共同体这一概念关联着某些热点时刻、关键公共事件及其展开的平台，得出的结论具有限

[①]　西方研究者运用阐释共同体这一概念研究新闻从业者的历史稍长。这其中不乏一些经典著作，如 ZELIZER B. Covering the body: the Kennedy assassination, the media, and the shaping of collective memory. Chicago: University of Chicago Press, 1992; SCHUDSON M. Watergate in American memory: how we remember, forget, and reconstruct the past. New York: Basic Books, 1993. 近年来，受数字化传播技术变革的影响，公民记者（citizen journalists）逐渐成为新闻实践中的重要力量。主流媒体当中的新闻从业者如何同公民记者争夺、协作建构新闻权威，研究者以此为主题进行了探索，如 ROBINSON S. "If you had been with us": mainstream press and citizen journalists jockey for authority over the collective memory of Hurricane Katrina. New Media & Society, 2009, 11 (5): 795 - 814; USHER N. Goodbye to the news: how out-of-work journalists assess enduring news values and the new media landscape. New Media & Society, 2010, 12 (6): 911 - 928. 在技术变革、中国社会转型和传媒变迁的历史语境下，中国研究者也密集进行了以阐释共同体为核心概念的一系列研究，如李红涛，黄顺铭．"谋道亦谋食"：《南方传媒研究》与实践性新闻专业主义．[2017 - 05 - 15]. http:// person. zju. edu. cn/attachments/ 2014 - 09/07 - 1410424167 - 678020. pdf; 张志安，甘晨. 作为社会史与新闻史双重叙事者的阐释社群：中国新闻界对孙志刚事件的集体记忆研究. 新闻与传播研究，2014 (1); 白红义. 新闻权威、职业偶像与集体记忆的建构：报人江艺平退休的纪念话语研究. 国际新闻界，2014 (6).

定性。我们好奇的是，如果没有这些时刻、事件、场所，没有较为同质的、频繁互动的新闻从业者，阐释活动能否展开、如何展开？倘若这个问题的答案是否定的，那么，如何认识新闻从业者这一群体，从一般意义上把握"阐释"生成的时空条件？这是我们思考的逻辑起点。

若要寻求具有普遍观照的理论建构，全面汇集、呈现新闻从业者的声音是必需的。但是，以阐释共同体为核心概念的研究建立在系统、完整、逻辑自洽的书面文本上，造成了某种遮蔽：那些没有凝结成书面文本的言说无法成为考察对象。我们难以勾画一个异质的、内部分化的新闻从业者群像。在呈现中国新闻从业者全息图景这一目标面前，我们需要做研究方法上的调整。

本研究从以下问题入手：中国新闻从业者如何理解他们的职业共同体？通过直面中国新闻从业者的深度访谈，我们探寻他们对职业共同体这一概念的"在地理解"（local perception），并把这种考察置于传播技术变革、中国传媒改革和新闻业变迁的历史语境当中，试图从整体上把握、理论化中国新闻从业者的群体特征。也就是说，我们试图探索中国新闻从业者的职业意识与话语，描述并解读其内部的矛盾和张力，并检视这些矛盾和张力的理论联系。

二、职业共同体：研究进路与内涵

通常情况下，研究新闻从业者这一职业群体（occupational group）有两种理论进路。一是"专业"取向：从专业社会学的视角出发，研究者将新闻从业者视为专业人士（professional），运用不同的理论范式探讨新闻从业者如何建构专业特征、达至专业化的目标、建立专业垄断或争夺专业管辖权。二是"阐释"取向：研究者将新闻从业者视作阐释共同体，看他们在热点时刻（hot moments）如何开展共同的阐释，赋予关键公共事件（key public events）以话语权威（discursive authority）。

早期的专业社会学研究尝试对"专业"（profession）这一词语做特征列举式的分类学定义，但由于不同的学者开列出了不同的特征清单，难以形成分类的共识，至20世纪六七十年代，专业化（professionalization）逐渐取代了特征列举，成为专业社会学研究的主导范式。[1]围绕从业者如何推动职业（occupation）走向专业，并在这个过程中成为专业人士，秉持不同取向的研究者各抒己见。例如，帕森斯（Talcott Parsons）强调，应当理解专业的社会功能，考察知识在专业化过程中发挥的作用[2];韦伦斯基（Harold L. Wilensky）认为，应当留意培训体系、规章制度、道德准则等结构化制度和次序[3];米勒森（Geoffrey Millerson）主张重视专业团体、行业协会在专业化过程中扮演的重要角色[4];拉尔森（Magali S. Larson）提出专业化的关键在于垄断[5];等等。丁望（Robert Dingwall）对"专业化"研究提出批评：尽管比特征列举的"属性路径"（the attribute approach）有所进步，但"专业化"仍然试图合法化"专业化"这个词语的使用，而并未将它视为某个特定群体成员调用的、描述某种实践的用语。他建议研究者将眼光重新转向专业工作本身："我们无法给出专业的定义，唯一能做的就是阐述如何运用这一词语，并罗列运用的场景。"[6] 20 世纪 80 年代，梳理专业社会学史的阿伯特（Andrew Abbott）直言：相对确定的专业结构并不存在；各专业处于同一工作领域，它们共同构成相互依赖的系统（interdependent system）。在这个系统中，各专业拥有对某些工作的"管辖权"（jurisdiction），通过管辖权的争夺，专业得以在联系中发展壮大。[7]

专业社会学一度是研究新闻从业者的主导理论进路。20 世纪 90 年代，翟莉泽（Barbie Zelizer）对此提出批评，认为专业社会学封闭了新闻从业者研究多样而丰富的路径，具体表现在：职业话语可能影响新闻从业者的行动，专业社会学却忽略了它；新闻从业者在叙事（narrative）和讲故事（storytelling）的话语实践中展现的向心性（centrality）被专业社会学遮蔽；专业社会学单单分析了新闻从业者依靠组织开展的正式交往，却未关注他们的非正式交往。翟莉泽相信，这些被忽略的部分均有助于凝聚、团结新闻从业者。为此她提出，将新闻从业者视为阐释共同体。在这里，围绕关键公共事件，新闻从业者因共享的阐释而凝聚。阐释分两种模式：一是在地模式（local mode）。新闻从业者凭借在场优势亲身目击事件发展变化，记录事件过程，获得一手资料，建立话语权威。二是持续模式（cluration mode）。围绕行业变迁中的重大事件，新闻从业者不断讨论、反思，汇成对事件的集体谈论、重述与评价，建立话语权威。[8]

综合以上两种进路，我们可以梳理职业共同体作为一个规范参照系的内涵：它既蕴含了某种专业的社会控制模式，又指向了某种职业话语。它的建构既可以反映某个职业群体的专业特征，呈现它的专业化过程，折射它的社会功能、结构与工作常规，以及专业生态系统内的管辖权争夺，又能够在特定的时空条件下彰显这个群体的话语权威。虽然它们代表了职业共同体的不同维度，但它们都具有凝聚、团结、整合职业群体的效用。对新闻从业者这支社会力量来说，职业共同体的凝聚、团结、整合有助于他们以自主的行动和言说生产新闻这件公共产品，建构社会的公共性。

如果说新闻专业主义既是一种论述媒介体制和新闻实践的话语，又是一种意识形态，还是一种社会控制模式，那么，新闻从业者职业共同体的建构就等同于新闻专业主义的建构，"专业"和"阐释"两种取向在职业共同体的建构过程中也是相互交织的。[9]

近年来，西方的新闻从业者研究体现了这种交织。随着数字化传播技术的不断变革，逐渐得到赋权的受众正日益参与到新闻实践中。这方面的研究有很多，李维斯（Seth Lewis）将其总结为：新闻从业者维护专业控制（professional control）和公众要求开放参与（open participation）之间的矛盾。[10]研究者们认为，这种张力展示了新闻从业者如何在"阐释"和"专业"两个维度（主要在话语层面）同公众争夺、厘定、守卫专业边界。[11]借用亚历山大（Jeffery Alexander）和翟莉泽对传播技术变革背景下新闻业"危机"的分析，这种争夺、厘定和守卫的话语阐释和可能的结构重塑显示了新闻从业者职业话语的一角：新闻是一项公共产品，新闻业是社会的公共部件；尽管新闻业面临技术和商业上的双重"危机"，但新闻从业者掌握的正是民主的手艺，新闻业的职业伦理已经与民主实践及其制度的公民道德深深交织。在"危机"的应对中，新闻专业主义应当是变动中得到守护的行业内核。[12]换句话说，在技术变革的背景下，面对公众的外部压力，新闻从业者在共同的话语阐释中一次次整合自身，通过自我反思及公众协商实现理念汇聚与调适。

中国的情况有所不同。一方面，中国新闻业确实面临着类似西方的行业"危机"，面对"新媒体"的冲击，新闻从业者反复与挑战者展开话语争夺；但另一方面，这种话语阐释书写的文化权威却带有某种时空限定和局部特征。多项案例显示，中国新闻业中的确有一些从业者子群体展示出阐释共同体的特征，但这些共同体的形构受制于时刻、事件、报道领域等特定条件。换句话说，中国新闻业目前并不存在一个完整的、面向全行业的职业共同体。[13]原因是，在中国特定的历史传统、社会结构和媒介体制当中，新闻专业主义始终只能作为话语资源供从业者支配，而不能成为一种社会控制模式供从业者建立一套完整、封闭的专业体系。在中国传媒改革过程中，新闻专业主义的建构始终是一个持续、艰难的过程。[14]通过对中国传媒改革历程中一些关键人物、事件的"怀旧",以及在诸如"记者节"等特定时间节点的集中言说,新闻从业者一面追忆专业话语空间如何开辟和拓展,一面调适行业"危机"中专业话语空间遭受的紧缩和挤压,汇成了一个杂糅的话语体系。[15]通过以上讨论可以了解到,"阐释"路径的研究依赖新闻从业者内部的某个同质化群体。即使直面新闻从业者的异质特征,这一路径也要求研究者限定特定的组织、平台、场所,以观察新闻从业者的集中言说。反过来说,它的未尽之处在于难以检视:某套阐释话语能否演绎成整个行业共同的参照系,不同空间发生的话语实践能否相互勾连、彼此强化,不同阐释群体间能否发展出更具一般意义的共识。[16]

在此基础上,我们的研究希望再进一步,不附加任何限定条件地讨论:(1)如何描述中国新闻从业者的多元话语?(2)话语之间如何勾连,蕴含着怎样的矛盾和一般意义的共识?(3)如何解读矛盾和共识的共存?如何理解两者的理论关联?

三、从深度访谈切入

我们以深度访谈的方法探究上面三个问题,基于两重考量:其一,可供分析的既定文本大多聚焦在特定案例上,适于分析某个同质的、特定条件下的群体,不适于呈现异质的、去除特定条件的新闻从业者群像。与之相比,深度访谈要合适得多:只要就同一套问题不断追问受访者,我们就可以趋近理论饱和。其二,文本意味着书写,书写意味着记述。分析文本偏向逻辑自洽的系统记述。那些没有得到书写的实践片段可能支离破碎,充满矛盾与荒诞,但这不意味着这些被遗忘的部分毫无理论价值。要挖掘这种散乱的论述,深度访谈比分析文本更有效。

为完成上述目标,2014年3月至2015年2月,我们以滚雪球的方式面访了百余位新闻从业者。他们工作于北京、上海、广州、武汉等城市,以中国居民为总体服务对象,年龄介于20至55岁之间,是从事采访、写作、编辑、评论的新闻机构雇员。他们一部分来自喉舌型媒体——以宣传党和政府的方针政策为导向,另一部分来自市场导向型媒体——以报道受众喜闻乐见的新闻、置换商业利益为目标。若以数字化程度分类,他们一部分来自报纸、杂志、广播、电视等传统媒体,另一部分来自门户网站、移动新闻客户端等新媒体。就科层等级来看,绝大多数受访者(102名)为一线工作人员,小部分为中级(23名)、高级(6名)管理人员。就从业年限来看,逾三成(42名)受访者拥有

1~3年的实践经历，工作0~1年（22名）、3~5年（22名）、5~10年（29名）的各占两成左右，从业10年以上（16名）的占一成多。[①]

访谈是半结构化的。它由四个板块顺序构成：基本工作状况、对新传播技术运用的看法、职业理念、新闻业前景评价。职业共同体这一问题从属于职业理念板块。切入之前，我们已经询问受访者对记者专业性的看法，他/她的职业模范是谁，在他/她看来传统媒体和新媒体的专业程度及其原因，等等。这些问题可以看作职业共同体这个问题的铺陈。具体到表述上，我们直接询问受访者：（1）中国新闻业是否存在一个坚实的职业共同体。我们不告知受访者何为职业共同体，但会请他们给出回答"是"与"否"的理由。假如受访者无法理解上面的表述，在接收问题后陷入长时间停顿或思考，流露出困惑、迟疑和不解，我们将视情况择其一补充提问；（2）新闻从业者这个群体是否给受访者带来归属感；（3）新闻从业者是否团结。问题（2）和（3）是问题（1）的具体化，旨在描述职业共同体对新闻从业者的整合效用与特征。我们与受访者谈论的问题类型以受访者回应的问题为准。经受访者同意，我们录制了所有对谈的过程，得到130段可供分析的材料。

接下来的两部分是我们对这些材料的质性数据分析。首先，我们按照"是"和"否"这两种答案架构出两块看似相互矛盾的板块。接着，我们再归纳出各个板块的若干主题，并结合材料予以阐释，呈现不同话语的冲突与共识。这么做是因为：从受访者的回答来看，报告"是"（55名，42.3%）和"否"（54名，41.5%）的比例相近。虽然我们遇到了报告"不好说"的受访者（21名，16.2%），但他们大多两面论述，因此我们决定把这一部分分别整合到"是"和"否"两部分当中去。

四、专业差异、劳动异化与"转型"差异

我们发现：当受访者给出"否"的回应时，其支持理由为三重主题所架构。它们分别是：（1）专业差异；（2）劳动异化；（3）"转型"差异。它们既可以拿来独立论述，又可以相互叠加，成为受访者佐证职业共同体不存在、缺乏职业

[①] 本文涉及的所有受访者共计131人，他们的详细信息可参见附录。编号由两部分组成：一是他/她工作所在城市的拼音首字母，一是他/她在该城市受访的序号。我们实际访谈的总人数为148人。其中，17人的访谈出于各种原因被终止、未完成，或是他们的身份不是新闻从业者。因此，这17人的访谈我们没有用来分析本文，也没有列入附录。但是他们的编号我们予以保留（如B12-B14）。

共同体归属感、判定新闻从业者不团结的依据。

（一）专业差异

所谓专业差异指的是新闻机构间专业特征多与少的不同，或者说是专业化程度的不同。在这一主题下，受访者结合自身经历以及对行业的观察制造出一组"专业"与"不专业"的二元对立。具体论述中，这又转化成为两组新闻机构阵营的对立，一是"体制内媒体"与"体制外媒体"的对立，二是"传统媒体"与"新媒体"的对立。

1. "体制内媒体"与"体制外媒体"

所谓"体制内媒体"和"体制外媒体"之分指的不是新闻机构在多大程度上游离于党的新闻工作之外，或是以什么形式脱离宣传管理（实际上不可能如此），而是它们维持自身运转时对单位体制依附程度的差别，或者说是新闻机构在中国传媒改革过程中市场化运营程度的不同。按照受访者的说法，这种"体制内外"之分也可以表述成"党管媒体"与"市场化媒体"之分，或者"党报"与"都市报"之分。

在中国传媒改革过程中，新闻从业者通过与市场"结盟"，使得专业主义成为可支配的话语资源。也就是说，在市场化运营过程中，新闻业不仅彰显了它的"双重性"，既担负党的宣传任务又满足受众的信息需求，而且还唤醒了新闻从业者的职业意识，激发他们磨合出以公共利益为导向的生产和评价体系。[17]通过评价新闻机构对单位体制依附程度和市场化运营程度，受访者旨在区隔不同新闻机构的专业化程度，试图指出改革过程中宣传与新闻两种范式及其话语之间的张力。通过观察、体验不同新闻机构制订和贯彻的实践准则、伦理规范、选题偏向，受访者展示了两种范式及其话语的交织与冲突。

G08受访时在某商业门户网站担任中层管理者。当时，他从事新闻工作已有5~10年。在此之前，他曾在中国知名的都市类媒体《南方都市报》当过记者。对于职业共同体存在与否的问题，他"倾向于没有"，认为不应该把"都市报"同"党报"，以及明显得到政府支持开设的新闻网站组建成一个共同体，因为"报道的领域和对象不同"。他表示，尽管《南方都市报》也是"政府管"，是党的新闻工作不可或缺的一部分，但"毕竟走出市场化这一步，不像'党报'，更多的功能是报道会议和领导的'大事件'"。在这个层次上，他认为不应该把供职于"党报"的新闻从业者跟一些"比较好的媒体记者"绑定在一块。

简单说,作为"都市报"曾经的一分子,他认定对方——"党报"的专业化程度还有待提高。在回答职业共同体的问题前,G08 告诉我们:他有"新闻理想",想对社会尽职;做新闻不是从经济或别的角度考虑,而是它能带来荣誉感,让他凭借自己的能力做一些能做的事,例如"揭黑"和社会调查等。这一选题偏向同他对新闻业社会作用的看法相吻合:新闻业应该记录一些不公正的事件,维护社会公平正义,倡导人文关怀。G08 从选题偏向上辨识"党报"和"都市报"两阵营制作新闻的差别,并试图将这种差别上升到新闻业的社会作用这个问题上。

2."传统媒体"与"新媒体"

回到访问时的语境,"传统媒体"和"新媒体"对立的核心在于媒介数字化程度的不同。在受访者那里,"传统媒体"包括报纸、杂志、广播、电视,"新媒体"则包括商业门户网站、"传统媒体"创设的附属新闻网站、各单位支持的行业新闻网站。仅就这种介质特征的差异而言,它不足以构成受访者制造专业化程度对立的条件。更深层的原因在于这些数字新闻平台要么是民营资本支持的,对新闻体制甚至整个单位社会体制的依附来得比"市场化媒体"还要少;要么是"传统媒体"及各单位对其附属数字新闻平台的重视还远远不够。这带来了专业化程度上的分野:一方面,凭借数字传播技术,"新媒体"改变甚至颠覆了"传统媒体"的生产流程、模块配置、叙事模式等,可以通过聚合等新的手段,综合运用动画、数据图表、短视频等多媒体元素,更快速地将新闻分发、推送给特定人群。理论上说,技术的优势使得"新媒体"有可能得到上佳的传播效果。但另一方面,由于官方"非对称规制"的存在,广为使用的民营"新媒体"不具有互联网新闻信息采编发布服务的准入资格,难以介入有关政治、经济、军事、外交等社会公共事务和社会突发事件的报道和评论。[①] 这变相抬

[①] 所谓"非对称规制"指的是党和国家相关职能部门联合出台的、针对互联网新闻信息服务的管理规定。规定包括 2000 年 11 月 7 日国务院新闻办公室、信息产业部发布的《互联网站从事登载新闻业务管理暂行规定》,2005 年 9 月 25 日国务院新闻办公室、信息产业部发布的《互联网新闻信息服务管理规定》,以及 2017 年 5 月 2 日国家互联网信息办公室发布的《互联网新闻信息服务管理规定》。按照规定,新闻单位指的是从中央到地方(至省、自治区、直辖市及其政府所在地市)各级党政机关直管的新闻机构。随着时间的推移,受到规制的内容由新闻明确为时政类新闻信息,体裁明确为报道和评论,刊发形式从直接登载、论坛发布、即时通讯信息推送泛化到博客、微博客、公众账号、网络直播等。有一点大体不变:非新闻单位不得登载自行采编的新闻信息。这实质上限制了国内民营及国外资本开展新闻实践。

高了"新媒体"以实践促专业的门槛。于是,实践技艺的多少、社会名望的高低、新闻体制的吸纳这些指标,就成了受访者以专业化程度强弱分列"传统媒体""新媒体"和"纸媒""网媒"的依据。

G14 受访时是某商业门户网站的中级管理者。他大学读的是新闻专业,毕业后直接进"新媒体"工作了 3~5 年。他认为中国新闻从业者不团结。给他的感觉是,大家私人关系比较好,会在一些共同出席的活动上碰面,认识一些"记者、编辑",但"新媒体"一"没有采编权",二"没有什么记者协会给我们培训指导",这就谈不上团结,只能说大家可以成为朋友、"圈子"吧。类似地,W20 受访时是某商业门户网站的编辑,受访时在该公司工作了三年左右。她同样认为中国新闻从业者不团结:虽然"大家的交流和融通可能比以前好一点",但就她在武汉的观察,"'报媒'和'网媒'中间还有一定差距存在,'传统媒体'的社会地位或威望还是比'网络媒体'稍微高一点"。他们道出了妨碍新闻从业者团结的同一个症结:"新媒体"没有被完全视作党的新闻战线上的一员。在中国特定的新闻体制下,新闻机构要想实现专业化程度的提升,不可能也离不开官方的支持。只有被体制吸纳,成为党的宣传体系的一部分,"新媒体"才有可能获得完全意义上的新闻服务资质,才有可能享受到这一体系内培训指导、业务交流的"福利"。不然,短期地看,"传统媒体"和"新媒体"在专业化程度上的差别将继续存在,进而影响公众对他们的评价。这指向的是专业化程度的差异,表现的乃是宣传与新闻两种范式和话语的交错和碰撞。

(二) 劳动异化

与上一节不同,劳动异化展现的不是受访者如何制造对立,从而证明不存在新闻从业者的职业共同体。我们所谓的劳动异化指的是,通过在做新闻的劳动中推行绩效考核办法,"事业单位、企业化管理"的新闻机构将提供精神产品的新闻从业者规训、降格成"计件""重量"的快餐生产者。在这个主题下,与其说新闻从业者的内部分立阻碍了各子群体的进一步联合,不如说他们为了各自的安身立命而无暇顾及职业共同体,甚至主动参与到市场竞争中来。个体化的生存目标否定了职业共同体形成的可能。

B36 受访时在一个官方英语新闻杂志社工作,入行还不到 3 年。她认为中国新闻从业者不团结,原因是"大家在为自己的媒体,或者在为他自己谋生计"。她说她很少碰到"那种很有新闻理想的人",大多数人不过"就是完成自己的一份工作"罢了。资格老一些的 S11 和 B36 的答案类似。S11 入行 3~5

年，受访时在一家官方的、市场导向的网络媒体做财经报道。用她的话说，工作就是"为了做而做，有新闻然后做，但是并没有一个更高一点的"。她所谓的"更高一点"与B36的"新闻理想"有些共鸣：落在财经报道领域，那可能是关注证券市场相关话题实现的社会监督，正像一些时政记者关心公众议题那样。但是，日常工作很少上升到这一层面，"就是工作而已，你的工作和他的工作，自己的工作"。这就回到了B36谈到的"工作即谋生"。

劳动异化与中国传媒改革有关。在专业差异一节我们提到，通过与市场"结盟"，新闻从业者将专业主义纳入可支配的话语资源。但是，在促进新闻业专业化的过程中，市场也在诱惑着它。这种诱惑怂恿某些传媒集团将攫取商业利润设定为新闻实践的终极目标。作为市场主体面对外部社会，传媒集团要不断"做大做强"、争夺广告主，充盈广告收入；对内，传媒集团要引导寄生的新闻机构将生产过程常规化，周期性、有节律地制作迎合读者格调的新闻以提高发行量、收视率、点击量。通过推出类似"记工分"的、量化的劳动考核办法，新闻观照公共生活的一面被挤压，作为市场营收工具的一面被放大。为稻粱谋，新闻从业者不得不投入这场"沼泽中的游戏"，必须为生存不断挣扎，为争取更加优渥的经济条件进行生存竞争。[18] 初为记者的B05告诉我们一句话："那种现在的考核机制，注定大家会为了挣钱而相互竞争。"这说的就是劳动异化代表了市场逻辑对专业逻辑的挑战。这是市场诱惑、迫使新闻从业者远离专业目标的体现，其怂恿个体间的利益争夺，将新闻工作降格为纯粹的谋生手段。在这一主题下，谈论职业共同体是奢侈的。

（三）"转型"差异

"转型"差异与新闻业的"危机"有关。随着经年累月的传播技术演进与变革，去中心化、个体化、社会化的传播图景正在形成，中心化、集约化、精英化的大众传播模式正在瓦解。新闻业首先成为被瓦解的对象。它的"危机"主要表现在技术和商业两个层面：一是得到技术赋权的互联网用户不再仅仅依赖新闻业提供日常生活必需的社会知识，二是广告向互联网的转移冲击了新闻业维持运转的商业模式。在这个背景下，"转型"差异指的是新闻业进行数字化自我改造的策略差别，涉及技术采纳、商业模式探寻、生产流程重塑等多个方面。多维度的融合必然带来实践路径上的差别。在这里，权力、市场、技术、专业的逻辑与话语相互作用，行业改造策略和从业者职业生涯进路的差别进一步压缩了共享的话语空间。

S04 受访时在上海一家非常有名的都市报做中级管理者。他是资深人士，有着超过 10 年的从业经历。他先是斩钉截铁地否认了新闻从业者的团结，而后补充说："我从来没有考虑过这个问题。"他这么说的理由是，不同的媒体可以在"转型"过程中采取不同的"突围方式"。"我们不能做的转型或者没有做的转型，《广州日报》可能（做）出来，未来可能发展很好……《齐鲁晚报》《大众日报》历史上（市场化经营取得的成就）很高，我们怎么能和它们一样呢？"

S04 供职的都市报同《大众日报》《广州日报》有相似之处。20 世纪 90 年代中期以来，他们相继成为报业（传媒）集团的一员，在发行量和年广告营业额等市场化经营指标上占据国内前列。对这些报业（传媒）集团、附属新闻机构及其从业者来说，如何"转型"确实是复杂的课题。S04 告诉我们，"转型"策略的制订与实施不能抽象地归结为技术、体制、市场等指标的影响，因为这些指标在全国不同地区的组合方式可能不尽相同。S04 把它概括为"区域性环境"。

另外，在中国新闻业未能被同一套职业话语整合时，新闻从业者更容易"离场"，与外部社会力量相互收编。这是"转型"差异的另类含义：是否跨出职业边界、投入体制还是投靠市场、如何嫁接从前与未来的职业构想，这些问题的综合都会使新闻从业者个人的"转型"——职业生涯的进路千差万别。S10 受访时在上海一间颇具历史传统的报社工作，入行不到 3 年。对于我们的问题，她迅速地给出否定的回答，而后将话题引到"转型"与职业流动上。在她看来，许多新闻从业者对行业缺乏认同。其中的原因是，新闻业"行业门槛比较低，如果没有学习新闻专业或者接受新闻理想教育的话，他们很难对它真的产生认同感。认同感没有的话，这个职业带给他们精神上的回报就很少。再加上物质上的回报也很少，他们有些人不愿意，就不认同"。在目前新闻业"普遍不景气"的情况下，许多对这个行业缺乏认同的人会谋求"跳槽"。

S10 上大学读新闻、毕了业做新闻。她的喟叹暗示她站在职业认同制高点上，愿意在新闻业"江河日下"的时候坚守。可事实上，在与我们面谈大约 18 个月以后，她离开了新闻单位，加盟某电商平台。在一份公开的"自我剖白"中，她并不称呼新东家为电商平台，而是称"一个具有很强媒体属性的 UGC（用户生产内容）平台"。她的理由是：传统媒体在信息战中将要全线溃败，PGC（专业生产内容）垄断信息的时代即将终结。作为职业生涯的新起点，新东家的 UGC 特征符合她对未来媒体的想象。在这里，人们能够非常方便地获得投放信息的渠道，每个人都有机会在某一时刻成为信息地图的中心。这延续了她心中对行业的热爱，也符合她对新闻业未来走向的判断。

我们展示 S10 的上述剖白不是指责她态度的前后矛盾，而是希望说明，新闻从业者的"转型"不是简单的职业认同程度导致的去留，而是个人在技术构造的历史语境中，在体制、市场、职业等多种社会力量的不断推拉之下，随时间推移划出的轨迹。这种轨迹有其内在的连续性和复杂性，解释它的形成过程是高度个体化的叙事。因此，从"转型"差异这一主题出发，碰撞上述复杂轨迹和个体化叙事难以取得公约数，也就奢谈职业共同体了。

以上，我们展示了受访者否定职业共同体存在时给出的理由。这些理由可以归结为三大主题：专业差异、劳动异化和"转型"差异。它们显示，随着中国传媒改革的深入以及传播技术的不断参与，新闻从业者在实践中面临着来自体制、技术、市场越发复杂的制约。也就是说，体制、技术、市场对应的话语体系在新闻实践中相互交织、激烈碰撞，正不断挤占专业主义话语本就逼仄的空间。尤其是劳动异化和"转型"差异，反映新闻业当前面临的历史语境正在消解专业主义话语实践的合理性。

五、实践协作与移情想象

当受访者给出"是"的回应时，其支持理由为两重主题所架构。它们分别是：(1) 实践协作；(2) 移情想象。这是两个相互独立的主题，是受访者佐证职业共同体存在、拥有职业共同体归属感、判定新闻从业者团结的依据。

（一）实践协作

所谓实践协作指的是新闻从业者围绕实践活动进行的信息交换和技艺探讨。它关联着特定的场景，既指向新闻事件发生的"现场"，又指向新闻从业者工作之余"吃饭""喝酒"的场所，还可以指向社交网络营造的虚拟空间。在这些场景中，新闻从业者跨越各自供职的"单位"组成"圈子"（或称为"小团体"），以"互通有无"——共享各自关注的社会现象与选题意向，交换生产过程中亟需的核心信源，共同推敲访问技巧、打磨新闻稿件的叙事逻辑；"维护私人关系""提升专业能力"——通过同侪交流了解行业动态，或以特定事件的新闻生产过程、某位新闻从业者的职业生涯为例展开探讨、争论和反思，将其吸纳为提升实践技艺的养料。这个过程让一部分受访者感到职业共同体是存在的，新闻从业者是团结的；或者说，他/她因此获得了职业共同体的归属感。

实践协作凝聚了新闻从业者的某种共同阐述。它有两个特点：首先，它不是抽象的理念延展。我们注意到，受访者在阐述中添加了大量工作片段，显示出鲜明的功用与实践导向。其次，它更多地依托新闻事件、工作场景而不是新闻机构及其部门展开。这让阐述具有了某种在地（local）特征。根据受访者的说法，聚拢其中的新闻从业者可能是同一条线（或近似条线）的记者。他们要做很多相同选题（或近似选题）的稿件，从而自发形成比较紧密的联系。依靠条线的交流可能反比同一组织内的同事交流要多。

G13 受访时在某党委机关报当文化新闻记者，入行不到 3 年。她感到，中国新闻从业者拥有一个职业共同体，理由是她能在工作中感受到职业共同体的两大功用：一是有利于业务开展，交流采写经验，在交流中增长实战能力；二是有利于扩大记者群体的正当权益。后面一点她体会得更深刻些。她说："我们有时候会碰到一些采访的阻力。比如说，对方不愿意接受采访；或者是，有一些采访对象对于记者这个群体抱有非正常的观念，包括觉得记者就是挖人隐私，跑音乐、娱乐、文化的记者是'狗仔'，等等。如果你一个人约访失败的时候，去寻找一些朋友来帮忙，做个联合采访——专访不行就做个群访，对方答应的概率会增加一些，好处还是挺多的。我们有这样的群体存在的话，一定程度上可以扭转现状。如果这个群体整体展现出你的专业能力和态度的话，可以改变他们的印象。"可以看到，在 G13 这里，实践协作是以"跑音乐、娱乐、文化的记者"进行联合采访达成的。这可以说是供职于不同新闻机构的记者在同一（近似）条线上的联合，也可以说是这些记者在面对同一新闻事件、去到同一现场之后的联合。至于 G13 所谓的"正当权益"，一是争取以联合"突破"受访者，说服对方提供信息，二是在"突破"、说服的过程中展示己方的"专业能力和态度"，证明己方不是"挖人隐私"的"狗仔"，不是生产耸人听闻的内容、唯市场是从的利润追逐者。换句话说，记者们在跨越新闻机构的、基于某起新闻事件的联合过程中形成了这样的阐释：新闻从业者的工作有其特定的、严格的标准，背后有相应的理念支撑。新闻从业者忠实于这些理念和标准，不受外在力量的诱惑。

另一种可能是，当外部力量阻碍新闻从业者接近关键公共事件（重大突发事件）的现场，接近核心信源时，他们通过实践协作反制、抵消这种阻碍。这么做旨在减少外部力量介入、影响生产过程，是新闻从业者争夺生产控制的表现。G18 受访时是广州某市场导向型报纸编辑，从业不到 3 年。她告诉我们，根据她的经验，她认为新闻从业者的团结可以在某种场景下达成。例如，某同城媒体传出消息，出于外部压力，他们不得不中止某起（乃至某些）关键公共事件的采写和刊发。G18说，一种"不符合职业道德"却可以理解的解决方案是，这家媒体的记者将相关新闻线索、草稿转给同行。"哪一家媒体愿意用，哪一家发他也情愿。"这种大家都切实感受过的外部压力使G18认为，大家可以成为合作伙伴。

G18讲述的是实践协作的另一种场景。同G13的描述相比，G18的案例有以下不同：首先，她描述的是关键公共事件（重大突发事件）。对于新闻从业者来说，它的普适性更强。也就是说，由于事件对公共生活的意义较为重大，作为选题它的新闻价值更加通约，更容易被不同媒体的同行同时纳入报道议程。其次，她的案例强调如何共同抵御新闻制作中的职业力量的外部压力，而不是共同在场的记者们收集一手材料时如何相互帮助接近信源。另外，所谓"不符合职业道德"指的是新闻线索和草稿的共享打破了生产实践的准则。这种俗称为"串料"的协作，对于新闻从业者独立收集线索、拟定文章框架及开展后续生产具有一定破坏性。换句话说，同行的引入干扰了新闻从业者自主、封闭的实践过程。不过，由于这种做法具有共同抵御外部压力的可能，因此，在特定场景下，"串料"式协作反倒被从业者接受。在上述场景下，新闻从业者围绕实践协作这一主题形成了第二种阐释：新闻生产以公共利益为导向、服务公众为目标。它承载着新闻机构的利益，但它更是新闻从业者这一职业群体智慧的结晶。共同抵御外部压力是在保护凝结着的群体智慧，也是在维系公共利益。

（二）移情想象

所谓移情想象指的是新闻从业者某种感同身受的同行声援。它发生的前提是同行履职期间受到外部力量的暴力处置，或生命健康和人身自由权受到恐吓与威胁。用受访者的话说，这是"一个互相扶持的过程"，是"需要同行支援"的特殊时刻。当新闻从业者遇到问题的时候，大家能够"互帮互助、统一发声，代表整体的意见"。

W24受访时是某商业门户网站的编辑，当时有3~5年从业经历。他向我们详细介绍了发生在武汉的一起暴力事件：2014年5月18日，某报记者在该市某村采访村委会主任违规设宴一事时，被五六个身份不明的男子殴打。后经检查，这位记者全身多处软组织挫伤，右手疑似骨折。他遇袭后，他的工作单位本打算次日推出报道，介绍他采访遇袭的过程，但出于某种原因，这篇报道没有刊发。W24 认为，作为同行，这件事情"危害了大家的人身安全"，如果不能妥善解决，还记者公道，"以后的工作没法做"。因此，大家"利用自己的人脉"，通过微博求助外地同行，将这件事情以新闻报道的形式公开出去。W24 记得，当时，他所在的门户网站以新闻推送的形式，第一时间向湖北省用户推送了外地同行报道的相关消息。5 月 20 日，也就是事件发生后的第二天，遇袭记者供职的单位终于刊发相关报道，并配发了评论文章。对此，W24 这样评价："这个事情最后的结果并不能改变什么东西，但是能给这个行业的从业者打打士气，避免让大家觉得，本来就是为了工作去做的事情，结果受伤害的是自己。即便最后单位因为受到条条框框的约束，不可能第一时间站出来，给你做一点支撑，但是有我们这些共同的行业从业者可以给你一个帮助。就是这样。"W24 的话有三层意思。首先，"为了工作去做事情"不能让记者自己"受伤害"。这是在说，新闻从业者作为公民享有法定的基本权利，反对外部施加的身体暴力、言语侮辱与精神伤害。其次，同行的作用在于"打打士气""帮助"，向作为事件当事人的同行提供感同身受的精神慰藉与声援。它展示的是职业群体的力量。第三层意思比较微妙。当 W24 提到声援"并不能改变什么东西"的时候，表明声援更多的是态度展示，不一定与诉求兑现相接。类似地，通过道出"条条框框的约束"，W24 还让步式地理解了新闻机构受外部力量拉扯的合理性。这都是在说，声援没有主动寻求劳动者权益维护、新闻从业者的职业地位等方面的制度性改变，而是在国家现行法治框架和新闻体制内，在地方新闻实践面临特定权力关系的拉扯之下，对劳动者权益维护、新闻从业者职业地位等方面做出的被动阐释。

被受访者视为职业共同体归属感来源的案例还有一些。与上述案例一样，受访者认为，同行发起报道并在社会化媒体上声援，这是对新闻从业者的"保护""算是一种抱团""形成一个团结的局面"，给大家带来行业的"归属感"。可以看到，这种阐释是被事件激发出来的，具有某种防御的特征。把它放到中国传媒改革的历史语境中更容易理解。在这个过程中，新闻从业者从来不是一支独立的社会力量。无论是观照公共利益还是维护自身权益，他们都不能也无法在中国特定的新闻体制之外寻求解决方案。因此，声援之所以是种移情的想象，而不是指向明确、诉求清晰的社会行动，关键在于新闻从业者清楚其中的无奈。当他们不能以挑战新闻体制、改变权力关系来维护自身权益的时候，他们只能在正式的新闻报道和非正式的社会化媒体讨论中，以不约而同的共同阐释表达他们的自我忧虑。

六、结语：液态的连接

在上面两部分的分析中，通过呈现"是"和"否"这两种回答，我们展示了受访者如何谈论职业共同体。这是我们将职业共同体确定为专业的社会控制模式及其话语后，对新闻从业者如何从话语上"在地理解"这一概念的呈现。通过这两个部分，我们既看到了多重话语在新闻实践中的交错，反映了体制、市场、技术等历史语境中的社会力量拉扯新闻实践，使之充满矛盾和张力；又看到在特定条件下，新闻从业者可以形成共同的阐释，汇聚有限的共识。但是，这两个相互割裂的部分有何内在联系，如何从理论上认识这种联系，这个问题没有得到回答。

"专业"和"阐释"两种取向无法完成理论统合。它们的乏力之处在于，任何一种路径都只能解读其中一部分现象。例如，从专业化的角度看，中国新闻实践依托新闻机构展开。新闻机构虽然是社会的公共部件，但它必须接受党的领导。从专业管辖权的角度看，新闻从业者并未作为一个整体，在社会生态系统中同其他社会力量争夺新闻工作的管辖权。相反，我们明显注意到新闻从业者的内部分化：一方面，他们在多重话语的牵制中生产着、碰撞出偏向体制、市场或技术的不同论述；另一方面，在体制、市场、技术的合围下，他们为自己的安身立命，为行业的存续与发展各自求索。这是因为，无论改革如何行进，新闻业都不能脱离党的领导。在这个前提下，专业主义只能成为新闻从业者可资利用的话语资源，不能成为建设一支社会力量的预置目标。在传播技术变革的背景下，新闻从业者与公众一道获得了前所未有的传播权力。借助技术赋权，他们得以跨越新闻场域的边界，思考、调整如何在各种社会力量的牵制下从事新闻实践，各自表述对传播与公共生活的理解。换句话说，在技术的参与下，转型中国社会在制度原则上的变动没有促进新闻从业者的整合，反倒加剧了内部冲突。

运用"液态的新闻业"（liquid journalism）和鲍曼（Zygmunt Bauman）对共同体（community）的论述，我们可以更贴切地解读受访者对职业共同体的在地理解。"液态的新闻业"是陆晔、周睿鸣提出的一个描述性概念，旨在表明：（1）"液态"的新闻从业者身份。记者的身份和角色不再相对稳定，而是随实践在职业记者、公民记者和大众之间不断转换。（2）"液态"的职业共同体。

职业记者和公众既无法固守原有的职业、非职业边界，但也并不是从原有社区秩序中完全脱离，而是相互渗透。(3)"液态的新闻业"意味着尊重每一个社会成员以自己的方式生产、使用新闻并借此参与公共生活的权利，同时，公众参与反过来也极大地推动新闻业拓展社会自身作为公共交流的扩音器角色。[19]这一概念与鲍曼论述"流动的现代性"（liquid modernity）密切相关。在鲍曼看来，尽管现代性是一个从起点就开始"液化"（liquefaction）的进程，但今天的现代性是个体化和私人化的。这一时代的模式和框架不再是"已知的、假定的""不证自明"的，也就是说它们并非固定不变，"流动的"（liquid）过程才是当今社会或人类状况的常态。[20]"液态的新闻业"表明，在以技术变革为主要特征的新传播形态下，作为话语资源的专业主义正在随着社会构成的演变而演变。也就是说，多重话语在新闻活动中的叠加、交错、冲突以及新闻从业者对这些话语的个体化表达与实践，本身就说明以专业主义话语维系、整合的新闻从业者职业共同体正在液化进程中演变。[21]

在此基础上，我们可以运用鲍曼对共同体的阐述来联结受访者"在地理解"中两个相互割裂的部分。与社会学意义上的"社群""社区"相比，鲍曼阐述的共同体较为泛化，以社会中存在的、基于主观上或客观上的共同特征而组成。这些共同特征包括种族、观念、地位、遭遇、任务、身份等等。在鲍曼这里，共同体是一种想象，而非一个坚实、客观存在的组织或团体。原因在于：坚实、同质的组织或团体需建立在内部的共同理解之上，而这种共同理解只能是一种人造的成就（achievement），免除不了进一步的反思、质疑与争论。相反，共同理解可能处于一种完全相反的、"活络合同"（rolling contract）的状态，它的任何一次更新都不是永久、牢固的。信息传输技术的出现给予共同理解的"自然而然性"以致命打击：一旦信息可以独立于它的载体，并以一种远远超过最先进的运输方式的速度进行传递，共同体内外之间的界限便再也无法划定、维持。这就是说，共同体与个体之间的争执反映了人类在确定性与自由之间的争执。大多数时间里，确定性和自由有着相当大的矛盾，两者此消彼长，不可能永远和谐一致。寻求共同体庇护的渴望，实际上是人类在液化的现代进程中试图消除不确定性，寻求安全感，渴望共同理解。[22]

我们以"液态的连接"（liquid connection）来概括受访者"在地理解"中两个看似割裂的部分。这两个部分是新闻从业者职业理念双面样态在"液态的新闻业"中的反映。一方面，在传媒改革过程中，新闻从业者始终未能被整合在同一套话语体系中,因为缺乏可立足的社会制度原则。在技术特征凸显的历史语境中,新闻从业者既被模糊了职业身份,又受到体制和市场的持续制约。代表技术、体制、市场的多重话语在新闻实践中交叠、碰撞,反映了新闻从业者以"液态"的身份观照公共生活的全新尝试。另一方面,在充满不确定性的行业变动中,新闻从业者表达了保持"连接"的渴望。所谓"连接"就是职业群体凝聚的想象:借特殊时点、事件的契机判定整合,或创造个体融入职业群体的切身与移情体验,新闻从业者表达对职业自主的向往,以及对稳定、恒常的社会结构、制度、秩序的期盼。这种向往和期盼既可以是对过去的回溯,也可以是对未来的畅想,展现了新闻从业者对自身主体性的宣示,以及新闻业作为必要公共部件、新闻作为公共生活基本组成部分的认知。总之,"液态的连接"展示了这样的状态:新闻从业者一面借助变动的职业身份观照公共生活,一面表达了对行业不确定性的焦虑,以及重回稳定行业和坚固社会、创造安全感的想象。

以上,我们讨论了如何理解中国新闻从业者的职业共同体。以职业共同体——专业的社会控制模式及其话语——为核心概念,借助对百余位新闻从业者的深度访谈,我们考察了新闻从业者对这个概念的"在地理解",即新闻从业者如何描述实践中的多重话语,其中蕴含着什么样的内在张力。我们提出"液态的连接"解读这种内在张力,试图从一般意义上理解新闻从业者这个异质群体。"液态的连接"反映了新闻从业者如何在充满不确定性的行业中观照公共生活,以及对这种不确定性的焦虑、对安全感的想象。

最后,通过"液态的连接",我们希望讨论一个"那又如何"(so-what)的问题:新闻从业者是否对所处历史语境、所面临的社会力量保持反思自觉。多重话语的交错反映了技术-市场逻辑支配着新闻实践。应当说,市场一直都是新闻从业者结盟的社会力量。借助市场配置的手段,新闻业在中国传媒改革过程中发挥了解放的作用。至于技术,它的采纳促进了新闻业的数字化改造,丰富了新闻从业者以实践服务公众的手段。但我们看到市场异化着新闻从业者的劳动,技术退化成为新闻业数字化改造、市场化生存的工具。在这种情况下,我们不仅看到专业主义话语自身的变动,还看到在技术、市场的合围之下,专业主义话语空间不断遭到挤压。这么看,新闻从业者在面对行业不确定性的过程中可能背离了对公共生活的观照。这是需要警醒的。

这项研究有它的局限性。通过深度访谈,我们直接切入新闻从业者对职业共同体的谈论。这种方法的不足之处在于，操作化表述可能没有释清概念的含义。尽管我们在访谈初始阶段就注意到了这个问题，制定了"是否存在职业共同体""对职业共同体有无归属感""新闻从业者是否团结"三种提问方式，但我们仍然留意到一部分受访者的迟疑、困惑与茫然，感受到他们理解职业共同体这一概念的困难。其次，我们解读用的访谈材料仍然是概要性的。这是因为我们没有围绕职业共同体这一概念提出更多相关联的问题，无法引导受访者对此开展较为全面的论述。另外，鲍曼的"液态"社会理论只是我们用来考察新闻从业者职业共同体的取向之一，这么做不意味着我们获得了新闻从业者这个职业群体的全息影像，而只是试图从一般意义上理解这个异质性群体迈出一小步。中国新闻从业者的职业理念仍在变动之中。从理论上说，它需要更加多样、适切的理论视角；从方法上看，如何在深度访谈中具体地表述职业共同体的理论内涵，这需要进一步探索。

（原载于《新闻与传播研究》2018年第7期）

引用文献 [References]

［1］刘思达. 职业自主性与国家干预：西方职业社会学研究书评［J］. 社会学研究，2016（1）：197-221.

［2］PARSONS T. Professions［A］//SILLS D L. ed. International encyclopedia of the social sciences［C］. vol. 12. New York：MacMillan，1968.

［3］WILENSKY H L. The professionalization of everyone?［J］. American Journal of Sociology，1964（2）：137-158.

［4］MILLCRSON G. The qualifying associations：a study in professionalization［M］. London：Routledge，1964.

［5］LARSON M S. The rise of professionalism：a sociological analysis［M］. Berkeley：University of California Press，1977.

［6］DINGWALL R. Accomplishing profession［J］. The Sociological Review，1976（2）：331-349.

［7］ABBOTT A. The system of professions：an essay on the division of expert labor［M］. Chicago：University of Chicago Press，1988.

［8］ZELIZER B. Journalists as interpretive communities［J］. Critical Studies in Mass Communication，1993（3）：219-237.

［9］陆晔，潘忠党. 成名的想象：中国社会转型过程中新闻从业者的专业主义话语建构［J］.

新闻学研究，2002（1）：17-59.

［10］LEWIS S C. The tension between professional control and open participation ［J］. Information，Communication & Society，2012（6）：836-866.

［11］CARLSON M. Introduction：the many boundaries of journalism ［A］//CARLSON M，LEWIS S C. eds. Boundaries of journalism：professionalism，practices and participation ［M］. London and New York：Routledge，2015；CARLSON M. Metajournalistic discourse and the meanings of journalism：definitional control，boundary work，and legitimation ［J］. Communication Theory，2015（4）：1-20；DEUZE M. What is journalism? professional identity and ideology of journalists reconsidered ［J］. Journalism，2005（4）：442-464；SINGER J B. Contested autonomy：Professional and popular claims on journalistic norms ［J］. Journalism Studies，2007（1）：79-95.

［12］ALEXANDER J C. Introduction：journalism，democratic culture，and creative reconstruction ［A］//ALEXANDER J C，BREESE E B，LUENGO M. The crisis of journalism reconsidered：democratic culture，professional codes，digital future ［M］. New York：Cambridge University Press，2016；ZELIZER B. Terms of choice：uncertainty，journalism and crisis ［J］. Journal of Communication，2015（5）：888-908.

［13］白红义. 记者作为阐释性记忆共同体："南都口述史"研究 ［J］. 国际新闻界，2015（12）：46-66；陈楚洁. 媒体记忆中的边界区分、职业怀旧与文化权威：以央视原台长杨伟光逝世的纪念话语为例 ［J］. 国际新闻界，2015（12）：26-45；李红涛，黄顺铭."谋道亦谋食"：《南方传媒研究》与实践性新闻专业主义 ［OL］. ［2016-10-13］. http：//person. zju. edu. cn/attachments/2014-09/07-1410424167-678020. pdf；张志安，甘晨. 作为社会史与新闻史双重叙事者的阐释社群：中国新闻界对孙志刚事件的集体记忆研究 ［J］. 新闻与传播研究，2014（1）：55-77，127.

［14］陆晔，潘忠党. 成名的想象：中国社会转型过程中新闻从业者的专业主义话语建构 ［J］. 新闻学研究，2002（1）：17-59.

［15］白红义. 塑造新闻权威：互联网时代中国新闻职业再审视 ［J］. 新闻与传播研究，2013（1）：26-36，126；陈楚洁. 媒体记忆中的边界区分、职业怀旧与文化权威：以央视原台长杨伟光逝世的纪念话语为例 ［J］. 国际新闻界，2015（12），26-45；丁方舟."理想"与"新媒体"：中国新闻社群的话语建构与权力关系 ［J］. 新闻与传播研究，2015（3）：6-22，126；丁方舟，韦路. 社会化媒体时代中国新闻人的职业困境：基于2010—2014年"记者节"新闻人微博职业话语变迁的考察 ［J］. 新闻记者，2014（12）：3-9.

［16］李红涛，黄顺铭."谋道亦谋食"：《南方传媒研究》与实践性新闻专业主义. ［2016-10-13］. http：//person. zju. edu. cn/attachments/2014-09/07-1410424167-678020. pdf.

［17］李良荣. 试论当前我国新闻事业的双重性 ［J］. 新闻大学，1995（2）：6-8；潘忠

党,陈韬文.从媒体范例评价看中国大陆新闻改革中的范式转变[J].新闻学研究,2004(4):1-44.

[18]夏倩芳."挣工分"的政治:绩效制度下的产品、劳动与新闻人[J].现代传播,2013(9):28-36;夏倩芳,李婧.媒体从业者的劳动权困境及其形塑机制[J].学术研究,2017(4):43-55,177;周睿鸣.无力抵抗:记者与媒体的关系考察:以华南地区《HA日报》为个案[J].新闻记者,2014(8):47-54.

[19]陆晔,周睿鸣."液态"的新闻业:新传播形态与新闻专业主义再思考:以澎湃新闻"东方之星"长江沉船事故报道为个案[J].新闻与传播研究,2016(7):24-46,126-127.

[20]鲍曼.流动的现代性[M].欧阳景根,译.上海:上海三联书店,2000/2002:3-12.

[21]陆晔,周睿鸣."液态"的新闻业:新传播形态与新闻专业主义再思考:以澎湃新闻"东方之星"长江沉船事故报道为个案[J].新闻与传播研究,2016(7):24-46,126-127.

[22]鲍曼.共同体[M].欧阳景根,译.南京:江苏人民出版社,2001/2003:1-19.

附录　　　　　　　　　受访者一览

编辑	出生年份	所在媒体类型	职位	从业年限
B01	1984年	喉舌型传统媒体	中级管理者	5~10年
B02	1975年	喉舌型传统媒体	中级管理者	10年以上
B03	1982年	喉舌型传统媒体	中级管理者	5~10年
B04	1981年	喉舌型传统媒体	中级管理者	10年以上
B05	1983年	喉舌型传统媒体	记者	1~3年
B06	1985年	喉舌型传统媒体	编辑	5~10年
B07	1989年	喉舌型传统媒体	编辑	0~1年
B08	1980年	喉舌型传统媒体	中级管理者	10年以上
B09	1983年	喉舌型传统媒体	记者	5~10年
B10	1980年	喉舌型传统媒体	记者	5~10年
B11	1988年	喉舌型新媒体	记者	1~3年
B15	1986年	市场导向型新媒体	编辑	5~10年
B16	1985年	市场导向型新媒体	编辑	5~10年
B17	1987年	喉舌型传统媒体	编辑	1~3年
B18	1990年	喉舌型传统媒体	记者	1~3年
B19	1990年	市场导向型传统媒体	记者	1~3年
B20	1988年	市场导向型传统媒体	记者	1~3年
B21	1986年	市场导向型传统媒体	记者	1~3年

续前表

编辑	出生年份	所在媒体类型	职位	从业年限
B22	1988年	喉舌型传统媒体	记者	3～5年
B23	1987年	喉舌型传统媒体	记者	3～5年
B24	1987年	喉舌型传统媒体	记者	1～3年
B25	1991年	市场导向型新媒体	编辑	0～1年
B26	1989年	市场导向型传统媒体	记者	1～3年
B27	1985年	喉舌型传统媒体	中级管理者	5～10年
B28	1982年	喉舌型传统媒体	记者	10年以上
B29	1989年	喉舌型传统媒体	编辑	10年以上
B30	1990年	市场导向型新媒体	编辑	0～1年
B31	1988年	喉舌型新媒体	记者	0～1年
B32	1992年	喉舌型传统媒体	记者	0～1年
B33	1989年	市场导向型新媒体	编辑	1～3年
B34	1989年	喉舌型传统媒体	记者	1～3年
B35	1989年	喉舌型传统媒体	记者	1～3年
B36	1989年	喉舌型传统媒体	记者	1～3年
B37	1987年	市场导向型新媒体	中级管理者	3～5年
B38	1991年	市场导向型新媒体	记者	1～3年
B39	1990年	市场导向型新媒体	编辑	1～3年
B40	1958年	喉舌型传统媒体	中级管理者	10年以上
B42	1991年	喉舌型传统媒体	记者	0～1年
B43	1992年	喉舌型传统媒体	记者	0～1年
B44	1986年	市场导向型新媒体	中级管理者	5～10年
B45	1986年	市场导向型新媒体	中级管理者	5～10年
B46	1985年	市场导向型新媒体	编辑	1～3年
B48	1987年	市场导向型传统媒体	编辑	3～5年
B49	1984年	市场导向型新媒体	编辑	0～1年
S01	1987年	喉舌型传统媒体	记者	1～3年
S02	1980年	市场导向型传统媒体	高级管理者	10年以上
S03	1987年	喉舌型传统媒体	记者	1～3年
S04	1979年	市场导向型传统媒体	中级管理者	10年以上
S05	1985年	市场导向型新媒体	中级管理者	3～5年
S06	1988年	市场导向型传统媒体	记者	1～3年
S07	1989年	市场导向型传统媒体	记者	1～3年
S10	1989年	喉舌型传统媒体	记者	1～3年
S11	1986年	市场导向型新媒体	记者	3～5年

续前表

编辑	出生年份	所在媒体类型	职位	从业年限
S12	1986 年	市场导向型传统媒体	编辑	3~5 年
S13	1989 年	市场导向型新媒体	编辑	0~1 年
S14	1989 年	市场导向型传统媒体	记者	1~3 年
S15	1991 年	市场导向型传统媒体	记者	0~1 年
S16	1990 年	市场导向型传统媒体	编辑	1~3 年
S17	1983 年	市场导向型传统媒体	记者	5~10 年
S18	1984 年	市场导向型传统媒体	记者	5~10 年
S19	1988 年	市场导向型新媒体	记者	3~5 年
S20	1984 年	市场导向型传统媒体	记者	3~5 年
S21	1990 年	市场导向型新媒体	记者	1~3 年
S24	1991 年	市场导向型新媒体	编辑	0~1 年
S25	1987 年	市场导向型传统媒体	记者	3~5 年
S26	1985 年	市场导向型新媒体	高级管理者	5~10 年
S27	1989 年	市场导向型传统媒体	记者	1~3 年
S28	1990 年	市场导向型传统媒体	记者	0~1 年
S29	1981 年	市场导向型传统媒体	中级管理者	10 年以上
S30	1987 年	喉舌型传统媒体	记者	3~5 年
S31	未知	市场导向型传统媒体	记者	5~10 年
S32	1984 年	喉舌型传统媒体	编辑	5~10 年
S33	1984 年	喉舌型新媒体	中级管理者	5~10 年
S34	1986 年	喉舌型新媒体	编辑	3~5 年
S35	1991 年	市场导向型新媒体	记者	0~1 年
S36	1981 年	喉舌型新媒体	中级管理者	5~10 年
S38	1992 年	市场导向型传统媒体	编辑	0~1 年
S40	1991 年	市场导向型传统媒体	编辑	0~1 年
S41	1990 年	市场导向型传统媒体	记者	1~3 年
S43	1982 年	喉舌型传统媒体	中级管理者	5~10 年
S44	1988 年	市场导向型传统媒体	记者	1~3 年
S45	1989 年	市场导向型新媒体	记者	1~3 年
S46	1989 年	喉舌型传统媒体	记者	0~1 年
S49	1991 年	市场导向型传统媒体	记者	0~1 年
S50	1981 年	市场导向型传统媒体	中级管理者	10 年以上
G01	1987 年	市场导向型新媒体	中级管理者	5~10 年
G02	1989 年	喉舌型新媒体	记者	1~3 年
G03	1988 年	喉舌型新媒体	记者	1~3 年

续前表

编辑	出生年份	所在媒体类型	职位	从业年限
G04	1986年	市场导向型传统媒体	记者	1~3年
G05	1980年	喉舌型新媒体	高级管理者	10年以上
G06	1981年	市场导向型传统媒体	记者	5~10年
G07	1980年	市场导向型传统媒体	记者	5~10年
G08	1979年	市场导向型新媒体	中级管理者	5~10年
G09	1978年	市场导向型新媒体	高级管理者	5~10年
G10	1986年	市场导向型传统媒体	记者	3~5年
G11	1987年	喉舌型传统媒体	编辑	3~5年
G12	1984年	喉舌型传统媒体	编辑	5~10年
G13	1987年	喉舌型传统媒体	记者	1~3年
G14	1988年	市场导向型新媒体	中级管理者	3~5年
G15	1989年	市场导向型新媒体	编辑	1~3年
G16	1978年	喉舌型新媒体	中级管理者	10年以上
G17	1989年	市场导向型传统媒体	记者	0~1年
G18	1990年	市场导向型传统媒体	编辑	1~3年
G19	1985年	市场导向型传统媒体	记者	5~10年
G20	1982年	市场导向型新媒体	中级管理者	10年以上
G21	1966年	市场导向型传统媒体	记者	10年以上
G23	1990年	市场导向型新媒体	编辑	1~3年
G24	1986年	喉舌型传统媒体	记者	5~10年
W01	1982年	市场导向型传统媒体	记者	5~10年
W02	1985年	市场导向型传统媒体	记者	1~3年
W03	1986年	喉舌型传统媒体	记者	3~5年
W04	1986年	市场导向型传统媒体	记者	3~5年
W05	1990年	喉舌型传统媒体	记者	0~1年
W06	1986年	喉舌型传统媒体	记者	5~10年
W07	1991年	喉舌型传统媒体	记者	0~1年
W08	1988年	喉舌型传统媒体	记者	1~3年
W09	1990年	市场导向型传统媒体	记者	1~3年
W12	1977年	市场导向型传统媒体	高级管理者	10年以上
W13	1986年	喉舌型新媒体	编辑	1~3年
W14	1984年	喉舌型新媒体	编辑	5~10年
W15	1988年	喉舌型传统媒体	记者	3~5年
W16	1991年	喉舌型新媒体	编辑	0~1年
W17	1992年	喉舌型新媒体	编辑	1~3年

续前表

编辑	出生年份	所在媒体类型	职位	从业年限
W18	1985 年	喉舌型新媒体	编辑	3～5 年
W19	1983 年	市场导向型新媒体	高级管理者	3～5 年
W20	1984 年	市场导向型新媒体	编辑	3～5 年
W21	1990 年	市场导向型新媒体	编辑	0～1 年
W22	1973 年	喉舌型传统媒体	记者	10 年以上
W23	1984 年	市场导向型新媒体	中级管理者	1～3 年
W24	1987 年	市场导向型新媒体	编辑	3～5 年
W25	1987 年	市场导向型新媒体	编辑	3～5 年

双强寡头平台新闻推荐算法机制研究

■ 方师师

一、研究缘起与问题聚焦

"在今日头条 CEO 张一鸣看来，算法是今日头条推荐搜索引擎应用的核心，这也是与传统媒体最本质的区别。今日头条之所以能够非常懂用户，精准推荐出用户所喜好的新闻，完全得益于算法。"[1] 2015 年 1 月，国内领先的"个性化新闻推荐搜索引擎"今日头条在北京举办了一次年度发布会，在谈及自身优势时，将"算法"放在了核心。诸如一点资讯、天天快报这样致力于为用户推荐最有价值的、能够满足用户个性化需求的信息，即"千人千面"的平台，正变得越来越流行。

在过去的 20 年间，新闻的商业和传播模式经历了三次巨大的变革，即从模拟数字模式到数字模式、社交网络兴起和移动网络主导。[2] 在当下正在进行的第三次变革中，移动端兴起带来社交媒体的蓬勃发展，全球曾经有 40 多家社交媒体网站和聊天软件服务商协助新闻媒体覆盖不同用户。而随着新闻机构将分发、内容变现的功能交给平台，平台媒体（platisher）已经成为新兴的涉足新闻内容聚合分发的关键力量，拥有强大的影响力与传播效果。根据 2016 年中国互联网络信息中心第 38 次《中国互联网络发展状况统计报告》，基于用户兴趣的"算法分发"正逐渐成为网络新闻主要的分发方式。[3] 同年发布的《中国移动资讯信息分发市场专题研究报告》亦显示，在国内资讯信息分发市场上，算法推送的内容已经超过了 50%。[4] 而从世界范围来看，由社交网站转型而来的平台媒体[5]已经成为用户获取新闻的重要渠道。美国皮尤调查研究中心发布的《2016 美国社交媒体平台新闻使用报告》显示，62% 的美国成年人从社交媒体上获取新闻，脸书以 44% 的覆盖率已经成为最大的新闻消息来源。[6] 路透新闻研究院《2016 数字新闻报告》通过对全球 26 个国家的调研发现，51% 的受访者表示每周都会通过社交媒体获取新闻,超过十分之一(12%)的受访者认为这是他们的主要新闻来源,而脸书是目前最重要的搜索、阅听和分享新闻的网站。[7]

作为新闻业在数字环境下"后台前置"[8]的下一个阶段——"把关后移"[9]的主体,平台媒体目前已经实质性地掌控着用户的新闻接触。但平台媒体本身几乎不从事内容生产,主要是提供连接人与信息的新型服务。这种服务目前备受推崇,尤其是年轻人,相比传统媒体,他们更加愿意接收和相信根据算法生成与推送的内容。[10]

用户使用平台媒体从"新闻超市"(supermarket of news)中进行日常新闻的选择和消费,主要基于的是"合价值性"。[11]而在数字时代如何帮助用户从海量的信息中打捞出最符合自身价值需求的"有用"的信息,算法成为平台媒体与传统媒体、原生互联网媒体以及平台媒体之间竞争的利器。个中原因在于,人们认为平台媒体推送的新闻是针对用户个人需求的"订制品",适用性更强;内容建立在精妙的算法上,更加中立客观。这一认识如果比照今日头条对于自身"算法"驱动的定位"提高分发效率,满足用户信息需求"[12]来看,在一定程度上共同构成了"算法"挑战传统新闻业权威、构建自身合法性的话语基础。

但这种"技术至上"和"技术中立"正面临越来越多的质疑。作为一种人工制品(human artifact),算法可以解释为"用于解决某一特定问题或达成明确的目标所采取的一系列步骤"[13]。"算法"最初的提出目的在于优化过程(optimizing processing),通过对于事物逻辑的抽象和简化,算法的迭代可以简化过程,理清乱象。但"算法"具有非常强的多样性,不同的公司、工程师在处理同一个问题时可能会采取不同的路径[14],"算法"最终会对这个问题进行回应,生成一个具体的结果。多样化的"算法"选择背后是一种制度性安排(institutional arrangements),体现出数字技术冲击下传播格局中多种权力与利益博弈后的策略性选择。

就目前的情形来看,由于平台掌握了受众的使用数据并且可以自行设立算法,在当前的社会条件下是否会产生算法审查、信息操控与平台偏向等"文化与社会后果"[15],尚处于研究过程中。但由于目前算法的可信度与透明度不高,关于算法是如何被设计出来的,平台媒体在制定算法的时候考虑哪些因素,背后体现着怎样的价值观和标准等问题还处于"黑箱"状态。[16]卡尔森在借用詹姆斯·凯瑞(James Carey)有关电报方面的论述时认为,在新闻生产和传播过程中，作用越来越大的算法，应该被看作"一个要认真思考的对象，一个要改变人们想法的机构"[17]。由于我们没有从后往前看的历史机遇，因此只能在急速变动的技术环境中试图通过"开黑箱"的方式，关注平台媒体的算法推荐机制其输出结果的制度性安排何在，以及这种制度性安排背后又会有哪些可能存在的社会权力博弈。这也是本文试图通过研究揭示与探索的目标。

二、研究述评与核心概念

目前对于"算法"的研究体现出从纯理工学科的计算逻辑研究逐渐交叉和汇入数字人文、数字社会学等领域的趋势。[18]本文所探讨的"算法"重点是在计算机中运行的算法。作为最典型的"技术性组件"（actunt），"算法"是互联网运作机制的底层架构，在实质上管理（manage）、策划（curate）和组织（organize）着大规模的网络工作[19]，在关键位置和基础层次上决定着上层的应用逻辑[20]。

透明度原则、可信性原则、中立性原则和意料之外的风险规避是内在于算法规则中的内在张力。[21]而作为平台媒体竞争力的核心，在数字潮流对社会秩序、公民生活和人类自由正在全面渗透的当下，集中讨论算法在知识生产中的关键角色和核心地位，对理解媒介的转型、融合、创新过程具有非常强的启示作用。[22]虽然算法听起来更多的是一种非人为的决策方式，但实际上多种人为因素的影响都会内嵌在算法规律之中，例如判断标准的选择、数据提取、语用分析和结果解读等。而且即便是算法专家也有这样的担心：如果对算法不加考虑或者在设计源头就进行滥用，不仅会造成权力的过分集中，永久性的偏见，意见过滤泡，结构性地削减选择的可能性、创造性与意外新发现，还会造成更大的社会不公。[23]

目前在社会科学研究的领域就"算法"出现了一个新的"研究场域"[24]：批判算法研究（critical algorithm study，CAS）。相对而言，这并不是一种严格的研究方法或者研究路径，而更像是一个以问题为导向的研究范畴。但由于其强烈的问题意识和多种新鲜理论的汇入，目前引发了较大的关注。可以归纳到这一领域下的研究比较宽泛，但是都强调社会建构与技术-社会的互动。其研究的取向和关注的问题主要集中在三个大的方向或者说路径上：

第一，研究算法的特定影响与选择逻辑。这部分还可以细分为三个层次：首先，讨论算法内嵌的价值观（embedded values）与偏见，以及可能导致的个体化、社会分类与社会歧视；其次，关注经由算法逻辑的理性化、自动化和量化带来的对于人类社会评价标准、复杂程度以及语境的化约与抹除；再次，关注同算法相关的政策回应与可信度问责。

第二，算法协助进化或强化何种世界观。讨论的主题和内容包括后书写时代的社会控制，参与式网络文化与技术无意识（technological unconscious），作为一种生命政治和控制调节的算法身份（algorithm identity）以及算法意识形态等。

第三，算法是一种复杂的技术组建与开箱技术，扎根于人类自身深层次的设计与使用。主要关注人类如何以特定方式设计与维护算法，人们如何与算法共同生存进化，用户对于算法的认知程度如何，以及算法对于人类公共感知的形塑与影响如何等。

在本文中，对于平台媒体的算法研究主要采用了第一条路径的视角，将"算法"这一技术性组件落座在社会建构的过程中，讨论技术的逻辑、结构与背后的价值观。"算法"作为解决某一特定问题或达成明确的目标所采取的一系列步骤，对于新闻推荐算法的确定直接影响到新闻业务的整体呈现；自动化的决策过程是算法的力量核心，也是平台媒体区别于传统媒体建立自身"客观中立"合法性的来源；多种人为因素的影响都内嵌在算法规律之中，包括判断标准的选择、数据提取、语用分析和结果解读，研究算法可以廓清创造者、团体或机构的意图，理解技术与人的对接逻辑。

因此具体而言，本文将采用"算法机制"这一概念，来统合作为社会建制的平台媒体的算法选择逻辑，从社会建构的角度讨论不同平台媒体在进行算法机制选择时组织结构、技术能力、企业价值观以及社会影响在其中产生的作用。

所谓平台媒体，是指"既拥有媒体的专业编辑权威性，又拥有面向用户平台所特有开放性的数字内容实体"。2014年2月，乔纳森·格里克（Jonathan Glick）在《平台媒体的崛起》一文中首次使用了"platisher"。Platisher 由 platform（平台商）和 publisher（出版商）合成，简言之就是一种"不单靠自己的力量做内容和传播，而是打造一个良性的开放式平台，平台上有各种规则、服务和平衡的力量，并且向所有的内容提供者、服务提供者开放，无论是大机构还是个人，其各自独到的价值都能够在上面尽情地发挥"[25]。平台媒体构建的关键词是开放、激活、整合和服务[26]，但平台自身也有很多悖论：它们一开始反对互联网管制，后又和政府在国家安全等重要领域展开合作；起初是为了颠覆20世纪新闻机构的传统结构，继而又不得不接受与传统媒体所受到的约束一样的束缚；一方面对所有人开放，一方面又形成了有特定行为规则的封闭系统。目前，多家竞逐的网络生态正逐渐变为由脸书和谷歌等少数大型科技公司控制的"双强寡头垄断"（duopoly）状态。[27]《未来数字内容》报告显示，2015年数字广告收入增长的90%都流向了脸书和谷歌。[28]

而"算法机制"则是平台媒体的底层架构，理解平台媒体的"算法机制"可以揭开平台运作的逻辑。网络空间中区别于现实空间而不受规制的关键在于难以确认行动主体的身份属性和传播内容。而这就是"算法"集中想要解决的两大关键性问题，即用户画像（factors of the users）和内容评级（ranking content）。为了了解用户和内容，平台媒体主要依靠大数据、算法以及技术架构，对于涉及用户媒介使用惯习、基本人口要素、核心关注内容等进行编码、沉积、清洗、挖掘、推送和循环。平台媒体将聚合而来的内容通过算法对用户偏好进行精确匹配，相当于对于新闻内容进行了再一次的"算法把关"或者"平台把关"（platform watching）。[29]但同时，平台媒体的算法又不仅仅是代码这么简单，它是一整套系统架构的算法机制，包括算法、团队以及新闻价值观。它不仅包括算法本身，还包括使之运转起来的一整套规则制度，而这些规则制度由于人工的参与，使得算法机制呈现出一种技术与人工的"混合逻辑"。

鉴于这样一种态势，本文选择将研究对象确定为脸书和谷歌两大"双强寡头垄断"平台媒体的算法机制。之所以这样选择，主要基于以下三个维度的考量：首先，脸书和谷歌目前是世界范围内新闻推荐业务最大也是最具代表性的平台媒体；其次，鉴于两家高科技公司的技术水平，其开发出来的算法在很多场合被其他公司模拟和参考，因此探究这两大技术巨头的算法推荐机制可以有举一反三的功效；再次，就目前的情况而言，由于算法涉及一定的公司商业机密，愿意公布的公司不多[30]，脸书和谷歌在算法上相对比较透明，便于资料的搜集和获取。

三、比较框架与资料来源

本文选取脸书的"动态消息"（News Feed）与谷歌的"谷歌新闻"（Google News）的算法机制进行比较。在分析框架上，本文将平台媒体的算法机制划分为三个维度：核心排序算法比较、新闻要素权重比较、算法价值观比较。之所以划分为这三个维度，主要是从批判算法研究的视角和脉络中将算法研究的三个核心要素——关键技术、社会规范以及价值观念进行对应和细分。

卡尔森（Carlson）认为算法判断不仅仅是新闻业现有职业逻辑的延伸，也是一种新的集合装置（assemblage），这个新的集合装置包括生产新闻的系列实践、行动者网络、合法性判断形式以及能够合法化的知识类型假设。[31] 这也可以理解为"平台媒体的算法机制"想要涵括的包括技术层面、组织层面以及文化价值三个整体性维度的细分（见表4-1）。

表4-1　　　　　算法机制比较分析的维度与框架

比较平台	新闻推荐业务	
谷歌	谷歌新闻	
脸书	动态消息	
比较维度	核心要素	理论路径
核心排序算法	关键技术	技术与新闻视角
新闻要素权重	社会规范	技术与新闻视角 政治与公共政策 制度与场域视角
算法价值观	价值观念	新闻生产的经济组织 组织动力学视角 文化-历史视角

在资料收集方面，第一，本文对于脸书和谷歌的算法历史采用算法迭代追溯的方法，在时间线上回溯并找出其核心算法演化的关键节点与核心算法公式，资料来源于脸书与谷歌公布在互联网上的算法演化历史页面；第二，查阅历年来脸书、谷歌和新闻推荐相关的算法专利，最新更新至2016年12月；第三，由于近年来脸书和谷歌的新闻推荐业务备受关注，在一些事件处理中会以CEO公开信、发布博客等形式公布其公司价值观、新闻价值观等，这也为我们了解脸书与谷歌在算法设置时进行了哪些方面的考量提供了参考；第四，作者曾于2016年8月向脸书和谷歌公司的相关部门发送了电子邮件，询问其算法与其新闻推荐业务之间的相关关系，得到部分肯定的回答以支持论文中的观点和引用；第五，参考了其他公开的相关书籍、新闻、采访、访谈等。

四、双强寡头平台的"算法机制"比较

2017年哥伦比亚大学托尔数字中心发布的《新闻业的第三次浪潮：平台公司与新闻机构的融合再造》研究报告显示，目前"世界上最有争议、最具影响力、最隐秘的算法就要数脸书的动态消息了"[32]。而谷歌作为目前算法水平最

高的科技公司，其经典的PageRank排序算法几乎被90%以上的安卓系统应用所采用。

（一）核心排序算法比较

"动态消息"是脸书新闻推送业务的核心项目，"动态消息"的核心算法迭代主要经历过三个阶段：

第一阶段：边际排名算法（EdgeRank Algorithm）。2006年9月，脸书开始采用边际排名算法。[33]2010年4月在脸书的F8会议上，该算法的初始工程师鲁奇·桑维（Ruchi Sanghvi）和阿里·斯滕博格（Ari Steinberg）对其进行了说明：每个出现在你新闻源里的内容被称作object，与object的互动行为被称作一个edge，每一个edge有3个至关重要的组成要素，分别是U——亲密程度（affinity score）、W——边类权重（edge weight）和D——时间衰变（time decay）。对edge产生的影响的因素叠加在一起，则会增加edge的分数，然后就产生了EdgeRank。分数越高，你的内容就更容易出现在用户的"动态消息"里面。

$$EdgeRank = \sum_{e \in edges} u_e \cdot w_e \cdot d_e$$

第二阶段：机器学习与算法更新。2011年之后"动态消息"的排序算法全面转向了机器学习，用优化理论来决定每个因素的权重。News Feed排名工程部经理Lars Backstrom曾表示，该系统约有10万个独立项的权衡因素。除了最原始的3个EdgeRank要素之外，新加入的包括：关系设定、帖文种类、隐藏帖文/检举粉丝专页、点击广告和观看其他内容的时间轴、装置与科技、故事颠簸和最近的行动者。[34]

第三阶段：协同过滤机制。在强化机器学习的同时，"动态消息"团队重新考虑了人和算法之间的关系，他们的目的是要"把用户真正最关心的内容找出来"，建立"有意义的体验"，而不仅仅是"提高点击率"。为此，他们设置了一套协同过滤机制。每周二，20多名算法工程师和数据科学家都会来到脸书的加州总部工作室，他们会对数以亿万的点赞、评论和点击进行重估，使之更为有用；在田纳西州的诺克斯维尔，30名合同工坐在房间的电脑前，夜以继日地查看"动态消息"推送是否与用户的个人喜好相匹配，而他们的评估，连同全美其他700多名评阅者的意见，都会反馈给脸书的加州总部，供新的算法参考，以调整新闻推送的精度和准度。

而谷歌对于新闻内容分发影响力最大的还是其排名体系。截止到 2013 年，谷歌在 10 年间的时间里已经进行了三次大规模的算法排名调整。2006 年谷歌向美国专利办公室申请了算法的相关专利，其中与新闻信息排名最为密切的一项是《用于改进新闻文章分级的系统和方法》（Systems and methods for improving the ranking of news articles），该专利先后在美国、日本、中国、加拿大、西班牙等地申请了 20 项算法专利。在最近的一次版本（专利号：CN101826115B，2016-08-17）中，详细说明了谷歌对新闻文章排名的度量指标和衡量标准。虽然谷歌在问询电子邮件中回复"专利申请不代表产品实际操作"，但我们基本上可以判定，算法的指标可以代表谷歌对在线内容排名时遵循的逻辑。我们依然可以从这份专利中发现，究竟是哪些指标决定新闻可以被放在谷歌新闻搜索排名的显著位置。

第一，明确排序必要性。谷歌认为对于新闻文章的分级是必要的，这一观念的出发点看似简单，实际上简明扼要地说明了排名的重要性与必要性。用户通过搜索引擎查询感兴趣的关键词，定位已发布的关于该主题的文章新闻源，这一行为产生数百甚至数千个"点击"分级列表，每个点击又与可能涉及的网站页面相对应。由于这些新闻源可能具有不同的质量，因此需要进行排名来对新闻等级进行筛分。

第二，多维度量指标。专利中提到运用了超过 13 项度量指标来对其他网站的新闻文章进行排名。主要包括：（1）第一时间段中新闻源生产的文章的数目；（2）新闻源生产的文章的平均长度；（3）第二时间段中新闻源产生的重要报道的数量；（4）爆炸性新闻分数；（5）新闻源的网络流量；（6）人们对新闻源的评价；（7）新闻源的发行统计；（8）与新闻源相关联的职员数量；（9）与新闻源相关联的办事处数目；（10）在文章簇（cluster）中标记为原创实体的数目；（11）新闻源的覆盖幅度；（12）新闻源的国际流量多样性；（13）新闻源使用的写作风格。

第三，辅助连接度。谷歌的排序算法还部分基于确定的一个或多个度量值来计算新闻源的质量值：代表到新闻网站站点的超链接的数目值。这组度量可以用来部分地确定每个新闻源的源等级，上述 13 种度量指标的一些或全部都可以被使用和组合产生新闻源的最终分数。这样的组合变化很多，因此存在许多种技术与算法手段来确定新闻源的源等级。而一旦确定出源等级，服务器就可以存储这一结果，在需要的时候调用。

（二）新闻要素权重比较

如果将谷歌和脸书的算法要素做一个简单的比较，我们可以发现：谷歌的新闻排序算法非常重视分类，但这种结构化的搜索排序算法和脸书的算法逻辑完全不同，后者强调的是对象之间的关系亲疏以及互动程度，与某一领域的主题内容以及优质程度关系不大（见表4-2）。

表4-2　　　　　　　　谷歌与脸书新闻要素权重比对

权重强度	脸书"动态消息"	谷歌"谷歌新闻"
1	亲密程度	分类权威
2	边类权重	标题关键词、页面主题
3	时间衰变	领域权威
4	关系设定	社交分享文章
5	帖文种类	首发故事
6	隐藏帖文	引用排名
7	广告观看	独特文章
8	消息上浮	"谷歌新闻"中的高引用内容
9	最近互动	高质量内容
10	……	使用"谷歌新闻"网站地图

搜索引擎优化专家约翰·施哈塔（John Shehata）指出，在谷歌的搜索逻辑中，"分类权威是非常重要的排序因素。如果你持续就某一专门主题写作优质的故事，你就会有点击率和流量，你就会在某一分类排序中获得更好的名次"。与谷歌依靠强大技术主导服务不同，脸书采用的是以实用的技术实现产品的快速迭代并产生良好的用户体验。一项通过对于脸书的"动态消息"自身专利、新闻发布、向证券交易委员会提供的文件内容所做的文本分析也发现，朋友关系、明确的用户兴趣、用户预先参与、含蓄的用户偏好、帖文时间、平台优先级、页面关系、用户负面偏好以及页面内容，是驱动脸书上动态消息的算法核心。[35]而朋友关系对于其他所有内容的选择有着结构性与整体性的影响。

（三）算法价值观比较

从2005年开始，脸书陆续开发出了多项以"面向使用者体验"为核心的社交基础架构，包括上传照片（2005年10月）及标记朋友（2005年12月）、动态新闻（2006年9月）等，后者可以让用户看到最近更新的照片、视频和文章流；2011年，脸书保留了部分核心基础架构，将个人档案页面和涂鸦墙以新的时间轴（timeline）的形式展示，并推出新的社交图谱搜寻（social graph search）取代旧的搜寻方式；2013 年，脸书开始向 Twitter 挑战，推出包括主题标签（hashtag）和主题标签搜寻，并据此推出热门主题区块趋势话题（Trending Topics）；2013 年年底脸书修改了动态消息的算法以"提升用户体验"；2014 年 4 月 24 日，脸书推出面向新闻记者的最新服务 FB Newswire；2015 年 5 月，脸书上线即时消息（Instant Articles）功能，即时消息可以让新闻媒体预先上传文章到脸书的系统中，然后快速推送给用户，增强浏览速度和流畅度，并可以针对个别文章和段落进行回应和点赞。如果文章特别受欢迎，在脸书上的普及率将大幅提高。

2016 年 5 月，脸书遭遇"偏见门"事件，之后在 6 月 29 日，脸书改进了动态消息的算法。[36]这次改动虽然很小但是效果明显：用户将看到更多基于真人的推送，而类似与群组、媒体、品牌或其他来源的信息都会被弱化。更重要的是，配合这次改动，脸书有史以来第一次发布了对于自身算法的理念说明：动态消息的新闻价值观（news feed values）。如果用一句话来概括，那就是所谓的"3F 原则"（Friends and Family First）：友谊家庭大过天。这一价值观的主要内容包括：社交优先、"有用的信息"是关键、不要忘记娱乐、推崇多元观点、真实性很重要。

相比脸书的 EdgeRank 算法，以搜索引擎工具起家的谷歌则非常注重自身在打造数字工具方面的优势。作为搜索引擎优化的经典代表，谷歌的网页级别算法（PageRank）十分倚赖导入链接（incoming link），每个导入网页的链接相当于给该网页价值投了一票，通过这样的理论逻辑创建起了网页的级别系统。越多导入链接，意味着该网页越有"价值"。而每个导入链接本身的价值，直接根据该链接从何而来的网页级别以及相反的由该网页导出的链接（outgoing link）决定。[37] 2016 年 10 月，谷歌将其算法升级到企鹅 4.0（Penguin 4.0），相比较之前对于违规或者垃圾内容的反向链接（backlink），企鹅 4.0 不仅可以实现即时演算（real-time），而且这些反向链接并不会立即降低整个网站的价值。可见，依靠强大的算法技术，谷歌试图更为准确、精细、即时地建立互联网中的内容品质评估体系与网页秩序。

$$PageRank(p_i) = \frac{1-d}{N} + d\sum_{p_j \in M(p_i)} \frac{PageRank(p_j)}{L(p_j)}$$

而谷歌推出的新闻服务基本上是定位于"一款好用的工具"，服务专业人士或者大众用户。2015 年，谷歌启动了新闻实验室项目（News Lab Project），向来自不同背景的专业新闻记者提供包括谷歌地图、公共数据查询、YouTube 视频和谷歌趋势等数字工具，旨在帮助他们追踪热点新闻，进行数据新闻报道，并利用谷歌自己的渠道发布新闻。虽然谷歌没有亲自参与新闻产品的生产制作，但是它所提供的"工具包"却成为记者们进行数据新闻以及调查新闻报道的利器。

2016 年谷歌推出加速移动页面（Accelerated Mobile Pages，AMP）项目，旨在提高移动浏览体验，通过改造 HTML、利用缓存等技术来帮助网络条件不好的移动设备提高页面加载速度。但是除此以外，AMP 还针对广告体系和付费墙进行了设置，强化免费经济模式并在技术上超越脸书的即时消息。

五、总结与讨论：走向评估"算法机制"的可信任框架

通过以上三个层面的比较，我们可以总结出这样的结论或发现：

第一，在核心排序算法中，脸书非常清晰地将自己的算法机制聚焦于社交关系，更加强调信息与用户之间的相关性与适用性；而谷歌更加注重信息的覆盖面与秩序，更加能够体现社会规范和社会整体的价值尺度。

第二，在新闻要素权重的比较中，脸书的权重强度与用户的主观行动密切相关，尤其是用户拥有的关系程度、互动情况等最为重要，强调"一切从人出发"；而谷歌更加关注的是客观指标，并希望通过自身对于新闻要素的权重调整，赋予网页和新闻重要程度的序列。

第三，在算法价值观的比较中，脸书的价值出发点并不在信息传播的效率，而主要着力于满足人在社交关系、娱乐分享等方面的"欲望"；而谷歌是秉持其一贯的技术优势，希望作为一种认识世界的强有力的"工具"，强调在使用过程中技术的功能性、便捷性以及对于新经济模式的推动倡导。

作为双强寡头平台，脸书和谷歌在"算法机制"上呈现出两分。谷歌着眼于公共的、集体建构出的"客观现实"，希望通过技术与社会的互动，从"算法机制"上进一步认识客观世界，建构世界的"网络秩序"；而脸书则更多沉浸在社交关系中，认为"你的世界就是你的朋友圈"，外部世界如果不能作用于个体，就相当于不存在，其"算法机制"的设计核心是以人为本，围绕人的关系建构展开。

2000 年莱辛（Lessig）提出，在网络空间中，代码包括硬件和软件，是一种法则。这种法则和历史上的政府、社会规范以及市场可能拥有的角色一样，

对自由构成了威胁。Lessig 指出，如果我们不能理解代码，那么代码将会替代我们的传统和价值观来统治网络空间。[38]"算法"也是一种代码。目前对于算法的研究认为，算法至关重要，算法会影响当前社会信息流动的整个流程。而根据本文的研究发现，实际上"算法"技术仅仅是"算法机制"的一个重要组成部分，作为行动者的互联网公司，作为参与者的用户，以及沉淀在整个社会规范中的价值观最终将作为一种结构性的机制整体地决定经由平台媒体抵达用户的信息呈现。

而不同平台媒体依照自身的技术水平、组织结构以及价值观建立的起来的"算法机制"，本身已经内嵌了系统性与结构性的偏好，这样的"算法机制"对于社会具有怎样的影响和意义？如果从透明度、可信性、中立性、效率程度以及对意料之外的风险规避的角度来看，不同取向的"算法机制"究竟达到怎样的标准才是可被信任的？

2016 年 6 月 9 日，知名播客 SourceFed 发布视频指出，谷歌搜索的自动提示输入功能涉嫌人为操纵结果，会屏蔽很多关于希拉里·克林顿（Hillary Clinton）的负面消息。虽然该视频被多方信源证伪，但由于处于美国大选的敏感时期，平台媒体新闻推荐以及信息搜索结果的客观、公正、透明问题，带来了社会性的恐慌和焦虑。而脸书在"偏见门"之后，解散了编辑团队并调整了推荐算法，但由于技术水平所限，失去了人工辅助的算法对极端言论和照片的审查频频失误，脸书面临新一轮的信任危机。阿姆斯特丹大学信息法研究所的海尔伯格教授认为，脸书平台作为一个整体，是一名社会编辑（social editor），它分发的不是内容，而是用户与新闻相遇和互动的可能性。而脸书创建了用户新闻接触的技术条件，控制了用户与异质内容进行互动的可能。[39]

因此，虽然"算法机制"体现出了不同平台媒体的技术能力、行动逻辑以及价值观，但关键是要对其建立可信任框架。即不仅是要求在结果上维护新闻的公共性、多样性和独立性，同时还需要在生态、环境与流程中保证整体性的机制可信任。2014 年由哥伦比亚数据新闻研究中心发布的《算法可信度报告》对于"算法的可信任原则"给出了这样的说明："算法的可信任原则是通过对算法的透明度测试，以识别商业秘密，发现操控后果并超越复杂问题的认知天花板。"[40]

对于算法机制来说，透明度至关重要，"透明度"已经成为一种新的"客观性"。但由于政治、商业以及算法专利的制约，算法的透明度又不能毫无限制。

那么什么是一种"有意义"的算法透明度呢？O'Reilly Media 的创始人蒂姆·奥莱利[41]给出了4条他认为可以评估算法是否值得信任的规则：（1）算法创造者清楚解释了他们寻求的结果是什么，而外部观察者验证这一结果是可能的；（2）算法的成功是可以衡量的；（3）算法创造者的目标与算法消费者的目标一致；（4）算法可以帮助创造者和用户做出更好、更长期的决策。

当前，理解大规模数据采集（large-scale data collection）、算法分析（algorithmic analysis）、计算实践（computational practices）和公共知识生产（the production of public knowledge）之间的互动关系，是我们这个时代的核心方法论和哲学挑战之一。[42]"算法机制"的研究其实是希望建立一个视角和框架，用来管窥和揭示平台媒体的运作逻辑，也是探寻未来一个更加透明、可信的社会需要努力的方向。但另一方面，从学术研究的角度来看，我们还需要进一步追问，算法作为一种与社会、技术相关的一种话语和知识文化，它在决定信息的生产、呈现、流动与互动的同时，本身作为一种"现象"，是如何建立起自身的合法性的。而在未来，这种技术的"物质性"又将如何与其发明者——人类进行互动与互构，又是如何被赋予了公共意义，是怎样的公共意义。

（原载于《传播与社会学刊》2018年第43期）

引用文献 [References]

[1] 覃里. 今日头条核心技术"个性推荐算法"揭秘[OL]. 今日头条, 2015-04-27. http://www.toutiao.com/a4272064834/.

[2] BELL E, OWEN T. The platform press: how silicon valley reengineered journalism [OL]. (2017-03-29) [2017-05-21]. http://towcenter.org/wp-content/uploads/2017/04/The_Platform_Press_Tow_Report_2017.pdf.

[3] 中国互联网络信息中心. 第38次中国互联网络发展状况统计报告[OL]. [2016-08-03]. http://www.cnnic.net.cn/hlwfzyj/hlwxzbg/hlwtjbg/201608/P020160803367337470363.pdf.

[4] 中国移动资讯信息分发市场专题研究报告 2016 [OL]. 易观, 2016-08-12. [2016-08-13]. http://mp.weixin.qq.com/s?__biz=MzA5ODA5MzgwNw==&mid=2649929432&idx=1&sn=8b34f3ca2118a749941d3a5424d8e945&scene=1&srcid=0816mo94MhnVATjY8sbfAA8p#rd.

[5] GLICK J. Rise of the platishers [OL]. (2014-02-07) [2017-10-16]. http://www.recode.net/2014/2/7/11623214/rise-of-the-platishers.

[6] GOTTFRIED J, SHEARER E. News use across social media platforms 2016 [OL]. Pew Research Center, May 26, 2016. [2016-11-01]. http://www.journalism.org/2016/

05/26/news-use-across-social-media-platforms-2016/.

[7] NEWMAN N, FLETCHER R, LEVY D, NIELSEN R. The reuters institute digital news report 2016 [OL]. [2017-05-21] http://reutersinstitute. politics. ox. ac. uk/sites/default/files/Digital-News-Report-2016. pdf? utm_source=digitalnewsreport. org&utm_medium=referral.

[8] 周葆华. 从"后台"到"前台"新媒体技术环境下新闻业的"可视化"[J]. 传播与社会学刊, 2013 (25): 35-71.

[9] BALLON P. Platform types and gatekeeper roles: the case of the mobile communications industry [A]. In paper presented at the Summer Conference 2009 [C]. CBS-Copenhagen Business School, Denmark, June 17-19, 2009.

[10] NEWMAN N, FLETCHER R, LEVY D, NIELSEN R. The reuters institute digital news report 2016 [OL]. [2017-05-21] http://reutersinstitute. politics. ox. ac. uk/sites/default/files/Digital-News-Report-2016. pdf? utm_source=digitalnewsreport. org&utm_medium=referral.

[11] SCHRØDER K C. News media old and new: fluctuating audiences, news repertoires and locations of consumption [J]. Journalism Studies, 2015, 16 (1): 60-78.

[12] 宋玮. 对话张一鸣：世界不只是有你和你的对手 [OL]. 看看新闻网, 2016-12-04. https://kknews. cc/tech/e94ppvz. html.

[13] FULLER M ed. Software studies: a lexicon [M]. Cambridge, MA: MIT Press, 2008: 16.

[14] MART S N. The algorithm as a human artifact: implications for legal {re} search [J]. Law Library Journal, 2017, 109 (3): 388-438.

[15] BEER D. The social power of algorithms [J]. Information Communication & Society, 2017, 20 (1): 1-13.

[16] DIAKOPOULOS N. Algorithmic accountability reporting: on the investigation of black boxes [J]. Tow Center for Digital Journalism, 2013.

[17] CARLSON M. Automating judgment? Algorithmic judgment, news knowledge, and journalistic professionalism [J]. New Media & Society, 2017, (4): 1-18.

[18] BULLYNCK M. Histories of algorithms: past, present and future [J]. Historia Mathematica, 2015, 43 (3): 332-341.

[19] GILLESPIE T. Can an algorithm be wrong? Twitter Trends, the specter of censorship, and our faith in the algorithms around us [J]. Culture Digitally, 2011, 19.

[20] MEYMARIS G, HUBBER J, ELLIS S, DIXON M. Evaluation of the SZ (8/64) phase code algorithm: some operational considerations [A] //21st International Conference on

Interactive Information Processing Systems (IIPS) for meteorology, oceanography, and hydrology [C]. Symposium conducted at the 85th AMS Annual Meeting, San Diego, CA, January 9, 2005.

[21] ANANNY M. The curious connection between Apps for gay men and sex offenders [J]. The Atlantic, 2011, 14. [2017 - 11 - 14]. https://www.theatlantic.com/technology/archive/2011/04/the-curious-connection-between-apps-for-gay-men-and-sex-offenders/237340/.

[22] ANDERSON C W. Towards a sociology of computational and algorithmic journalism [J]. New media & society, 2013, 15 (7): 1005 - 1021.

[23] Big data: a report on algorithmic systems, opportunity, and civil right [OL]. Executive Office of the President, May, 2016. [2017 - 05 - 22]. https://obamawhitehouse.archives.gov/sites/default/files/microsites/ostp/2016_0504_data_discrimination.pdf.

[24] ANDERSON C W. Towards a sociology of computational and algorithmic journalism [J]. New media & society, 2013, 15 (7): 1005 - 1021.

[25] GLICK J. Rise of the platishers [OL]. (2014 - 02 - 07) [2017 - 10 - 16]. http://www.recode.net/2014/2/7/11623214/rise-of-the-platishers.

[26] 喻国明. 互联网是一种高维媒介 [J]. 南方电视学刊, 2015, (1): 15 - 17.

[27] THOMSON R. Fake news and the digital duopoly [N]. The Wall Street Journal, 2017. [2017 - 10 - 16] https://www.wsj.com/articles/fake-news-and-the-digital-duopoly-1491335062.

[28] KINT J. Google and Facebook devour the ad and data pie: scraps for everyone else [OL]. Digital Content Next, June 16, 2016. [2017 - 05 - 22]. https://digitalcontentnext.org/blog/2016/06/16/google-and-facebook-devour-the-ad-and-data-pie-scraps-for-everyone-else/.

[29] BRUNS A. Gatekeeping, gatewatching, real-time feedback: new challenges for journalism [J]. Brazilian Journalism Research Journal, 2011, 7 (2): 117 - 136.

[30] BRAUNEIS R, GOODMAN E P. Algorithmic transparency for the smart city [J]. Yale Journal of Law & Technology, 2017.

[31] CARLSON M. Automating judgment? Algorithmic judgment, news knowledge, and journalistic professionalism [J]. New Media & Society, 2017, (4): 1 - 18.

[32] BELL E, OWEN T. The platform press: how silicon valley reengineered journalism [OL]. [2017 - 05 - 21] (2017 - 03 - 29). http://towcenter.org/wp-content/uploads/2017/04/The_Platform_Press_Tow_Report_2017.pdf.

[33] KINCAID J. EdgeRank: The secret sauce that makes Facebook's news feed tick [OL]. Techcrunch, April 22, 2010. [2017 - 10 - 13]. http://techcrunch.com/2010/04/22/facebook-edgerank/.

[34] LAFFERTY J. Facebook announces 'story bumping' and other small changes to

news feed algorithm [OL]. Adweek, Aug 6, 2013. [2017 - 10 - 16]. http://www. adweek. com/socialtimes/facebook-announces-story-bumping-and-other-small-changes-to-news-feed-algorithm/426312.

[35] DEVITO M. A. From editors to algorithms: a values-based approach to understanding story selection in the Facebook news feed [J]. Digital Journalism, 2016, 5 (6): 1 - 21.

[36] MOSSERI A. Building a better news feed for you [OL]. Web blog message, June 29, 2016. [2016 - 11 - 02]. http://newsroom. fb. com/news/2016/06/building-a-better-news-feed-for-you/.

[37] PASQUINELLI M. Google's PageRank algorithm: a diagram of cognitive capitalism and the rentier of the common intellect [A] //BECKER K, STALDER F. eds. Deep search: the politics of search beyond Google [M], London: Transaction Publishers, 2009: 152 - 162.

[38] LESSIG L. Code is law [J]. Harvard Magazine, January, 2000, 102 (3).

[39] HELBERGER N. Facebook is a new breed of editor: a social editor [OL]. [2017 - 10 - 16]. http://blogs. lse. ac. uk/mediapolicyproject/2016/09/15/facebook-is-a-new-breed-of-editor-a-social-editor/.

[40] DIAKOPOULOS N. Algorithmic accountability reporting: on the investigation of black boxes [J]. Tow Center for Digital Journalism, 2013.

[41] O'REILLY T. Open data and algorithmic regulation [A] //Beyond transparency: open data and the future of civic innovation [M]. Pacific Northwest: Code for America Press, 2013: 289 - 300.

[42] MANOVICH L. Trending: the promises and the challenges of big social data [A] // GOLD M K. ed. Debates in the digital humanities [M]. Minneapolis, MN: The University of Minnesota Press, 2012: 460 - 475.

新闻融合的创新困境

——对中外 77 个新闻业融合案例研究的再考察

■ 王辰瑶

如果说"融合"作为一种网络化社会和数字时代的文化,具有普遍性和必然性,那么新闻实践中努力顺应这一潮流的融合创新,为何开展得并不顺利?近年来新闻研究者们不断通过对一个个新闻业案例的切近观察试图回答类似问题。这类切近的经验观察大大丰富了人们对新闻融合实践的理解,但具体的个别案例研究又难以同时对新闻融合存在的普遍问题进行分析,而两者都是我们非常需要的。有鉴于此,本文借助近 15 年来中英文新闻学研究文献,对中外 77 个新闻融合实践案例研究进行了再分析,试图从整体上理解"新闻融合"作为一种实践模式在不同层面的开展情况,并重点讨论了其在实践过程中涌现出的普遍性问题和矛盾。

一、作为创新的新闻融合

新闻研究领域中现在耳熟能详的"融合"概念常被归为"媒介融合"(media convergence),但这两者并不是一回事。麻省理工学院教授普尔(Ithiel de Sola Pool)在其享有盛誉的著作《自由的科技》(*Technologies of Freedom*)中,被认为首次将"融合"与媒介科技的发展相关联[1],并渐渐发展出了"媒介融合"概念。他所说的"融合"指"(传播)方式的融合"(convergence of modes),"媒介介质与其使用之间曾经存在的一对一的关系正在逐渐消失"[2]。另一本被引用较多的著作是丹麦学者延森(Jensen, K. B)的《媒介融合:网络传播、大众传播和人际传播的三重维度》。该书认为,以具身化为特征的"第一维度"的人际传播和以复制扩散为特征的"第二维度"的大众传媒都将被重新整合在"第三维度"的数字媒介平台上。[3]可见,无论普尔还是延森的定义,都是从宏观意义上讨论技术给人类交往带来的改变,并把这种改变以"融合"

来命名。

但近年来大量借用"媒介融合"概念进行分析的新闻研究，和以上"媒介融合"关注的问题并不一致。它不像"媒介融合"概念那样分析技术给人类交往带来的改变，而是讨论一个个具体的行动者对这种改变的应对。也就是说，新闻领域里的"融合"研究主要关心的是新闻业面对变化的应对，而不是变化本身。"融合"在这里多指行动和策略，其研究指向总要试图涉及如下问题中的一个或多个："谁"，在什么情况下或者因为什么原因，以何种方式采纳或不采纳"融合"？"融合"以何种方式出现？其进程是怎么展开的？"融合"对新闻业来说是否是"好"的？它们可能会对新闻业的未来产生什么样的影响？等等。

问题指向的不同使得新闻领域中的"融合"研究事实上无法被容纳在"媒介融合"概念之下。现有的比较常见的"媒体融合"或"新闻室融合"概念也是将"融合"视为主体面对媒体环境的变化采取的某种策略和行动，如讨论AOL并购时代华纳或编辑部采纳"中央厨房"等具体问题。不过对本文来说，前者范围过宽，而后者过窄，为更明确地讨论新闻领域的"融合"问题，本文将"新闻融合"界定为："新闻融合"本质上是新闻领域的行动者尤其是传统媒体采取的一种策略或者说行动，旨在主动地促成不同媒介形态、媒体组织、从业者以及使用者在技术、经济、文化、生产过程、文化、产品等方面的联合与合作。简单点说，"新闻融合"是新闻领域的行动者在面对变动的媒介环境时采取的一种新闻创新方式。

一旦把新闻融合视为一种新闻创新方式，把它从宏观的"媒介融合"背景中沉降到具体的新闻实践中去，它的关键问题就彰显出来了，也即新闻融合能否，以及如何能够回应媒介环境的整体变化。媒介融合是一种必然的趋势，但作为创新的新闻融合和其他创新实践一样，并不具有必然性。随着近年来新闻研究领域对融合现象开展的实证研究越来越多，研究者发现，作为新闻生产主体采取的一种创新实践的笼统称谓，新闻融合的具体实践方式、效果、影响都处于高度不确定的状态。大量研究指出，新闻媒体采取"融合"策略在降低生产成本和增加广告收入方面是失败的[4]，甚至还会导致报道质量下降[5]。如一项对《基督教科学箴言报》的历时性研究表明，融合策略下对新闻产量的要求压倒了对新闻质量的关心[6]，Thurman和Myllylahti对欧洲第一份纯网络报纸的研究也表明，由于大量依赖于机构转载和外部信源，由网站驱动的编辑部与信源交谈和核查事实的时间更少。[7]采取融合策略的新闻编辑部内部出现了大量新矛盾，衍生出传统采编人员与多媒体制作人员、新媒体记者编辑、管理层等之间的复杂关系。新闻编辑部的外部关系网络也更加复杂，来自信源、公众的新闻批评和来自编辑部内部的对受众的不信任情绪都在增长。一些新闻媒体、从业者和研究者明确提出了"反对融合"的观点。[8]

新闻融合在实践中以何种方式展开？本文首先以"编辑部""媒体""新闻""融合""案例"等为关键词从近20年的中英文新闻学文献中检索并筛选出42个国外新闻融合案例和35个国内新闻融合案例研究，文献来源分别选自Communication & Mass Media Complete（CMMC）数据库和中国知网数据库。这些研究至少得在一定程度上符合殷（Yin）所指出的案例研究的特征：不脱离现实环境的对当前现象的实证研究、通过多种渠道收集资料、在理论指导下对实证材料进行分析等。[9]按此标准，首先，本文剔除了不少"举例"研究，尽管有的冠以"案例研究"之名，但它们缺少来自文本、调查、观察、访谈等不同渠道的实证材料；其次，本文对这77个新闻业融合案例进行了类型划分，分别对媒介拓展、组织联合、成员合作和参与式新闻这四种新闻融合类型的实践情况进行了再分析；最后，本文讨论了新闻融合这一在全球开展的新闻实践中具有普遍性的问题，并试图讨论新闻融合"走出困境"的可能。

二、新闻融合全球性实验的类型模式

尽管因检索筛选出的文献均为英语文献，本研究寻找到的国外案例有限，但从相对广泛的国别分布来说，认为新闻融合是一个全球性的新闻创新试验当不为过。从图4-1显示的这77个中外新闻融合实践案例的基本情况，可以直观地看出，报纸或以报纸为主导的多媒体集团的新闻融合实践被研究者们关注得最多，其次是脱胎于报纸的数字媒体，如报纸主办的新媒体（见图4-2）。这虽不能说明新闻融合策略并不被报业之外的其他媒体行业采纳，但或可理解为新闻融合行为在报业比其他媒体行业有更高的显示度。因为从单一的印刷媒体向多媒体转变的过程相当明显，而其他电子传播行业的新闻实践从一开始就已然体现出文字、声音、视觉等多种介质融合的特点了。[10]

为更好地理解现实中的新闻融合如何开展，本文试图先建立一个初步的新闻融合类型模式。尽管研究者们已经将新闻领域中的融合现象纳入技术、经济、专业、文化等不同维度加以分析，如Rich Gordon将其分为科技、所有权、组织结构、信息采集和报道等不同形态的融合[11]，Quinn分为商业观层面的融合

图 4-1　新闻融合案例的国别分布

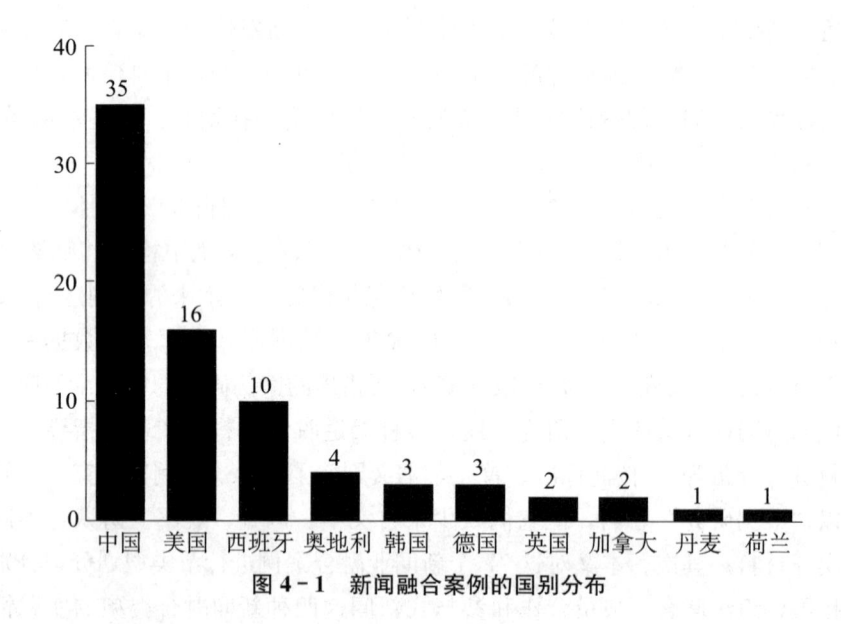

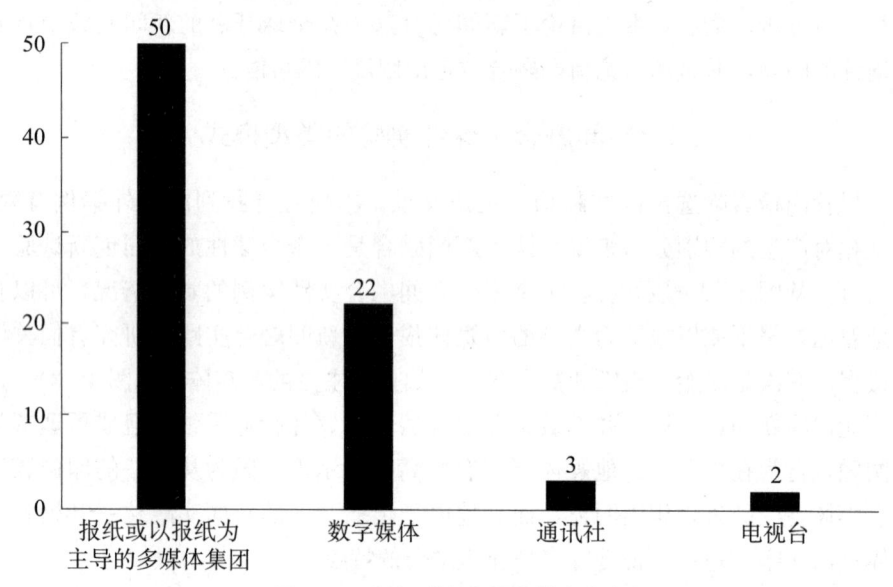

图 4-2　新闻融合案例的媒介分布

和新闻观层面的融合等。[12]本文认为这些维度划分能帮助我们理解新闻融合实践的复杂性，但要对融合类型加以区分，还是应该回到实践中的指向。韦斯特隆德（Westlund）等人提出的媒体创新的行动主体理论（agents of media innovation activities，AMT）指出，要理解创新行动（activity），离不开对行动主体及其关系的理解，这里的行动主体包括：作为人和组织的行动者（actors），作为媒介技术和平台的行动元（actants）以及使用者（audience）。[13] 因此按照融合策略实践主体的不同，本文将新闻融合分为媒介拓展、组织联合、成员合作和参与式新闻四种类型模式（见表4-3）。其中，媒介拓展是新闻组织与媒介技术的融合，这可能也是实践中运用最多的一种"融合"类型；组织联合指在媒体组织之间或媒体与其他组织之间展开的各种合作，它可以是在同一个媒介形态内不同组织的联合或合作，也可以是跨媒介的不同组织之间的合作；成员合作在新闻生产的微观层面展开，打破新闻生产的原有常规，促成原本在不同位置上、具有不同背景和技能的从业者共同工作；参与式新闻则体现了新闻生产一方的行动者和新闻使用者之间的合作互动，其理念植根于网络技术的参与性、对话性、互动性和给普通人赋权的信念。[14] 这一类型的新闻融合旨在将传统意义上的新闻受众角色纳入新闻生产实践中来，在新闻选题、新闻线索、素材、新闻作品脚本、评论等各个方面进行协作。

表4-3 新闻融合的类型模式

融合类型	媒介拓展	组织联合	成员合作	参与式新闻
行动主体	媒体组织、技术	媒体组织或其他组织	新闻从业者	新闻生产者、新闻使用者
创新动机	扩充传播渠道	行业组织之间在资源和机制上的取长补短	促进新闻生产，包括提高效率、降低成本和提升质量等	适应以"对话""参与"为特征的网络融合文化
开展方式	将不同介质的传播渠道纳入一个发布平台	在不同组织之间进行新闻产品互推、共享和合作开发，在新闻采集、制作和传播等环节展开合作，重构媒体管理结构、进行所有权合作等	原本在不同位置上、具有不同背景和技能的从业者共同进行新闻生产	新闻从业者与使用者在新闻选题、线索、素材、作品脚本、评论等各个方面进行协作的新闻实践
理想结果	通过多媒介发布平台保持和扩大新闻组织的影响力	新闻媒体组织发生结构性变革，组建能促成资源共享的新机制、新部门或新媒体组织	建立新的新闻生产常规	建立有效的新闻策展机制

三、新闻融合实践的显著特征

本文所关注的 77 个新闻融合案例是在各自独立的语境下做出的研究，研究问题和着眼点各有不同。但是按照上文所述的新闻融合类型来划分（见图 4-3），仍然可以在这些多维度的案例中看出一些明显的特征：

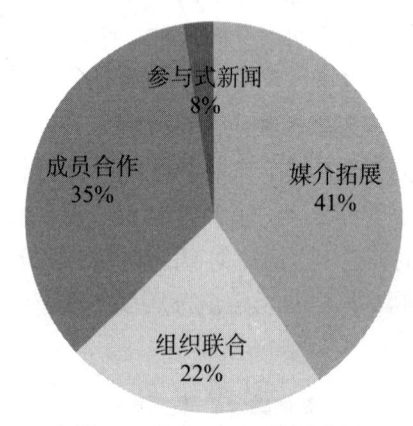

图 4-3 新闻融合实践的类型分布

第一，以内部自建方式开展的媒介拓展是新闻组织最常见且不成功的新闻融合策略。媒介拓展策略之所以被广泛采用，一方面是因为这是媒体尤其是纸媒在网络时代应对"传播介质危机"的直接反应；另一方面，也是因为传播技术的发展，降低了新闻媒体创办网站、开通社交媒体账号等多媒体实践的门槛。在这 77 个新闻融合案例中所观察到的媒介拓展，绝大多数是纸媒或纸媒主导的媒体集团在网络技术推动下的"开疆拓土"，主要采取内部自建而非与技术公司合作的方式。对于国内的报纸和报纸集团来说，近 15 年来最熟悉的融合策略是开通手机报、自办报纸网站、开设官方微博、微信、移动客户端等。这一类策略被有的研究者称之为"把新兴媒体当作传统纸媒跑马圈地的载体和平台"[15]。但这一类融合策略的结果如何？如果用卡斯特尔直言不讳的结论就是：新闻融合实践的类型分布以失败告终。传统媒体没能从在互联网的冒险试验中获得利益。[16] 自建式媒介拓展策略的失败局面，可以说中外皆然。如有研究者比较了中美两国传统媒体在互联网世界的发展历程，认为两国主流媒体都经历了一个从有先发优势到逐渐被边缘化的过程。[17] 因此随着时间的推移，传统媒体不得不逐步放弃在网络时代建立以我为中心的新的传播渠道的努力，而加入新崛起的互联网巨头们所搭建的脸书、推特、微博、微信等平台网络上去，从自建新的推送渠道变为自建新的内容出口，从而也将单一的媒介拓展策略推向更为复杂的融合行动——对外有与传播平台企业的合作，对内有母媒体与所办新媒体的合作等。

内部自建方式推行的媒介拓展策略为何失败？原因可能在于传统媒体的基因就决定了它是以内容为核心的生产组织，它不可能违抗这个内置的基因规约行事。在对互联网技术的投入和应用上，它不可能胜过一开始就以技术公司自居的互联网企业。例如，《湖北日报》传媒集团2012年的技术研发人员不足90人，内容采编系统、安全维护、改版升级等工作只能外包。而相比之下，腾讯公司在武汉的研发与运营中心，研发人员有2 600人，一期投入10亿元。[18]但是作为内容生产者很难独自控制新的传播渠道这一现实，并不意味着两者之间不能实现合作。加拿大报业集团与互联网企业的合作模式或可提供某种借鉴。加拿大魁北克地区的两大报团 Gesca 和 Quebecor Media 与四大信息渠道商 Google News、Msn. Ca、Simpatica 和 Yahoo! 之间就是典型的内容与渠道的组织合作关系，其模式类似于渠道平台向媒体集团订阅内容并进行广告分成。网络平台企业几乎不插手媒体提供的新闻内容，主要通过自动抓取更新来完成。研究发现，信息平台方和新闻内容提供者形成一种强强联手的关系，甚至有人担心这会进一步强化魁北克新闻市场的霸权，导致缺乏多元的声音。[19]这一垄断加强的状况和大部分传统媒体于在线平台上音量衰减的现象形成对比。前者需要摆脱单纯的经济理性驱动，从多元声音与社会政治民主生态的角度进行反思；后者则需要从融合策略本身进行反思，媒体作为内容提供者应该在自己的领域成为强者，才有可能与同样是传播渠道领域强者的在线平台进行关系平等的合作。

第二，同一媒体（集团）下开展的内部联合实践远多于在外部联合，且在现实中常表现为不稳定状态。传统媒体尤其是报业集团在网络平台上孵化出了很多新媒体项目，有些项目有自己的独立编辑部，出品新的内容，它们事实上已成为同一品牌和所有权之下的不同媒体，它们与原媒体之间构成了目前最主要的组织联合方式。这种联合虽然因为系出同门而较容易推行，但并不稳定，往往会在实践中产生或者进一步加强融合，或者产生使融合停滞或解体的内部作用力。戴利（Dailey）等人将新闻媒体开展的各种"合作"行为总结为一个融合序列模型，该模型认为融合的强度从相互推介、克隆复制、合作性竞争到内容共享，最后达到完全的融合（full convergence）。[20]案例研究发现，组织合作往往需要通过提高融合强度来解决融合不力的问题。如研究者在对英国《北方回声报》（*Northern Echo Newspaper*）的长期观察中发现，2006年之前的报纸网站在整个报社内部是一个低人一等的部门，还被报纸记者编辑视为一个对报纸业务有潜在威胁的平台，大多数报纸记者对报纸网站这一新媒体在行动上是回避的，在态度上是消极的。自2006年起，报纸管理层决定结束这种联合无力的状态，其做法是提升网站在组织结构中的地位，让网站人员有正式的办公空间，并规定所有的报道要先上网后上报，要求所有的记者接受多媒体训练，以便制作适合在线传播的原创内容。[21]这样，报纸与所办网站的关系就从简单的内容供给阶段进入融合程度加强的有限合作阶段，其特点是不同媒体之间的生产合作以组织结构改变的方式固定下来，但各媒体仍保留自己的独立编辑部门和各自的生产流程。如在韩国的三个在媒体集团内部发生的报纸与电视台的联合案例显示，一些报纸记者编辑通过内部临时调动的方式被分配到电视编辑部里，并且形成了一个"马鞍形"的沟通结构，当报纸或电视的记者提出合作要求时，他们可以上报给编导或责编，直至找到负责编辑部联合的主编并收到反馈。这类编辑部之间的有限的结构变动促成的联合只能是偶尔的、临时性的。[22]更进一步的联合以不同媒体编辑部在新闻生产流程上的深度整合为特点，直观地说即英文文献中所称的"共享新闻台"（sharing news desk）和中文文献中所称的"中央厨房"。如美国媒介综合集团（Media General）2000年成立的坦帕新闻中心（Tampa News Center），将旗下原来分居各处的三家媒体《坦帕论坛报》、论坛报创办的网站坦帕湾在线（TBO.com）和WFLA-TV搬迁至新建的大楼办公，采用共享新闻台的方式促进三家媒体从新闻采集到内容发布上的合作。不过这三家媒体仍然强调自己的独立性，记者们也主要为自己的媒体工作，有研究者称其为非强制的温和模式[23]，其问题仍然是无法有力地推动资源在编辑部之间的流动，换句话说，就是依然难以解决"不愿融合"的问题。比坦帕模式更激进的如西班牙地方性多媒体集团Novotécnica在2004年的做法，该集团非常迅速而强硬地对编辑部进行了整合，直接辞退了那些对融合策略不愿意配合的部门主任、编辑和记者，因为管理层认为，"如果记者不相信我们的模式，他或她就会变得非常有害，因为他们会影响士气，最终摧毁融合过程"[24]。大多数案例研究显示，要通过联合策略真正推动新闻资源在集团内部各媒体的流动很不容易。往往需要不断强化融合，需要激烈的组织结构变革，但这又容易导致强烈的内部抵抗，使融合解体。如荷兰报纸 De Volkskrant 就因为缺少清晰的商业模式和报纸记者的反对，最终在 2011 年解散了融合编辑部，所有为网站工作的在线记者都搬到了离原编辑部 80 千米外的新办公场所，而报纸和网站也采取了完全不同的定位和生产模式。这种被研究者称为"反融合"（de-convergence）的策略[25]，在国内案例中也不少见。如研究者所言，报业集团在孵化出"多媒体矩阵"后，内部迅速出现了"各部门难以配合、各自为政、人财物均难以协调的局面"。[26]一些媒体因此放弃了某些新媒体项目，一些媒体虽仍然维持着名义上的媒体矩阵不断扩大，但事实上缺乏有效的资源流动，被研究者直言不讳地批评为"姿态性融合"。[27]

第三，以成员合作方式开展的新闻生产融合实践，在现实中存在着普遍的矛盾：一方面大多数新闻从业者都认可融合理念，另一方面又在行动和态度上抵制具体的融合实践。案例研究发现，新闻从业者对新闻融合的必然性是有共识的，如相信融合在技术进步的推动下是"不可避免的"、融合可以给他们提供多平台的舞台、在融合编辑部工作的经历对他们的职业生涯有利等。[28]但是一旦涉及具体的融合行动，编辑部成员却很容易采取抵抗融合或不合作的态度。大量案例研究提供了新闻从业者对融合表示顾虑或负面看法的访谈材料，本文将其概括为对时间的焦虑、对多媒体技能的焦虑、对管理层和其他从业者价值观念的不信任以及对媒体结构和机制的不满。

上述三点在资深的报纸记者身上表现得最明显。有些研究者认为，这是传统编辑部里保守的新闻专业主义文化使得一部分资深记者不愿意离开自己的舒适区，"记者们想要改变世界，却不愿改变自己的传统和常规"。[29]但本文认为，这种批评并不公允，记者群体和任何人群一样，既有创新的动机，也有追求确定性的天性，在这一点上没有什么特殊之处。从研究者对不同新闻机构从业者的访谈材料来看，他们对新闻品质下降的公共性层面的焦虑并非是不愿变革的借口，更何况在资本导向的编辑部里，不合作的记者常以被辞退告终，并没有什么主导新闻融合的话语权。[30]缺乏价值观念层面的深刻认同和讨论，才是很多编辑部在执行新闻融合策略上举步维艰的重要原因。例如报纸记者希望新闻生产的节奏慢一些，能够给新闻事实以丰富的语境，看重原创和写作的技能[31]，但如果融合的目的是降低新闻生产成本，在单位时间有更多的新闻产出，就意味着在新闻生产中用于事实核查、寻找更多信源、追求准确性的时间变少了。[32]这使他们感到现在的新闻融合实践似乎与自己的价值观背道而驰。

而对媒体结构和机制的不满则可以在媒体管理层和积极创新者中找到不少共鸣。由于生产层面的融合打破了原来的新闻常规，编辑部也没有先例可循，即便在融合意愿较强的编辑部里也可能出现缺乏有效制度和路线图的情况。如在上文所说的采取激进融合策略的 Novotécnica 编辑部里，一些有志于融合创新的记者抱怨，自己只是被告知了融合项目的宏观情况，却没有足够的实施细节。一位记者说："起初，融合策略让我很期待。但当我费力和其他媒体合作后却发现，它是极其困难的。没人赞赏我的努力，我给自己找了一堆麻烦事，我的老板也没有给予肯定。"[33]国内一些案例显示，从业者对媒体组织结构发生重大变革的信心不足，如认为组织内"级别"难以撼动。不过观察发现，一些真正采取了激进融合策略，在组织结构上做出重大改变的编辑部，一段时间后，融合的观念可以被大多数记者接受，融合行为也会逐渐内化。[34]

第四，作为一个在新闻研究中被广泛谈论的理念，"参与式新闻"在实践中其实相当边缘，远非媒体在新闻融合中关注的重点。一些研究表明，新闻从业者对将新闻管辖权开放给公众心存疑虑，担心公众会滥用它。[35]可能因为这种观念，以及强调产量的实践导向，记者们并未对"参与式新闻"投注多少热情，而有限的尝试也说明，如果对专业标准有所要求，那么向公众开放的"参与式新闻"其实投入很大，并且不容易成功。如澎湃新闻曾试图打造"中国第一个新闻问答产品"，拟通过新闻生产者和读者的互动来实现共同设置议题、生产读者关注的新闻，最终实现高质量的 UGC。但从实践来看，澎湃新闻用户尚未培养出主动提问的习惯，高质量的问答较少，而且时政新闻对网友言论有较严格的把控，这些都对"新闻问答"栏目产生了制约。[36]波奇科夫斯基对美国三个在线报纸编辑部的案例研究发现，记者是否会采取互动性传播与他们对本媒体使用者群体的看法有关，把使用者视为消费者的编辑部更容易复制"我登你读"的传统模式，把使用者视为行动者的编辑部则更愿意关注使用者参与的网络空间，如评论、论坛、聊天室等，但总的来说大部分在线报纸的内容生产仍然延续"我登你读"的模式。[37]

四、新闻融合实践的困境及未来

从对这 77 个新闻融合案例研究的再分析可知，"新闻融合"这一在新闻领域开展的全球性实验仍处于初级探索阶段,但一些具有普遍性的问题正逐渐清晰。

首先,作为策略的"新闻融合"更容易发生在新闻业内部而非外部。大多数新闻媒体早期采用内部自建渠道的方式来拓展在新媒介领域的活动,在这一方式迟迟未见成效后,新闻媒体转而跟随技术平台的发展,接受新平台的规则设定,大量自建新的内容端口,在同一个所有权、品牌或集团内发展内部的媒体联合。本研究观察发现,在全球性新闻融合实验中,新闻媒体作为内容生产组织和信息渠道组织的合作、新闻组织与其他内容生产组织以及新闻生产者与新闻使用者之间发生的打破原有新闻业之"边界"的外部融合较少发生。新闻业普遍采用内部融合的逻辑主要是从降低实践难度的考量出发的,因为相比于与外部的行业、组织和个人建立信任、资源共享共有或合作,内部的、自上而下的"融合"至少在形式上更容易实现,尤其当"融合"成为某种现实压力,甚或被当成媒体管理层的"政绩"时[38],内部的新闻融合实践会在短时间内被新闻组织蜂拥采纳。面向外部开放的新闻融合不仅对行动者观念、协同机制、文化融合等各方面的要求都更高,而且超越了单一行动者的"控制",取决于多元行动者之间的相互关系,因而不容易被某一行动者主动地、单独地采用。但是在整个传播语境权力关系发生改变的情况下,新闻领域的各类行动者必然会被宏观意义上的"融合"趋势裹挟着,或主动或被动地进行打破边界式的融合。面对外部的、更开放的新闻融合实践会越来越多,这是不以具体行动者意愿为转移的客观规律。

其次,"新闻融合"容易招致编辑部的内部抵抗,主因是围绕新闻融合实践的关系结构不合理。尽管新闻从业者对新闻实践方式变化的必然性有充分的认识,但编辑部内围绕新闻融合实践发生冲突是普遍存在的现象。案例研究发现,冲突主要发生在编辑记者和管理层、传统记者和"新"记者之间。当新闻融合行动被认为是由"他们"管理层强力推行,而不是"我们"记者主导时,很容易让一线从业者对新闻融合产生态度上的消极和行动上的不合作。而当融合方案只有宏观愿景、缺乏具体实施规划和配套机制保障时,记者与管理层就新闻融合的矛盾就更为突出。传统记者和新加入的从业者之间的矛盾也很明显,后者包括来自计算机、艺术等其他背景的专业人士、主要从事新媒体编辑工作的年轻记者等。资深的报纸记者编辑是最容易对融合产生抵触情绪的群体,有些甚至认为电视同行都不能引为同类。但是本文并不认同一些研究者所批评的新闻记者的保守天性，多项案例研究的结果发现，围绕新闻融合的关系结构设置，包括是否有让融合活动发生的共同空间、负责执行融合策略的部门或个人是否有调动资源的实际权力、是否有将融合活动常规化的新闻流程设置等，才是决定新闻融合实践是否顺畅的主要的内部因素。可以说，是编辑部围绕新闻融合实践的结构关系影响了编辑部内部对新闻融合的文化氛围，而非相反。比如，那些能在一个空间下工作的融合编辑部，就比分处不同物理位置依靠个别"信使"或"在线"方式合作的编辑部，其成员对工作场所的满意度可能更强，也更乐于合作。因此有研究者认为，在融合创新早期对办公空间结构进行重新设计是非常重要的。[39] 融合式新闻生产能否成为新的生产常规，还取决于日常新闻工作在各个层面的合作是否有相应的配套机制，尤其重要的是，主导新闻融合的部门或个人的实际权力。如国内一家省级报业集团被发现在采用了"中央厨房"式的融合策略后，也没有真正形成融合式的新闻生产新常规，一个重要原因就是内部结构的掣肘，因为推行"中央厨房"的"新媒体中心"只是一个科层制组织结构之下的中层机构，并没有调配资源的权力。[40]

再者，目前看来，"新闻融合"策略尚缺乏明确的商业模式。新闻组织采纳"新闻融合"策略的经济目标是对内降低新闻生产成本、对外扩大传播影响力，在新平台上获取收益，但目前看来并没有开拓出新的经济收益渠道，一些新闻机构叫停"新闻融合"的主因也在此。在这77个案例研究中只有1例曾明确提到施行融合策略后媒体利润增加的情况，即美国媒介综合集团在2000年建立了融合式的坦帕新闻中心后，所属的《坦帕论坛报》的发行量在2002年比2001年增长了5.8%，所属网站TBO.com的页面浏览量在2004年卡特丽娜飓风期间上涨了十倍。[41] 但问题是，这些增益的确是新闻融合策略带来的还是只是一个时间上的巧合？本文作者查证，坦帕新闻中心的旗舰《坦帕论坛报》已在2012年被出售，母公司媒介综合集团剥离了旗下报纸业务。[42] 其余案例研究或者没有涉及新闻融合策略的经济结果，或者认为新闻组织对融合式创新的投入大于所得，是"广撒网而薄收获"。[43] 融合创新的"烧钱阶段"过去之后，是否会迎来春天？目前还无法下定论。但新闻媒体应对危机的创新方案不止融合一途。如国内两个被公认的较成功的新闻融合案例——《人民日报》的新媒体项目和澎湃。前者的新媒体项目编辑部和母报编辑部与其说存在融合关系，不如说前者是在后者的允许下创立出来的新事物，其成功可能正来自母报的"不干涉"。[44] 后者则从一开始执行的就是对报纸的改造方案，在经过一段时间报纸编辑部与澎湃编辑部的过渡式并行运作后,《东方早报》如期停刊。在原媒体内孵化新媒体项目,但与原媒体互相独立不融合,或仅把融合作为过渡手段,对原媒体用弃旧图新的方式进行整体转型,这些实际上并非"新闻融合"的行动,正被新闻行动者在实践中摸索着,其中有些看来不失为有效的策略。

最后,新闻价值取向是新闻行动者在进行包括新闻融合在内的创新实践中一个不容回避的独特问题。相比于商业组织以经济利益为主要衡量标准的创新活动,新闻行动者的创新还需不断进行价值取向的考量。新闻工作看重"原创"作品,追求准确性,重视采访的投入度和写作的创造性,从业者极其看重对新闻工作的管辖权并追求专业标准,这些在以往新闻实践中逐渐形成的新闻"传统"价值,今天在新闻边界开放融合的过程中正经受着挑战。新闻融合在实践过程中存在的诸多"不适",从根源上讲还是因为价值观的冲突——中外记者在新闻融合实践中都提到的困惑,如如何在多任务多技能的工作中不降低新闻业的"公共服务标准"[45],不至于让"全能型"记者成为"全不能"记者[46]。此类价值观念的困惑在新闻融合实践过程中并没有被充分重视,在所谓传统的新闻思维和当下的互联网思维之间没有形成真正的对话。传统的新闻实践方式,无论从传播渠道、生产常规还是从商业模式层面,都正在发生变革,但行动者努力的方向是什么?恰恰是这一点,在新闻融合过程中被忽略得最明显。大多数案例采纳新闻融合的逻辑都是:既然融合是大势所趋,那么新闻媒体必须进行融合创新。然而,新闻媒体开展的一系列新闻融合探索似还未触及新闻业核心——哪些是新闻业发展必须保留的,哪些是需要更新、引进甚或改变的观念?尤其是,当一些观念有冲突时该如何进行价值排序?如在记者工作时间有限的情况下是追求量还是追求质?如何看待使用者群体,将他们主要视为公众还是用户?记者需要掌握的"多媒体技能"如何排序?当涉及不同的专业标准如新闻的标准和美学的标准时,如何取舍?这些问题并没有在新闻融合实践的推进过程中展开普遍讨论,更没能达成共识。而回避讨论给新闻融合创新带来了严重的后果,使其更多以通过权力自上而下安排的方式在内部展开,遇到边界冲突的挑战容易以相互分离或"阳奉阴违"的方式处理。一些新闻融合方案在推行过程中挑战了记者既有的职业认同感,但又没有提出新的被认可的价值观念,这就不能不招致"抵抗"了。尽管这种抵抗可能以"弱者的抵抗"的方式发生,并避免与迎合潮流的新闻融合政策的公开脚本发生直接冲突,但不能不说这是新闻融合过程中非常遗憾的场景。正如一位资深记者在接受访谈时坦言,自己既不是因为报酬,也不是因为精力的问题而不愿意向融媒中心供稿,而是因为对融媒中心业务标准的不满,"有意识地"避免合作。[47]隐性但有意识地避免融合,是新闻融合实践中最隐晦但却最值得深思的现象。

作为实践的新闻融合有其自身的逻辑。它之所以大规模地出现在当下的新闻场域中,离不开网络时代"媒介融合"趋势的客观背景,也是新闻行动者试图顺应"融合文化"的努力。但是新闻业作为一个具体的社会实践领域,它的职业边界、它长久形成的新闻常规、它的组织化形态、它的从业者持有的观念、它对新闻使用者群体的看法、它所受的政治经济伦理法规的规约等等,必然构成"新闻融合"的复杂语境。观察这一全球性实验的开展情况,尤其是其中具有共性的问题,也许可以得出这样的结论:"新闻融合"尚没能真正"开放",原因恰恰是行动者对新闻业的"传统"重视不够。新闻媒体要在一个极速变化的环境下跟上变化并继续保持和扩大其影响力,首先要搞清楚"我是谁";其次凝聚力量,从观念沟通、结构重组到流程再造,更新自我;最后,在向外开放融合的过程中重新确立自我。新闻行动者将在这样不断"打开"的融合过程中,不断地"再专业化"。融合与再专业化的相互交替的过程,将会持续一个较长的阶段。

由于本研究所选案例的限制,本文的观察主要局限在传统媒体尤其是报纸或以报纸为主导的多媒体集团内。通过对这些案例的再分析,结论并不乐观。这些传统的新闻行动者似乎在新闻融合实践上本末倒置了,新闻融合实践中产生诸多冲突和矛盾,有许多源自"不知道我是谁"了的困惑,也正因如此,新闻融合实践长久停留在内部的裂变和磨合中,难以真正使新力量汇流进来。尤其在对一些中文案例的分析中,本文发现一种"为融合而融合"的做法仍然存在。尽管通过一些学者的调查和深访,这种"融合"早已被揭示出只是一个"迷思",但似乎仍然没有引起足够的警惕。而这种情况对于传统新闻业来说很危险,因为眼下的新闻场域早已不仅仅是既有行动者的舞台了,也不会等待传统媒体。事实上,本文的案例没有涉及一大批新闻场域的新行动者们,他们也正在进行着融合与专业化的实践。未来的学术研究,应对此有更多的关注。

(原载于《南京社会科学》2018 年第 11 期)

引用文献 [References]

［1］SHIXIN IVY ZHANG. Newsroom convergence models of China's Beijing Youth Daily and Denmark's Nordjyske [J]. Chinese Journal of Communication, 2009 (3)：330-347.

［2］ITHIEL DE SOLA POOL. Technologies of freedom：on free speech in an electronic age [M]. Cambridge, MA：The MIT Press, 1984.

［3］延森. 媒介融合：网络传播、大众传播和人际传播的三重维度 [M]. 刘君, 译. 上海：复旦大学出版社, 2012.

［4］EDGE I J. Coming to terms with convergence journalism：cross-media as a theoretical and analytical concept, convergence [J]. The International Journal of Research into New Media Technologies, 2011 (2)：213-223.

［5］FAGERJORD A, TANJA S. Questioning convergence [A] //STORSUL T, DAGNY S. eds. Ambivalence towards convergence：digitalization and media change [M]. Nordicom：Goteborg University, 2007.

［6］GROVES J, BROWN C. Stopping the presses：a longitudinal case study of the Christian Science Monitor transition from print daily to web always [A]. International Symposium of Online Journalism [C], University of Texas, Austin, 2011, 1-2 April. https：//www.isoj.org/wp content/uploads/2016/10/ GrovesBrown2011-2.pdf.

［7］THURMAN N, MYLLYLAHTI M. Taking the paper out of news：a case study of Taloussanomat, Europe's first online-only newspaper [J]. Journalism Studies, 2009 (5)：691-708.

［8］EDGE I J. Coming to terms with convergence journalism：cross-media as a theoretical and analytical concept, convergence [J]. The International Journal of Research into New Media Technologies, 2011 (2)：213-223；陈国权. 报纸网站不要融合：我的"反媒介融合"观 [J]. 中国报业, 2010 (5)：37-39.

［9］殷. 案例研究：设计与方法 [J]. 周海涛, 主译. 重庆：重庆大学出版社, 2004.

［10］JOSE A. GARCIA-AVILES, etc. Media convergence revisited [J]. Journalism Practice, 2014 (5)：573-584.

［11］GORDON R. The meanings and implications of convergence [A] //KAWAMOTO K. ed. Digital journalism [M], Lanham：Rowman & Littlefield, 2003.

［12］QUINN S. Convergence's fundamental question [J]. Journalism studies, 2005 (1)：29-38.

［13］WESTLUND O, LEWISS S C. Agents of media innovations：actors, actants, and Audiences [J]. Journal of Media Innovations, 2014 (2)：10-35.

[14] BOWMAN S, WILLIS C. We media: how audience are shaping the future of news and information [EB/OL]. http://www.ickertracks.com/blog/images/we_media.pdf.

[15] 张昆, 周钢. 省级党报集团融合发展中的现实困境及路径选择：以湖北日报传媒集团为例 [J]. 新闻界, 2016 (3): 38-44.

[16] CASTELLS M. The Internet Galaxy: reflections on the Internet, business, and society [M]. New York: Oxford University Press, 2001.

[17] 方兴东, 潘斐斐, 李树波. 新媒体之道与媒体融合战略选择：纽约时报与人民日报融合20年历程与经验比较研究 [J]. 新闻记者, 2016 (1): 74-81.

[18] 张昆, 周钢. 省级党报集团融合发展中的现实困境及路径选择：以湖北日报传媒集团为例 [J]. 新闻界, 2016 (3): 38-44.

[19] MARC-OLIVIER, CARBASSE R, ERIC G. Converging journalism: producing and publishing for multi-platform conglomerates in Canada [J]. Journalism Studies, 2012 (5)-(6): 753-762.

[20] DAILEY L, DEMO L, SPILLMAN M. The convergence continuum: a model for studying collaboration between media newsrooms [J]. Atlantic Journal of communication, 2005 (3): 150-168.

[21] MACGREGOR P. Siren songs or path to salvation? Interpreting the visions of Web technology at a UK regional news-paper in crisis, 2006—2011 [J]. Convergence: The International Journal of Research into New Media Technologies, 2014 (2): 157-175.

[22] PAK HYEONG-JUN. Perceptions and influence of newspaper-led convergence with broadcast stations: the cases of three South Korean multimedia groups [J]. Convergence: The International Journal of Research into New Media Technologies, 2017 (5): 477-496.

[23] 付晓光. 互联网思维下的媒体融合 [M]. 北京：中国传媒大学出版社, 2017.

[24] JOSE ALBERTO GARCIA AVILES CARVAJAL M. Integrated and cross-media newsroom convergence: two models of multimedia news production: the cases of Novotécnica and La Verdad Multimedia in Spain [J]. Convergence: The International Journal of Research into New Media Technologies, 2008 (2): 221-239.

[25] TAMELING K, BROERSMA M. De-converging the newsroom: Strategies for newsroom change and their influence on journalism practice [J]. The International Communication Gazette, 2013 (1): 19-34.

[26] 张昆, 周钢. 省级党报集团融合发展中的现实困境及路径选择：以湖北日报传媒集团为例 [J]. 新闻界, 2016 (3): 38-44.

[27] 尹连根, 刘晓燕. "姿态性融合"：中国报业转型的实证研究 [J]. 新闻与传播研究, 2013 (2): 99-112, 128.

[28] SINGER J B. Strange Bedfellows? The diffusion of convergence in four news organizations [J]. Journalism Studies, 2004 (1): 3-18.

[29] FIORETTI N, RUSS-MOHL S. eds. Merging media, converging newsrooms [M]. Casagrande, 2009.

[30] ROBINSON S. Convergence crises: news work and news space in the digitally transforming newsroom [J]. Journal of Communication, 2011 (61): 1122-1141.

[31] HYEONG -JUN P. Perceptions and influence of newspaper-led convergence with broadcast stations: the cases of three South Korean multimedia groups [J]. Convergence: The International Journal of Research into New Media Technologies, 2017 (5): 477-496.

[32] JOSH ALBERTO GARCIA A, CARVAJAL M. Integrated and cross-media newsroom convergence: two models of multimedia news production—the cases of Novotécnica and La Verdad Multimedia in Spain [J]. Convergence: The International Journal of Research into New Media Technologies, 2008 (2): 221-239.

[33] JOSH ALBERTO GARCIA A, CARVAJAL M. Integrated and cross-media newsroom convergence: two models of multimedia news production—the cases of Novotécnica and La Verdad Multimedia in Spain [J]. Convergence: The International Journal of Research into New Media Technologies, 2008 (2): 221-239.

[34] MICHEL D, BRUCE G. The meaning and influence of convergence: a qualitative case study of news-room work at the Tampa News Center [J]. Journalism Studies, 2006 (2): 237-255.

[35] MACGREGOR PHIL. Siren songs or path to salvation? Interpreting the visions of web technology at a UK regional newspaper in crisis, 2006—2011 [J]. Convergence: The International Journal of Research into New Media Technologies, 2014, 20 (2): 157-175.

[36] 朱春阳, 张亮宇. 澎湃新闻: 时政类报纸新媒体融合的上海模式 [J]. 中国报业, 2014 (8): 46-48.

[37] BOCZKOWSKI P J. The processes of adopting multi-media and interactivity in three online newsrooms [J]. Journal of Communication, 2004 (2): 197-213.

[38] 尹连根, 刘晓燕. "姿态性融合": 中国报业转型的实证研究 [J]. 新闻与传播研究, 2013 (2): 99-112; 128.

[39] MEIER K. Innovations in central European newsrooms overview and case study [J]. Journalism Practice, 2007 (1): 4-19.

[40] 何瑛, 胡翼青. 从"编辑部生产"到"中央厨房": 当代新闻生产的再思考 [J]. 新闻记者, 2017 (8): 28-35.

[41] MICHEL D, BRUCE G. The meaning and influence of convergence: a qualitative

case study of news-room work at the Tampa News Center［J］. Journalism Studies，2006（2）：237 – 255.

［42］https：//en. Wikipedia. org/wiki/ The _ Tampa _ Tribune.

［43］吴自力. 问题与对策：南方报业转型发展分析［J］. 新闻大学，2014（2）：148 – 152.

［44］王辰瑶，喻贤璐. 编辑部创新机制研究：以三份日报的"微新闻生产"为考察对象［J］. 新闻记者，2016（3）：10 – 20.

［45］JOSH ALBERTO GARCIA A，CARVAJAL M. Integrated and cross-media news-room convergence：two models of multimedia news production——the cases of Novotécnica and La Verdad Multimedia in Spain［J］. Convergence：The International Journal of Research into New Media Technologies，2008（2）：221 – 239.

［46］何瑛，胡翼青. 从"编辑部生产"到"中央厨房"：当代新闻生产的再思考［J］. 新闻记者，2017（8）：28 – 35.

［47］何瑛，胡翼青. 从"编辑部生产"到"中央厨房"：当代新闻生产的再思考［J］. 新闻记者，2017（8）：28 – 35.

第五章　传播学研究

- 人的记忆、搜索引擎与新闻传播学研究
   ——搜索引擎批判
- 知识的政治：搜索引擎中的乌坎事件研究
- 传播中的身体问题与传播研究的未来
- 交流者的身体：传播与在场
   ——意识主体、身体-主体、智能主体的演变
- 从"零"到一：中国传播思想史书写的回顾和展望
- 媒介域的方法论意义
- 追忆消逝的网站：互联网记忆、媒介传记与网站历史
- 语境、演进、范式：网络研究的想象力

人的记忆、搜索引擎与新闻传播学研究

——搜索引擎批判

■ 陈力丹　李梓樱　赵睿楠　李京婧

1995年，《马克思恩格斯全集》中文第二版第1卷出版了。那时电脑在中国很少，基本上用的是打字机，仅有几家计算机研究部门在试用e-mail，尚没有搜索引擎的概念。我发现第1卷漏译了马克思的一句话，为了查找对应的德文版《马克思恩格斯全集》，从北京东南角的潘家园骑车赶到西北角的国家图书馆，确认了漏译。回来后又请教精通德文的研究生同学，再次确认漏译。然后，给中央编译局韦姓局长写信指出这个问题，再骑车到邮局把信寄给他。这位领导没有回复我，但我发现，该卷第二次印刷本悄悄地补上了漏译的话，但补上的译文忘了标示马克思使用的着重号（德文词句斜体字，中译文黑体字）。鉴于对方的官僚态度，我懒得再写信指出新的问题。

管的这件闲事，耗费了我整整两天时间。如果事情发生在当下，从网上搜到德文版《马克思恩格斯全集》对应卷，拿着新出版的中文版全集第1卷对照，就可以确定是否漏译；然后给远在德国的人民日报社驻站记者打个电话或发微信问问，最终确认问题。估计用1小时就能把事情做了。如果编译局的领导不理会，可以直接把该书的差错捅到网上，他们补正后又出错，再捅到网上，曝光他们的工作如何不专业。进入互联网时代，搜索引擎使得查找一般性资料方便多了，除此，还会发生什么新的问题？

2014年12月，喻国明在一次演说中举出方汉奇老师和我的例子，论证互联网带来的各种方便。他说，互联网首先是内容的连接，把过去分布在各个角落里的内容聚合成统一的内容网络。加上互联网的超级链接和海量储存，将所有的内容连为一体，极大地便利了人们对信息知识的使用，提高了效率，降低了成本，增加了知识和信息为社会利用的可能性。我们人大新闻学院的方老师是中国新闻史学界的泰斗，他这一辈子做了50多万张卡片。如果不修炼30年、

40年、50年,在他面前,连说话的资格都没有。这是过去大家的一个重要特征。我们学院还有一个陈老师,他对马恩的熟悉程度可以用"活字典"来形容,让我无比佩服。但是今天他们这种能力,已经算不上什么能力了。但凡有一点点互联网知识的,哪怕是高中生,都能够完成他们经过 20 年、30 年培养起来的学术能力,检索不就完了。[1]

喻老师对互联网功能的论证很精彩。他的演讲引发我的思考:互联网的搜索功能可以替代并超越人的记忆能力吗?互联网搜索功能的优势和劣势是什么?我们该如何就搜索引擎的普及使用,向社会提出忠告和警告?于是我在研究生传播学理论课上布置了相关的作业,安排研究生就此选题做了硕士论文。

一、人的记忆和记忆的外在化

互联网的搜索功能开始于 1994 年 7 月,毛尔丁(Michael Mauldin)创建了最早的搜索引擎 Lycos。1998 年,佩奇(Larry Page)和布林(Sergey Brin)开发了世界上最大的搜索引擎 Google。2000 年,中国的搜索引擎百度创立于北京。如今,各网站以及网站的页面、手机微信和短信,甚至电脑的文件夹等都有自己的搜索功能。中国人遇到需要调动记忆的困难时,第一冲动就是掏出手机在百度上查找。"有事问度娘"已经成为中国网民的生活习惯,百度广告语亦是"百度一下,你就知道"。

我过去说过:记忆是人在社会互动中关于活动、感受与经验的印象累积。人脑对外界输入的信息的编码、存储和提取的过程,都离不开记忆。因而自我传播就是在一种有序的信息编码中进行的信息再加工,如果丧失记忆,自我传播就无法进行。[2]因为自我传播必须建立在记忆的仓储之上,只有落入人的记忆中,才有可能使当事人得以面对外部的信息,做出回应。所以卡西尔(Ernst Cassirer)写道:"记忆乃是更深刻更复杂的一种现象;它意味着内在化和强化,意味着我们遗忘生活的一切因素的互相渗透。"[3]

口语时代,记忆完全依靠于个体本身,没有可以存储记忆的外部载体,人们很难记住复杂烦琐的信息,遗忘率较高。口语社会后期,开始有了简单但难以独立存在的外部记忆载体,诸如中国古代的"结绳记事"。为了尽可能保存某些重要信息,古代的权力组织会训练记忆人,专职记忆重要事件。马克思的笔记里记录了印第安易洛魁人生活中记忆力强者的职能:"一定的珠串与一定的事实相联系,从而把各种事件排成系列,并使人准确记忆。这些贝珠条和贝珠带是易洛魁人唯一的文件;但是需要有经过训练的解释者,这些人能够从贝珠带上的珠串和图形中把记在带子上各种记录解释出来。"[4]

个人记忆是一个开放的系统,他周围的人都是补充他个人记忆的中介。个人所拥有的信息存量取决于其自身的记忆容量,也包括通过与他人交流而获取的他人记忆系统中的信息。因而,每个人所能利用的信息均大于其本身的记忆。记忆是一种社会现象。它既存在于个体的大脑中,又存在于人们之间。在这个意义上,人的记忆必然是一种交互记忆,即使在只有鲁滨孙和"星期五"两个人的"社会"里,他们的记忆也是交互的。美国学者韦格纳(Daniel M. Wegner)将交互记忆(transactive memory)定义为"人们基于亲密关系发展出来的用以编码、储存、检索他人所掌握信息的分享系统"[5]。这是一种无须通过具体物质形式的记忆中介——与之交往的人。

人的记忆与动物的记忆区别在于人创造了完善的记忆载体系统,实现了记忆的外在化,从而突破了个体记忆的时空限制。文字是第一种人的外部记忆载体,打破了个人记忆的局限。世界上许多广为传诵的古老史诗的定本,都是在文字出现后确定下来的。现在,仅有20多年历史的互联网搜索引擎,作为一种新的外在化记忆载体,正在改变人的记忆模式。在个人记忆层面,出现了依赖互联网记忆的"谷歌效应"。[6]以前,人们把记忆分摊给家人、朋友、同事或爱人,例如,我遇到读不出音的生僻字,直接问我爱人,因为她是语文专家;她不知道的地理知识,会就近问我,因为我是业余地图专家。现在每个人记忆的任务,可以轻而易举地分摊给"云端",而且云端似乎无所不知,提供得更快。搜索引擎不仅取代了被当作外部记忆资源的他人,一定程度也在替代人们自己的认知能力。

互联网不只降低了把信息分享给人类伙伴的必要性,或许也减弱了人们想把刚学到的重要事情存进自己大脑的渴望。

在这里,需要在概念和表达上厘清一个问题:媒介有记忆吗?媒介从记忆的角度看,是人的记忆的外在化载体。媒介本身是无机的物(即使虚拟的网络空间也是一种实在的存在),不可能存在记忆,它们的所谓记忆是人赋予的,是人的记忆的一部分。因而"媒介记忆"的概念是不科学的。人应该统领所有记忆方式,包括搜索引擎这种新的外在化的记忆载体,而不是相反,被搜索引擎所控制和引领。

二、人的记忆的有机生理机制与搜索引擎的机械"思维"机制

人的记忆是大脑有机的思维过程。这个过程在任何情况下,都会极其巧妙地与每个人独特的生活环境和独特经历体验协调一致。记忆这种思维可以按照某种方式调整大脑,使得大脑更容易发挥将事物加以关联的机能。也就是说,更多的记忆思维有助于提升大脑的运转能力。人的生物记忆,完全不能类同于调动云端存储、由芯片处理的可以精确定义的二进制数据。人的记忆由种类极为丰富的生物信号支配管理,记忆的形成、保持、连接以及记起的方式,每时每刻处于几乎无限的渐变状态。互联网信息的记忆是以二进制数字形式存在的,由固定电路负责处理,电路状态非开即关,不会处于二者之间的某种状态。人的记忆是有机的,是生命的表现,而互联网云端的存储再精细,也是机械的、无机的。

美国传播学者沃尔特·翁(Walter J. Ong)曾谈到口语传播时期记忆力对于人的重要性,他写道:"在原生口语文化里,为了有效地保存和再现仔细说出来的思想,你必须要用有助于记忆的模式来思考问题……你还必须用辅助记忆的形式,严肃的思想和记忆的系统紧紧地纠缠在一起。"[7]对记忆内容的每次再回忆,都会重新启动巩固记忆的过程。在口语时代,人对知识充满敬仰,由于没有有效的外在化记忆载体,记忆就成了存储知识的最佳场域。当需要调用记忆来完成信息的传播时,记忆力也就"熟能生巧"地变得更强。例如古希腊的荷马,就诠释了人类记忆力能达到的高度;如今,阅读两万多行荷马史诗都觉得困难。在没有外在化载体的情境下,人们总是希望尽可能多地记得一些东西,这种体系无形之中对于人的记忆力产生了良性的推动作用。

美国作家尼古拉斯·卡尔(Nicholas G. Carr)的《浅薄:互联网如何毒化了我们的大脑》,很好地从大脑神经学角度阐释了人的大脑的记忆功能。记忆最初不仅存放在负责记录经历体验的大脑皮层——听觉皮层负责记忆声音,视觉皮层负责记忆景物,等等,而且也会存放在海马状突起区。通过一个历时几天且迄今仍未探明的信号处理过程,帮助大脑皮层中的记忆内容稳定下来,随之开始把短期记忆转化为长期记忆。把外显记忆从海马状突起中完全转移到大脑皮层,这是一个逐步处理的缓慢过程,这个过程可以花上好多年。海马状突起可以帮助建立新记忆和老记忆之间的联系,从而形成丰富的神经连接网络,这种大脑的有机网络使记忆有了弹性和深度。记忆每增加一次,智力就会加强一

些。随着个人记忆内容的不断增加，大脑也会变得更加敏锐。[8]

搜索引擎是互联网应用里技术含量较高的部分。为了实现对海量数据的获取、存储，以及对用户查询的快速而准确的响应，搜索引擎需要依靠复杂而精妙的架构与算法。它由很多技术模块构成，各自负责整体功能的一部分，相互配合形成了完善的整体架构。它的信息源来自互联网网页，通过网络爬虫将整个互联网的信息获取到本地，经过"网页去重"（目前此项技术成效有限，因为再精密的机械判断也永远无法与人的有机智力判断相匹敌）对网页进行解析，抽取出网页主体内容，以及页面中包含的指向其他页面的链接。网页内容以"倒排索引"数据结构来保存，网页之间的链接也会予以保存。搜索引擎不仅需要保存网页原始信息，还要存储一些中间的处理结果，于是现在的搜索引擎开发出一套云存储与云计算平台，搭建海量信息的可靠存储与计算架构，以此作为搜索引擎及其相关应用的基础支撑。此为搜索引擎的后台计算系统。

如何为用户提供准确全面的搜索结果、响应用户查询并实时地提供准确结果，构成了搜索引擎前台计算系统。搜索引擎接收到用户的查询词后，首先对查询词进行分析，推导用户的搜索意图。在此之后，先在缓存中查找。搜索引擎在缓存系统存储了与不同的查询意图对应的搜索结果，如果能够在缓存系统找到满足用户需求的信息，就直接将搜索结果返回给用户，以减少重复计算对资源的消耗，加快响应速度。如果保存在缓存的信息无法满足用户需求，就需要调用"网页排序"模块功能，根据用户的查询实时计算哪些网页是满足用户信息需求的，并排序输出搜索结果。

网页排序最重要的两个参考因素，一个是内容相似性，一个是网页重要性，即哪些网页是质量较好或者相对重要的。所有这些均在很短的时间内完成，远远快于人的大脑的记忆追寻，且相当多的内容可能对具体个人来说，是记忆里所没有的或已遗忘的。因而，搜索引擎为个人记忆提供了一个非常便利的补充，这种便利让人难以抗拒。

搜索引擎有两个核心要素：数据库和检索过程。"蜘蛛"系统通过搜索新信息和更新原始数据库，并且根据用户情况在索引库中快速查看相关信息，这与人的大脑的运作相似。当大脑收到一定的刺激后，会在记忆中搜索一些相关信息，经过综合诱导后做出适当的反应，这是人脑认知过程。从媒介技术论的角度来看，搜索引擎可以视为人的大脑的延伸。它以与人脑类似的工作原理，用各种智能化的搜索方式为人处理信息问题。

三、搜索引擎批判

互联网的信息存储和传递速度增长极快，这一人类外部记忆的载体容量理论上可以接近于无限，在这样的海量信息中搜索，可以帮助人们全面、迅速地获取信息，有利于人们在日常生活中提高记忆的效率。人们可能获得很多原本并不知悉的信息，这对个体记忆的完善很有价值。

互联网是由连接全球的网络和遍布世界各个角落的信息接收终端组成，当数字化技术把一切视频、音频和文本都融为一体时，这些外在的信息接收终端就等同于人的眼睛、耳朵、鼻子和身体；连接于其间的这些内在的网络，就等同于人体的中枢神经系统；而以海量的数字化信息为知识库和以智能化的搜索方式为运作基础的搜索引擎，就是掌控所有网络和信息接收终端、为每个人提供各种信息服务的网络大脑。技术上，大数据、云储存和搜索引擎等让体积越来越小的信息接收终端变成了容量惊人的"大脑"；内容上，人们可以随时利用搜索引擎里 N 倍于大脑的容量与运转速度，快速获得解决问题的答案。不过，能解决的问题大多属于生活和行政事务方面无所不包的琐碎信息或知识，学术性信息颇为贫乏。

互联网的储存和搜索引擎的运作原理，只是类似于人的大脑的记忆与搜索，而不是等同于大脑的有机延伸，它们是极为精细的机械运动，能够帮助但不能替代大脑的记忆、搜索和思考。

例如现在查阅马克思主义经典论著，至今只能在编译局的网站里一页一页地滚动查屏，远没有一书在手翻阅方便。至今《马克思恩格斯全集》和《列宁全集》不能整体上搜索。单卷文献中，至今还有一些是扫描版，无法块拷贝和进行搜索。好在多数卷可以搜索某个概念了，只要知道在哪一卷（这是搜索引擎无法解决的知识储备），输入关键词，就能很快找到对应的内容，比起以往来，大大节省了时间。很快查到了又怎么样？我在组织师生写马克思主义新闻观词条时发现，即使我提供了具体的卷、页内容，请作者们做一些梳理和论证，文章也很难写出来。有一位副教授精神可嘉，立下雄心壮志，要研究马列关于某传播类型的思想。我告诉他，研究的前提是要知道马列关于某传播类型的所有论述。于是他逐一将《马克思恩格斯全集》和《列宁全集》中文版共 100 多卷一一做了检索，获得了马列这方面的几乎所有原始论述。然而，两篇各两万字的文章，从基本观点的确立到具体叙述（还谈不上论证），问题和谬误太多，各改了几遍，仍然很难形成论文。因为他对历史背景仅有大面上的非白即黑的笼统认识，没有关于历史细节的研究基础；对马列经典作家的思想，只有常识性了解，缺乏研究的积累。他搜索出了一堆马列经典作家的具体论述，却无力阐释这些论述。

如果利用搜索引擎代替个人记忆，从而绕过巩固记忆的内部过程，人就会处于大脑一片空白的境地。巩固记忆的关键是专注。对某个想法或者某种经历予以关注，会引起遍布大脑的连锁反应，这是搜索引擎不可能替代人的地方。网上搜索，一个关键词之后往往可以给出数万甚至数十万条结果，但相似性极高。于是"提示过载"（cue overload）问题来了。人的记忆依据特定的提示来存储信息，这些提示是大脑在获得信息时体验到的情境。而搜索引擎提供的情境是一片情境极为相近的信息海洋，线下获得特殊记忆的情境消失了。这种情形下，人们很难记住其中的任何信息，全神贯注阅读时所激发的大脑丰富的神经联系功能，基本被闲置。

网络是把与数据对应的无数比特连成一体的超链接体系，完全不同于大脑中有机的神经突触。恩格斯说："没有理论思维，就会连两件自然的事实也联系不起来，或者连二者之间所存在的联系都无法了解。"[9]这种联系就是思考和记忆，只有人的大脑才具有这种思维特征。

我也自我审视了自己怎么能够记住一些马列某些论述的卷、页。古罗马的演说家西塞罗（Marcus Tullius Cicero）关于人的记忆论证，帮我厘清了记住马列论著卷、页的大脑记忆特点。他说："记忆能够把我们的所有思想固定在心灵里。""我们可以通过合理地安排物像来加强记忆。""次序是最重要的，因为它能使记忆明朗。因此，那些在这方面锻炼自己的才能的人应该记住位置，在心灵里想象那些想记住的事物，并且把它们安排在那些位置上。""在我们的心灵里铭记最深刻的是那些由感觉转达和烙印的东西，而我们最敏锐的感觉是视觉。因此，如果事物由耳朵和思维接收，并由双眼转达给心灵，那么它们便最容易被心灵记住。"他提及遇到的两位记忆高超的人，他们的经验是："凡他们想记忆的东西，他们都以形象记录在心灵的一定的地方，有如用字母书写在蜡板上那样。"[10]由于研究的需要，马列著作的相关部分我不知翻阅了多少遍，我能够记住一些卷、页，确实是以书的内容前后编排、发表的时间顺序，以及书的开本装帧、纸质特点来帮助记忆的，而我记住的大多是马列论述的大意和它在书中的大体位置，以及论述当页的上下文情形（段落长短、是否有黑体字或其他异样字符），而不是一字不差的原话。如果谁问到我具体的马列语录，首先唤起我记忆的是依据发表时间编排的马列全集卷数，随后是那段论述在书中的大体位置，甚至那本书的装帧和纸质特点，因为它们已经通过反复翻阅和理解，铭记在我的大脑里了。

  人的记忆过程，与搜索引擎的搜索原理有些接近。搜索引擎可以大大扩展搜索视野，但只能机械地提供一大堆类似的信息，而人的有机的大脑一接到命令，就能立即驶向既定的思想海洋。不过，前提是脑子里要存在一片知识的海洋。否则，面对搜索引擎提供的茫茫信息海洋，就不知如何起航。

  搜索引擎不是人的大脑，其工作原理的机械性决定后台处理系统只能识别符号，并以这种识别来提供它的"记忆"，不可能判断是非。例如"谷歌学术搜索"声明它"会衡量每篇文章完整文本的价值、作者、刊载文章的出版物以及在其他学术著作中引用该文章的次数。出现在第一页的一定是相关性最大的结果"。这是自然科学学术评价的逻辑，本来就有争议，搬到社会-人文学科更有争议。线下可以直接查阅，还好评价；而在线上只有数字，没有是非。我在一篇长文中两次批评性地引用了同一篇文章。该文通过搜索马克思恩格斯的著作，搜到了一个"党性"、两个"人民性"。作者没有核查出前者是翻译错误，也没有看懂后者是马克思反面使用"人民性"，却拿来做正面解释。这本身就暴露了依赖搜索"研究"的恶果，但该文因我批评而增加了两次引用。若评奖或晋级，作者可以毫无愧疚地将引用数据填到表格里。

四、新闻传播学学术研究与搜索引擎工具

  2011年，几位心理学家做了一些关于记忆与搜索引擎的心理实验，加之后来的一些实验，得出了一些被称为"谷歌效应"的结论，例如：

  ——当人们获悉某些需要的信息将被删除时，他们会自觉地更多地记住这些信息。

  ——当问题比较困难、难以依靠个体解决时，人们上网搜索的冲动比较明显。

  ——当人们知道所需要信息将被保存时，他们倾向于记忆信息保存的路径，而不是记忆信息的细节。

  ——互联网不只降低了人们之间相互分享和交互记忆的愿望，也减弱了人们想把刚获悉的信息存进自己大脑里的渴望。

——越来越多的人乐于将一些信息存在手机、笔记本、网盘中,而不是自己的大脑里。个体的自我记忆与依靠搜索引擎的记忆之间的界限开始模糊。

搜索引擎正在改变个体记忆的方式。人们逐渐习惯于依赖互联网提供的外部记忆。这种依赖越来越降低了人与人之间线下共享信息的需求,降低了个体主动用自己的大脑进行记忆的生物冲动。既然只需要轻点鼠标和刷手机就可以进入海量的网络数据库,根据选择分数(人们习惯于通过最省力的路径去获取信息)的公式,为节省时间和精力,人们自然倾向于放弃主动记忆,在搜索引擎的引导下对信息进行下载和保存。搜索引擎和数据库、云存储等正在影响个体记忆模式,人们只要知道信息保存的路径,甚至只要记住关键词,就可以获取想要的信息,而不需要记忆信息的内容。

在一般生活和行政工作的范围内,诸如查找衣食住行信息、一般的计算、找寻学科常识的精确表达,搜索引擎是极为方便的帮手。但若在学术研究上利用诸如谷歌、百度这类大众化的搜索引擎,则需要保持相当的批判态度。关于"谷歌效应"的很多结论,实际上已经指出了搜索引擎的功效是一把双刃剑,会导向完全不同的方向。这些心理实验的结论提醒我们应对搜索引擎的使用保持警惕,接受一些必要的忠告。

现在新闻传播学的学术研究,使用各类搜索引擎十分普遍。但要意识到:即使最大的中文的搜索引擎(百度),涉及本学科的信息储备仍相当贫乏,其他较小的大众化搜索引擎就更不要说了。微博微信的搜索,也只有当事人主动公开的内容可以搜到。现在本学科的学术会议,只有相关的新闻报道(而且多数是内部报道),绝大多数会议的论文和研讨细节网上全无。前面提到,互联网的信息储存理论上可以接近于无限,搜索引擎在这样的海量的信息中搜索,应该提供很全面的信息,但这只是在"理论上"。搜索引擎只搜索加了索引的内容,这些只占人们可以看到的网络信息的很小一部分,加上经营者各种商业方面的考虑,在大众化搜索引擎上不能指望找到有价值的材料,需要到具体的数据库(例如关于新闻官司的专门法律资料库)或学术网站去查找。即使本学科的数据库,提供的学术资源也十分有限。因为各种历史的和现实的学术资料,必须从传统的物质载体转变为电子版,经过一定的程序之后才可能从网上查到,而这方面的工作,目前基本处于无人关照的状态。

喻国明提到的方老师的 50 万张学术卡片,不可能从网上搜到,至今看到卡片的仅是他的几个学生;方老师一辈子摘抄材料的原始文本(多数是半个世纪前的论著和报纸期刊），也几乎无从在网上搜到。现在网上的本学科学术资料，仅限于20世纪90年代以来有刊号的本学科的期刊，只有少数期刊的内容可以追溯到70年代末。改革开放之初十多年的多数新闻传播学学术资料，网上是没有的，因为那时很多新闻传播学刊物没有刊号或已经消失，例如1980年创刊的半月刊《新闻学会通讯》，曾引领80年代前期全国的新闻传播学研究；还有1985—1989年唯一的全国性新闻传播学术期刊《新闻学刊》，现在的新闻学子都没有听说过。80年代很多重要新闻学术会议的材料，分散在当年的参与者手中，新一代的学人无人知晓。现在新闻传播学位论文的文献检索，几乎都以网上搜到的资料来叙说，似乎本学科的历史是从20世纪90年代开始的。

互联网进入中国以后的网上材料，理论上应该很全，应该纳入搜索引擎的搜索范围，但实际情况却令人意想不到。2015年8月12日夜间天津港发生大爆炸，网络文化管理办公室以"造谣"为由一口气查封了360多个微博账号、微信公众号，我很想研究一下这360多个账号、公众号的内容。2017年我到几个著名网站讲课，询问各网站的负责人，他们均说没有了，即使没有被封的那时的信息，留存下来的也很少。其实，百度上只能搜到近期较全的信息，稍远一些就开始残缺不全，更远的则凤毛麟角或完全没有。这期间消失的很多网站，其网上信息也随之消失而淹没在历史的记忆中。也就是说，网络信息理论上可以轻易全部存储，但实际上它们的信息丢失比传统媒体还要严重。

即使可见的纸质媒体，所呈现的版面有些也不是原样了。前几天查找我1978年5月和6月发表在《人民日报》的文章，发现搜到的版样不是原样，当时采用《第二次汉字简化方案》的一些汉字，在现在呈现的版面上没有了，均根据1986年废除该方案决议而改为目前通行的汉字。2017年我到《北京青年报》讲课，顺便查找2007年该报一则消息的原版样，发表时消息的大标题将参观人数"超限"二字做了特殊处理，而消息仅提供了实际参观人数，没有提供限制的人数。我看到的该报那时的电子版面，完全不是当时的样子，所有大小标题都变成了同样的楷体字，而原报竟一份未存。如此现状，还能指望建立在这样的信息储存基础之上的搜索引擎提供全面的资料吗？因此，我不得不养成了一种新的工作习惯，看到可能会用作学术研究的新材料，即使网上到处可以查到的，也均原样保存下来，因为几年过去就很可能找不到了。

作为学术研究者，还要清楚：搜索引擎经营者不会在乎有多少信息真正被接收，并转化为搜寻者的知识和记忆。因为社会对搜索引擎盈利能力的评价标准很简单,那就是用户规模、用户使用、信息内容、使用服务与技术支持。最终显而易见的量化指标则是流量、访问量、接触时长、单次浏览时长与频次。搜索引擎的评估标准与操作模式,实际上是快速消费式的阅读方式的幕后"推手"、个体记忆的"扼杀者"。为了增加点击与延长在网时长,搜索引擎经营者以碎片化的信息替代逻辑化的信息,斩断了选择性注意和进一步理解之间的链条。互联网上的信息获取过程,从本质上说是一种低门槛、浅层次的注意力消费和时间消费。

鉴于任何人只要懂一点技术、有一点资金,即便是最浅薄的观点网站也能够把自己打扮得很严肃、很专业,鉴于网站上的内容很少有人核实,甚至完全不核实,因而,搜索引擎提供的信息并不总是可靠的。搜索引擎经营者们通过各种不同的链接、导航和索引给搜寻者提供简便快捷的信息获取通道,在潜意识中告诉他们,只要动动手指,跟随搜索引擎的指引,就可以轻松获取想要的信息。然而信息总是零散的、不完整的、真实性可疑的,无法满足用户深层次的需求,也无法对信息进行深度理解和记忆。当搜索者将有限的注意力投向搜索引擎的无限信息时,一直在被动的选择,总在期待下一个链接出现惊喜。

很多本学科的信息检索,需要在具体情境下靠学术联想引出一系列的关键词。如果没有本学科基础知识的积累,遇到问题也搜索不到答案。搜索者的知识结构和知识储备以及自身的鉴别能力,在一定程度上决定了他是否能够查询到有效信息。无奈之下,可以参考网上维基百科之类。维基的操作原理,有动员全民参与的好的一面,但也带来了知识的混乱与真假难辨。学术研究不可以依据维基类的百科作为论据,但可以以此作为进一步搜寻的起点。必须进一步找到原始材料或其他材料来印证,才能获得实在的知识。通过对维基类百科记忆的深层分析,我们可以看到很多的主观因素、文化因素对记忆的干预,就此建议读一读李红涛、黄顺铭的《记忆的纹理:媒介、创伤与南京大屠杀》(中国人民大学出版社 2017 年版)。

鉴于我们对搜索引擎内本学科学术资料匮乏的深切感触,在这里我呼吁各级各类社科基金、各新闻传播学科研与教学单位设立本学科学术资料电子化和上网的研究项目,把本学科、本单位或本系统的学术资料和有历史价值的史料整理出来,电子化并设法放到网上,与各类搜索引擎连为一体。全国性的新闻传播学学术组织,要对此项工作做出统筹安排,极大地丰富本学科在网上的信息储备,真正让互联网和搜索引擎发挥出推动学科建设的功用。例如,中国社会科学院新闻与传播研究所，最近就基本完成了将《新闻研究资料》《新闻学会通讯》《新闻学刊》《新闻法通讯》等20世纪80年代新闻传播学过刊电子化的工作。各互联网网站及其所属的微博账号、微信公众号，其既往信息的储存、储存信息与搜索引擎的连通，以及信息储存的时段分类与检索等工作，也应该制度化，有法规的监督与保障。

波斯曼（Neil Postman）在《技术垄断：文化向技术投降》一书里谈到，任何一种新工具，都带着它特定的"内嵌的意识形态"（embedded ideology），"我们感知和理解周围世界的方式，基本上取决于我们手里正拿着什么样的工具"。[11] 搜索引擎不也是这样吗？我们应该充分运用它。但若缺乏警惕，则容易记住储存信息的路径和位置，忽略对信息的进一步追索、深入理解与记忆，使"主动记忆"变成"随意搜索"；容易无形中使"知识"倒向"常识"，非专业的信息取代专业权威信息；个体记忆开始碎片化，外部记忆依赖搜索引擎形成惯习。在信息搜索较为便捷和快速的条件下，基于知识积累的理解力显得更为重要。知识的记忆对理解的本来作用没有发生根本变化，基于知识积累的理解力仍然需要良好的记忆。

喻国明2014年底的演讲，着意强调互联网是重新构造世界的结构性力量，我很赞同。他强调这方面时，另一方面的论证没有展开。2015年10月，我们共同接受"百度学术"的采访，显示出我们对搜索引擎的功能与问题，观点是一致的。喻国明说，所有技术的进步都是以为人服务为宗旨的，而非技术异化，本末颠倒。因此，搜索引擎、互联网学术平台带给学者的帮助是方法上的。进一步的新问题是，如果通过学术检索平台找到了大量的资料以后却不会分析，则是因为学者个人缺少知识的积淀。我也指出，融会贯通和洞察力需要积累，智能化有便利也有考验。归根到底，学者仍旧要具备提炼自己的能力。[12]

互联网、搜索引擎，以及现在开始时髦的各种人工智能软件，都是人的创造。不论它们多么神奇，都必须在人的掌控之下。智能机器人"深蓝"战胜棋手，这是人的胜利。在人确立的棋盘规则范围内，精密机械思维的"深蓝"有可能战胜棋手——人。但若面对无机械规则的人的社会，不论是从文学，还是从哲学、历史、经济、传播等角度进行研究时，人都必须主导所有自己创造的工具，包括搜索引擎和智能化软件，而不要相反，被它们异化。恩格斯的话说得很确切："地球上的最美的花朵——思维着的精神"[13]。

引用文献 [References]

[1] 喻国明. 媒介融合时代, 不要把自己所有的短板都修齐! [OL]. http://www.rti.cn/focus/2156.htm.

[2] 陈力丹, 陈俊妮. 传播学纲要 [M]. 2版. 北京: 中国人民大学出版社, 2014: 57.

[3] 卡西尔. 人论 [M]. 上海: 上海译文出版社, 2003: 81.

[4] 马克思, 恩格斯. 马克思恩格斯全集: 第45卷 [M]. 北京: 人民出版社, 1985: 451.

[5] SPARROW B, LIU J, WEGNER M. Google effects on memory: cognitive consequences of having information at our science fingertips [J]. Science, 2011 (10): 126.

[6] 维迪亚那桑. 谷歌化的反思 [M]. 苏健, 译. 杭州: 浙江人民出版社, 2014.

[7] 翁. 口语文化与书面文化: 语词的技术化 [M]. 何道宽, 译. 北京: 北京大学出版社, 2008: 25-26.

[8] 卡尔. 浅薄: 互联网如何毒化了我们的大脑 [M]. 刘纯毅, 译. 北京: 中信出版社, 2010: 206-209.

[9] 马克思, 恩格斯. 马克思恩格斯全集: 第20卷 [M]. 北京: 人民出版社, 1971: 399.

[10] 西塞罗. 论演说家 [M]. 王焕生, 译. 北京: 中国政法大学出版社, 2003: 487-493.

[11] 申克. 信息烟尘: 在信息爆炸中求生存 [M]. 黄锫坚, 等译. 南昌: 江西教育出版社, 2002: 前言26.

[12] 对话陈力丹喻国明: 互联网技术与传播研究三问 [OL]. http://www.360doc.com/content/15/1020/10/28392368_507008664.shtml.

[13] 马克思, 恩格斯. 马克思恩格斯全集: 第20卷 [M]. 北京: 人民出版社, 1971: 379.

知识的政治：搜索引擎中的乌坎事件研究

■ 方 惠

一、研究源起：搜索引擎何以成为问题

知识的搜索从文字诞生后就有据可考。口语时代只能在脑海中"召唤"的声音，到了书写时代则衍生为百科全书。[1]搜索引擎某种程度上正是百科全书的加强版。现代意义上最早的搜索引擎是蒙特利尔大学学生 Alan Emtage 于 1990 年创造的档案检索系统（Archie）。搜索引擎技术在中国的起步始于 1997 年，但其进化速度让人惊叹。截至 2016 年 6 月，我国搜索引擎用户规模达 5.93 亿，使用率为 83.5%，仅次于即时通信，是中国网民的第二大互联网应用。[2]更重要的是，在对态度和行为的改变上，搜索引擎的角色也日益凸显。Edelman 信任度调查报告（2015 年 2 月 3 日）显示，全球网民对新闻及信息来源的信任排名中，搜索引擎首次超过传统媒体，以 64% 排名第一，传统媒体则以 62% 降至第二。[3]而在中国，在线搜索引擎同样是最受信任的信息源，信任度高达 80%，与传统媒体并列第一。[4]

但公众对搜索引擎的机制却几乎一无所知，其算法机制和运作原理一直被视作核心商业机密而讳莫如深，这种属性标签本身就是一种人为建构的对于知识的隐藏[5]，虽然号称中立、自动、无偏见[6]，但其实是无法探查的"黑箱"（black box）[7]。在信息时代，"知识的问题比过去任何时候都更是统治的问题"[8]。而搜索引擎某种意义上与福柯所说的 18 世纪后的权力装置不谋而合：它只是在构建知识的条件下才能运转，知识的构建对于它来说既是后果也是它得以发挥作用的条件。[9]诚然，搜索引擎所承载的海量知识为人们提供了无限便利，但也因此搜索引擎具备了支配知识场域的权力，从而将触角延伸到具有更高准入资质的政治、经济、学术等场域。因此，考察声称中立的技术与弥漫的知识政治之间的关系，显得必要且紧迫。

本文旨在探讨在中国语境下搜索引擎作为一种承载知识的媒介所具有的意涵，关注的核心议题是：搜索引擎能够为用户提供何种知识图景？这个问题可以从形式和内容上具体细分为两点：第一，搜索引擎能否提供准确且相关的知识？第二，搜索引擎为知识提供了怎样的理解框架？

二、研究综述：意识形态抑或乌托邦？

关于搜索引擎的研究最早是从计算机科学领域展开的，早期的研究话题主要为传统的信息检索（IR）系统研究、联机公共目录查询系统（OPAC）研究、网络使用者的对比研究等，研究对象也多 Fireball、Excite、Alta Vista 等。[10] 谷歌被视为大规模搜索引擎的雏形，其独特的 PageRank 算法成为衡量网页重要程度、带来网页排序秩序的良方。[11] 直至当下，大多数关于搜索引擎的研究也追溯前路，集中于技术层面的探讨。[12]

作为搜索引擎的基础功能之一，被视为网络之网络的超文本链接象征着网络空间的另一维度，因而可以用来诠释社会行动者之间的社会与传播结构。[13] Halavais 研究了 4 000 个网站及其外部超文本链接，以勾勒出互联网语境中地理边界的作用。[14] 除此之外，抓取与索引、算法透明度、过滤机制等也占据一席之地。和互联网的经历相似，搜索引擎一度也被视为能够大大降低信息的获取成本，同时消弭观点间注意力资源的不平等现象。[15] 描述性的评估分析背后，隐含了一种价值倾向，即寄希望于技术的完善，提供更高质量、更低偏见的搜索内容，实现知识的优化。[16]

千禧年可算是搜索引擎研究的一个重要分水岭。如果说之前的研究对搜索引擎带有技术决定论式的乌托邦色彩，那之后的研究则对搜索引擎的意识形态光谱有了更为清醒的认识。Introna 与 Nissenbaum 首次提出应当从批判的维度审视搜索引擎，意识到商业力量的控制与倾向性将会使搜索引擎在社会中的作用大打折扣，因而寄希望于公众对于搜索引擎运作的监督和算法的透明公开。[17]

此后，越来越多的研究持批判立场看待搜索引擎的知识生产，主要通过两个方面得以展开：媒介技术层面与社会结构层面。前者强调技术形式对于知识体系的重组，不仅仅提供了思考新事物的手段，其本身也最终将成为文化；同时将现有的知识问题归结于技术层面的欠缺。从图书馆到搜索引擎，知识的存储和索取方式发生了巨大变化，对搜索引擎的信任不仅影响到人们对网络内容的导航、分类和评价，更将渗透到人们对自身及外在世界的思考之中。[18] White

通过对传统图书馆与谷歌学术的对比，认为后者提供了大量缺乏学术资质的内容，且存在搜索功能匮乏、排序混乱、缺乏稳定性与可靠性等问题，依然无法与传统图书馆知识索引相匹敌。[19]知识被排名系统和信息管理系统所左右，被诸多学者采纳用以作为文献依据的"谷歌学术"，其排名标准是知名度而非价值与关联度，其透明度、隐私等规则却从未向大众公开。[20]

社会结构层面则将搜索引擎与背后的政治、经济力量相勾连。Hinman将搜索引擎伦理放在更大的历史与概念语境中，探讨搜索引擎与知识合法化问题，警惕基于公众信任基础上的知识控制存在着的被政治和商业滥用的危险。[21]Muddiman统计了2008年美国总统大选期间，两位总统候选人奥巴马（Obama）和麦凯恩（McCain）在搜索引擎中呈现的结果差异，认为搜索引擎在影响候选人的表现时遵循了市场范式，迎合大部分受众的心理需求，即强化主流来源，而非提供多样化的政治信息。[22]当技术原教旨主义（techno-fundamentalism）与新资本主义意识形态嵌入到搜索引擎的构造中，新的剥削模式已然开启。[23]

对于中国的搜索引擎，审查、控制和管理尤其受到学界的关注[24]，这一点常常通过国外与国内搜索引擎的比较研究得以凸显，研究结论也较为一致：各类搜索引擎在中国的可索引性、准确度等更低、偏见更深；以百度搜索为典型，内容更加局限于国内视角，倾向更为明显，引导用户更为狭隘。[25]国内学者则强调每个搜索引擎的算法设计中都避免不了"价值倾向"，这就需要身处其中的网民提高自身的信息素养[26]，同时需要警惕的是由技术权力向经济权力、进而向社会控制力的越界追求[27]。总体来看，现有对于中国的搜索引擎研究，国外学者集中于知识形式层面，关注审查与政策；而国内的学者更倾向于强调商业策略、技术和伦理反思。

对于知识形式的比较固然重要，但是仅仅停留于此、脱离社会语境的研究很容易陷入是非对错的简单判断。知识不是抽象的数字，真实（reality）与知识（knowledge）从来也都是相对而言的，我们要考察的不仅是经验性知识的种类与形式特征，还应包括知识是如何被建构为社会现实的。[28]本文拟从个案出发，立足于中国社会的具体语境，同时关注知识形式与其意义建构两个层面，试图更为全面地展现搜索引擎作为知识承载工具的意涵。

三、研究方法与设计

作为近些年中国基层民主发展的典型案例，乌坎事件是2011年不可忽视的年度事件，被视为中国公共事件的标志性里程碑之一。[29] 就所谓"群体性事件"的标签而言，乌坎事件只是众多冲突中的寻常一例，是"长期经济社会发展中发生的矛盾积累的结果"[30]；但其在事件规模和敏感度上所引起的关注度却远胜于其他事件，乃是由于其中共存着地方、省级、国内和国际四个维度的势力[31]，盘根错节着政府、民间、海外等多个权力博弈主体，导致了事件的媒介镜像充满变数。因而本文选择乌坎事件作为研究对象。时过境迁，当它沉淀于搜索引擎中又是如何？这中间包含着的政治经济等力量博弈正是研究搜索引擎所要考察的变量。

选择乌坎事件，在技术方面还有两个原因：从时间上来看，乌坎事件发生于2011年，相对于当下是已尘埃落定的过去，其知识呈现的文本具有相对的稳定性；其次，"乌坎事件"的语义构成较为简单，由"乌坎"和"事件"两个核心分析单位构成，由于搜索引擎中词语组织上的细微差别可能导致搜索结果的迥异，因而研究对象在语义构成上的相对简单，对于研究而言有助于剔除不必要的误差。

百度和谷歌分别是国内与国际最具影响力的搜索引擎，因而本文选择这两者作为研究对象。尽管谷歌搜索被中国大陆官方所屏蔽，但使用VPN、替代网址以及其他方式访问被封锁网站的方式仍留有空间。① 经验研究也证实防火墙的强制干预是有限的，中国网民并没有因此与世界隔绝。[32] 但这却造成了中国大陆网民的异质化：一部分对防火墙毫无觉察，另一部分则不断突破边界。"信息帷幕"所造成的割裂，不仅存在与中国与海外之间，更横亘于中国内部。因而，对比百度和谷歌的知识呈现有现实意义。

为剔除个性化的影响，数据收集在一台恢复出厂设置、没有任何搜索历史和浏览痕迹的电脑中进行，数据收集时间为2015年2月，地点位于北京，分别以"乌坎"和"乌坎事件"为关键词输入百度搜索和谷歌搜索的搜索框发出搜索指令，获取各自网页中前20条搜索结果②，由此在百度和谷歌中各获取40条、共80条条目作为本文的研究样本。其中，谷歌搜索结果的样本数据通过VPN访问获得。

---

① 2017年1月，工信部发布《关于清理规范互联网网络接入服务市场的通知》，规定"未经电信主管部门批准，不得自行建立或租用专线（含虚拟专用网络VPN）等其他信道开展跨境经营活动"。此举被视为明确打击VPN和加强互联网管理的信号。

② 已有研究多采纳搜索结果的前10条作为研究样本。考虑到本文为个案研究，为使样本更加丰富翔实，本文选取搜索结果的前20条作为研究重点。

本文采用内容分析和话语分析作为主要的研究方法，已有的搜索引擎研究[33]建立了可达性（accessibility）、召回率（recall）、排名（ranking）、精确度（precision）、重复率（overlap）、倾向性（bias）等多个分析指标，考虑到本研究的目的与意涵，本文从中选择精确度（precision）、重复率（overlap）、倾向性（bias）作为内容分析的测量指标。本研究编码流程参考 Holsti 公式，指标的编码过程邀请了另一位受过编码训练的研究者共同完成。在正式编码前，两位编码员抽出样本数量的 10% 进行了前测。根据 Hoslti 公式计算得出，精确度部分的信度为 95%，重复率和倾向性部分的信度为 100%。一般说来，Hoslti 公式得出的结果大于 0.9 时，才能符合内容分析的要求。因此，本研究的信度检验结果，是可被接受的。

话语分析部分，相关研究也已充分表明乌坎事件中的冲突各方以及中外媒体都生产了不同的话语框架和意义，营造了一个多元而复杂的舆论生态。[34]然而时过境迁后这种意义在新的媒介形态中又会以怎样的面貌出现？媒介话语在核心框架的组织下，常常由一系列结构性的话语阐释包裹（interpretive package）组成，赋予事件以意义[35]，这一阐释包裹可划分为框架设置（隐喻、典范、标语、叙述、视觉画面）和归因设置（根源、后果、体现原则）[36]，从而揭示出隐藏于文本之后的话语结构及意识形态。以此为框架，本文剔除了每个搜索引擎内部的重复样本，共获得百度搜索文本 34 条、谷歌搜索文本 30 条作为话语分析的研究文本，试图呈现两个搜索引擎中的话语诠释。

四、研究分析与发现

（一）精确度

关于搜索引擎的早期研究中，精确度（precision）被视为评价搜索引擎的关键指标之一，意在衡量搜索引擎能在多大程度上提供准确有效的信息以满足用户的需求。其衡量标准可分为"非常相关""比较相关""不相关""链接""网页失效"五类，并根据相关公式计算得出搜索结果的精确度①（见表 5-1）。[37]

---

① 精确度的计算根据公式而来，在已有研究中被广泛运用。它的计算方式是将搜索结果按照相关度编码后，对应公式计算得分，累计相加后除以搜索结果的数目总和。其中所获网页与搜索条目密切相关，视为"非常相关"，计 2 分；所获网页与搜索条目并无特别相关，但涉及搜索条目的部分信息，视为"比较相关"，计 1 分；所获网页与搜索条目毫无关系，视为"不相关"，计 0 分；网页由一系列链接组成，且链接与搜索条目有关，视为"链接"，计 0.5 分；网页无法打开或失效，视为"网页失效"，计 0 分。精确度为样本网页的累计得分总和/样本网页数量总和。

表 5 - 1　　　　　　　　　搜索引擎的内容精确度

	总量	样本	非常相关	比较相关	不相关	链接	网页失效	精确度
百度"乌坎"	532 000	20	17	1	2	0	0	1.750
百度"乌坎事件"	357 000	20	16	3	1	0	0	1.750
谷歌"乌坎"	325 000	20	16	3	0	1	0	1.775
谷歌"乌坎事件"	432 000	20	16	3	0	1	0	1.775

从表 5 - 1 中可看出，以"乌坎"或是"乌坎事件"为关键词考察其与乌坎事件的相关性，百度的非常相关词条分别为 17 个和 16 个，不相关网页有 3 个。谷歌的非常相关词条均为 16 个，百度和谷歌的精确度分别为 1.750 和 1.775，体现了搜索引擎的优点所在——与索引条目的高度相关性。而搜索"乌坎"和搜索"乌坎事件"具有相同的精确度，可见乌坎已经和乌坎事件高度关联在一起，成为人们认知乌坎的重要线索。

（二）重复率

重复率指的是不同的搜索引擎中搜索同一关键词出现相同条目的比例。这一指标被用来测量不同的搜索引擎搜索结果的差异程度。[38] 原则上来说，不同的搜索引擎基于不同的算法原理会得出不同的结果。谷歌采用的 PageRank 根据指向某一网站的链接的数量，以及这些链接的来源网站的链接数量给网站评级，然后根据这些链接来提升搜索结果[39]，其 AdWords 的付费网络推广呈现在有机搜索结果的右侧。而百度则一直是自然搜索结果和广告混合在一起。2010 年，李彦宏提出搜索引擎的三大定律，认为谷歌基于超链接分析的人气质量定律处于算法的第二阶段，而第三阶段是基于付费排名条件下的自信心定律，被认为是开创了真正属于互联网的收费模式。[40] 这种竞价排名的算法理念在近些年的屏蔽门、魏则西事件中饱受诟病。

本文将重复率划分为内部重复率和外部重复率。内部重复率即指"乌坎"与"乌坎事件"的条目在同一搜索引擎中的重合比例。结果显示，谷歌的内部重复率（50%）大于百度（30%），这意味着谷歌的搜索条目更倾向于将"乌坎"与特指的"乌坎事件"相关联。外部重复率则指同一关键词在谷歌和百度中出现相同条目的比例，结果显示"乌坎"和"乌坎事件"在两个搜索引擎中的外部重复率分别为 5% 和 10%，且排序上也有差异（见表 5 - 2 和表 5 - 3）。

表 5-2　　　　　　　百度和谷歌搜索条目的重复率

	百度	谷歌
内部重复率	6 条（30%）	10 条（50%）
外部重复率	3 条（7.5%） （"乌坎"外部重复率为 5%，"乌坎事件"外部重复率为 10%）	

表 5-3　　　　　百度和谷歌搜索条目的重合条目及排名

	百度"乌坎"	谷歌"乌坎"	百度"乌坎事件"	谷歌"乌坎事件"
乌坎事件（维基百科）	2	1		
9·21 乌坎村事件（百度百科）			1	3
乌坎事件（观察者网）			9	6

（三）倾向性

虽然对于倾向性的定义存在争议，但均指向由于算法、经济的偏向而导致搜索引擎中知识呈现的不全面。[41] 在百度的 40 条结果中（见表 5-4），25 条（62.5%）源于百度自身产品（百度百科、百度知道、百度图片、百度贴吧等）；而在谷歌的 40 条结果中，源于谷歌自身产品的只有 1 条，来自谷歌图片。维基百科在百度中占有 7 条（17.5%），在谷歌中占据 4 条（10%）。

在其他单一频次出现的内容中，百度的多样性远不如谷歌。凤凰网、人民网、新浪博客均是中国当下主流的网络媒体，呈现的分别是评论、舆情报告与事件梳理；腾讯、经济观察网、大公网、观察者网、中国青年网均是转载电视或所属纸媒的报道。这些来源呈现的都是国内的声音，没有任何国外的词条内容或媒体报道。百度自身产品如百度百科等也更倾向于鼓励普通网友参与到知识的书写中来。

表 5-4　　　　　　　搜索引擎网页条目的来源

百度"乌坎"	百度"乌坎事件"	谷歌"乌坎"	谷歌"乌坎事件"
百度（13）	百度（12）	谷歌（1）	维基百科（2）
维基百科（4）	维基百科（3）	维基百科（2）	新浪（2）
腾讯（1）	大公网（1）	新浪（2）	互动百科（1）
经济观察网（1）	人民网（1）	互动百科（1）	百度（1）
凤凰网（1）	新浪博客（1）	百度（1）	观察者网（1）
	观察者网（1）	观察者网（1）	凤凰网（1）
	中国青年网（1）	凤凰网（1）	人民网（1）
		《纽约时报》中文网（1）	搜狐（1）

续前表

百度"乌坎"	百度"乌坎事件"	谷歌"乌坎"	谷歌"乌坎事件"
		FT中文网（1）	360图书馆（1）
		BBC中文网（1）	《纽约时报》中文网（1）
		法新社（1）	BBC中文网（1）
		德国之声（1）	法新社（1）
		美国之音（1）	德国之声（1）
		YouTube（1）	美国之音（1）
		Facebook（1）	YouTube（1）
		阳光卫视（1）	Facebook（1）
		不明（2）	其他（1）
			不明（1）

而谷歌条目则主要为国内外媒体机构，既有国内的人民网、搜狐网等主流网媒，也有Facebook、YouTube等社交媒体，以及《纽约时报》、美国之音、德国之声、BBC、法新社等国际知名传统媒体，彰显了更强的包容性和多样性。

互为最大的竞争对手，百度与谷歌对对方产品的内容呈现也有显著的差异（见表5-5）。百度搜索中的百度内容为25条，谷歌内容为0条；谷歌搜索中的百度内容为2条，谷歌内容为1条。相比百度自身产品的高曝光率，两个搜索引擎都几乎没有呈现谷歌的产品。Jiang对2009年中国316个热点事件的搜索引擎研究中也发现了类似的现象，认为这可能是因为"谷歌部分退出了中国及其在中国能够提供的服务比较有限"。[42]

表5-5 百度栏目、谷歌栏目、维基百科与互动百科的呈现次数

	百度	谷歌
百度文库	11	0
百度知道	5	0
百度贴吧	4	0
百度百科	3	2
百度图片	1	0
百度地图	1	0
维基百科	7	4
互动百科	0	2
谷歌图片	0	1

（四）搜索引擎对乌坎事件的话语诠释

百度和谷歌对于乌坎事件的呈现不仅仅表现在形式上，更表现在话语与意义

的建构上。在 80 个样本条目中，对于乌坎事件的呈现明显分布在两个阶段：第一阶段为 2011 年至 2012 年年初，乌坎事件初步得到解决，村民获得选举权利；第二阶段则是对于乌坎后续选举与自治情况的关注。两个阶段在百度和谷歌中都有着不同的阐释（见表 5-6 和表 5-7）。百度搜索中，乌坎事件被视为与其他群体性事件类似，源起于转型时期的社会矛盾，其妥善解决很大程度上得益于政府的开明，而后来的问题也多归因为内部的利益分化与缺乏经验。不少百度条目为草根的协作与互动式的书写，如百度知道"乌坎事件是怎么解决的"、百度贴吧"广东乌坎事件是什么情况"等，基于不同立场的回答继而引起褒贬不一的骂战与回应，更为有趣的是暗语式的知识交流，如"敏感事件，不能讨论，否则轻则删除，重则会被封号""其他不说了，小心河蟹，我号少 A 就是 Q"，以错别字、谐音或字母替代的表达不仅隐晦地申明了自己的主张，避免被删帖，而且还具有增进凝聚力的积极作用。总体而言，虽不乏学者对于乌坎事件的分析，但大多数条目为政府视角下的对策与建议，如"广东乌坎事件深层次分析与对策研究""透过乌坎事件看我国群体性事件的新趋向"等，这与国内新闻媒体的框架趋于一致。[43]

相比之下，谷歌条目多为国外媒体报道，更多指向政治体制问题。从第一阶段，乌坎就被拿来与小岗村相提并论，并寄希望于其能够推动国家的政治体制改革；后期的选举挫折被认为是政治高压与秋后算账的结果，从而最终指向中国的民主问题。这与《每日电讯报》《华盛顿邮报》等媒体对于事件的报道基调不谋而合。[44] 当百度搜索与国内媒体极力将乌坎放置于人民内部矛盾的框架中时，谷歌与外媒一致将这一矛盾泛化，营造村民-政府对立的紧张气氛。

表 5-6　　百度与谷歌搜索对于乌坎事件第一阶段的话语呈现

阐释包裹		百度	谷歌
核心框架		中国基层民主选举典范	国家的政治改革
框架设置	隐喻	"现代版陈胜吴广的故事"	"总有第一个吃螃蟹的人"
	典范	孟连事件、瓮安事件、陇南事件、石首事件、马鞍山事件	小岗村
	标语	群体性事件、非正常上访	群体性事件、抗暴、起义
归因设置	根源	社会转型的利益博弈；群众利益诉求得不到满足	政府官员腐败
	后果	村民自治，选举新村委	一人一票的进步
	体现的原则	让民间维权常态化、防范维稳、巧对舆论、法律至上	创新社会管理体制

表 5-7　　　　百度与谷歌搜索对于乌坎事件第二阶段的话语呈现

阐释包裹		百度	谷歌
核心框架		坎坷的村民自治	短命的实验
框架设置	隐喻	"就像给你一张200万元的支票，但当你去银行时，你被告知不能兑现。"	"在体制的巨象面前，乌坎再强悍也只是只健壮的蚂蚁。"
	典范	—	唱红打黑的"重庆模式"
	标语	乌坎模式	政治试验
归因设置	根源	汕尾地区没有经历过村民自治；内部利益分化	村委会无能；内部利益分化；政府秋后算账
	后果	农村基层民主自治陷入困境	收回对当地政府的控制权
	体现的原则	乌坎村民在为整个中国探路	事件的偶然性难以让真正的民主机制发挥力量

五、结论与讨论：搜索引擎与知识优化

（一）回应研究问题

本文采用内容分析与话语分析的方法，探讨了乌坎事件在百度搜索和谷歌搜索中的知识呈现。研究认为，两个搜索引擎均有较高的精确度，体现了搜索引擎快速索引的优势，而"乌坎"与"乌坎事件"高度相关，彼此成为互文性的指向；同时，谷歌的内部重复率高于百度，更倾向于将乌坎直接和乌坎事件相关联，两个搜索引擎的外部重复率则比较低，在排序上也有出入。两者在搜索结果上各有偏向，百度的自身产品在百度搜索中占据了极高的比例，内容来源单一，且较多普通网民的知识书写；谷歌搜索中则多为具有较高专业资本的媒体信息，内容来源更为多元。

若据此就给两个搜索引擎做出高下判断，似乎就过于简单化了，也并非本文的目的。通过对乌坎事件在两个搜索引擎中的话语包裹分析，可看出百度和谷歌在事件的前后两个阶段均有不同的意义建构。第一阶段中，百度将乌坎定义为村民争取基层民主选举的典范，谷歌则将其赋予内地民主试验田的角色；而在后续进展中，百度的框架归因于缺乏基层民主自治经验与内部利益分化而造成的困境，认为乌坎仍然处于探路阶段，谷歌则在此基础上集中探讨了政治的干预，或明或暗地将乌坎短命的民主实验归咎于秋后算账。

可见，虽然百度和谷歌在不同程度上呈现了精准、丰富且来源多样的知识，

但是其阐释话语却是高度结构化的，两者提供了两种截然不同的阐释事件的话语，与各自所处的经济、政治与社会语境相契合。这也与拉图尔、斯迈思等人强调的一致：技术从来就不是中立的，社会价值与观念必然渗透其中。因而，接触与使用不同的搜索引擎技术，不仅仅是一个"择善而从"的问题，更决定了我们将会获得什么样的框架与意义。

（二）知识的政治

本文的核心关切是：搜索引擎能够提供何种知识？换言之，搜索引擎能否实现知识的优化？这其中隐含着书籍-报刊-搜索引擎的知识变局关切。近代以前，书籍独占着知识的生产领地，条理化与系统化的知识需要的是知识阶层正襟危坐式的诵读。《察世俗每月统记传》《东西洋考每月统记传》等一系列近代报刊的创办则"打破了由单一知识生产和保存制度——书籍主导的中国知识秩序及传播格局"[45]。搜索引擎则进一步将知识变得高效易得，在改变知识生产和呈现规则的同时，也通过排序重新确定了知识的等级。

事实上，自2006年起，在线百科全书中的精英用户就开始锐减，同时大量普通民众的编辑数量迅速上升。[46]百度搜索中乌坎事件的知识书写中存在大量模式化、缺乏深度与广度的文本，并且排名居前。谷歌搜索中极力渲染的冲突在百度中则表现为温吞的报道与词条，Bandurski曾统计了乌坎事件中中国方面的新闻报道，2011年12月19日在百度搜索引擎中搜索关于"乌坎"的新闻时，仅出现了一条《华尔街日报》中文版的网页新闻，此时距离乌坎事件爆发已有3个月。[47]

谷歌搜索虽然看似展现了较为丰富多元的知识来源，但并未提供新的阐释框架，其话语结构仍只是强化了海外对中国的主流认知——不顾村民反对，将事件纳入民主、人权的话语框架内，这固然符合海外对于中国的一贯想象，但却"不利于村民与官方的博弈"。从这一点看，谷歌搜索也只是体制化实践的产物与结构性力量的表征。[48]

Weinberger相信，搜索引擎所具有的网络化特征——丰富性、链接、无须许可、公共性、未决性，将最终让我们更加接近关于知识的真理。[49]但本文认为，尽管搜索引擎具备知识优化的潜力，但技术上的可能仍然受制于其行动主体，不论是百度或是谷歌，其本质上仍然是商业机构而非知识公共服务组织。表面上看，搜索引擎并没有如传统媒体般的制度化捆绑和内容上的"国家与教堂之争"，用户获得了部分书写与传播的自由，也的确在日常生活中为用户带来了极大的便利；但在重要的冲突性议题中，不同的搜索引擎差异所建构的知识差异较大，仍然受到来自政治和经济方面的束缚，因而呈现出的知识也与各自的社会与政治语境相一致。

或许更具隐忧的是，对于知识的控制从明处走向了暗处，变得更加隐蔽、难以察觉。一方面，2010年，谷歌宣布退出中国大陆，将其服务器移至香港。[50] 至2015年12月，百度搜索引擎在综合搜索引擎品牌中的渗透率达93.1%，遥遥领先于360搜索（37.0%）、搜狗（35.8%）和谷歌（18%）。[51] 一家独大的主导局面，加之其竞价排名的算法，凸显出搜索引擎作为知识聚合器的隐患，不仅不能带来优质多元的知识，而且很可能为商业利益所利用。2016年的魏则西事件就是以生命为代价警醒世人：身患癌症的大学生魏则西通过百度检索到武警北京总队第二医院进行治疗，后因医院的欺诈行为与落后的治疗方案而导致不治去世，由此牵出了莆田系、百度竞价排名、干预自然算法的操作方式等一系列问题。无论搜索引擎彰显出了何种知识存储与索引潜力，其注意力经济的盈利模式都没有改变。[52]

另一方面，被商业机密所裹挟的算法技术为一切知识的偏见提供了撇清责任的挡箭牌，更为权力"润物细无声"般的审查操纵提供了可能。Roberts考察了中国社交媒体中显性和隐性两种在线信息的审查机制，认为后者通过减慢网速、增加信息获取成本等方式，有效地抑制了信息的流通，并且用户难以察觉到审查的痕迹。[53] 这种趋势所导致的后果将是人们丝毫意识不到知识背后隐匿的权力控制，而沉溺于搜索引擎知识优化的表象中。

（三）研究局限与未来研究建议

将以往用于分析传统媒体的内容分析方法用于高度流动和不确定的互联网会带来诸多挑战。[54] 首先便是取样上的困难，这体现为总体抽样框的缺失。由于搜索引擎倾向于赋予"新鲜"网页以优先权，导致内容和排名都不断变化，相同的搜索条目在不同时间内可能搜索结果大不相同。本文选取的个案虽然在时间上已尘埃落定，但是其知识的流动仍然不可避免。

本文选取了两个搜索关键词"乌坎""乌坎事件"分别在百度搜索和谷歌搜索结果中的前20个条目作为研究对象。这80条研究样本是否足够，又能在多大程度上代表搜索引擎的全部结果？这一直是困扰研究者的问题。尽管在本文的后测中发现，一个月的时间内排名和内容变化并不大，但是理想的做法应当是基于较长时间的观察（如连续数月），采用多阶段抽样方法收集样本，增大样本量的同时也有益于进行对比和论证。

当下的搜索引擎算法在充分利用了网页之间的链接关系外，号称进入了"用户中心的一代"，即致力于满足用户的个性化需求。谷歌在 2009 年末启动了这一技术，而百度则是在 2011 年。这意味着，不仅仅是时间，地点、搜索历史等都将成为影响搜索结果的重要变量。为了最大限度地减少个性化的影响，本研究选择在一台恢复了出厂设置的电脑中抽取样本，即排除了搜索历史的干扰，然而地点等其他可能存在的变量未能一一排除，从而可能影响到研究结果。

（原载于《传播与社会学刊》2018 年第 45 期）

引用文献 [References]

[1] ONG W J. Orality and literacy [M]. Routledge, 2013.

[2] 中国互联网络信息中心. 第 38 次中国互联网发展状况统计报告 [EB/OL]. http://www.cnnic.net.cn/hlwfzyj/hlwxzbg/hlwtjbg/201608/P020160803367337470363.pdf.

[3] Edelman. 中国企业信任度下滑，仍缺乏诚信和互动参与度 [EB/OL]. (2015-02-03). http://www.edelmangroup.cn/newsDetail34.html.

[4] eMarketer. Online search becomes most-trusted media source [EB/OL]. (2015-01-29). http://www.emarketer.com/Article/Online-Search-Becomes-Most-Trusted-Media-Source/1011913.

[5] BURKE P. A social history of knowledge Ⅱ: from the encyclopaedia to Wikipedia [M]. Polity, 2012.

[6] GOLDMAN E. Search engine bias and the demise of search engine utopianism [M] // SPINK A, ZIMMER M. eds. Web search: multidisciplinary perspectives. Berlin: Springer, 2008: 121-134.

[7] PASQUALE F. The black box society: the secret algorithms that control money and information [M]. Harvard University Press, 2015.

[8] 利奥塔尔. 后现代状态: 关于知识的报告 [M]. 车槿山, 译. 北京: 三联书店, 1979/1997.

[9] 福柯. 不正常的人 [M]. 钱翰, 译. 上海: 上海人民出版社, 1999/2003.

[10] JANSEN B J, POOCH U. A review of web searching studies and a framework for future research [J]. Journal of the American Society for Information Science and Technology, 2001, 52 (3): 235-246.

[11] BRIN S, PAGE L. The anatomy of a large-scale hypertextual web search engine [J]. Computer networks and ISDN systems, 1998, 30 (1-7): 107-117.

[12] SPINK A, ZIMMER M. Conclusions and further research [M]. Web Search. Springer, Berlin, Heidelberg, 2008: 343-348.

[13] PARK H W. Hyperlink network analysis: a new method for the study of social structure on the web [J]. Connections, 2003, 25 (1): 49-61.

[14] HALAVAIS A. National borders on the world wide web [J]. New Media & Society, 2000, 2 (1): 7-28.

[15] GRANKA L A. The politics of search: a decade retrospective [J]. The Information Society, 2010, 26 (5): 364-374; HINDMAN M, TSIOUTSIOULIKLIS K, JOHNSON J A. Googlearchy: how a few heavily-linked sites dominate politics on the web [C]. Annual meeting of the Midwest Political Science Association. 2003, (4): 1-33.

[16] CHO J, ROY S, ADAMS R E. Page quality: in search of an unbiased web ranking [C]. Proceedings of the 2005 ACM SIGMOD international conference on Management of data. ACM, 2005: 551-562; DIAZ A. Through the Google goggles: sociopolitical bias in search engine design [M]. Web search. Springer, Berlin, Heidelberg, 2008: 11-34; GOLDMAN E. Search engine bias and the demise of search engine utopianism [M]. Web Search. Springer, Berlin, Heidelberg, 2008: 121-133.

[17] INTRONA L D, NISSENBAUM H. Shaping the Web: why the politics of search engines matters [J]. The information society, 2000, 16 (3): 169-185.

[18] HILLIS K, PETIT M, JARRETT K. Google and the culture of search [M]. New York: Routledge, 2013.

[19] WHITE B. Examining the claims of Google Scholar as a serious information source [J]. 2006.

[20] VAN DIJCK J. Search engines and the production of academic knowledge [J]. International journal of cultural studies, 2010, 13 (6): 574-592.

[21] HINMAN L M. Searching ethics: the role of search engines in the construction and distribution of knowledge [M] //Web search. Springer, Berlin, Heidelberg, 2008: 67-76.

[22] MUDDIMAN A. Searching for the next US president: differences in search engine results for the 2008 US presidential candidates [J]. Journal of Information Technology & Politics, 2013, 10 (2): 138-157.

[23] MAGER A. Algorithmic ideology: how capitalist society shapes search engines [J]. Information, Communication & Society, 2012, 15 (5): 769-787.

[24] TSUI L. Introduction: the sociopolitical internet in China [J]. China Information, 2005, 19 (2): 181-188.

[25] JIANG M. Search concentration, bias, and parochialism: a comparative study of Google, Baidu, and Jike's search results from China [J]. Journal of Communication, 2014, 64 (6): 1088-1110; JIANG M. The business and politics of search engines: a comparative

study of Baidu and Google's search results of internet events in China [J]. New Media & Society, 2014, 16 (2): 212-233; JIANG M, OKAMOTO K. National identity, ideological apparatus, or panopticon? A case study of the Chinese national search engine Jike [J]. Policy & Internet, 2014, 6 (1): 89-107; VAUGHAN L, ZHANG Y. Equal representation by search engines? A comparison of websites across countries and domains [J]. Journal of computer-mediated communication, 2007, 12 (3): 888-909.

[26] 金兼斌. 搜索秩序 [J]. 现代传播, 2005 (05): 86-88.

[27] 杜骏飞. "百度屏蔽门事件": 网络社会的敌人 [J]. 传媒, 2008 (10): 14-15.

[28] BERGER P L, LUCKMANN T. The social construction of reality: a treatise in the sociology of knowledge [M]. Penguin UK, 1991.

[29] BENNEY J, MAROLT P. Introduction: modes of activism and engagement in the Chinese public sphere [J]. 2015.

[30] 李松. 乌坎事件折射出什么 [N]. 人民日报, 2012-01-10 (17).

[31] HESS S. Foreign media coverage and protest outcomes in China: the case of the 2011 Wukan rebellion [J]. Modern Asian Studies, 2015, 49 (1): 177-203.

[32] TANEJA H, WU A X. Does the Great Firewall really isolate the Chinese? Integrating access blockage with cultural factors to explain Web user behavior [J]. The Information Society, 2014, 30 (5): 297-309.

[33] BILAL D. Ranking, relevance judgment, and precision of information retrieval on children's queries: evaluation of Google, Yahoo!, Bing, Yahoo! Kids, and ask Kids [J]. Journal of the American Society for Information Science and Technology, 2012, 63 (9): 1879—1896; KUMAR B T S, PRAKASH J N. Precision and relative recall of search engines: a comparative study of Google and Yahoo! [J]. Singapore Journal of Library & Information Management, 2009, 38 (1): 124-137; VAUGHAN L. New measurements for search engine evaluation proposed and tested [J]. Information Processing & Management, 2004, 40 (4): 677-691.

[34] 周裕琼, 齐发鹏. 策略性框架与框架化机制: 乌坎事件中抗争性话语的建构与传播 [J]. 新闻与传播研究, 2014, 8: 46-68; HESS S. Foreign media coverage and protest outcomes in China: the case of the 2011 Wukan rebellion [J]. Modern Asian Studies, 2015, 49 (1): 177-203.

[35] GAMSON W A, MODIGLIANI A. Media discourse and public opinion on nuclear power: a constructionist approach [J]. American journal of sociology, 1989, 95 (1): 1-37.

[36] GAMSON W A, LASCH K E. The political culture of social welfare policy [M]. E-

valuating the welfare state: social and political perspectives. Elsevier, 2013: 397 – 415.

[37] KUMAR B T S, PRAKASH J N. Precision and relative recall of search engines: a comparative study of Google and Yahoo [J]. Singapore Journal of Library & Information Management, 2009, 38 (1): 124 – 137; USMANI T A, PANT D, BHATT A K. A comparative study of google and bing search engines in context of precision and relative recall parameter [J]. International Journal on Computer Science and Engineering, 2012, 4 (1): 21.

[38] SPINK A, JANSEN B J, BLAKELY C, et al. A study of results overlap and uniqueness among major web search engines [J]. Information Processing & Management, 2006, 42 (5): 1379 – 1391.

[39] BRIN S, PAGE L. The anatomy of a large-scale hypertextual web search engine [J]. Computer networks and ISDN systems, 1998, 30 (1 – 7): 107 – 117.

[40] 搜狐. 李彦宏提到的《搜索引擎第三定律》到底是什么? [EB/OL]. (2016 – 06 – 27). http://www.sohu.com/a/86488729_257837.

[41] JIANG M. Search concentration, bias, and parochialism: a comparative study of Google, Baidu, and Jike's search results from China [J]. Journal of Communication, 2014, 64 (6): 1088 – 1110.

[42] JIANG M. The business and politics of search engines: a comparative study of Baidu and Google's search results of Internet events in China [J]. New Media & Society, 2014, 16 (2): 212 – 233.

[43] 周裕琼, 齐发鹏. 策略性框架与框架化机制: 乌坎事件中抗争性话语的建构与传播 [J]. 新闻与传播研究, 2014 (8): 46 – 68.

[44] 方惠. 互联网与知识生产: 搜索引擎中的乌坎事件研究. 北京: 中国人民大学, 2015.

[45] 黄旦. 在"书"与"刊"之间: 发明中国现代报刊 [C]. 北京: 全球化时代中西方媒体文化比较研究会议论文, 2014.

[46] NIEDERER S, VAN DIJCK J. Wisdom of the crowd or technicity of content? Wikipedia as a sociotechnical system [J]. New Media & Society, 2010, 12 (8): 1368 – 1387.

[47] BANDURSKI D. Chinese language coverage of Wukan [J]. China Media Project, 2011.

[48] 周裕琼, 齐发鹏. 策略性框架与框架化机制: 乌坎事件中抗争性话语的建构与传播 [J]. 新闻与传播研究, 2014 (8): 46 – 68.

[49] WEINBERGER D. Too big to know: rethinking knowledge now that the facts aren't the facts, experts are everywhere, and the smartest person in the room is the room [M]. Basic Books, 2011.

[50] LEVY S. In the plex: how Google thinks, works, and shapes our lives [M]. Simon and Schuster, 2011.

[51] 中国互联网络信息中心. 2015年中国网民搜索行为调查报告 [EB/OL]. https://www.cnnic.cn/hlwfzyj/hlwxzbg/ssbg/201607/P020160726510595928401.pdf.

[52] PETERS J D. The marvelous clouds: toward a philosophy of elemental media [M]. University of Chicago Press, 2015.

[53] ROBERTS M E. Fear or friction? How censorship slows the spread of information in the digital age [J]. Unpublished manuscript, 2014: 26.

[54] MCMILLAN S J. The microscope and the moving target: the challenge of applying content analysis to the World Wide Web [J]. Journalism & Mass Communication Quarterly, 2000, 77 (1): 80-98.

传播中的身体问题与传播研究的未来

■ 刘海龙

在传播研究中，身体问题虽然一直若隐若现，却不受重视。本文是一个极为初步的探索，抛砖引玉，目的是提出这样一个问题：怎样把身体重新放回到传播中，扩大和丰富传播研究的视野？当然，反讽的是，今天我们之所以意识到身体问题的重要性，却是因为我们正体验着身体在传播中重要性下降所带来的空虚感。这又引出了第二个重要的问题：当传播主体不再局限于传统的单一的身体后，传播及传播研究又该往哪里走？

之所以在传播研究里面，身体问题论者稀少，我猜测有这样两个原因：第一个，大多数研究者有一个共识：传播是精神交往及互动，基本和身体无关。第二个，我们对于身体问题有一种理所当然的看法，有点像一种意识形态或者德里达说的逻各斯中心主义，就是身体的在场。我们假设传播的前提是身体在场，所以面对面传播被当成是传播的理想类型。一旦身体缺席，比如在大众传播、网络或新媒体的传播中，参与者就会产生一种焦虑，希望通过各种各样的方式克服它，比如我们会追求模拟身体在场的交流方式，不满足于文字交流，要看到图像，听到声音，甚至还想进行全息的交流等等。这些技术追求的都是模仿面对面交流的感觉。

所以传播学者约翰·彼得斯（Durham Peters）提出一个问题：在人类交流中人体在多大程度上可以保持缺席？[1]他认为这是传播观念里面一直存在的焦虑。他给我们梳理出了一条清晰的历史脉络，可以作为我们今天讨论的起点。

今天反思传播学，必然涉及一个基本问题：站在什么视点上反思？许多学者是站在当下反思历史。在讨论传播中的身体问题时，反思的视角会有所变化，会有两种不同的视角。一是站在过去看当下甚至未来，如媒介考古学；还有一个是站在未来反思今天，像是看一个未来的后视镜一样。如果未来可能是这样，那么今天的传播应该怎么样往前推进？第二个视角比较吊诡。因为许多对未来的想象是科幻,如何能相信?这涉及如何建构想象力的问题。我们不得不借助科幻小说、电影来讨论未来。作为人文社会科学的研究者,除了这样一些叙事以外,很难用其他方式来想象未来,除非我们集体沉默,拱手把未来的叙事交给自然科学家。当然,并不是说理工科的叙事不重要,它们是想象的基础,但不是全部,也存在缺陷,比如不直观,过于技术化和局部,缺乏对人的关怀等。所以人文和自然两种叙事加在一起才构成整体,这里更侧重前者。

因此,本文的讨论分两个部分,前一部分是关于身体与传播的思想史,后一部分借助科幻叙事讨论身体问题与传播研究的未来。

一、关于身体与传播的思想史

之前很多人在讨论彼得斯的《对空言说》时都把焦点放在对话-撒播观念的对立上,忽略了该书的另一个贯穿始终的主题——传播中的身体观念。他在提出"在人类交流中人体在多大程度上可以保持缺席"这个问题后总结了人类传播观念中的身体问题史,为讨论传播中的身体问题提供了一个非常好的历史语境。他首先讲到柏拉图(Plato)笔下的苏格拉底(Socrates)。苏格拉底强调对话中身体一定要在场,否则没法确定交流是否有效。他以爱欲(Eros)作类比,通过文字等中介的交流,甚至演讲(当时的类似大众传播的交流方式),被他认为是滥交,是种子的浪费。圣经福音书里的撒播观正好相反,不区分身体与幽灵。阅读文字时,我们还是用面对面对话的方式来想象交流,通过阅读我们复活作者的幽灵,跟幽灵对话。所以面对面的身体交流和与幽灵交流,没有太大区别。

在唯灵论(spiritualism)传统中,奥古斯丁(Saint Augustine)则认为身体是障碍,最理想的交流是没有身体的天使之间的交流。天使般的交流没有误解。

在传播的身体观念史中,洛克(John Locke)十分重要。他确立了当下主导性的自由个体主义的身体观。他认为肉体是私有财产的源泉,身体的劳动(labor)形成私人财产[①],同时身体也是存放个体内部性的容器。因此形成了我们拥有自己的身体,以及无法脱离这一身体的概念,奠定了当下被一般人接受的身体和意识、自我和意识间关系的观念。

---

① 洛克将劳动看得过于简单,重视肉体层面而忽视了精神层面的劳动。汉娜·阿伦特(Hannah Arendt)则区分了劳动(labor)、工作(work)与行动(action)。劳动是一种动物性的体力劳动,目的仅在于满足人生存的生理需求。而工作则是人类对于自然世界的加工,目的在于创造一个人造物的世界。行动则是不需要物或事为中介的活动,它是人与人之间的活动,体现的是人的复数性。

彼得斯还发现一个有意思的现象：19世纪开始出现的电报、电话等现代科技激发了人们与幽灵对话的热情。人们不仅希望和幽灵（精神）交流，还希望看到一个实体，由此产生了招魂术（spiritism）。反讽的是，当技术终于使人摆脱身体在场的面对面交流的局限，实现了梦寐以求的远距离精神交流，反而激发了人们对于身体的渴望。招魂术往往利用女性的身体作为中介，这个身体被称之为灵媒（medium），它是麦克卢汉所使用的媒介概念的前身。女性的身体是我们最早想象媒介的重要实体，一个具身性（embodiment）的媒介。

人类步入大众传播的时代后，交流中的幽灵性达到了前所未有的程度，这也让身体缺席的焦虑与日俱增。彼得斯发现，当我们与机器、动物、外星人出现交流困境时，身体在场的焦虑又会出现。比如与机器交流时，我们无法确定机器是在跟我们交流思想，还是在无意义地模仿交流，如图灵（Alan Mathison Turing）说的"模仿的游戏"（imitation game）。或者说，我们能否和机器建立起情感上的联系（不是机械地进行符号交换而是心有所感）？如果表述得极端一点，人和机器能否产生爱情？这里的不确定性，主要在于机器没有像人类一样的肉身。这其实也是日常生活中经常会碰到的问题：如何确定爱情能够发生？网恋、异地恋等身体的不在场也会遇到同样的困境，就像《她》（Her）那部电影揭示的困境一样。跟动物的交流也一样。维特根斯坦（Johann Wittgenstein）说，即使一头狮子学会了人类的语言，我们还是听不懂它在说什么，因为我们的身体与它的构造不一样，没有办法体会它的世界。外星人也一样，当看不到外星人的身体，看不到飞碟实体的时候，我们没有办法确定接收到的信号是来自外星人的消息，还是宇宙中偶然的噪声。彼得斯认为这些困境顺理成章地引导出一个结论：对于传播而言，肉身的在场是至关重要的。

彼得斯讲了一句意味深长的话："过去交流成功的标志是触摸灵魂，现在是触摸肉体。"[2]在远距离交流大行其道的今天，身体在场成为确信交流成功的基本前提。他认为身体（触觉）和时间不可复制，都具有排他性和歧视性（和你对话的同时就不能和其他人对话），所以身体是我们感受爱欲或者对话的唯一方式。彼得斯接收了很多后人类主义的观点，比如机器和生物之间的界限在消解，动物与人的界限在消解。但是在身体这个问题上，他和后人类主义划清了界限。在这里他采取了一个典型的人文（类）主义的、以人为中心的立场，他讲道："如果我们认为交流是真实思想的结合，那就低估了身体的神圣。虽然这个时代技术已经可以充分地模拟人体，但身体是否真正在场仍然具有重要意义。"[3]在一个访谈中他还谈到这样一个观点，他说："面对面身体在那里存在（being there）本身就显示了某种海德格尔（Martin Heidegger）意义上的本真性（authenticity）和善意。"[4] 也就是说只要保证身体的在场，至少表明我愿意和你在一起，我把自己这段时间排他性地让渡给你，这是传播得以发生的最基本的前提，参与双方能够确认的东西。这就可以解释为什么在大众传媒时代毛泽东还要8次亲自接见上千万的红卫兵①，我们今天有这么丰富的传播方式，仍要千辛万苦地通过饭局谈事，因为身体的到场具有媒介传播不可替代的仪式意义。

彼得斯认为只有文字、收音机、照片这种模拟的媒介才能产生幽灵，数字化技术不能产生幽灵，因为0和1是确定的，它们之间没有幽灵存在的空间。当然，这个观念值得推敲。幽灵是接受者具有的"对话"期待产生的，而不只是模拟媒介的客观属性。否则我们就很难理解今天以数字化技术为基础的电子游戏、虚拟技术怎么会让人沉浸其中。

讨论传播中的身体，必须回到麦克卢汉（Marshall McLuhan）。关于麦克卢汉，有一个有趣的现象，每次我们觉得麦克卢汉快要被时代淘汰的时候，他总会悄悄溜回来。传播研究里最早明确谈身体问题的居然是麦克卢汉。他最有名的一个观点是"媒介是人体的延伸"，同时还有不太被提及的另半句话"延伸意味着截除"，意思是当使用机器时，机器就成为你身体的一部分，替代了原来的器官。这个观点非常像后人类主义所说的赛博格，这样的超前性令人惊讶。基特勒（Friedrich Kittler）批评麦克卢汉，认为他是从身体的角度去考察技术，而不是从技术的角度来考察身体。这是这两个"技术决定论"代表人物的分歧所在。基特勒更强调机器、芯片等硬件对传播过程的改变，而麦克卢汉则是以身体的尺度去想象、隐喻媒体，他理论的核心是身体的感觉。赛博格概念里提到，机器可以从人体的延伸发展到人机结合，我们现有的身体是我们使用的第一个身体和第一个假肢，我们完全可以像适应当下身体一样去操纵其他身体。这些看法都可以在麦克卢汉的理论中找到根源。

传播学里另外一个讨论传播与身体问题的是媒介考古学，也涉及身体跟机器的关系，我们在使用机器的时候成了机器系统的一部分。基特勒的信息唯物主义是一个代表——当然他跟麦克卢汉讲的有区别，其实今天来看，麦克卢汉要比基

---

① 据"中央文革小组"成员王力回忆，毛泽东有一个非常个人化的想法，就是认为苏联变修，原因之一是亲眼见过列宁的人太少。

特勒走得更远。基特勒举过一个例子，一位朋友给尼采写了一封信，说他发现尼采晚年作品长篇大论的深度思辨减少，而短小精悍的警句箴言在不断增多。尼采认可这种看法，并且写道，"我们的写作工具也参与了我们的思想"（Our writing tools are also working on our thoughts）。尼采晚年视力不好，有一段时间用了汉森的打字球（机），这个打字机是专门给盲人设计的，它像一个球。它把书写的连续过程变成了对空间的想象。它由一个一个的按键构成，是一个一个离散的字母，跟书写字母时连笔的写作方式完全不同。而且尼采晚期的文本中经常出现击打、敲打的意象，有人认为跟他使用打字机有关。打字砸下去用力很猛，这个机器还经常坏，令尼采心情烦躁，这种情绪也反映到他的作品中。[5]

海德格尔也说过，打字机剥夺了我们身体的本真性，因为它把手的书写功能变成了按键的机械动作。此外，打字机是标准化的，每个人书写文字是有他的个性的，"我"在里面存在，但是一旦用打字机打出来就完全一样了。[6] 对中国人而言，海德格尔的这个观点并不陌生。作为艺术的书法除了记录书写内容外，更重要的是对人身体运动过程的记录。欣赏的过程就是回放运笔的起承转合、轻重缓急；习字的过程就是复制这种身体的动作，由外而内地改造我们的精神世界。中国传统士人会把书写行为与道德修养联系在一起，像评价王右军、颜鲁公的书法时往往会与他们的独特人格联系在一起。

传播研究里讨论身体的另一个理论资源是控制论。它其实也是在讲身体，作为信息系统的身体。通过新陈代谢，一百多天以后（或者更长时间）我们身体细胞全换过一遍后，如何确定这个身体还是原来那个？唯一能确定的就是身体存在的模式，而这个模式就是信息，即 DNA。所以从某种意义来讲，荷尔蒙也好，基因也好，支配机器的软件也好，最终都是编码。热衷于控制论的格里高利·贝特森（Gregory Bateson）也谈到这个问题，他提出：拐杖是身体的一部分。在控制论的全盛时期，学术界曾经认为它可以打通所有学科。所以维纳在《人有人的用处：控制论与社会》一书中把社会和人也当成与机器系统具有相同运行逻辑的对象加以讨论。在他那里，文化和自然是统一的。当然，在这本书里我们也可以发现，维纳本人相当纠结，在理性上他推崇文化与自然统一，但是作为人文主义者，在感情上他又接受不了，所以才提出应该"像人那样去使用人"，而不是像自动机器那样使用人。

在传播与身体的理论资源中，女性主义者可能最为积极，最早对一系列二元对立发难。她们致力于打破性别边界，顺便带出了对身体的重新思考。所以后人类主义最早是在女性主义者那里正式提出来的。比如哈拉维（Donna Haraway）的《赛博格宣言》，讲到动物和人类、有机体和机器、身体和非身体的界限于新媒体条件下正在消失。[7]海勒（Katherine Hayles）的信息后人类主义也强调信息形式优于物质实例，身体就是我们操控的最初的假肢，我们可以用其他东西来替代它；人类是可配置的，从而能够与智能机器无缝链接。[8]几年前轰动一时的《阿凡达》就是典型的信息后人类主义的叙事。

二、身体问题与传播研究的未来

我们可以通过一些大众文化中的叙事来想象未来的传播中的身体问题，比如《神经漫游者》《黑客帝国》《银翼杀手》《阿凡达》等等。英剧《黑镜》第三季第四集 San Junipero 里面，人化为程序，可以任意选择一个身体，永远活在那个叫 San Junipero 的地方（一个软件系统），实现了不朽。在后人类主义者看来，随着技术的发展，身体变得不那么重要，完全可以被超越。当一切都可以转化为信息，人和机器之间其实也没有那么大的不同。这里有一个非常有意思的对比。电影《她》里面涉及一个问题：人能不能和机器恋爱？这部电影的回答是否定的，因为机器没有身体。电影《银翼杀手 2049》有一个非常明显的向《她》致敬的场面，但回答却完全相反，它认为可以。没有身体的软件也可以通过与复制人（replicant）的身体同步完成触觉的复制，这是电影里非常惊人的一幕。

我们把未来作为一个后视镜，通过技术去蔽，可以更好地认识我们的身体。这自然引出一个更大的问题：如何与机器交流？过去这不是我们传播学的问题，在今天当人的身体和机器之间开始融合，赛博格时代到来的时候，人机之间界面的交流将不再只是软件界面设计的议题，也会成为传播研究的重要话题。

当下最切题的例子莫过于围棋人工智能程序 AlphaGo。围棋在古代还被称为"手谈"，人和 AlphaGo、人和人工智能怎么样去交流？人可以体会下围棋的乐趣，也可以表达其思考的逻辑，传授给其他人，但是机器下围棋是怎么思考的，人能否理解它的逻辑？机器的走法颠覆了许多常识，现在围棋界已经出现了所谓 AlphaGo 流，就像过去的秀策流、宇宙流、中国流等一样，成为围棋界的时尚。例如传统的围棋理论认为开局点空角的三三是一个缺乏大局的错误着法，而现在这么走已经司空见惯，还有尖冲无忧角、新的角部定式，成为棋手中最流行的一套着法。当然，我们可以认为 AlphaGo 把人类的围棋技术推进了一百年，职业顶尖棋手认为被让两子也未必能赢，但是人类棋手能否理解和学会使用它的思考方式（而不仅是理解其算法）？[①] 最近新版的 AlphaGo Zero 已经发展到不用人类的知识掌握围棋（见图 5-1）。

发表在《自然》杂志上的论文展示了该程序的进化过程。[9] 图中左列是 AlphaGo Zero 自我训练 3 小时的状态，就像所有初学者下棋一样，先从中间下，以吃子为目的。中间是自我训练 19 个小时后下的棋，开始有死活和地域意识（先占边角后中腹）。右列是经过 70 个小时训练，具有均衡感，有大量基于全局的着法，能进行复杂战斗和精确计算。

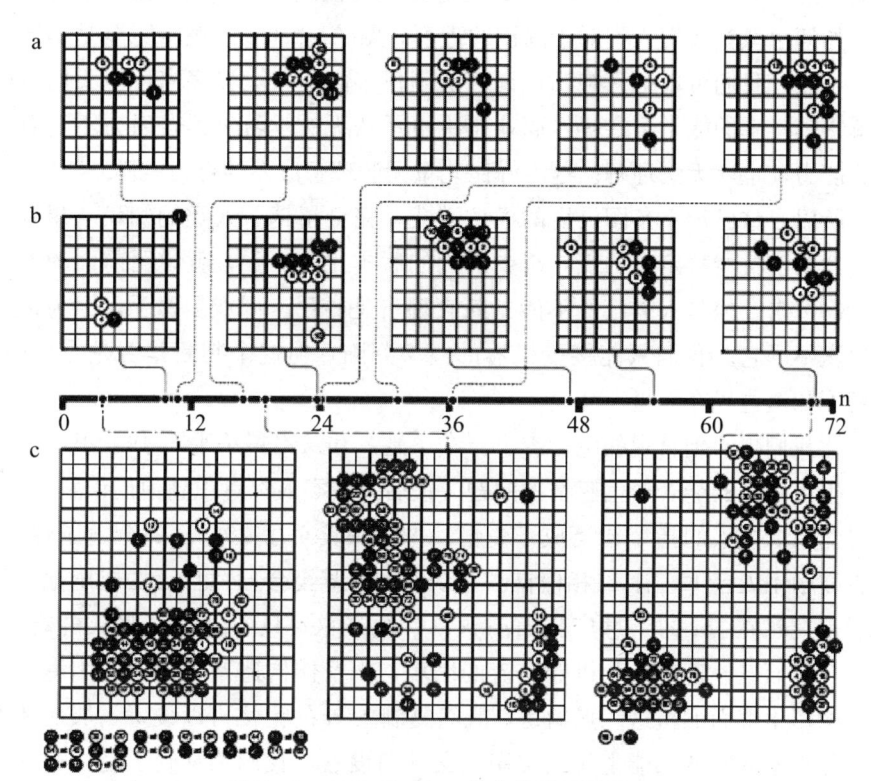

图 5-1　AlphaGo Zero 的自我学习过程

资料来源：SILVER D, SCHRITTWIESER J, SIMONYAN K, ANTONOGLOU I, HUANG A, GUEZ A, et al. Mastering the game of go without human knowledge [J]. Nature, 2017, 550 (7676)：354.

---

① 这个程序的核心开发者们围棋水平都不高，充其量是业余高段水平，他们连人类职业高手的思路都未必完全理解，更不必理解 AlphaGo 的棋思。所以理解算法和理解围棋是两个问题。因为人工智能程序是基于海量计算，就算人类掌握了其思路，也未必能够实践它。所以它才有许多基于人类无法预知的、未来的、全局性的新奇走法。

人类看公开出来的 AlphaGo 几十局自我对弈，第一感是看不懂，专业棋手也是如此。人类下棋时还存在"对话"的思维模式，我会跟着你接着下，所以在一个局部大家会你来我往，甚至还会意气用事。① 但是 AlphaGo 的下法有大量基于全局计算的脱先下法，你下在这里我不跟着你下，在另外一个地方下，对方也以其人之道还治其人之身，也不理你，到另外一个地方下。表面上看，双方就是鸡同鸭讲。这就完全摆脱了人类交谈的意识形态，我们还在用谈话的隐喻来想象对弈，但 AlphaGo 已经超越了这个模式。所以如何去想象对手的逻辑，如何手谈？我们人类对于围棋的理解，跟 AlphaGo 的逻辑完全是不同的范式。当然，我们可以把它神话，说它的围棋多高明，境界多高，但我们真的能理解它吗？真的能学习它吗？职业棋手也承认无法学习机器，因为不具有它的计算能力，也就无法理解。这就好比儿童无法理解成人的行为一样。

所以，这已经不是图灵讲的模仿游戏，完全超越了人类的知识与想象。我们当然知道机器肯定有弱点，至少后面的版本比前面强，就说明前面的着法不是无懈可击。但是人类已经不能判断它哪步是妙手、哪步是恶手，因为你接着下也赢不了它。我们只能接受机器的概率判断，但这个判断是否是完美的呢？我们不知道边界在哪里。

让我们再回到直观的电影叙事。在《她》和《银翼杀手 2049》里都存在人或仿生人和机器能否产生感情的问题。最后人或类人都意识到他们误解了机器，把机器服从主人的指令错当成了爱情。像《银翼杀手 2049》那个电子伴侣 Joi 一直鼓励主人公 K，让 K 相信自己与众不同，甚至会牺牲自己去成全他。但是 K 后来突然在 Joi 的全息广告面前顿悟，她（它）只不过是在服从机器设定，迎合自己而已。这是人和机器交流的困境，由身体构造差异造成的困境。但是这个电影里继而颠覆这一点的是，既然复制人 K 的记忆可以设置，那他和程序又有什么不同？从功能主义或实用主义的角度看，我们感觉到了爱、宽容和善意是不是就足够了？

最后，上述这些问题对传播研究来说是挑战还是机会？信息似乎成了未来的中心，在虚拟世界里面，人类可以不受身体束缚，接入网络系统，一切都是

---

① 一般棋手会在途中观察对手表情，企图寻找棋局形势的线索，这也是手谈交流的一部分，是日常对话活动的惯性，实际上未必对下棋真有帮助。在纪录片《阿尔法围棋》（2017）中李世石在对局过程中不停抬头看对手表情，但是充当阿尔法围棋手臂的黄士杰博士的表情并没有意义。

信息的传播。传播、信息变成了社会的核心，好像传播学立即变得重要起来。但也许这只是我们一厢情愿的错觉。如果我们不去思考这些问题，传播学也可能会被取代。所以，如何讨论传播中的身体问题可能会影响到传播研究的未来。这些问题包括：如何跟机器交流，如何和分布式的认知打交道？自然与文化的界线消失以后，我们怎么理解它们之间的关系？信息/传播、物质/身体之间的关系发生松动之后，人还需不需要身体？具身化是不是我们传播或者人类存在的必要条件？换句话说，你可以跟仿生人结婚生子吗？你可以爱上一个机器，爱上一个程序吗？

海勒认为，要理解新技术所带来的变化，必须抛弃传统的身体在场/缺席的观念，回到控制论的模式/随机的观念。过去被认为是干扰的噪声，现在变成了社会发展的重要因素。怎样调整和噪声、随机性的关系，这可能是我们未来要讨论的问题，而不是今天的在场还是缺席的问题。[10]我们应该用新的观念去思考虚拟现实等新技术，这个观点很有启发，这意味着要从新的角度重新定义身体与传播的关系。

另外对于传播研究者而言，当传播信息成为一个社会最基本的基础设施的时候，传播系统就变成了超社会系统或元社会系统，传播学也可能随之变得重要起来。但那个时候，这还是不是传播学能解决的问题，或者作为传播学者我们还能不能跟上时代，这是未来我们要面临的挑战和机会。

当然，以上还是很粗浅的想法，期待引起更多研究者重视传播中的身体问题。此外，除了技术带来的可能性外，我们仍然面临经典的权力分配、身体的等级问题。技术的可供性还会受到政治经济因素的约束，就像我们经常在地铁里会看到有人拿着手机以支持创业的名义让你扫码。这么一个虚拟世界的推广问题最后却要通过最原始的身体在场来解决，这也许就是我们在放飞想象力之后仍然要清醒面对的现实。

（原载于《国际新闻界》2018年第2期）

引用文献 [References]

[1] 彼得斯．对空言说：传播的观念史 [M]．邓建国，译．上海：上海译文出版社，1999/2017．

[2] 彼得斯．对空言说：传播的观念史 [M]．邓建国，译．上海：上海译文出版社，1999/2017：326．

[3] 彼得斯. 对空言说：传播的观念史 [M]. 邓建国, 译. 上海：上海译文出版社, 1999/2017：386.

[4] KANE, C L, DURHAM P, J. Speaking into the iPhone: an interview with John Durham Peters, or, ghostly cessation for the digital age [J]. Journal of Communication Inquiry, 2010, 34 (2): 119-133.

[5] 基特勒. 留声机 电影 打字机 [M]. 邢春丽, 译. 上海：复旦大学出版社, 1986/2017.

[6] 基特勒. 留声机 电影 打字机 [M]. 邢春丽, 译. 上海：复旦大学出版社, 1986/2017.

[7] 哈拉维. 类人猿、赛博格和女人：自然的重塑 [M]. 陈静, 等译. 郑州：河南大学出版社, 1991/2012.

[8] 海勒. 我们何以成为后人类：文学、信息科学和控制论中的虚拟身体 [M]. 刘宇清, 译. 北京：北京大学出版社, 1999/2017.

[9] SILVER D, SCHRITTWIESER J, SIMONYAN K, ANTONOGLOU I, HUANG A, GUEZ A, et al. Mastering the game of go without human knowledge [J]. Nature, 2017, 550 (7676): 354.

[10] 海勒. 我们何以成为后人类：文学、信息科学和控制论中的虚拟身体 [M]. 刘宇清, 译. 北京：北京大学出版社, 1999/2017.

交流者的身体：传播与在场

——意识主体、身体-主体、智能主体的演变

■ 孙 玮

一、引言：身体重返传播的世界

传播学对身体的关注，很大程度上来自于移动网络、虚拟现实、人工智能技术崛起的巨大刺激。这三项技术从不同方向突出了身体元素在人类社会各个领域的重要性，当然传播领域也不能例外。甚至有很多传播学者认为，传播领域是这三大技术应用与发展的核心之一，它们都涉及传播、媒介、信息、技术、实在、真实等传播学关键命题。人类的传播实践正在这些技术浪潮裹挟之下，发生重大转折。概而言之，新传播技术使得人类的身体发生互为条件又互相排斥的两个转向，"一方面它关系到人们及其身体或身体的某些部分已经进入到虚拟的空间中，这也就意味着越来越多的人-计算机系统的一体化要素被生产出来，它因此也就变成了某种人工生命体（cyborg）；但另一方面，机器的延伸又从人的直接操纵那里分离出去了。而后者，也就是智能的、自动的机器人，或在感受和动力系统上受环境制约的虚拟代理人，……从长远的观点看将可能以其肉体化而超越人类，或者/并且它们将为人类提供这样的可能性，即它们以其认知结构作为某种寄生物而筑巢于非有机的客体内，从而排斥血肉之躯"[1]。

既然传播学中的身体热主要来自当前的新技术浪潮，"重返"一说如何理解？这包含了两层意义：其一，传播作为一种社会实践，从来没有也不可能脱离身体，无论是自然的、文化的还是技术的身体。只是长久以来，以大众媒介为主要经验场域的主流传播学未能将身体维度纳入研究的视域中。其二，传播研究零散地、碎片化地涉及身体议题，只是未能成为主流传播学的一个面向，当然也没有构成主流传播学理论体系中的一个部分。但这不能否认传播议题的身体研究积累了富于创见的成果。所谓重返，即是说本来就有，但出于相对隐

形的、边缘化状态,现在要以新面貌出现,至少包含三个层面的含义:一是,传播研究必须挖掘学术思想中的身体理论资源,事实上无论是人文、社科还是自然科学,身体研究一直是非常重要的学术脉络。二是,高度关注当前新技术激发的身体变革,将传播理解为一种社会性的身体实践。三是,将身体作为传播学研究一个不可或缺的重要面向,建构传播视角的身体研究知识体系,以参与当今学术界兴起的身体研究热潮。当前,传播学遭遇了一个学科危机与发展并存的时刻。一方面,传播相关议题的研究进入黄金时代,因为新传播技术的发展超越媒介行业,席卷人类社会各个领域,传播正在成为社会构成性要素;另一方面,正因如此,无论是传播实践还是网络、媒介、技术发展,都激发了各个学科极大的研究兴趣。在此情形下,传播学不可能垄断我们自以为是的传播学关键命题。因此,如果传播研究不能在这个历史时刻发出自己的声音,新技术传播的日益重要,或可成为催化传播学边缘化的因素。身体研究,正是我们在这样的历史时刻寻求学科创新突破的一个基点。

二、被激活的身体

伊格尔顿(Terry Eagleton)说:"'身体'一词带给思想的首批意象之一就是一具尸体,这是笛卡尔主义传统所造成的破坏的一部分。"[2]在传播研究中,身体恐怕连尸体也算不上,它非但未成为研究的对象,反而被视为需要克服的障碍,大众传播学就常常将身体看作是固着于特定时空的消极因素,因为信息的远距离传递必须要打破身体的束缚。正如彼得斯所言,"'交流'这一新观念容许肉体不在场而实现接触,这种接触对交流者(动物、人、机器)的身体形式并不关注,甚至对交流者'是否存在着有机体'都无所谓"[3]。但这并不意味着传播学研究完全脱离了身体,它与古典社会学类似,展现出对于身体的双重思路,身体之于传播学,属于一种"缺席在场"。有学者这样描述身体在古典社会学中的状态:"古典社会学很少持续聚焦于身体,视之为有其独立理据的考察领域,就此而言,身体在这门科学中是缺席的,比如说,社会学理论很少考虑到,事实上,我们都有一副血肉之躯,使我们能够品尝、嗅闻、触碰,乃至交换体液。然而,当古典社会学关注社会的结构与功能运作,关注人的行动和性质,势必会引导它探讨人的具身体现的某些重要面向。"[4]以此来理解身体在传播学研究中的状况,应该是大抵不差的。这毫不奇怪,主流传播学的基本范式正是来源于古典社会学。身体之所以突然地浮现在传播学的视野中,有一个相当重要的契机,是当前媒介技术发生的变化,比如移动互联网使得位置成为信息,所谓位置,就是身体在特定时空中的方位。更有甚者,人工智能要将机器嵌入身体,或者是创造机器仿真的身体。在新技术崛起的移动网络时代,身体突然在传播研究领域被激活了。

要达成激活身体之目标,传播研究首先要面对的,是伊格尔顿口诛笔伐的"尸体",即文化研究中"作为客体的身体"。它是"管制、切割、解剖、规训、争夺的对象",身体就这样被"统摄、分解、利用"[5],沦为一个"残缺的身体"[6]。将身体视为尸体的观念,有两个要点。其一,延续形而上学之传统,视人为一系列的二元对立,灵魂-身体、意识-身体、理性-感性、主体-客体等等,前者对于后者有绝对优势,对于后者而言是高级的、主导的。其二,身体是客体,非生产性的,只是一种被制约的因素。文化研究"尸体"论的价值在于,将身体纳入了研究视域,将权力关系扩展到身体领域;消极影响是,否定了身体的能动性,遮蔽了身体与社会政治、经济、文化诸要素的互动关系,将身体仅仅看作被外在社会力量塑造的对象。对文化研究的"尸体"论,不同路径的学者都给予了批判:"旧叙事把'技术'和'经济'实体化为外在于社会生活的东西……技术和经济是社会性的,而因为身体是社会生活的媒介,所以技术和经济不能在逻辑上优先于身体。相反,技术是一种具体表达。"因此,"应该说身体是历史进程的生成器,对身体的理解构成变化如何展开的条件,不能单向度考虑外在条件如何形塑了身体"[7]。伊格尔顿等对于文化研究建构主义身体观的批判,为传播研究提供了一个思路:不能将身体仅仅视为一个被媒介形塑、操纵的客体,应该把身体纳入交流者的主体性范畴中加以考量,以体现身体在传播中的能动性、生产性。

存在现象学不仅将身体视为主体。梅洛-庞蒂(Maurice Merleau-Ponty)把身体看作"是在主体一边,是我们观看世界的立足点"[8],而且认为身体既是主体也是客体,是两者的融合,由此打破了主客体二元对立的身体观。这种身体观旨在倡导一种"肉身的存在论",认为身体是"朝向世界存在的'锚定点'"[9],"我们就是身体","身体是自然的我和知觉的主体","成为身体,就是维系于某个世界"[10]。存在论视角中的身体,成为人通达世界的一个最基础、最核心、最根本的接合点。一个值得关注的事实是,传播学很早就将现象学视为自身重要的理论资源,克雷格(Robert Craig)在他的名作"作为一个领域的传播理论"中,梳理了传播学七大传统,现象学赫然在列。克雷格理解的现象学对于传播的意义，是强调肉身直接接触的不可替代性，凸显无中介传播进行对话的价值。意味深长的是，克雷格注意到，现象学将精神与肉体、事实与价值、言语与物质之间的常识性区别也问题化了。[11]但遗憾的是，他并未在这个维度上进一步挖掘，身体就这样被克雷格掠过了。现象学关于身体的重要思想，如从存在论的视角理解身体、身体是连接人与世界的媒介等观点，似乎并未被真正纳入传播学研究中。传播研究要将存在论意义上的身体放置在研究视域中，是前所未有的崭新工作。

移动网络时代的新型传播实践，为我们进行这一开创性的工作提供了契机。传播技术的发展，突出并加剧了技术的具身性（embodiment）趋势，这可以从两个方面理解。第一个方面是如伊德（Don Ihde）所说的，现代技术正在经历第二次革命。技术发展的第一个方向在19世纪占主导，是工业技术，如电力、铁路交通、工厂、冶金学、大规模应用碳氢化合物和矿石。第二个方向则是信息技术，在20世纪占主导，如计算机、因特网、移动通信、多媒体技术等等。发明"虚拟现实"这个术语的拉尼尔（Jaron Lanier）认为，第二个方向将战胜第一个方向。[12]伊德认为，第一次革命，"技术的界限很大程度上与人类身体的界限是同构的"[13]。但第二次革命的特点是，技术具有转化的作用，"就是将一种完全不能用身体经验到的、不能知觉到的（这其实就是日常身体的感觉功能）现象，转化成图像的功能。但是，如果这些现象以技术或工具作为中介，它们就确实能经验到"。因此，伊德再三强调，"没有工具中介，就完全没有对这些现象的经验"。这是一种知觉的转化。[14]这使得技术更加深入地嵌进具身关系中，全方位地渗透在人的身体经验中。第二个方面是人工智能技术的突飞猛进，从另一个方向凸显了身体的意义。生物技术、信息技术造就了仿真的身体——半机器人、机器人，引爆了当代社会的"身体危机"。[15]后人类主义发问，信息有身体吗？意识可以下载吗？意识可以脱离身体存在吗？后人类主义者说，他们和现代性的自由主义者共享一个基础，就是强调心智之于身体的优先性。[16]几千年以来我们赖以存在的身体要消失了？或者说，我们意识到，人类将面对不同于生物性身体的新型身体，身体形式正在走向多元。

断言传播学完全忽视身体，肯定是不恰当的。比如针对传播学者非常熟悉的彼得斯名作《对空言说：传播的观念史》，有学者认为，"他在提出'在人类交流中人体在多大程度上可以保持缺席'这个问题后总结了人类传播观念中的身体问题史，为讨论传播中的身体问题提供了一个非常好的历史语境"[17]。如果我们承接彼得斯的研究,要追问的一个问题是,他所言说的身体究竟是何含义?因为什么是"人类身体",从来就不是一个简单的问题。一般常识意义上认为,"身体是承担着诸如呼吸、自我滋养、排泄、成长、繁衍和死亡之类生物学进程的天然的肉体的对象"[18]。彼得斯在此书中未对身体做出他的解释和界定,但揣摩全书行文,似乎他比较多地偏向于在这个意义上使用身体。他在描述身体时特别强调身体的物质性,突出触觉,即物质性的身体接触。[19]彼得斯或许忽略了这种身体观本身其实是一个历史产物,它在16世纪随着"身体如机器"的隐喻而出现,它是身体观念历史光谱中的"自然"那一端的。在光谱的另一端,有些理论家主张"身体是文化话语的第一产物和最重要的产物……如布尔迪厄、福柯以及绝大多数女性主义理论家都承认生物学身体,但认为生物学身体与身体的真实社会甚少存在关联"。这两种观点共享一个前提,假定"自然"与"文化"泾渭分明。[20]当前,这两种身体观都遭遇越来越多的质疑,因为"正如并没有一个物质身体优先于社会身体而存在,也没有一个社会身体优先于其物质对应物而存在"[21]。针对于此,本文抱持这样一种身体观:"身体就这样始终是关系性的。其他许多二律背反也是如此。身体是稳定且固定的还是持续处于流动中的?身体是有界限的还是可以渗透的?它确定是人类还是也能是动物、机器或地点?对这类二律背反的答案是,'是,两者皆然'。"[22]二元分立的身体观来源于西方哲学的历史传统。二元分裂是现代世界的标志,也构成了西方现代性的危机,"总之,标志着现代世界的,是一系列的二元分裂:人与自然、自我与非我、个人与社会、社会与国家、自然的非社会化和社会的非自然化、自然与人文、教化与政治、精神与物质。不仅世界是分裂的,人本身也是分裂的:作为主体(意识)的人和作为客体(肉体)的人、作为认识者的人和作为行动者的人。人的能力也是分裂的:感性与知性、知性与理性、信仰与知识、判断力与想象力、认识与审美、理论与实践、理论理性与实践理性。人的生活也是分裂的:私人生活与公共生活是泾渭分明的两个领域。总之,古代世界观和生活的那种统一的整体性完全消失了。而这种根本分裂的根源,是现代的特产——主体性原则"[23]。因此,无论是自然观的身体论,还是文化观的身体论,都限于"自然-文化"二元论的预设,与现代性的主体观有很大关联,这正是本文讨论传播与身体关系的一个切入点。

如果从关系论的身体观出发,我们可以反转彼得斯的问题。传播与身体的关系,不在于在交流中身体可以在多大程度上缺席,当今的传播实践中,大量的缺席已经发生,而且正在不断涌现新型的在场、缺席方式,而是在于这样的缺席是如何发生的?意味着什么?新型传播实践如何改变了"在场"与"缺席"的含义?一方面,反思传播学为何失去了身体?没有身体的交流主体的传播实践遮蔽了哪些面向的传播意义?另一方面,针对当前的新型传播实践,将身体纳入传播研究的视域中,还应探讨的是:传播与身体是如何互相塑造的?身体如何演化出多种身体形式?身体世界中传播的价值与意义何在?作为交流者的身体如何参与到人与世界的关系中?

本文尝试从存在现象学、技术现象学、媒介学、后人类主义等理论出发,考察作为交流者的身体是如何作为主体进行传播实践的。传播与身体,正在成为传播研究的一个重要面向,涉及内容繁多。本文作为初涉此领域的探索性研究,将主体性作为切入点,是基于以下理由。其一,身体在打破现代性二元对立观中,有着至关重要的作用。许多研究者从不同路径实施这种突破。如,将身体从客体反转为主体;将身体理解为既是客体也是主体,是两者的融合;将身体理解为人与世界的接合点,放弃主客体理论;等等。因此,从主体性角度考察身体,有助于反思传播学承袭已久的现代性理论预设。其二,就当前移动网络时代的传播实践看,新技术对于身体的改变不是表面的、隐喻式的,生物和人工智能技术开始实施技术与人的进一步融合,甚至出现了人造的身体——机器人。信息传播技术与实践正在重造主体,人类历史上出现了新型主体——拥有智能身体的主体。身体形式多元化造成的主体性变化,正在从根本上改变传播与人及世界的关系。其三,从主体性视角考察身体,也正是存在现象学的一个核心观点,即从存在的层面理解身体,所谓"肉体存在论",人类是以身体存在于世界上的。因此从这个视角切入,体现了本文的一个基本出发点:从人类存在层面理解传播。总之,本文尝试从主体存在的层面,探讨身体与传播之关系,特别关注在当前新技术背景下,身体议题对于传播研究范式创新的意义。在当今学术界,身体理论呈现出多种路径,如身体再现理论、身体欲望叙事、身体与性和性别、身体叙事理论、身体政治、医学与身体等等[24],身体正在从各个学术视角被激活。其中现象学的"具身化存在"论,不但是身体理论的当代发端,也是身体研究中最为重要与基础的理论视角。本文尝试从这一理论出发,兼及后现象学的技术思想,以主体性为落脚点,探讨身体研究可以为当前的传播研究提供何种学术资源与理论想象。具体以两条线索展开:一是传播学关键概念"传播""媒介"含义的转变,二是"在场""缺席"意义的演化,在这两条线索的勾连中呈现身体与传播之关系。在柏拉图的古希腊哲学传统中，所谓"媒介"，一直被认为是弥补"缺席"的一种"在场"形式。这个根深蒂固的思想持续地影响着传播学研究，直至当前移动网络时代，扎根于新媒体传播实践的反思开启。

三、理性意识主体与身体-主体：在场与远程在场

传播与身体的关系非比寻常。有学者认为，20世纪后半叶身体日渐成为许多学科的关注点，主要有两个原因：其一，"主要关系到去身体化的文化，它起因于计算机技术，以及远程监控对身体接触的取代"。其二，"把身体径直放在争论的中心，这不是时尚，而是当务之急。——因为科学家、工程师正在对它进行重构和重组"[25]。这两个方面，都和传播有直接的关联。信息传播技术的发展，使得人类的交往有脱离身体的可能性。移动网络与虚拟现实技术以及人工智能技术，以两种殊途同归的方式突出了身体的重要性：移动网络使得人们可以随时随地实现远程在场，"在场"与"身体"史无前例地分离了，虚拟的身体被制造出来，主体在场的方式也彻底更新了；而人工智能，则是以技术与身体的直接融合，创造了新的身体，甚至是与肉身无关的仿真身体。这两种方式极端地凸显了身体的变革，并进一步引发了主体在场方式的颠覆性变化，改变了人与世界的关系。

其实，"去身体化"的趋势早已出现在大众传播中，这正是主流传播学一个未经检视的基本预设。传播学的去身体化预设，可以从"传播""媒介"两个关键词的含义中窥得一斑。依照凯瑞的说法，传递观一直是美国大众传播学的主流观念。所谓传递观，着眼点是信息的跨越空间的远距离扩散[26]，传播者的身体及其依托的物质空间场景，是必须要克服的障碍。信息必须要借助符号才能从传播者到达接受者，这个符号是多种多样的，最重要的符号是语言，当然也包括文字、声音、图像、影像等等。这些符号，被视为媒介。传递观认为媒介一定是离身的，必须外在于身体，才能进行远距离的传递。也正是在这个意义上，主流传播学将大众媒介定义为中介化的传播，以区别于身体在场的面对面传播。如是观，主流传播学在主要立足于大众媒介的传播实践上，将身体视为必须被克服的障碍。作为交流者，无论是传播者还是受众，都只能是脱离了身体的意识主体。

如果在更宏大的学术视野中观察，就可以了然，主流传播学落脚于意识主

体，有很清晰的学术脉络。它根源于现代性的主体观。"在现代性中，人类宣称对他们的世界——唯一对经验开放的世界——拥有主权。在这种情况下，所有外部性的模糊特征，都会持续威胁到建立现代文化所需要的自信。哲学知识凸显即刻出现的意识主体，以此对抗令人沮丧的怀疑。"[27]与主流传播学的学术脉络最为紧密的社会学，"拥有'学'的特质，因而也落入逻格斯的构成秩序中，它是用理性可以理解的社会秩序"[28]。承接着古典社会学理性传统思想的传播学，将交流者确定为理性意识主体，从而完全地失去了身体。这个学术脉络当然不是古典社会学、主流传播学独有的，它来源于西方文化思想传统自苏格拉底、柏拉图、亚里士多德以来灵魂-身体二元论中的心智优于身体说。现代性主体理论的代表者笛卡尔声称"我思故我在"，蕴含着对于一切身体感觉的拒斥。他在《第一哲学沉思录》中主张，"我……就是思考着的那个东西""我的心智……完全地、确定地有别于我的身体，没有身体也可以存在"。我们的身体会使我们趋向非理性的情感与冲动。[29]主流传播学的去身体化趋势，不能仅仅从大众传播征服身体与空间实践的现实中观照，更要看到，这种来源于现代性哲学思想的理性意识主体观，构成了学术脉络层面的深层次原因。

以笛卡尔为代表的理性意识主体观，一直遭遇叔本华、尼采等的持续性抵抗，直至梅洛-庞蒂提出身体-主体观，彻底逆转了西方现代理性哲学的"机械身体论"。延续其后的20世纪后半叶兴起的身体理论，之所以产生了巨大的颠覆性影响，是因为它冲击了自古希腊以来的身心二元论的哲学传统。"自古希腊一直到19世纪，人们是在灵魂（soul）、精神（spirit）、心智（mind）、理性（reason）与身体（body）的二元对立框架中来认识身体的，认为身体是灵魂、精神、心智的附属物，身体是被动的、臣服的。在自古希腊传承而来的逻格斯中心主义（logocentrism）文化中，人们把身体当作物质客体来认识，如何才能更真实地认识对象，与最大限度地发挥理性精神有关，因此认识问题也是有关主体意识的问题，而不是身体的问题。"[30]柏拉图、笛卡尔的机械身体论有如下三个观点：一是身体对外在事物的感觉是不可靠的，人们必须在心灵的指导下，通过对某一事物明白无误的知觉来认识事物。二是身体是器官的组合体，它作为一种物体，具有广延的属性。三是因为人类对真理的认识依靠且必须依靠心灵与理性，所以对人而言心灵与理性才是人生意义的来源，身体在时间的流逝中对知识的积累不会产生任何作用，也就是说身体具有非时间性。[31]这种身心二元论的身体观，体现了古希腊逻格斯观念，即以追寻事物的本质、原因、秩序为核心,并将其以语言清晰地表达出来的思想。[32]

针对机械身体论,梅洛-庞蒂以存在身体论加以反驳,他强调知觉活动中人们对事物的感知是整体性的、关系性的、情境性的,身体是知觉活动的本源。[33]在此基础上进一步指出人的存在是身体化存在,即以身体为基础的在世存在,生存意义来自身体织就的关系网络,时空是这一网络的一种基本表征和称谓。[34]梅洛-庞蒂说:"我们的身体是活生生的意义的扭结,而不是一定数量的共变项的规律。……身体之所以能象征生存,是因为身体实现了生存,是因为身体是生存的现实性。"[35]梅洛-庞蒂的研究者这样概括梅洛-庞蒂的身体-主体:"身体-主体,而非单纯的构成意识,才是人类意义的给予者。一个人总是身体-主体的存在,而永远不能是天上的自由飘渺的先验的自我。"[36]梅洛-庞蒂突出了身体感知相较于意识想象的优先性与不可或缺,"可感世界是由于内在的意义和结构才比思想的世界更'老',因为可感的世界是可见的和可延续的,而思想的世界是不可见的和断裂的,初看起来不能构成一个整体,其真理性必须依靠它者的标准结构"[37]。梅洛-庞蒂将身体视为媒介,"是使不可见之物隐喻式地显现为在场之物的重要媒介,同时身体体验也使神秘的不在场之物得以曲折隐晦地显现。身体作为从可见物到不可见物的桥梁性功能,主要表现在用身体及其感觉体验来同化这个世界,就能把陌生的、异质的、不可见的事物转化成可感觉的、可见的、可理解的,从而在人与世界之间架起桥梁"[38]。概言之,梅洛-庞蒂认为身体即媒介,世界通达到人的媒介。"身体是在世界上存在的媒介物,拥有一个身体,对一个生物来说就是介入一个确定的环境,参与某些计划和继续置身其中。"[39]"梅洛-庞蒂在胡塞尔的主体间性论和海德格尔的存在论的基础上,进一步指出主体间性是身体间性,……人的存在是关系性的身体处境之存在。"[40]从身体-主体的视角出发,我们或可说,媒介是连接人与世界的桥梁,它的核心要义是关系。"人只不过是关系的扭结,关系仅仅对人来说才是重要的。"[41]有学者将身体-主体理论与中国老庄哲学做比较,提出了"身体思维"的概念及情境性、视角性、语境性、有限性、开放性、视域关联性等特点,认为身体是思想的可见形式,所以身体思维就是身体处于思想的行动:这种行动是发生在身体之中,凭身体而行的。

综上不难看到,"机械身体论"的基本预设,在主流传播学领域,不但成为不证自明的理论预设,而且具体体现在传播研究中。主流传播学的主体观主要建立在理性意识主体上,将身体视为与主体性无关的因素,传播被理解为理性意识层面对于话语信息的理解与反应，媒介则是中介，连接主体与客体，或者构成主体间性。媒介是外在于主体的，当然也外在于身体。在理性意识主体主宰下的传播学研究，呈现如下特征：关注信息内容，忽略媒介；将传播剥离出具身关系场景；褒扬理性，拒斥非理性；遮蔽空间、地理元素；将身体肢解为分离的器官，并与不同形态的媒介对接；等等。传播研究的重点聚焦于信息内容在传播者与接受者意识中的传递与影响，抹杀了身体在传播中的许多重大价值。比如主体与情境的关联性；相较于话语，感性、体验、感觉器官的传播力量；身体本身在交流中的能动性与生产性力量；等等。传播活动因此主要地被视为理性精神交往而不是具体的身体实践。如此，传播只能被理解为现代性社会结构中的一个工具化子系统，与人类的根本性存在丧失了关联。理性意识主体脱离肉身的远程在场，是聚焦于信息内容、通过意识的对接来实现的。它既不同于面对面的身体在场，也不同于移动网络时代的虚拟身体的远程在场。相对于主流传播学倚重的意识主体论，身体-主体论申明了身体在场的重要性，指出了大众媒介突出理性意识远程在场作为一种存在方式的危险与弊端。身体-主体论也成为重新理解传播、媒介的重要途径。

身体-主体论对于传播的意义，在彼得斯看来，集中体现为肉身"在场"的极端重要性。"如果我们认为交流是真实思想的结合，那就是低估了身体的神圣。虽然这个时代技术已经可以充分地模拟人体，但身体是否真正在场仍然具有重要意义……对'在场'的追求本身未必会使你更便利地进入对方的心灵，然而它的确可以使你更便利地接触对方的身体。"[42] 由此，彼得斯相信，交流不可能意味着"心连心"，只能是"手拉手"。"亲临而在场恐怕是我们能做到的最接近跨越人与人之间鸿沟的保证。"[43] 这表达了彼得斯对于交流者作为身体-主体必要性的坚持，以及对意识主体缺陷的批判。但彼得斯在此戛然而止，他未能涉及的一个关键问题是，我们是否能够将现代新型媒介的传输简单地视为"缺席"？或者将其视为创造了另一种形式的身体"在场"？换句话说，在新技术导致身体与在场分离的状态下，我们不能以形而上学最古老的"在场""缺席"的定义，来解释新媒体传播造就的新型"在场"和"缺席"的状态。

基特勒（Friedrich Kittler）借助小说家的描绘呈现了留声机让死者"在场"的奇幻景象："挚爱的恋人、亲切的友人还有名人在逝去多年以后，还可以一如既往地对我们发表生动的、热烈的讲话；'蜡筒'将我们带回过去那美好的青春年代——我们能听到无数根本无缘见面的先辈的声音。""留声机录制下来的故去朋友的声音超越了'电影摄影'带来的永生效果：身体不是想象国度里黑白两色的幽灵复制品，而是以真实的声音方式存在。"[44]基特勒通过对留声机、电影、打字机这三种原始媒体的分析，展示了新型媒介技术如何通过对身体感官的分割，创造了新型的在场方式。留声机、电影、打字机将声学、光学和书写分离，而"今天的媒介系统，'急切地寻找出路，将现在被莫名其妙地分割开的不同感官领域连接在一起'"[45]。这种新型在场的方式建立在这样两个前提下：一是新型媒介技术，二是切割身体感官。基特勒指出，自弗洛伊德以来的心理分析学就一直以各种局部客体为研究对象，将它们与躯干分离开来。拉康贡献了两项局部客体：嗓音和凝视，这是媒体时代的心理分析，因为只有电影可以复原脱离身体的凝视，只有电话可以传送脱离身体的嗓音。[46]大众传播随着传播技术进行着持续的媒介形态的更迭，每一次传播技术的发明，都是对人类身体实施的分割与重组的复杂过程，"媒介技术的分工又为各种媒介之间的合作提供了机会。在光学、声学和文字的存储量得以分离、实现了机械化并得到广泛运用之后，它们各具特色的数据流又可以重新聚合"[47]。在这个过程中，"所谓的'人'分裂成生理结构和信息技术"[48]。

新型媒介技术造就的新型在场方式，与意识主体、身体-主体的在场既有联系又有不同。一方面，它的器官分割法与笛卡尔机械身体观的"无身体的器官"有类似之处，人体各种器官失去了和身体的整体性关联，身体只不过是器官的集合体，身体的本源性、整体性、生产性的特质被抹杀了，传播与存在的关系改变了。另一方面，它又与身体-主体突出的身体性在场有一定关联，只不过这种在场是一种肉身的虚拟性在场，被机器捕获的声音、影像创造了一种崭新的远程在场方式，这种方式并没有消灭肉身在场，而是与肉身在场相融合，开启了人类存在方式的新时代。

基特勒借用里尔克（Rainer Maria Rilke）的话说，"分割感官体验的'深渊'非常宽阔，将我们面前的大部分世界都卷走吞噬了"[49]。新型远程在场方式的出现，使得意识主体与身体-主体都遭遇了前所未有的危机。新传播技术正在将被传统大众媒体切割的身体重新拼贴组装，制造出千奇百怪的身体，这种虚拟身体正在创造多元化的在场方式。

四、赛博人：智能主体的虚拟远程在场

身体在新媒体时代被复制了，人类突然拥有了多个身体，身体形式呈现多

元化状态。彼得斯所说的"'不可复制性'被视为'人之为人'的依据"[50],遭遇巨大挑战。海勒(Katherine Hayles)说,人类有两个身体,"表现的身体以血肉之躯出现在电脑屏幕的一侧,再现的身体则通过语言和符号学的标记在电子环境中产生"[51]。人类主体遭遇的挑战是,表现的主体与再现的主体的重叠不再是一种自然的不可避免的事情,相反,成为一种视具体情况而定的产物,也就说,可能重叠,也可能分开。这是因为技术介入其中了,"再现的身体与表现的身体通过不断灵活变化的机器界面结合起来"[52]。一旦身体的边界被突破,"在场"与"缺席"的问题就突然失去了原来的意义。所谓的"在场""缺席"探讨的是身体"有"还是"无",但是经由技术的"化身""可以说在也可以说不在"[53]。信息论者香农和维纳提出,"信息不同于信息的载体,是一种独立实体[54],"信号作为一种抽象实体,与作为其载体的电流并不是一回事"[55]。沿着这个思路,加之智能机器的出现,有学者认为,"人类的身份(人格)在本质上是一种信息形式,而不是一种实体化的规定与表现"。因为机器可以成为人类意识的储存器。[56]在此种状况下,人类的肉身意味着什么?肉身还是判定"在场"与"缺席"的基本要素吗?

当传播主体由生物人转为赛博人[57],赛博空间成为人类新型空间时,"在场"与"缺席"的内涵发生了颠覆性的改变。更进一步的问题是,"在场"之于存在的价值也正在不断丧失。"置身计算机模拟的非物质空间,网络空间定义了新的表现体制,在这个体制中,模式才是根本现实,而在场只是视错觉。"由此,出现了"从在场和缺席到模式和随机的转变"[58]。当然,后人类主义者也承认,在这个转变中,在场体制和模式体制可能形成互补性而非对立性的关系[59],这也就是说,赛博人的存在不可能完全脱离人的生物性形式。但不可否认的是,形而上学确立的在场与缺席的存在体制,正在遭遇人工智能时代的模式与随机的存在体制的挑战与冲击。

基于当前的虚拟和远距离技术,罗泽认为,人类至少拥有三个身体。人可以"处在"三个不同的空间里:一是处在自己的血肉之躯的中心;二是处在虚拟的、人们通过机器眼和机器声的屏幕看到的空间;三是处在另一个仍然"真实"的、机器人占据中心的空间。[60]这是在当前虚拟技术以及人工智能背景下,人类的身体发生的又一次革命。虚拟技术造就了新型主体——智能身体。这个主体是生物性身体与技术的互嵌,它最大的特征是突破了人与机器的边界,整合了肉体与技术的双重逻辑,即赛博人。[61]赛博人作为主体的传播实践,创造了与意识主体、身体-主体完全不同的在场状态。它的首要前提是"化身"的出现，技术可以创造虚拟身体并且把它与人类的肉身之躯分离开来，实体身体观被打破了。而且化身形态各异，可以在同一个时间出现在不同的空间里，也可以在同一个空间中获得时间性的延续。拥有智能身体的赛博人创造了三种在场的基本状态：携带自己的肉身、离开自己的肉身、进入其他的身体（肉身或仿真身体）。虚拟身体可以通过各种技术方式模拟、创造各种身体的感官，如视觉、触觉、听觉等，以营造身体在场的"真实"感觉。虚拟技术的研究者认为，这与一般性的传统图像式媒介完全不同。以电影为例，"它虽然能使一台看不见的摄影机始终带领着观众的视角，但人们只能看到那些恰好作为场景提供给他的东西。……在这些老旧的视听技术那里，缺乏的主要是以自己为中心的视角，即缺乏自我构成三维场景的可能性，这就是说，不能直接将摄影机与眼睛、麦克风与耳朵耦合为一体。而即使做到了这一点，如果人们在场景中不能活动，不能行动，无可触摸，感觉不到质地，人们也还只是观察者，不能加入其中。因此人们不仅要携带感官，还要携带身体"。这种传统媒体依赖的是表象的实在论，需要想象才能短暂地获得真实感。[62]而虚拟现实技术与传统大众媒介技术有着根本性的差异，即，身体与技术的耦合。当前的移动网络、虚拟现实、人工智能技术制造了身体与技术的耦合。也就是说，大众媒介时代的在场，不涉及"化身"，它只是凭借视觉加想象营造的沉浸感。而虚拟身体在虚拟世界的在场，更多地依赖交互作用。交互作用制造一种身体感觉器官的感受，以此实现了虚拟身体的在场。智能身体的赛博人作为主体，使得在场的状态突然变得复杂而诡异了，"虚拟实在"这样的概念的出现及其映射的现实，使得形而上学传统中的"在场""媒介""再现""真实""实在"等概念都必得重写。

智能身体的传播实践将主体（无论是意识主体还是身体主体）卷入一个重新定义和建构的过程。尽管主体性的消解不是自新技术肇始，它早就是后现代的一个核心命题，后现代思想中包含明显的技术因素，但赛博人的主体性却有着鲜明的当下特征，它与移动网络时代的虚拟、仿真、人工智能技术密切关联。在此本文试图用"身体实践"这样一个概念来描绘赛博人的主体性构成，也就是说，赛博人的智能主体，不同于集中于理性心智的主体性，也区别于以生物性形式为基础的身体主体的主体性，它是技术具身化的主体，主体性是在身体实践中得以构成、获得体现的。论及身体实践，必然要涉及实践这个概念。一般而言，实践是在与理论的参照中获得自身独特意义的，"在定义理论与实践的关系上，存在着两种主要的策略：一种是实践优于理论，一种是理论优于实践。这并非是仅有的两种途径，但可以认为它们是最为持久并且很难避免的选择，它们已经引起了公认的、并且在某种程度上是意识形态与哲学的自觉传统"[63]。当然这个较为宏观和普遍的参照，还不足以解释赛博人的身体实践。每一个概念的使用都是为了解决一个特定的问题，就此而言，实践的意义可以在结构-行动的参照中突出行动的意义，也可以在言说与经验中突出经验的价值，还可以在抽象规则与具体实施中突出实施的方面，等等。在传播学研究中，我们非常熟悉的一个概念是"话语实践"，也就是将媒介的力量主要理解为话语的，媒介的行动因此被落实到"话语的"层面，此为媒介的行动力量——话语实践，表明话语也是一种行动。本文尝试借助"身体实践"，是针对传播学研究中的"话语实践"，以突出赛博人的传播不能仅仅从话语层面理解，必须要打破传播学研究集中于媒介话语的惯常思维。移动媒体、虚拟仿真技术，也迫使传播研究不能仅仅局限于话语实践，必须转向身体实践，也就是涉及位置、空间、时间、感觉等这些与身体有关的因素。从某个角度说，或许"身体实践"这个概念是一个同义反复的词，因为"研究实践的理论家的一个核心观点是设想实践是具身的、是以物质为中介的各种系列的人类活动"[64]。本文之所以要画蛇添足地在"实践"前面再冠以"身体"，是为了与传播学研究所理解的实践常常指向话语行动的倾向，形成一个参照，以突出身体维度对于传播的重要意义。

移动网络时代的新媒体传播充分体现了身体实践的特点及其重要性。在技术现象学的视野中，具身关系是一个关键概念。技术现象学的代表人物伊德认为，"后期的胡塞尔、海德格尔和梅洛-庞蒂都将实践作为基础。在实践中，具身是我们参与环境或'世界'的方式，尽管我们没有明确地认识到这一点。很多这样的活动都包含了对人工物或技术的应用"[65]。所谓技术具身，意味着技术已经融入我们的身体经验，它不能被理解为外在于身体的工具。当前的新传播技术的鲜明特点就是，技术越来越透明化，越来越深地嵌入人类的身体，越来越全方位地融入我们的身体经验。全方位，意味着这种渗透不仅仅是建构一个宏观框架，比如时钟规约了我们的现代社会，而是特别强调移动虚拟仿真技术是时时刻刻体现在日常生活的身体经验中的，是对于人类时空的全面嵌入。

以实践理论非常关注的"意会知识"为例，这个概念表达了两层意思："对一种实践的把握不能从书本或者其他没有活力的资源中获得"，并且"常常只能，虽然不是始终，通过与涉入这一实践中的文化成员之间的连续的社会作用而获得"。[66]在这两个层面,新传播技术都更加深刻地呈现出身体与实践的内在关联,传播必得突破话语实践的范畴。思考意会知识有三种途径:其一,运动技巧的隐喻。这主要表明,意会性对操作性技巧是必不可少的,意会知识应用于"认知能力"。[67]就传播而言,读报、听广播、看电视,都与骑自行车这样的身体实践有明显的不同。尽管这些传统媒体的实践并不可能完全清除和身体的关联,但与此相比,新媒体传播在身体卷入、运动技巧的层面有着非常突出的特点,那就是,新技术传播大量依赖全身性的运动,手指、眼睛、身体的姿态以及运动的方式等等,都在使用移动终端的时刻牵扯在一起。至于定位系统的使用,更是直接将线上信息和线下的身体移动系统地、即时地捆绑在一起。其二,规则回归模式。沿着维特根斯坦"规则本身并不包含能决定其自身应用的规则"的思想,实践论者表明,一个规则的应用高度依赖情境。比如,实验技巧不可能以"一种公式化的术语进行传授"[68]。新传播技术包含即时、强烈的互动场景,交互作用是关键,传播实践的规则与身体实践密切关联。其三,生活形式的途径。获得知识的唯一途径就是沉浸到相关社会群体中,"要从在我们所涉身的社会群体的历史中去寻找"[69]。媒介文本意义的实现必须要返回日常生活实践中。因此讨论意会知识的实践论者倾向于将实践定义为"一种被把握的活动的那些非语言的条件。'一种实践',我将指一种活动,它要求其真正的参与者去把握那种意会的东西以实施这种活动"[70]。总而言之,新媒体传播是依赖高度身体卷入的"即兴表演",是一种高度依赖意会知识的身体实践。如果我们仅仅用话语甚至是文本话语作为传播研究的基础,就遮蔽了新媒体传播的身体实践的重要意义。传播学研究缺乏身体实践的路径,由来已久。这个偏向使得传播学在解读相关理论时,常常会无意间忽视身体的维度。比如,布迪厄(也常译作布尔迪厄)的场域理论常常被传播学研究拿来分析新闻场域的传播实践,但这个理论的一个根本出发点却常常被忽视。布迪厄在《实践感》一书中,从实践的角度强调身体对于世界的构成性作用。[71]"实践信念不是一种'心理状态',更不是对制度化教理和信条大全('信仰')的由精神自由决定的信从。而是——如果可以这样表述的话——一种身体状态。"[72]实践感,是世界的准身体意图,但它绝不意味着身体和世界的表象,更不是身体和世界的关系,而是世界的内在性,世界由此出发,将其紧迫性强加于我们。[73]布迪厄是在这种身体观、这种实践与身体的关系基础上,展开他的场域和习性的论述的。但我们在运用场域理论时,常常抹杀了传播作为一种实践的身体感,忽视了传播实践是一种身体状态。

新媒体传播越来越强大的技术具身趋势，改变了身体-主体存在论的"在场""缺席"的基本含义，创造了人类社会崭新的"在场"——虚拟远程在场。维利里奥（Paul Virilio）指出，这是电子传输技术通过改变时空观达成的。"这就是真实时间的远程技术学所实现的东西：它们由于将'当前'时间与它的此地此刻相孤立而杀死了它，为的是一个可换的别处，而这个别处已不再是我们在世界上的'具体在场'的别处，而是一种'谨慎的远距离在场'的别处，而这谨慎的远距离在场的谜一直未被解开。"[74]有学者将维利里奥的这个观点概括为，"远程登录杀死了在场"[75]，因为"海德格尔的存在论中，在场总是此在当下的在此，在及物的关涉操持中，我们上手事物，自然通过向我们涌现而解蔽为真理，功能性的上手操持结构之链接则环顾为周围的世界。然而，今天的网络信息化远程登录的即时在场却总是在远程他处，它破坏了在场的在此性。……这种远距离在场不仅仅杀死了当下在场本身，而且直接解构了此在之在和去在的上手之场所，它之所以是谜，是因为它破坏了马克思-胡塞尔-海德格尔辛辛苦苦建构起来的历史时间中有死者在场的存在论"[76]。维利里奥出色地描绘了移动互联网以及虚拟现实技术，这些新技术加剧了技术具身化的趋势，使得身体-主体存在论的在场彻底地崩溃了。这个新型虚拟远程在场，并不局限于电视的视觉感，而是整个身体各种感觉器官的卷入。更进一步地，不但虚拟远程在场有着即刻的大量互动，而且在场与远程在场也同时性地交融在一起。维利里奥这样概括这种状况："不管人们是否愿意，现在，对于我们每一个人，都存在着世界再现的、也就是世界的真实性的两重性。这是主动性与互动性之间，在场与远程在场之间，存在与远程存在的两重性。"[77]

移动网络及虚拟技术带来的"在场""缺席"的颠覆性变化，撼动了形而上学的基础，因此，在我们思考传播含义的改变的同时，媒介也突然直抵柏拉图的形而上学哲学观。有许多新媒体的研究者指出新媒体通过改变时空感，再造了在场、缺席的方式，从而触碰了形而上学的核心命题。在提出"地理媒介"的麦奎尔（Scott McQuire）看来，"媒介历史"就是不断重构"在场"复杂场景的过程。形而上学关注"在场"的重要性，媒介被理解为"仅是对真实的再现"，或中立地对在场的"传输手段"，对抗"缺席"的利器，等等，都是形而上学哲学观的体现。移动网络时代造就的地理媒介，彻底打破了在场与缺席相互对立的形而上学观念。现代媒体从电话电视一直到数字技术支持的远程在场成了追求"此刻当下"的主要工具。重新理解数字技术，要求我们将日常生活的中介化视为探索"在场性"形而上学所蕴含的各种悖论的"门径"。据此，麦奎尔认为，地理媒介创造的在场与远程在场的融合方式，使我们或可认识并发展出新的交流实践：新的社会偶遇形式、与他者新的关系，以及与千里之外或近在咫尺的他者和谐共处的方式。[78]这就意味着，移动网络时代的地理媒介，将在场、远程在场、虚拟远程在场加以融合，创造了更加多元的在场和缺席状态。与此同时，也打破了媒介是对真实的再现、是在场的传输手段、是对抗缺席的利器等等形而上学主导下的主流传播学论断。因为媒介就是在场本身，媒介构成了多样化的在场与多重现实。

五、结语：身体世界中的传播

梅洛-庞蒂的"肉身本体论"这样看待身体与世界的关系："身体本质上即为媒介……即身体作为介质，既是世界的中心，又是其显现的载体，而从此应该被称为肉身（chair），以揭示它与世界这一原初处境共为一体的这一层意义。"[79]因此，存在即是身体化的存在，世界即是身体的世界。从存在论的维度思考传播，传播就是要回应这样的问题：世界是如何通达到人的？世界怎样才能为人类所经验和感知呢？已经有很多人做出了各种各样的回答，比如：米德说，是符号，特别是语言这种符号。[80]梅洛-庞蒂说，是身体。梅洛-庞蒂讨论语言和世界的关系时这样写道："语言是一个内部世界，但这个内部世界不是自我封闭和自我意识的思维。如果语言不表达思想，应该表达什么？它表达主体在意义世界中采取的立场，更确切地说，语言是这种立场本身。在此，'世界'一词不是一种说法；而是意味着'精神的'或文化的生活从自然的生活中获得了其结构，意味着有思维能力的主体必须建立在具体化的主体之上。"[81]由此看，梅洛-庞蒂的语言是被身体包裹的，意识主体（有思维能力的主体）不可能脱离身体-主体（具体化的主体）。任何用于通达人与世界的符号，都不得不为身体所涵盖，身体元素始终伴随着各种符号。如果我们把技术因素放置到这个身体世界中，后现象学的技术思想认为，"每一种人与技术的关系，都是一种内在关系存在论的模式。这种类型的存在论带有一系列的含义，包括暗示了存在着一种人和技术的共同构造。技术转化了我们对世界的经验、我们的知觉和我们对世界的解释，而反过来，我们在这一过程中也被转化了"[82]。技术正在不断地侵入身体世界，正在持续地塑造新型身体。

如果将传媒性理解为实在性的可通达性[83]，我们可以简略地将存在论视角中传播的途径（也就是实现可通达性的方式）概括为两种：意会和言传。彼得斯强调的身体在场的极端重要性，即是说，意会不能为言传所替代。正如上述实践理论所说的意会知识的意会，是包含了身体以及物质场景元素的。只要对主流传播学研究有基本了解，就可发现一个明显的事实：传播学研究多关注言传而忽略意会，而且遮蔽了言传与意会的不可分割之关联，经常性地将言传剥离出身体的情境。当前的新媒体实践迫使我们将存在论视角中传播的两种路径重新整合，传播与媒介、在场与缺席，或可在这个视域中得到重新审视。所谓在场或缺席，就是人现身或脱离于现实与虚拟杂糅的关系网络中，而传播就是编织关系网络的身体实践。物理的、信息的、意义的多重网络通过传播聚焦于智能身体这个节点主体上。媒介不是撇开了身体、外在于主体的工具，而是与身体互相构成，融为一体。智能主体是通过传播的具身化实践得以建构的。传播研究必须回归身体世界，或者说重新放置到智能主体的世界中，才能重建传播与人类存在的根本性关联。

（原载于《国际新闻界》2018年第12期）

引用文献 [References]

[1] 罗泽. 第二个和第三个身体，或者：成为一只蝙蝠或住在另一个星球上会是什么情景？[A]//克莱默尔. 传媒、计算机、实在性 [M]. 孙和平，译. 北京：中国社会科学出版社，1998/2008.

[2] 伊格尔顿. 后现代主义的幻象 [M]. 华明，译. 北京：商务印书馆，1997/2014.

[3] 彼得斯. 对空言说：传播的观念史 [M]. 邓建国，译. 上海：上海译文出版社，1999/2017.

[4] 希林. 身体与社会理论 [M]. 李康，译. 北京：北京大学出版社，1993/2010.

[5] 王晓华. 身体话语重建与"理论之后"的理论研究：伊格尔顿与西方文论的重要转向 [J]. 南国学术，2018（6）：78-86.

[6] 伊格尔顿. 审美意识形态 [M]. 王杰，傅德根，麦永雄，译. 桂林：广西师范大学出版社，1990/2001.

[7] 罗布，哈里斯. 历史上的身体：从旧石器时代到未来的欧洲 [M]. 吴莉苇，译. 上海：格致出版社/上海人民出版社，2013/2016.

[8] 宁晓萌. 表达与存在：梅洛-庞蒂现象学研究 [M]. 北京：北京大学出版社，2013.

[9] 宁晓萌. 表达与存在：梅洛-庞蒂现象学研究 [M]. 北京：北京大学出版社，2013.

[10] 梅洛-庞蒂. 知觉现象学 [M]. 姜志辉, 译. 北京: 商务印书馆, 1945/2001.

[11] CRAIG R T. Communication theory as a field [J]. Communication Theory, 1999 (2): 119-161.

[12] 伊德. 让事物"说话": 后现象学与技术科学 [M]. 韩连庆, 译. 北京: 北京大学出版社, 2004/2008.

[13] 伊德. 让事物"说话": 后现象学与技术科学 [M]. 韩连庆, 译. 北京: 北京大学出版社, 2004/2008.

[14] 伊德. 让事物"说话": 后现象学与技术科学 [M]. 韩连庆, 译. 北京: 北京大学出版社, 2004/2008.

[15] 罗布, 哈里斯. 历史上的身体: 从旧石器时代到未来的欧洲 [M]. 吴莉苇, 译. 上海: 格致出版社/上海人民出版社, 2013/2016.

[16] 海勒. 我们何以成为后人类: 文学、信息科学和控制论中的虚拟身体 [M]. 刘宇清, 译. 北京: 北京大学出版社, 1999/2017.

[17] 刘海龙. 传播中的身体问题与传播研究的未来 [J]. 国际新闻界, 2018 (2): 37-46.

[18] 罗布, 哈里斯. 历史上的身体: 从旧石器时代到未来的欧洲 [M]. 吴莉苇, 译. 上海: 格致出版社/上海人民出版社, 2013/2016.

[19] 罗布, 哈里斯. 历史上的身体: 从旧石器时代到未来的欧洲 [M]. 吴莉苇, 译. 上海: 格致出版社/上海人民出版社, 2013/2016.

[20] 罗布, 哈里斯. 历史上的身体: 从旧石器时代到未来的欧洲 [M]. 吴莉苇, 译. 上海: 格致出版社/上海人民出版社, 2013/2016.

[21] 罗布, 哈里斯. 历史上的身体: 从旧石器时代到未来的欧洲 [M]. 吴莉苇, 译. 上海: 格致出版社/上海人民出版社, 2013/2016.

[22] 罗布, 哈里斯. 历史上的身体: 从旧石器时代到未来的欧洲 [M]. 吴莉苇, 译. 上海: 格致出版社/上海人民出版社, 2013/2016.

[23] 张汝伦. 西方现代性与哲学的危机 [J]. 中国社会科学, 2018 (5): 23-42; 204.

[24] 欧阳灿灿. 当代欧美身体研究批评 [M]. 北京: 中国社会科学出版社, 2015.

[25] 卡瓦拉罗. 文化理论关键词 [M]. 张卫东, 张生, 赵顺宏, 译. 南京: 江苏人民出版社, 2001/2013.

[26] 凯瑞. 作为文化的传播 [M]. 修订版. 丁未, 译. 北京: 中国人民大学出版社, 1992/2019.

[27] 弗格森. 现象学社会学 [M]. 刘聪慧, 郭之天, 张琦, 译. 北京: 北京大学出版社, 2006/2010.

[28] 弗格森. 现象学社会学 [M]. 刘聪慧, 郭之天, 张琦, 译. 北京: 北京大学出版

社，2006/2010.

［29］希林.身体与社会理论［M］.李康，译.北京：北京大学出版社，1993/2010.
［30］欧阳灿灿.当代欧美身体研究批评［M］.北京：中国社会科学出版社，2015.
［31］欧阳灿灿.当代欧美身体研究批评［M］.北京：中国社会科学出版社，2015.
［32］欧阳灿灿.当代欧美身体研究批评［M］.北京：中国社会科学出版社，2015.
［33］欧阳灿灿.当代欧美身体研究批评［M］.北京：中国社会科学出版社，2015.
［34］欧阳灿灿.当代欧美身体研究批评［M］.北京：中国社会科学出版社，2015.
［35］梅洛-庞蒂.知觉现象学［M］.姜志辉，译.北京：商务印书馆，1945/2001.
［36］普里莫兹克.梅洛-庞蒂［M］.关群德，译.北京：中华书局，2014.
［37］梅洛-庞蒂.可见的与不可见的［M］.罗国祥，译.北京：商务印书馆，1979/2008.
［38］欧阳灿灿.当代欧美身体研究批评［M］.北京：中国社会科学出版社，2015.
［39］梅洛-庞蒂.知觉现象学［M］.姜志辉，译.北京：商务印书馆，1945/2001.
［40］梅洛-庞蒂.知觉现象学［M］.姜志辉，译.北京：商务印书馆，1945/2001.
［41］吴光明.庄子的身体思维［A］//杨儒宾.中国古代思想中的气论及身体观［M］.蔡丽玲，译.台北：巨流图书公司，1993.
［42］彼得斯.对空言说：传播的观念史［M］.邓建国，译.上海：上海译文出版社，1999/2017.
［43］彼得斯.对空言说：传播的观念史［M］.邓建国，译.上海：上海译文出版社，1999/2017.
［44］基特勒.留声机 电影 打字机［M］.邢春丽，译.上海：复旦大学出版社，1986/2017.
［45］基特勒.留声机 电影 打字机［M］.邢春丽，译.上海：复旦大学出版社，1986/2017.
［46］基特勒.留声机 电影 打字机［M］.邢春丽，译.上海：复旦大学出版社，1986/2017.
［47］基特勒.留声机 电影 打字机［M］.邢春丽，译.上海：复旦大学出版社，1986/2017.
［48］基特勒.留声机 电影 打字机［M］.邢春丽，译.上海：复旦大学出版社，1986/2017.
［49］基特勒.留声机 电影 打字机［M］.邢春丽，译.上海：复旦大学出版社，1986/2017.
［50］彼得斯.对空言说：传播的观念史［M］.邓建国，译.上海：上海译文出版社，1999/2017.

[51] 海勒. 我们何以成为后人类：文学、信息科学和控制论中的虚拟身体 [M]. 刘宇清，译. 北京：北京大学出版社，1999/2017.

[52] 海勒. 我们何以成为后人类：文学、信息科学和控制论中的虚拟身体 [M]. 刘宇清，译. 北京：北京大学出版社，1999/2017.

[53] 海勒. 我们何以成为后人类：文学、信息科学和控制论中的虚拟身体 [M]. 刘宇清，译. 北京：北京大学出版社，1999/2017.

[54] 海勒. 我们何以成为后人类：文学、信息科学和控制论中的虚拟身体 [M]. 刘宇清，译. 北京：北京大学出版社，1999/2017.

[55] 格雷克. 信息简史：一部历史，一个理论，一股洪流 [M]. 高博，译. 北京：人民邮电出版社，2011/2013.

[56] 海勒. 我们何以成为后人类：文学、信息科学和控制论中的虚拟身体 [M]. 刘宇清，译. 北京：北京大学出版社，1999/2017.

[57] 孙玮. 赛博人：后人类时代的媒介融合 [J]. 新闻记者，2018 (6)：4-11.

[58] 海勒. 我们何以成为后人类：文学、信息科学和控制论中的虚拟身体 [M]. 刘宇清，译. 北京：北京大学出版社，1999/2017.

[59] 海勒. 我们何以成为后人类：文学、信息科学和控制论中的虚拟身体 [M]. 刘宇清，译. 北京：北京大学出版社，1999/2017.

[60] 罗泽. 第二个和第三个身体，或者：成为一只蝙蝠或住在另一个星球上会是什么情景？[A]//克莱默尔. 传媒、计算机、实在性 [M]. 孙和平，译. 北京：中国社会科学出版社，1998/2008.

[61] 孙玮. 赛博人：后人类时代的媒介融合 [J]. 新闻记者，2018 (6)：4-11.

[62] 罗泽. 第二个和第三个身体，或者：成为一只蝙蝠或住在另一个星球上会是什么情景？[A]//克莱默尔. 传媒、计算机、实在性 [M]. 孙和平，译. 北京：中国社会科学出版社，1998/2008.

[63] 布鲁尔. 维特根斯坦与实践的优位性 [A]//夏兹金，赛蒂纳，萨维尼. 当代理论的实践转向 [M]. 柯文，石诚，译. 苏州：苏州大学出版社，2001/2010.

[64] 特勒. 抛弃意会规则手册：学习与实践 [A]//夏兹金，赛蒂纳，萨维尼. 当代理论的实践转向 [M]. 柯文，石诚，译. 苏州：苏州大学出版社，2001/2010.

[65] 伊德. 让事物"说话"：后现象学与技术科学 [M]. 韩连庆，译. 北京：北京大学出版社，2004/2008.

[66] 柯林斯. 什么是意会知识 [A]//夏兹金，赛蒂纳，萨维尼. 当代理论的实践转向 [M]. 柯文，石诚，译. 苏州：苏州大学出版社，2001/2010.

[67] 柯林斯. 什么是意会知识 [A]//夏兹金，赛蒂纳，萨维尼. 当代理论的实践转向 [M]. 柯文，石诚，译. 苏州：苏州大学出版社，2001/2010.

[68] 柯林斯. 什么是意会知识 [A]//夏兹金, 赛蒂纳, 萨维尼. 当代理论的实践转向 [M]. 柯文, 石诚, 译. 苏州: 苏州大学出版社, 2001/2010.

[69] 柯林斯. 什么是意会知识 [A]//夏兹金, 赛蒂纳, 萨维尼. 当代理论的实践转向 [M]. 柯文, 石诚, 译. 苏州: 苏州大学出版社, 2001/2010.

[70] 特勒. 抛弃意会规则手册: 学习与实践 [A]//夏兹金, 赛蒂纳, 萨维尼. 当代理论的实践转向 [M]. 柯文, 石诚, 译. 苏州: 苏州大学出版社, 2001/2010.

[71] 布迪厄. 实践感 [M]. 蒋梓骅, 译. 南京: 译林出版社, 1980/2003.

[72] 布迪厄. 实践感 [M]. 蒋梓骅, 译. 南京: 译林出版社, 1980/2003.

[73] 布迪厄. 实践感 [M]. 蒋梓骅, 译. 南京: 译林出版社, 1980/2003.

[74] 维利里奥. 解放的速度 [M]. 陆元昶, 译. 南京: 江苏人民出版社, 1995/2003.

[75] 张一兵. 远托邦: 远程登录杀死了在场: 维利里奥的《解放的速度》解读 [J]. 学术月刊, 2018 (6): 5-14.

[76] 张一兵. 远托邦: 远程登录杀死了在场: 维利里奥的《解放的速度》解读 [J]. 学术月刊, 2018 (6): 5-14.

[77] 维利里奥. 解放的速度 [M]. 陆元昶, 译. 南京: 江苏人民出版社, 1995/2004.

[78] MCQUIRE S. Geomedia: networked cities and the future of public space [M]. Cambridge: Polity press, 2016.

[79] 埃洛阿. 感性的抵抗: 梅洛-庞蒂对透明性的批判 [M]. 曲晓蕊, 译. 福州: 福建教育出版社, 2008/2016.

[80] 米德. 心灵、自我与社会 [M]. 赵月瑟, 译. 上海: 上海译文出版社, 1934/2005.

[81] 梅洛-庞蒂. 知觉现象学 [M]. 姜志辉, 译. 北京: 商务印书馆, 1945/2001.

[82] 伊德. 让事物"说话": 后现象学与技术科学 [M]. 韩连庆, 译. 北京: 北京大学出版社, 2004/2008.

[83] 赛尔. 传媒的实在和实在的传媒 [A]//克莱默尔. 传媒、计算机、实在性 [M]. 孙和平, 译. 北京: 中国社会科学出版社, 1988/2008.

从"零"到一：
中国传播思想史书写的回顾和展望[*]

■ 吴予敏

年近岁末，再次登临厦门岛，依旧是环海澄碧，棕榈婆娑。回想1993年5月，第一次来到厦门大学，应邀参加"首届海峡两岸中国传统文化中传的探索座谈会"的情形，难免让人思绪翩翩。那时，我还是深圳大学中国文化与传播系的一个年轻的教师，意外收到厦门大学新闻传播系的邀请，感觉是相当陌生而新奇的。在此之前，我和海内外的新闻传播学界没有什么学术交往，对于邀请方更是一无所知。来到这里才发现，原来是由创建传播学科的施拉姆教授（Wilbur Schramm）亲随弟子香港中文大学新闻传播学科的掌门人余也鲁先生倡导并主持的高端学术会议。应邀参加会议的有台湾新闻教育界创办人之一的徐佳士先生、台湾"中央研究院"的近代史家张玉法先生、香港中文大学文化人类学家乔健先生，大陆方面的有中国社会科学院新闻研究所所长孙旭培先生、南京大学民俗学家高国藩先生、复旦大学经济思想史家叶世昌先生、厦门大学隋唐五代史家郑学檬先生等各学科的著名学者以及其他中青年学者，可谓"老中青三结合"的跨学科研讨。和一般学术会议不同的是，这是一次学术纪律非常严格的会议，与会者必须在会前提交精心写作的论文，会期长达五天。每篇论文均有专门报告时间，并且提前安排有专人阅评，继而是知无不言、言无不尽的热烈讨论，从早至晚。记得对我的论文进行阅评的是孙旭培先生，谬承奖掖，令人汗颜。会后，各位作者对论文进行修订，由厦门大学出版社于次年出版了名为《从零开始》的论文集。

回忆这番经历作为一个引题，我们来回顾一下中国传播思想史的研究，并

---

[*] 2017年11月18日，作者在厦门大学举办的"中国新闻史学会中国新闻传播思想史研究会年会"上做了发言，本文系在此发言的基础上整理而成。

对其未来的发展做一点展望吧。

一、从"零"开始的初衷

我还记得,五天紧张而热烈的会议即将结束之时,余也鲁先生代表座谈会的组织委员会做了一个总结,他说:"如果要给我这个总结报告加个题目的话,只有四个字:'从零开始',因此今天不是结束,而是一次较大规模的探险的开始。让我们勇敢地跨出第一步。"[1]"从零开始",这四个字是斩钉截铁、分外鲜明的,让我为之一震。"从零开始",这是什么含义呢?是说在此之前,关于中国传统文化中的传播问题的探讨都是一片空白吗?我当时的感觉是既有振奋,也有些诧异的。或许我当时的视野是狭窄的。我1988年已经在国际文化出版公司出版了一本小册子《无形的网络:从传播学角度看中国传统文化》,1991年台湾云龙出版社又出版了竖排繁体版。这本书在会议上没有人提到,显然是没有人看到过。所以,海内外学者们的印象好像是,在厦门会议之前,大陆关于中国传统文化中的传播问题的探索是一个"零"的存在?这诧异当时只是在我心头一过而已。

徐佳士先生在这次会议上做了《简略检视台湾学界传播研究中国化的努力》的报告。他历数了从1967年起,朱传誉、赖东临、吴东权、关绍箕等19位学者的论著,特别是对关绍箕先生的贡献做了强调。他归纳出这些著作触及传播史、传播观念、一般传播理论、人际传播、非语言传播、口语传播、政治传播、传播伦理等八个类别。他的报告表明,台湾学者"已开始步出纯然接纳西方成果的阶段,很多在台湾所做的研究固然大致上仍旧是西方同类研究的复制,但是真正本土化的探讨已越来越多"。同时,他也承认"从事这一学术工程的人士似乎还是相当稀少,而且局限在大学新闻与传播科系。研究生的硕士论文占了研究成果的极大部分。跨学门的努力似乎尚未出现"[2]。

那么,所谓"从零开始"的含义,是余也鲁先生在总结里面所说的,"这次座谈会应该是现代中国首次跨学科的、比较有系统的有关传学的讨论"[3]。看来这个"零"是由三个尺度来界定的:传播学中国化、跨学科、有系统。作为这次会议之后的部署,是除了出版会议论文集以外,又委托孙旭培主编概论性的著作《华夏传播论》①,通过中国社会科学院新闻研究所主办的《新闻与传播研

---

① 孙旭培.华夏传播论.北京:人民出版社,1997.

究》期刊向海峡两岸招标征集作者。我错过了这次征集。这本书出版以后，孙先生赠送了我一本。事实上参与这本书写作的，除方鹏程和关绍箕两位并未参加厦门会议的台湾学者外，其他都是大陆学者。孙旭培本想邀请余也鲁和徐佳士先生来写序言的，但他们执意谦让了。

现如今一个当红的词叫"不忘初心"，说的是人们走着走着难免忘记了出发点，就容易走偏方向，需要时不时地往回看，从最初的出发点来矫正脚下的路。所以，"从零出发"可以有另一个含义，就是让我们再回到原点。

1993年的厦门会议期间，余也鲁先生专门约我到他的房间做过一次深谈。和蔼的学界名家长者详细询问了我的学术背景和从事传播学研究的过程，给了我一些鼓励。

我自己在1986年到1988年间在中国社会科学院文学研究所做博士研究生，专业领域是美学，主攻的方向是中国美学史。我对于中国美学史的研究角度是从中国传统文化的总体来考察美学观念的演变。在准备博士论文期间，偶然接触到由余先生翻译的宣伟伯（即施拉姆）所著的《传学概论：传媒、信息与人》（香港海天书楼，1983），大感兴趣，马上又去找了1984年由新华出版社出版的施拉姆（W. Schramm）和波特（W. E. Porter）合著的《传播学概论》（陈亮等译），读后深受启发。当时我正在一边研读基辛（R. Keesing）的《当代文化人类学》（于嘉云、张恭启同译，台湾巨流图书公司，1981），一边思考如何分析中国传统文化的结构和机制的问题，顿时受到传播学的理论启发，认为可以从信息传播的角度解释中国的传统文化的播散和传承的机理。这是我开始研读传播学论著和思考中国传播发展史和思想史的起点。当时可能接触到的中文的传播学论著十分有限，只有麦奎尔（D. McQuail）和温德尔（S. Windahl）所著的《大众传播模式论》（祝建华和武伟译，上海译文出版社，1987），以及联合国教科文组织编写的《多种声音，一个世界：交流与社会·现状和展望——国际交流问题研究委员会编写的报告》（中国对外翻译出版公司第二编译室译，中国对外翻译出版公司，1981）等少数文献。传播学只是我分析中国的传统文化的一个视角和阐释方式。当时的北京学术界呈现出一种思想激荡、新说纷呈的氛围，但从传播学角度反思中国传统文化的事情，还没有人做过。这一点让我感觉兴奋。于是，我暂时放下正在准备的博士论文，很快草拟了包括四个主要章节的提纲：古代社会的传播媒介、古代社会组织的传播方式、古代政治领域的传播形态、古代的传播理论观念。后来又加了一章综论社会传播结构和传统文化模式的关系,这一章里加了一些图示,是受到麦奎尔的《大众传播模式论》一书的影响。写的过程中,整天泡在研究生院的图书馆里面,读了不少社会学、人类学、历史学、民俗学、语言学、文字学的论著。对于陈登原、费孝通、杨联陞、杨启樵等前辈的著作印象深刻。写的时候,没有做课题或发表的需要,只是一个思想和知识的系统整理,写的过程如同治疗精神病一样,不写出一个结果就走不出来。写完了,丢在抽屉里,心安了,才去做博士论文。在读博士的第三年,遇到一个丛书编委会("蓦然回首"丛书)急于约稿,全书的题目按照丛书的格式定为《无形的网络》就递交上去,到书出版的时候我已经快要毕业了。这之后,就是求职找工作,搬家,适应新环境,接受新的工作任务。

厦门会议期间和余先生的交谈中有一个细节,给我留下很深的印象。记得他很郑重地问我,为何在提交的论文中开头一段转述哈贝马斯的思想?我的原文是这样的:

> 社会行为的发生依赖于行为者的"情境界定"。这并不仅仅是行为者的主观动机问题。"情境界定",是一个被哈氏称之为"主观际性的结构"。社会行为所指向的意义,也是一种主观际性的意义。主观际性的结构,是社会文化母体之中存在的"符号-意义"的规范理性化程序。此一结构是以社会行为为中介,通过交往和传承积淀下来的。此一系统成为社会系统和个人系统运作的前提条件。人的交往行为,也即我们在此所说的"传"的行为,不仅体现在技术、战略、组织等工具性的拓展上,造成经验信息传达、物质成果的积累递进结果,而且也体现在交往(传)的行为的媒介资质上,体现在价值、信念、世界观和角色意识的确证和实现的结果上,造成社会和传统的同一性。哈贝马斯的这一理论洞见,对于我们理解传统文化中的"传"的问题,颇具启发意味。[4]

在我当时看来,哈贝马斯的交往行动理论,可以涵盖从个体交往、群体交往、代际交往到跨群交往的各类形式。交往行动的形态就是"传","传"的本质就是交往行动。交往行动的累积和凝结,就成为社会文化的结构和机理。哈贝马斯的这个观点,我在写作《无形的网络》的时候是完全没有接触的。这本小册子出版以后,我送给同班的研读德国哲学的同学谢维和,他读了后说,你这个书上说的问题,好像正合于哈贝马斯的交往行动理论。那时我才知道有这个哈贝马斯。所以当我给厦门会议准备论文的时候,特意研读了哈贝马斯,在文章开头部分就情不自禁地转述了他。但是令我意外的是，余先生对这个引述是不以为然的。就一篇讨论中国儒家和法家的"传"的观念的文章结构而言，这样的引述或许显得生涩隔膜，不过余先生却是这样对我说："我们和他们是不一样的，一般不引述他们的观点。"

"我们"和"他们"是什么意思？谁是"我们"，谁是"他们"？余先生没有明说。这个悬念就一直盘旋在我的脑海里。直到后来有一回我向一位留美的教授询问，他才告诉我说，美国的传播学的主流是与欧洲的批判学派观点大相径庭的。看来，"从零开始"并非从空白开始，这样一场在美丽校园的凤凰树下绽放的学术花蕾，原是有她的根系所在。余先生在开幕序曲中引用了杜甫的诗句"好雨知时节，当春乃发生"，而后他说道："我们都希望这个以传播研究中国化，进而充实西方传学的努力，成为润物细无声的春雨，在中国的泥土中开花结实。"[5] 施拉姆学派及其后学对于"中国长春的文化传统"有着浓厚的兴趣和热切的期待，希望通过传播学中国化的途径别开生面，从中总结出新的理论和规律，充实由西方人已经建构的传播学体系，来共同应对进入信息时代人类社会面对的机会和挑战。当然，这个传播学体系是施拉姆所建构的知识体系，并不包含欧洲批判学派在内。

我们不妨将这个"初心"理解为"以中补西，中西求同"的出发点。余也鲁这样写道："西方传学经过60年的努力，已确立了一些研究的架构，规划出了一个范围，用以统合同类的研究，找出共同的大问题。"[6] 这是传播学的"本体框架"，中国研究的位置呢？"我们希望可以从中国人已有的经验中去寻找一些传的行为的规律或观念，当作假设"，"在现代社会中加以验证，从而建立一些小理论"。[7] 当然，这里不应该穿凿附会，说"小理论"有轻视中国经验的意思。所谓"小理论"，也就是西方传播学借以累积起来的一块块作为科学认知工具模态的"中层理论"，也就是美国实证主义和功能主义导向的社会学家默顿所说的"中层理论"的含义。例如我们今天耳熟能详的"议程设置""沉默螺旋""刻板印象""使用满足""创新扩散"等等。这些"小理论"，都是从具体的传播经验现象出发，经过形式化的抽象提炼，形成概念化的公式，再将其作为我们认知人类传播行为规律的工具，因此它们是功能性的概念，绝非内含着文化价值和意识形态特性的观念。长期以来，这些"小理论"构成了传播学体系的基石。像哈贝马斯那样的"交往行动理论"之宏大范畴，无法用于分析操作，当然也不属于这样的"小理论"，因此，也不具备传播学的"家族属性"。

1993年的春天,我们就是这样从"零"出发的,在西方传播学的灯笼的照明中进入我们自己的文化母体。

二、未曾料想到的三个"休止符"及其后的"另起炉灶"

厦门会议以后,在余也鲁、徐佳士、孙旭培、郑学檬(后来加上厦门大学新闻传播系主任郑松锟)等五位学者的组织下,开启了海峡两岸"中国传统文化中的传播"的研究计划。根据现有的文献,我们知道规划中的"五史六论"开始问世。[①] 影响较大的是孙旭培主编的《华夏传播论》(人民出版社,1997),另有三论分别是:郑学檬的《传在史中(中国社会传播史料初编)》、黄鸣奋的《说服君主》和李国正的《汉字解析与信息传播》(上述三论均为文化艺术出版社2001年出版)。随后这一计划悄然停歇。这可以说是国内第一波有组织的中国传播史和传播思想史的书写。

其他基于学者个人探索热情而涌现的相关论著陆续出版。[②] 一方面,我们看到中国传播史和思想史的热度提高了;另一方面,却出现了三个未曾料想到的"休止符":海峡两岸学人共同研究中国传统文化中的传播的合作计划停歇了;跨学科的研究停歇了;从西方主流传播学框架出发的中国化系列研究停歇了。这一景象和大量应用西方传播学理论的现实研究的兴起,欧洲批判学派、北美媒介环境学派、传播政治经济学派的堂皇引入,传播学和文化研究的交叉等热闹景观相比,显得是有些凋零了。我个人也在20世纪90年代中期被牵引到新闻传播学专业教育和学科建设的事业中。

2000年,我得到时任香港浸会大学传理学院院长朱立先生的推荐,向台湾的中华传播学会年会投递了一篇题为《中文传播的媒介权力及其观念的演变》的论文,通过两位前辈的匿名评审得以与会。依稀记得评审意见中的一句话,说这是一个"颇具野心的"研究框架。这让我琢磨了半天,是肯定呢,还是批评呢?参加这届年会的,只有我一个大陆学者。这是我第一次登上台湾岛,直接和台湾的传播学者交流,结识了陈世敏、陈国明、翁秀琪、黄懿慧、冯建三

[①] "五史六论"的具体内容可参阅黄星民.堂堂小溪出前村//许清茂.海峡两岸文化与传播研究.厦门:厦门大学出版社,2005.

[②] 详见王琛.20年来中国传播史研究回顾.当代传播,2006(6).

诸位。会间和陈世敏先生同居一室，方知两位评审正是他和翁秀琪教授。我向陈世敏先生介绍了刚刚在大陆出版的由美国孔飞力所著的《叫魂》的中文译本，以为这可视为中国传播研究的一部典范之作。① 后来陈世敏告诉我说，他很快就将这本书带到政治大学的博士课程里了。

由陈国明主编的《中华传播理论与原则》一书在 2004 年由台湾五南图书出版公司出版。陈国明是美国罗德岛州立大学传播学系的华人教授，学养深厚，其学术兴趣集中于传媒文化、人类传播学方面，特别是对于汉语修辞传播、易经哲学有独到的研究。这部著作集合了当时在美国、我国台湾、我国香港从事传播学研究的一些学者的系列论文，按照"总论、分论、细论"的结构排列，呈现出"中华传播学"的另一番图景。陈国明在前言中写道："传播学算是一个既是社会科学也是人文学的领域"，"依我个人的看法，'传播'或'沟通'是一个普世性的概念"，"归纳或演绎出普世性的传播理论，并不是不可能之事"。但他话锋一转又说，"从文化的角度，可以发现不同的文化群体显然具有不同的传播形态（communication style）。这么说，从不同的面向观察不同族裔的不同传播行为，以此提炼出来的理论或模式，就不再具有普世性了"。"本书以《中华传播理论与原则》为名，乃建立在这个论点之上。其目的并非寻找普世性的传播理论，而是要从中华文化的角度来探讨所谓中华式或本土性的传播形态或行为，以资与其他文化的传播形态或行为有所分别。"[8]这是在海外华人学者当中发起的以文化主义对应科学主义、以价值论对应功能论、以本土化对应全球化、以特异性对应普世性、以多元典范对应一元典范的新一轮的学术探索。这本书中既包括在华人社会中的传播学研究的论述，也包括对华人或中华传播学的论述。在总论中，各位学者从不同的角度探讨构建中华传播方法论的合理性与可能性。从某种意义上说，这是由海外的华人传播学者策动的第二波对中国传播史和传播思想史的书写。这是对第一波的书写的继续，更重要的是对第一波书写的反思。陈世敏在《华夏传播学方法论初探》一文中，回溯了由余也鲁和徐佳士所倡导的"中国文化与传统中'传'的研究"路径，提出了对传播学研究中国化之所以"长路漫漫"的反思，指出"这反映了华人学术界急于走出依赖的边缘心态，然而实践上却又宿命地掏空了'中国化'提法的主体性。这个代价不可谓不沉重。误认研究方法本身是中性的，或许是个关键"。"在科学的外

---

① 孔飞力. 叫魂：1768 年中国妖术大恐慌. 陈兼，刘昶，译. 上海：三联书店，1999.

衣下，实证主义研究方法被神化了。这同时也是学科被驯化的开始。""社会科学属于'道德科学'（moral science）范畴，是一种讲求'意义'（meaning）的学科"，"研究方法本质上便非价值中立。硬生生将之移植到另一个社会文化情境中使用，适用性便大有可疑"。[①] 他设问："中国有没有自己的方法学？"在这篇文章中，他以《叫魂》一书为例，呼吁学术界"换脑袋另起炉灶，为最具'道德学科'意味的传播学找寻合适的方法学，迈向名副其实的华夏传播学"。进而，他以"学科四论"为标准，从本体论、认识论、形上论和方法论等四个层面阐释了"方志学"之于探索华夏传播学独特的方法论的意义。我在和陈世敏的交往中，时时感觉到他的温和、谦逊和包容，这和读他的学术文字的感觉稍有不同。他对于美国正统传播学体系，乃至全球化时代的科学主义、国家主义对知识生产的宰制的批判是十分犀利的。因此，他也合乎逻辑地转向对地方化知识的青睐。他所提到的"方志学"之于探索华夏传播学的意义，我是认同的。中国的"方志学"知识谱系，作为对正史的参照比对或丰富是没有疑义的。但是，"方志学"也仍在传统社会的总体性思想框架内并严重受制于儒家经典和官家审查，也是不争的事实。

在这本书的"分论"中，陈国明从易经八卦中发掘中国人际关系的发展模式，如人际关系形态的特殊性、长期性、亲内性、合礼性以及公私重叠性，华人中的四种沟通行为：互惠、克制、间接性和重面子。有趣的是这本书的各篇细论，分别讨论了华人社会中的各种沟通行为，如脸面（黄光国）、和谐（陈国明）、关系（马成龙）、礼（肖小穗）、报（Richard Holt/张惠晶）、客气（冯海荣）、缘（张惠晶）、风水（陈国明）、占卜（庄瑞玲）、气（钟振昇）等。可见学者们正在从华人沟通行为的经验现象中归纳出某种"小理论"的努力。文集中提及的还有费孝通的"差序格局论"、翟学伟的"面子论"、黄星民的"风草论"、乔健的"计策论"和金耀基的"耻论"等等。这些都可以被看作是"另起炉灶"后的星光火焰。比较可惜的是，这本著作中除了一些单篇文章在大陆发表过，多数内容并没有得到大陆学界的重视和回应。

---

① 陈世敏．华夏传播学方法论初探［A］//陈国明．中华传播理论与原则［M］．台北：五南图书出版股份有限公司，2004：136-137. 此文最先刊载于《新闻学研究》，2002（71）：1-16，在原文中提及了本人向他推介《叫魂》一书。

三、以"传"为中心，抑或以"媒"为中心？

当 mass communication 一词披上汉语的外衣登陆的时候，曾经一度有一个奇怪的称呼叫"群众交通"。而它随同自己的"父亲"施拉姆再次登陆，便有了新的名字"传学"或"传播学"。本土的人们或者热情拥抱这个新朋友，或者对它报以疑惧的态度。Communication 这门学科在香港还有两个中文名字"传理"（浸会大学）和"传意"（城市大学），这发音叫人想起英国贵族的名字"查理"。20 世纪 80 年代中期，深圳大学创建这个学科专业时，所设系科和课程都是"传播学"。到了 90 年代初，当时主讲概论课的朱艳霞老师找到我说，"传播学"这个词用起来实在是觉得名不副实。所以由她编写的教材便称作《传通学》[①]。不过这个词听上去好像"串通学"。这和中文语境中"公关"即是"攻关"有点相似。在中国的社会语境中，总给人不大正经的联想。联合国教科文组织编辑出版的专刊 Communication 中文译作《交流》，最是切合原词本意和该组织宗旨的。可惜在中国人的学科产房里面，助产士没有将这块名牌挂在这个新生儿的脖子上。于是它就带着"传播"这个不大妥帖的胎记来到世上。

诚如余也鲁所说，"传与生俱来"。"从中国的古籍中，只要稍微留意，便可以发现，我们是一个很讲究'传'的民族。""中国人在衣、食、住、行之外曾倡导'育'与'乐'，育中包括教育，乐中包括娱乐，二者都是'传'的一部分。可惜，从来没有进行过科学性的探索。"[9] 我们自己感觉非常神圣豪迈的事情，有时候在外人却不能理解。记得有一次我和深圳大学文学院的一帮玩现象学和新儒学的"哲学狗"喝酒侃山的时候，酒酣饭饱，我壮胆脱口而出一句"传播即存在"，顿时就笑翻了一桌人，被讥为"戈培尔的哲学"。

传播学，不是一直将"传媒、信息和人"三个关键词作为三角支撑点的吗？1978 年，维纳（N. Wiener）的名著《人有人的用处：控制论与社会》经陈步翻译在商务印书馆出版，我们正好刚进大学读书。一位女生给她的朋友赠送的定情物就是这本风靡一时的信息论和控制论著作。接着，就是盖茨掀动的激动人心的对信息高速公路的想象。以信息为素材，以人的关系为单位，研究信息传输系统及其与社会其他系统的交互影响，最终达成对古今社会的传播通则的认

[①] 朱艳霞. 传通学概论. 广州：广东高等教育出版社，1993.

知，不就是这个学科的基本内涵么？这应该是完全可以和经济学、伦理学、法学、社会学、心理学、美学并驾齐驱的基础学科呀。然而，传播学却只是沿着社会科学主干家族"攀缘而上的一枝青藤"，以"寄生"或"分蘖"的方式成长着。

2002年2月，复旦大学举办了首届中国传播学论坛。我在给大会提交的论文《传播学知识论三题》中写道：

> 正如经济学可以把人定义为"理性地追求利益最大化的动物"、社会学把人定义为"全部社会关系的集合"、法学把人定义为"天生的政治的动物"、心理学把人定义为"由本能欲望和潜意识支配的动物"，传播学为何不能依据"人是制造并运用符号来传播信息的动物"这样明白的事实，建立起经济学、社会学、心理学那样的社会科学主干学科？传播学的诞生，根源于媒介与人的关系的异化。因此不管人类对于传播有如何深远的认识，传播学都只能是一门现代学科。它产生于媒介与人的分离和对立，产生于不是人来自由地运用分享媒介，而是由媒介控制人这一残酷的社会事实。就是说，传播学产生于媒介对人的外化和异化的现代性境况。报纸、杂志、广播、电影、电视、网络，越来越丰富的媒介世界将人们带到无限宽广的信息的汪洋大海。媒介代替了令人敬畏的长老、威严的国王、风骚的荡妇。媒介正在控制人们对于世界的认知、对于幸福和恐惧的感受。[10]

这一段文字反映出进入21世纪的我们，已经没有上个世纪末那样的天真和浪漫了。我们和传播学的恋情邂逅，已经转化为婚后纠结。

这一年我受命主持深圳大学文学院，对着我的老领导老朋友、刚刚退休的何道宽教授，我建议他可以将翻译工作集中于西方传播学经典。"传播学有什么经典？""您1992年出版的麦克卢汉就是啊！"

这部出自麦克卢汉之手的著作《人的延伸：媒介通论》，提出了一个"怪论"：媒介即信息。不是思想的言说，而是言说的思想；不是人们照镜子，而是镜子照人们。难道说，不是崔莺莺"当窗理云鬓，对镜贴花黄"，倒是王凤姐"招引风月鉴，毒设相思局"么？境况变了，我们这些观镜之人就从君瑞小生一转而成贾瑞大爷了。传播学，终于从以"传"为中心，转到了以"媒"为中心！

人类会在以"媒"为中心的时代"精尽而亡"么？我当时是这样认为的：

我们说，社会科学的分类，可以有一个简明的概念。一类学问从基本的人性设定出发，并且通过特定的知识探索，最终丰富对于人性的认知。另一类学问则是从人类的境况出发，描述境况的形成，多角度探求其根源，寻求改善的途径。前者是由终极关切的智慧冲动来推进的知识，构成严格的学科边界和知识传统；后者是由于社会实践的反思性或策略性的需要。因此，前者形成纵向性积淀的学问，后者形成多学科交汇的知识平台。传播学与以上提到的各类开放的知识平台可能有所不同的是，它还有机会将自己发展成纵向积累的学问（新的基础学科）。如果说传统学科是从纵深走向广延，传播学则有可能从广延走向纵深。走向广延的传播学，即传播学的广义概念，是从人的从事信息传播行为的本质出发，研究传播对于社会文明的建构以及对人的认知-心理系统的建构。走向纵深的传播学，即狭义的传播学，是从媒介与人的外化和异化着眼，研究媒介的工具存在、社会存在对于现代社会中人的影响，包含着控制的知识和反思的知识两个方面。当然在这里纵深度和广延度也是相对的。广延的传播学，恰恰超越了具体的社会管理问题，而将知识的探触头伸向人性的和文化的本质层面，试图从信息交换的形式这一角度做一个根本性的解释。纵深的传播学，却是执着地追踪最敏感的社会问题，将知识从高空拉向地面。[11]

同样出自何道宽的麦克卢汉译本①在中国的两度登场，其风光程度是大有不同的。连何道宽自己也没有完全意识到，他这位"摆渡人"的"渡船"划进了当今世界的巨流的主航道。这便是以"媒介"为枢纽的社会文化主潮。这位夙兴夜寐的艄公奋力地划桨，穿梭在现代性的场景中。我先后邀请过陈世敏、林文刚等访问深圳大学，与何道宽切磋甚密。这是一个跨越纽约、多伦多、台北和深圳的自认"媒介环境学派"的学术群体。《麦克卢汉精粹》《数字麦克卢汉》《麦克卢汉：媒介及信使》《机器新娘》《麦克卢汉书简》《麦克卢汉如是说》《麦克卢汉传》《媒介即按摩》《余韵无穷的麦克卢汉》《指向未来的麦克卢汉》等大批文本都是出自何道宽的翻译，雄踞中国传播学出版市场四分之一世纪之久且无衰颓之势。与此同时，聚焦媒介和文化关联的伊尼斯（一译为英尼斯）、莱文森、波斯曼，其作品也纷纷成为中国出版物的热销品。

---

① 麦克卢汉. 人的延伸：媒介通论. 何道宽，译. 成都：四川人民出版社，1992；麦克卢汉. 理解媒介：论人的延伸，何道宽，译. 北京：商务印书馆，2002.

传播即存在，媒介定生死。谁还会讥讽这个现实呢？伟大领袖早就教导过我们：枪杆子，笔杆子，干革命靠的是这两杆子。我给来华学习汉语的外国学生出过一道语言题，要他们说出下边这句话的含义——"天下的二杆子们靠着两杆子打天下坐天下。""二杆子"是中国北方农村的方言，是指不怕苦不怕死的愣头青后生。"二杆子"和"两杆子"啥意思，外国人怎么能够分辨清楚呢？"二杆子"是主体，"两杆子"是工具，"二（两）"者"合一"了。

英尼斯在《帝国与传播》中，将罗马帝国的扩张和对纸莎草产地的控制联系起来，从媒介的物质形态的演进和分类出发论述了媒介对历史上的帝国版图和统治的决定性作用。这是以媒介技术界定文明进程的历史观。还记得我和何道宽第一次到巴黎的卢浮宫看到大量的书写在莎草纸上的埃及圣书文字和神话，似乎可以摸到埃及王朝的脉动。媒介是生产和交流的工具，媒介技术的进步是社会生产力的一种形态，它决定了人们的社会交往、制度建构和意识形态变化。这个观点显然是符合马克思主义的唯物史观的。深受马克思影响的英尼斯采取这一视角观察和论述历史是顺理成章的。2000年，我发表的《全球化时代的传播与国家发展》一文[①]，引述英尼斯、杜波夫（R. DuBoff）、休杰（P. J. Hugill）、默多克（G. Murdock）的著作，都是从媒介决定论的角度论述国家发展史。后来何道宽将英尼斯翻译过来了。

以媒介为轴心来界定传播的观念以至于以媒介理论涵盖传播学知识体系是逐步形成的。20世纪50年代拉斯韦尔发表《社会传播的结构与功能》，提出了传播过程及其五个W构成要素。在传播学的奠基时期，施拉姆学派基本秉持这个观念，媒介只是其中一个W（in which channel）被提及。但是随着大众传媒的垄断化全球化以及其后的互联网崛起，媒介的决定性作用日益凸显。媒介成为传播学的观念轴心和知识边界，或许是麦克卢汉、英尼斯、梅洛维茨、席勒，乃至卡斯特、德布雷等连续被引入中国之后逐渐形成的概念。媒介从工具发展为产业，进而成为当代社会的经济和政治利益以及权力关系聚集的中心。一切历史的书写，都是从当代出发的。因此，传播史被界定为媒介史就不足为奇。上述西方学者，以及文化研究学派的福柯、布尔迪厄等对我们的影响是深刻的。我本人在书写中国传播思想史的时候，历史上的媒介形态、媒介体制、媒介权力和媒介观念，也是思考和叙述的轴线之一。以往的中国历史书写，虽然谈及

---

① 吴予敏. 全球化时代的传播与国家发展. 新闻大学，2000（冬季刊）：20-25.

媒介的作用，但是仅仅将其作为文化生活的一个因素，甚少看作社会控制、交往和整合的决定性力量。在我的印象中，似乎只有柳诒徵的《中国文化史》对唐五代和宋代以后的出版的社会历史作用给予了较多的重视。

　　传播史和传播思想史，是以"传"为中心，还是以"媒"为中心呢？如果是以"传"为中心，人们会关注"人的传播行为结构-社会互动关系结构-社会文化结构"的同构关系；历史的阐述将循着"观念形态-话语形态-传播形态"的演化呈示关系。如果是以"媒"为中心，人们会秉持"媒介即信息""媒介即权力"的观念，沿着"媒介工具和技术的演进-媒介建构空间和时间-媒介建构社会行动、社会组织和制度-媒介建构社会权力和象征体系"的路径寻求历史和逻辑的统一。在前一个思路中，人作为社会主体的交往沟通（传播）实践决定了媒介的使用和改造；在后一个思路中，媒介则作为人们交往实践的工具环境和先决条件。以"传"为中心，还是以"媒"为中心，是不是一个问题的两个方面？我以为还不能这样笼统地下结论。叙述历史，总归是有一个主角的。例如我们可以有"蔗糖史""烟草史""冶铁史"，当然也可以有"传媒史"。但是这不等于说传播史就是一部以媒介为中心的历史，传播思想史就是一部媒介观念的历史。

　　"媒介中心论"或者"媒介决定论"，归根结底是现代性的本质特征的观念表达。在诸多实践工具中，传播媒介凸显逐渐起到支配作用，是现代性发展的必然结果。传播学作为现代化进程中出现的社会科学，与生俱来的现代性特质决定了它必然走到媒介中心论，也是其内在的逻辑。那么，用这样一个现代性逻辑去衡量框定前现代的漫长的历史是否完整和恰切，就成了一个问题。换言之，以现代传播学理论框架作为方法论去反观中国传统文化和历史，也就存在问题。在这一点上，我已经和当年写作《无形的网络》时的观念有所不同。这是因为当年我们对于传播学的认识还是比较粗浅的，而今天传播学理论知识体系的多面性、复杂性以及局限性让我们对其有所反思。

　　近年来，随着德布雷的"普通媒介学"的译介引入，英尼斯—麦克卢汉式的媒介观念被突破了。人们不再将媒介简单地看作物质性和工具性的存在物，也不再将它看作特定的信息载体、传播渠道和传播组织。德布雷以"媒介域"的概念来重新界定"媒介"。[12]欧洲文化传播学派基于索绪尔普通语言学原理，以"符号-意义"二元构成的表征物来界定媒介，基于行为主义和结构功能主义的媒介社会学、强调技术演进的媒介环境学派，从"工具-行为-机构-体制"的一体化逻辑来界定媒介。德布雷则与之不同，他将媒介演进看作交流工具的迭代过程。由交流媒介重构了人类生活的时间和空间关系、人类交往的技术平台、社会等级和权力关系、社会行为的规约关系、社会制度和组织形式以及一定社会的观念信仰体系，将"媒介域"概念当作衡量人类文明史的一个界标。这是继麦克卢汉媒介决定论之后的关于媒介的更具包容性和拓展性的阐释。他的"文字（逻各斯域）""印刷（书写域）""视听（图像域）"等概念在一定程度上可以说类似于"青铜时代""铁器时代""蒸汽机时代""电子时代"等表述，可以作为对文明史的一种简洁明了的界标。

德布雷的普通媒介学理论强调支配性媒介技术对社会关系和权力结构的决定作用，当然，他也将"媒介域"的概念扩大到介质化交往实践的物质和制度环境。这对于我们认识媒介发展的历史以及媒介演进对于社会观念和制度的演进的影响，无疑是很有启发意义的。由此可以生成传播思想史的书写轴线。但是，能否以"普通媒介学"界定"传播学"的知识边界，则是可以讨论的。"媒介"或"媒介域"在突出传播中介性作用的同时，弱化了传播主体的能动作用。观念在支配交往实践的过程中创造了多样的媒介形式，媒介形式反过来又将观念体系实体化、形式化。因此传播是一个双向作用的过程，并非单一的支配过程。大量的人类学研究成果证明，介质化的沟通和社会交往实践是灵长类进化的过程和结果。媒介是介质化的沟通和社会交往实践的创造物。人类的介质化的沟通和社会交往实践本质上也是一种生产劳动，包括了物质生活资料的生产和人本身的生产，以及其他社会关系的生产。媒介是介质化的沟通和社会交往实践中的必要因素。特定的媒介形式是否对介质化的沟通和社会交往发生支配性的作用，则是由特定的历史阶段和社会文化条件决定的。人们的介质化的沟通和社会交往实践是非常丰富的，利用媒介的交往活动是多层次的、迭代积累的，也是因时因地变化的。一方面我们要看到历史发展到一定阶段将出现支配性的媒介形态，另一方面也要看到媒介形态的复杂性、多变性、迭代性和复合性。媒介史从属于传播史，而传播史并不能归结为媒介史。

很多文献和人类学研究案例表明，媒介最初的作用不是用来承载信息，更多是作为一种感应力量的想象物而存在。介质化沟通遍及天人之际、万物之际、人鬼之际、人我之际、身心之际，在原始文化中，媒介物是有灵而富于感应力的。媒介物遍及整个自然界，随着人们的生产实践和观念想象而转移。弗雷泽所说的"交感巫术"和"触媒巫术"都借助于媒介物而实施。从部落到部落联盟再到酋邦，原始巫术和神话建构并行，神话体系整合了复杂的媒介物序列，巫术逐渐发展成巫教文化制度，媒介物也逐渐定型、程序化，转化为意义象征系统。中国文化有十分悠久的历史，其地方的多样性也远远超过文献的记载。从巫教文化发展到礼乐文化，经历了漫长的时间，媒介物的复杂结构功能也被积淀和整合在礼乐文化以及地方民俗文化里面了。例如在思想史上讲得很多的"格物致知"，其本源就是一种巫术操作。天下之物无一不具有感应力。汉儒解释经典文献，训"格"为"来"。郑玄根据《尔雅·释言》发挥格物致知的意思，人有何种德性知识就可以招徕何等事物，有善知招善物，有恶知招恶物。天下事物都是因为人之所好而来的。这个观念后来孕育出体仁修身的儒家认识论。事实上在先秦的文献中，关于"来物""物来"的说法很多。王国维在《释物》一文中说，"物"的本义是杂色牛，后推之以言杂色帛，再引申为万有不齐之庶物。所以，"物"是巫术崇拜的仪式上的祭品。巫教祭祀，借用祭品招徕鬼神，祝祷天地。祭品、明器、龟甲都是沟通的媒介。而在原始部落时期，崇拜天地，信奉万物有灵，各种灵物都是媒介。裘锡圭从古文字解释"格物致知"，把"格"字解释为"徕"字，指出了上古时期的原始宗教和先秦认识论之间的关联。[13]可以招徕上帝鬼神的"物"是非文字的实物，但又是有特殊功能的，类似于大麻、酒之类的致幻物。凌纯声研究环太平洋萨满文化圈，早就指出了远古时代的巫教仪式文化中招神请神的主要媒介就是此类致幻物。[14]如何招神请神，《山海经》里面有很多的记述，人们常常把这本书当作神话来读，不将它当作巫教仪礼来读。人们运用媒介物想要达成的实用效果和后来人们对媒介物承载的信息价值的解释并不是一回事。在《尚书·君陈》和《尚书·酒诰》里面，说"黍稷非馨，明德惟馨"，"弗惟德馨香，祀登闻于天"。说酒的香气不在酒本身而在用酒祭祀的人的德性。这种观念是西周以后形成的，道德价值依托于祭品。巫术是比较复杂的全套的操作技术，它和古代的饮食、医疗、歌舞、音乐、图画、文字的发明都有关系。巫的关键之处是作为沟通天人、鬼神之际的媒介。它随着国家形态的逐渐形成而一步步垄断化，和世俗王权之间存在着复杂关系。从"家有巫史""民神杂糅""民神同位"到"绝地天通""人神不扰"，是中华文明形态和国家形态的根本的变化，从"以教领政"转到"以政领教"，巫史传统逐渐走向理性化。在中国传播史上人们津津乐道的不阿权贵秉笔直书的事例，其实是和巫史传统直接相关的。春秋时齐国大臣崔杼因个人恩怨杀了齐庄公，齐太史就秉笔直书："崔杼弑其君。"崔杼一怒杀了齐太史，太史的两个弟弟继续如实记载，又都被崔杼杀了。到了太史第三个弟弟来，还是要"据事直书"，还说"失职求生，不如去死"。门外又有南史听说几个太史都死了，就捧着竹简跑来等着崔杼再杀以后继续顶替以记载真相。这个阵势搞得崔杼下不了台，只好作罢。这种为了记载事实真相不惜以命相搏的事情，也许是一种专业主义的精神，不过也是因为有巫史世袭制度和信仰的传承。

德布雷说文字所代表的逻各斯域，这是纯粹西方人的传统，和中国传统不相同。这一点德里达是明白的。他说中国文字完全脱离逻各斯中心。中国的文字起源，不是理性化的产物，相反却是天人感应和象征思维的产物。文字起源于巫术活动，这种天人感应论在中国人的文化心理结构中积淀很深，几千年都没有根除。中国人的介质化沟通实践是非理性的实用主义，既是实用主义，又非常富于想象和情感意志。

用"媒介域"来定义文明进化，从物质工具和技术的支配作用来看社会行为、社会组织、社会制度乃至社会观念的演化，有很强的解释力。但是这不等于全部传播的历史。中国人历史上的介质化的社会交往实践是非常丰富的，富于创造性和戏剧性，更是具有文化独特性的。媒介因交流情境而变化。我这里再举几个例子。

大家知道汉阳这个地方有个古琴台，始建于北宋，清朝嘉庆初年由湖广总督毕沅主持重建。相传是春秋时期伯牙抚琴，和钟子期以琴会友之处。这里"琴"就是交往的媒介。西晋时期的嵇康受陷害临刑之时抚一曲《广陵散》，表达他的孤愤之情。而陶渊明不解音律，却存了无弦琴一张，每每饮酒适意，就抚弄一番以寄其意。李白倾慕不已，有诗曰："抱琴时弄月，取意任无弦。"（《赠崔秋浦三首》）"大音自成曲，但奏无弦琴。"（《赠临洺县令皓弟》）琴，作为一个交流的媒介，依主体的思想情感而变化。

《红楼梦》第四十一回"栊翠庵茶品梅花雪"写妙玉奉茶，用了六种茶具，分了各色人等，给宝玉的先是用自己喝茶用的绿玉斗，后来又换成九曲十环一百二十节整雕竹根蟠虬，亲疏贵贱，清浊雅俗，幽怨悱恻，真是妙不可言。贾宝玉挨打以后，姐妹们来看他。林黛玉最是悲痛。贾宝玉把自己的两块旧手帕赠送给她，这个物件就成为他们之间互通情愫的媒介物。

介质化的社会交往实践渗透在日常生活中，渗透在人情世故中，媒介形态多变而意涵无穷，只有透过文化语境才能有所领悟和解释。媒介结构、传播结构和政治经济结构、军事结构乃至社会管理运作互为支撑。在中国古代社会里，有些媒介是和权力结构高度结合，甚至是垄断化的。尽管这样，垄断化的媒介运作里面也有各类人物的行为的作用。古代的邮驿是遍及全国的信息传递系统和社会管治系统，是整个帝国运转的血脉经络，加以严格管控。秦孝公时商鞅变法，制定了一整套严厉的驿站馆舍管理办法，临到他自己政治败亡，跑到边境的馆舍里，管理员说，商君有令，没有合法证件的人不得住店。商鞅就只能自食其果了。驿站馆亭是邮政网络的各个节点，是专制帝国的紧要之处，但也可能被造反的人所利用。东汉末年，汉中人张鲁传播道教，部署徒弟"各领部众""各起义舍于路，同之亭传"，就是利用驿站馆亭的传播通道秘密筹备起义。汉朝设置"督邮"官职，主要职责除督送邮书外，还代表太守巡查属县，督察官吏和邮驿，宣达教令，案验刑狱，检核非法。"督邮"地位不高但权力很大，就很容易招人怨恨。驿站是地方运作，督邮则代表上级巡查。在专制统治松弛的王朝末年，这两个运作机构之间就非常紧张。《三国志》里面记载刘备、张飞都是受了督邮的气的。华佗是民间游医，他的麻沸散、五禽戏形同巫医之术。他给几个督邮治病，都把他们治死了。张角奉事黄老道，用巫术符水咒说治病为名，在北方广大地区发动了黄巾起义。曹操发家靠的是收罗黄巾军三十余万人。尽管曹操本人喜好刑名之学（道家和法家杂之），但他对民间道教的传播和造反是很警觉猜忌的。曹操患头疼病，华佗却借故返家。曹操屡次求医，华佗"恃能厌食事，犹不上道"。曹操大概认为华佗形迹可疑，近乎道教巫医，存心要害他，恨其虚诈，就将其收监拷打致死。我们学习历史研究历史，就要从历史真实出发，不能从既定的概念出发。社会文化传统不同，所创造的媒介形态也就有所不同。甲骨文是媒介，大漠烽烟也是媒介；霓裳羽衣是媒介，麻衣相术也是媒介；熹平石经是媒介，千刀万剐也是媒介。媒介可以是温情脉脉文绉绉的，也可以是声色俱厉血淋淋的。前几年我去山西参观一座古代的县衙，在县衙里面展览的就有对付古代失节妇女的刑具，其残忍精致令人不寒而栗。朱元璋治贪官剥皮实草摆在官厅里，不也是媒介吗？总之，传播思想史的媒介观念可以更加灵活通脱。

四、传播思想史书写追求什么"一"？

"从零到一"这个说法，不只是说我们的传播思想史研究已经告别了"零"，迈出了第一步，而且这个第一步是在西方传播学知识体系的帮助下走出的。有的学者认为，中国传播思想史，或者传播思想史的价值在于为建立中国传播学的学科体系做出历史的梳理。这个观念内含了一个"一"，就是一个独创的有中国特色的学科地位。

和中国传播思想史相关联的有很多专门史，比如中国修辞史、出版史、邮政史、交通史、新闻史、舆论史、中外交流史。再拓开一层，又有语言史、民俗史、社会史、政治史、教育史、军事史、文学史、艺术史等等，直到宗教史、思想史、哲学史。一个学科领域的构建，主要是其特定的设问、特定的观念、特定的方法和特定的材料四者的结合。和其他学科的区分，也主要从这四个方面入手。有的地方是和其他学科重合交叉的，但是组合起来就有所不同。例如，对于中国书院的研究，教育史和传播史的设问、观念、方法和材料就会有所不同。传播史会研究书院的空间结构和仪式功能、书院内部和外部的人际交往、权力结构、信息管控、出版演讲辩论和惩戒制度、书院存废对社会文化环境特别是政治环境的舆论影响等等。在这里我不能不遗憾地说，长期以来过度地依存于新闻传播学的学科概念框架，对于中国传播思想史的研究是一个自我限制，造成了习惯于在邸报、塘报、民意、谣言这些规范概念下面爬梳的现象。我以为，从"媒介"到"媒介域"的拓展固然是一个思路，但是不够。这只是关于中国传播史或传播思想史的一个分题的设问。而这个学科的总的设问应该是，中华民族在漫长的历史上的交流实践是怎样的，在交流实践的过程中形成了怎样的观念和心态结构？

刘勰的《文心雕龙》是一部"体大而虑周"的文艺理论著作，分为上部和下部。就上部的"文体论"来说，如果不采取现在"文章学"或"文艺学"的读法，而采取"传播学"的读法，就要和历史上的政治行政运行体制、信息交流活动、事件案例结合起来，同样的材料就会有不同意义的呈现。汉代刘劭的《人物志》被当代人读解为"人才学"著作，实际上它既是人际交往的经验总结，又是政治传播的教科书，这一类著作后来从识人术发展到图像学。总之，中华民族在漫长的历史上的交流实践无比的丰富和复杂，由此形成的观念和心态结构也无比的精微和系统，要深入其境，又要出乎其外地进行研究，首先要从打破对现代传播学的迷信开始。《文心雕龙》里面有一句妙语："众美辐辏，表里发挥。"不同的学科都是知识的"辐辏"，是进入文明心灵中心的入口。

生也有涯，而知也无涯。人皆生有宿命，除了肉体，便是文化的宿命。宿命如一条浑浊而奔腾不息的河流，个体生命随之沉浮。我们与其无知无识无力地甘愿做一片树叶，倒不如将自己的生命打造成一叶扁舟，在文化的宿命中识别她的河床、航道、漩涡和险滩，且行且观且思，也不枉成就一个微薄的智慧生命，如萤火般消失于茫茫夜空。

（原载于《国际新闻界》2018年第1期）

引用文献 [References]

[1] 余也鲁，郑学檬. 从零开始：首届海峡两岸中国传统文化中传的探索座谈会论文集 [C]. 厦门：厦门大学出版社，1994：291.

[2] 徐佳士. 简略检视台湾学界传播研究中国化的努力 [A] //余也鲁，郑学檬. 从零开始：首届海峡两岸中国传统文化中传的探索座谈会论文集 [C]. 厦门：厦门大学出版社，1994：11-14.

[3] 余也鲁，郑学檬. 从零开始：首届海峡两岸中国传统文化中传的探索座谈会论文集 [C]. 厦门：厦门大学出版社，1994：288.

[4] 吴予敏. 从"礼治"到"法治"：传的观念 [A] //余也鲁，郑学檬. 从零开始：首届海峡两岸中国传统文化中传的探索座谈会论文集 [C]. 厦门：厦门大学出版社，1994：50-51.

[5] 余也鲁，郑学檬. 从零开始：首届海峡两岸中国传统文化中传的探索座谈会论文集 [C]. 厦门：厦门大学出版社，1994：288.

[6] 余也鲁，郑学檬. 从零开始：首届海峡两岸中国传统文化中传的探索座谈会论文集 [C]. 厦门：厦门大学出版社，1994：289.

[7] 余也鲁，郑学檬. 从零开始：首届海峡两岸中国传统文化中传的探索座谈会论文集 [C]. 厦门：厦门大学出版社，1994：290.

[8] 陈国明. 中华传播理论与原则 [M]. 台北：五南图书出版股份有限公司，2004：1-2.

[9] 余也鲁. 论探索：回到历史，回到中国 [A] //余也鲁，郑学檬. 从零开始：首届海峡两岸中国传统文化中传的探索座谈会论文集 [C]. 厦门：厦门大学出版社，1994：6-7.

[10] 吴予敏. 传播学知识论三题 [A] //张国良，黄芝晓. 中国传播学：反思与前瞻：首届中国传播学论坛文集 [C]. 上海：复旦大学出版社，2002：83-95.

[11] 吴予敏. 传播学知识论三题 [A] //张国良，黄芝晓. 中国传播学：反思与前瞻：首届中国传播学论坛文集 [C]. 上海：复旦大学出版社，2002：83-95.

[12] 德布雷. 普通媒介学教程 [M]. 陈卫星，王杨，译. 北京：清华大学出版社，

1991/2014.

[13] 裘锡圭. 说"格物": 以先秦认识论的发展过程为背景[A]//王元化. 学术集林: 第1卷[M]. 上海: 上海远东出版社, 1994: 120-131.

[14] 凌纯声. 松花江下游的赫哲族[M]. 南京: 国立中央研究院历史语言研究所, 1934; 凌纯声. 中国与海洋洲的龟祭文化[M]. 台北: "中央研究院"民族学研究所, 1972.

媒介域的方法论意义

■ 陈卫星

媒介域（médiasphères）这个概念是雷吉斯·德布雷（Régis Debray）提出的，这是三年前翻译出版的《普通媒介学教程》中开始出现的概念，跟当年的"传播学"一样，也是一个被引进的概念。如果我们认可这个概念是一个思想性质的概念，那么我们就不得不考察概念的个性缘起。之所以这样想问题，是因为我们在接受外来学术概念的时候，始终存在着由于语境差异而产生的方法论重置的问题。比如，至少在最近二十年，我们有不少关于公共领域（public sphere）的讨论。提出这个概念的德国哲学家尤尔根·哈贝马斯（Jürgen Habermas）并不是专门研究媒介的，但这个概念被广泛应用到关于传播学的学术讨论中，因为这个概念的能指本身涉及大众传播的场所或载体的线性流变，从文学沙龙、咖啡馆、报馆到广播电视均有所涉及，法国的传播政治经济学流派创始人贝尔纳·米涅（Bernard Miège）还特别进行了这种路径的专题论述，并把这个概念延伸到社会法团的在线方式。从有关经济学家关于德国资本主义的莱茵模式即强调工团主义这一特征出发，可以推断哈贝马斯在政治态度上多半是一个民主社会主义者，或者是一个欧盟共和主义者和欧盟联邦主义者。公共领域的操作前提肯定是要有一个黑格尔提出的私有产权的市民社会的存在，再加上德国联邦宪制的宪政制度，从而形成一个可以讨论公共议题的话语空间。

但公共领域这个概念在本土现实语境的操作性如何把握？大概在十年前，当时的社会热点是各种公共事件的媒体曝光，有博士生同学研究 NGO 组织发起的公共议题和大众媒介的互动，推动进展的往往都是在互联网上所激起的广泛而热烈的讨论，那时还没有微博微信，只是以 BBS 论坛为主。当时我们认为这个通过互联网形成的公共空间大概可以被看作虚拟市民社会，就是说通过虚拟空间来完成形式构造的公共领域，后来也在南方经济发达城市中看到这个公共领域从线上还原到线下的具体举措。在这里回顾这个案例的目的是想说明，我们接受的任何一个非本土学术概念，在其应用的实践过程中，必然要经过适应性的改换，有时甚至处于一种起伏状态，有时又会在路径依赖中产生非意图效果。如果用媒介学的话来说，就是媒介和环境共同产生信息，因为包含信息技术、受众形态和扩散方式的媒介域这个宏观系统不仅是一个容器，也是一个酵母。

一、媒介域意味着形式和内容的历时性同步

媒介域这个概念在德布雷的原创性论述中指涉一个较长的历史范围，从口语时代到视听时代，可能有助于启发我们用来进行对比性质的媒介研究，甚至直接切入我们当下的语境。一次在深圳宝安区西乡镇街上一个小饭馆用餐，邻桌有两个小女孩，估计年龄在十岁以下。她们用手机在看直播，在每个直播频道上停留的时间不等，5秒、10秒或20秒。我当时就在想，她们如果以后上大学学习新闻传播学，任课老师如何和她们进行交流？现在有很多传统媒体，十年前是利税大户，今天是入不敷出，从经济学的角度来看是一个产业转型的问题，而从媒介域的角度来看，就是一个媒介和社会产生张力关系的问题。媒介学主张从信息的技术结构来考量如何产生传播的社会关系。在德布雷看来，所有人类社会的群体性符号（宗教、意识形态、文学、艺术等）活动中，人群的组织形式和获取信息、储存信息和流通信息的方式存在相关性，而且是自行演化的。换句话说，一种世界的再现形式可以修饰或改变人们的存在方式，好比你不能想象智能手机出现之前的儿童有同样的媒介接近行为。

按照1956年出生的丹麦学者克劳斯·布鲁恩·延森（Klaus Bruhn Jensen）在《媒介融合：网络传播、大众传播和人际传播的三重维度》中的分析，"媒介"这个概念真正被用于公共层面上讨论学术现象、进而进入大众文化层面是1960年代的事情。至今仍然在写作的法国社会学大师埃德加·莫兰（Edgar Morin）那本脍炙人口的、研究大众文化的圣经《时代精神》（*L'esprit du Temps*）也是在1962年出版的。两年之后就是马歇尔·麦克卢汉那本蜚声世界的《理解媒介：论人的延伸》，媒介技术终于成为社会自我更新或心理化妆的一个技术机制。麦克卢汉的学说今天被界定为媒介环境学派，重在强调技术环境的更新如何改变或改善人们的信息传播方式，从学术特征来看，基本上还是一个现象学的思路，是从对message的直觉来领悟，注重信息界面的技术配置所铺垫的社会效果；而德布雷则强调从mediateur出发，我们为便于理解或避免

直接等同于哲学，把这个一般翻译为"中介者"的词翻译为"媒介者"，因为事实上要指称的对象也是具体的职业群体，如中世纪修道院的抄写员、近代的新闻从业者等。

德布雷的媒介学思想不属于学院派的冥想或推理，而是一个力图与时代对话的左翼知识分子在个人经验和历史演变的互动结构中思考的结晶。参与符号生产和事件生产的相互交织的中介实体和动力程序的关系逻辑是什么？这从他提出"媒介学"的著作思路就可以看出端倪。1979 年出版的《法国知识分子权力》一书最早提出关于媒介学的思考，即具有代言人性质的话语扩散如何构成历史演变的动力机制。1980 年出版的《抄写员》一书论证从事信息传递的职业化路径从中世纪到近代的角色转化。1981 年的《政治理性批判》一书直接把宗教无意识的生成方式作为政治意识形态的基础模式。1991 年问世的《普通媒介学教程》论证媒介学范式的历史路径和思维方式。1992 年的《图像的生与死》和 1993 年的《国家诱惑者》分别从艺术史上视觉主体的观看模式和当代意义上的国家权力的视觉操控论证媒介学的阐释可行性。

德布雷是从总结实践经验的角度来思考作为意识形态的一种理想或一种观念不能仅仅限于在语义学领域的认识，而要把重点放在实践（praxis）层面上。这样我们就有可能不再在知识层面上讨论意识形态究竟是不是一种幻觉、一种错误意识或对真实世界的抽象颠倒的反射。在他看来，意识形态是一种组织手段或集体的化身。以前被认为具有意识形态色彩的活动今天被纳入象征活动或文化活动的范畴，是作用于社会的实体行为，既不轻松也不模糊，不仅有重量感，而且是有机的。

问题就在于，一个事物如果是有机的，那么就必然伴随着一种环境状态的作用而产生变化。这样说来，人类社会有史以来的信息交流的一般性存在状态就不可能是一种纯粹状态，信息流动本身就和体制化、技术化的制度安排联系在一起，由此形成一种历时性的意识形态生产和扩散的技术条件，媒介域对媒介技术发展阶段的历史性区分就从另一个方面界定历史视野中的媒介制度和社会现实的对位关系，我们就不限于仅仅思考人文和社会的互动，同时也把技术变量作为 agency 来考虑。技术配置和主观意图相结合、行为和再现相统一的技术文化同时触摸社会心理的边界，最终从信息的流量呈现方式来测算或确定一个社会共同体的记忆边界和思维边界，或者意识边界。

随着人类生产力发展向信息化过渡，当新媒体由于自身的经济属性而成为新生产力代表时，毋庸置疑地会冲击上层建筑。所以，由于媒介的移动性界面和挪用性潜力的全面扩张，新媒介对社会关系力量的对比结构的影响就显得越来越重要。同时，媒介域本身也并不纯粹，因为它不能完全脱离之前的模式，主要取决于力量关系的角色博弈。这是我们理解媒介域的方法论意义的基本出发点。

二、市场建构的社会理性催生传播学

为什么法国学者会从长时段的历史经验来评估信息传播的社会效果？这究竟是源于他们的启蒙理性的自信还是历史主义的共识？也许两者都有。比如法国传播学家阿芒·马特拉（Armand Mattelart），一个著名的国际左翼传播学者，著作等身，英文版著作就有18本，一直主张用共和理性的公共服务来抵制全球化的商业霸权。他在1994年出版过一本专门研究国际信息传播史的著作《全球传播的起源》（L'invention de la communication）。其中就可以看出他在问题意识方面受到法国史学界年鉴学派的影响，把传播学的缘起和全球史的视角进行交叉组合，形成一个有动力结构的历史叙事。比如他提出传播发明的四条线索，其中有流动社会、普遍的乌托邦、地缘政治和人的量化指标的控制。第一个问题其实就关系到如何通过信息传播的工程性介入，逐步确定威斯特伐利亚和约之后、以工商资产阶级为主导力量的民族国家如何确定社会秩序的信息安排问题。市场经济条件下的人流、物流和信息流的增速，使得传播成为民族-国家的常规议题，同时带动其他学科的跨学科创新。然后是各种新兴学科的问世和加盟，如生理学、心理学、生物学、经济学和社会学等等。各种学科加持并形成知识转换之后，民族-国家的经济增长为社会福利、领土整治的制度安排提供必要条件。从这个角度来看待传播学的出现，可以认定传播学能够在20世纪应运而生，是因为它是19世纪全面奠定的自由经济社会的各种经济基础所催化的一个新的社会发展平台。

传播学者对传播史的这个考察与历史学家的观点是一致的。按照美国史学家丹尼尔·T.罗杰斯（Daniel T. Rodgers）在《大西洋的跨越：进步时代的社会政治》（Atlantic Crossings: Social Politics in Progressive Age）一书中的总结，从19世纪的最后十年开始，也就是史学家一般称之为进步主义时代的历史时期，美国在大西洋另外一边展开的文明竞争，完全以审美的框架来看待大西洋两岸新旧世界的关系，把文化、风俗和时间作为竞争要素。虽然说社会学源于欧洲，先后有英国的斯宾塞、法国的孔德和德国的齐美尔等代表人物，但实际上美国社会各界更主动地意识到社会意识作为一个常量概念如何产生变量，在推动整个社会体制的建构当中，考虑社会性质、身份焦虑、人才意识、人性诉求、竞争心理的变量关系，尤其是注意到工商文明和社会理性的交叉和交锋，使得如"社会经济""社会政治""社会问题"和"社会疑难"等社会学问题的界定在不断试图调试市场资本主义的社会结构本质，这是为什么在美国能够产生传播学的经验功能学派的历史社会学原因。那么是否由此可以推论，美国传播学的经验功能学派的缘起与市场经济背景下的社会秩序的建构是一种平行关系，这需要我们把传播学的兴起和推广放在长时段的历史范畴中来考察。

三、媒介域概念的方法论启示

德布雷的媒介域概念有历史主义的架构，分为三个纵向层次：第一个是逻各斯域（logosphère），即在写作或扩散的时候往往受口语文化影响；第二个是印刷域（graphosphère），即印刷技术把理性灌注在整个象征环境中；第三个是视听域（vidéosphère），即通过视听载体的非强制直播行为的社会化或普遍化。这就是说媒介域的表象是信息技术演变的各种文化效果或社会效果。

总体而言，媒介域是把媒介技术的符号形式和关系结构作为整体来看，从而确定一个信息传播格局的存在方式或存在状态。这个概念涵盖信息和人的传递运输环境，包括知识加工和扩散方式，但也不绝对排除以往的媒介手段和媒介方式。媒介技术的演化是一个不完全是淘汰、而还应该是积累式的过程。媒介域的更新可以改变一种社会秩序或社会关系，因为涉及对信仰机制、信仰方式甚至信仰对象的改变。信息传播技术一旦加盟社会生产力的创新，必然形成新的社会生态。以前的主体、客体的二元对立或精神、物质的二元性都被统一在媒介域的具体维度中，形成一个经济基础和上层建筑的复合体。所以德布雷认为一个符号学现实好比一个物理学变异，一个符号本身并不具有意义，只有对接受者而言才能形成意义。

如果我们把媒介看成一个文化基因，那么媒介中的内容生成、表现形态、传递方式所构成的社会运行轨迹，能够转化成一种社会秩序。对每一代人来说，这种社会秩序帮助他们形成基因模块，同时又不断地对他们进行重新介入。因为人们所接触的信息方式、技术形态是一个变量；已经具有基因模块的人要不断进行重组，即"信息重组"，也是"资源重组"，或者是重新格式化。这种重组要考虑用一些新的信息来进行知识更新。如《银翼杀手 2049》的科幻叙事就不再仅仅是自然语言对现实的转换，而是基因复制的智能人带来的新挑战，让我们不得不思考并直面新的生命政治、行动哲学和历史技术。

这里提出的问题是，信息不再是自在的，信息发送和信息接收成为一个通过信息交换的修饰、修订和修改的过程。在这个媒介域的操作状态中，人本身成为媒介，这一发现才是我们现在面临的一个最大的挑战。任何一次技术革命的背后，实际上是一种主体性质的观念革命，而且在这个过程当中一定会产生新的社会呼唤，因为它涉及我们怎样重新定义象征世界、重新组合社会群体、重新确定信息边界以及重新铸造权力秩序。那么这会不会成为我们正在经历或即将面对的一种现象或一种现实？

由此出发，媒介域这个观念的方法论意义，可以理解为寻找一种把历史主义价值和技术主义价值相结合的方法论体系，并由此产生三点启示，可以帮助我们理解信息传播的新格局。

第一，新的信息文本和已有的制度管控形成一种竞争型互动关系。一方面是因为新兴媒体的移动性、变异性和接近性等技术性能可以无限释放人的信息欲望，这不仅源于信息消费能力的爆炸式增长，也源于信息自恋情结的海量释放。后者决定被传播的信息的可传播性，因此这种人性化的信息能力不断冲击信息管理的规章制度。什么信息可以被传播，什么信息可以被接受，并不完全是个人意愿就可以决定的，而是一种社会环境的制度选择。这里面可能涉及的议题是新兴媒体技术格局下的信息频道和社会人群的组合关系，粗略说来有两种可能性：从机械唯物主义的角度来说，社会分工本身产生社会分化，必然导致人群分化，由此形成信息趣味的圈层性；从心理现实主义的角度来说，人们的信息趣味并不必然等同于社会身份的定位，而只是一种主观态度的表达。

第二，信息算法的指数风险。不同的社会群体由于年龄、性别或教育等的原因而具有不同的媒介使用爱好。基于媒介近用的习惯差异，受众的分化状态或分化形式往往从属于媒体产业的经营路标。从传统媒体的经营策略来说，要寻求目标群体的定位、确定信息覆盖的成本、测算信息参与的概率，这种算法往往局限于传统媒体技术的传播路径或传播半径。而新兴媒体的产业经营通过虚拟空间来完成，品牌建构的先声夺人和黏性时间的诱惑机制更加突出信息的消费性质，这种信息算法正在通过对人文社会性质的新闻领域的侵蚀来引导一种后新闻、后真相意义的认知博弈。

第三，技术挪用主导意义阐释。新信息的接入会首先利用新的媒体技术，新观念的活力取决于和新媒介技术的黏合性。也就是说，新信息更接近新技术，二者黏合在一起，就形成新的话语方式或舆论形态，这里面不仅有阶层化、性别化、区域化、行业化的信息链接，也有信息接力的扩散效应所冲撞的管理禁忌。而对未来的信息化社会的冲击波未知数在于，人类社会如何在信息过程的个性化和信息内容的标准化当中进行取舍，并由此导致一种什么样的社会关系和社会环境。

（原载于《国际新闻界》2018年第2期）

追忆消逝的网站：
互联网记忆、媒介传记与网站历史

■ 吴世文　杨国斌

作为互联网最早发展起来的应用之一，网站并不是经久不变的技术形态。有些网站会出于各种原因而关闭、消失。在中国，网站的消逝是一个不可忽视的社会现象。从统计数字看，中国网站大量消失的现象出现在 2010 年 6 月，网站减少到 279 万个，比 2009 年底减少 13.7%。[①] 到 2010 年 12 月，网站数降到 191 万个（比 2009 年减少 40.8%），这一数字在 2011 年 6 月继续降至 183 万个（比 2010 年底减少 4.2%）。[②] 此外，2014 年 6 月的网站数比 2013 年底减少 14.7%（47 万个）。[③] 可见，消逝的网站不在少数。

如果我们把网站看作是互联网历史的一部分，那么消逝的网站就如同互联网历史这本大书中的"缺页"。如何在互联网历史的书写中挽救那些"缺页"，并通过对"缺页"的研究来补充、修正和完善互联网历史，是值得关注的问题。消逝的网站，正因为它们消失，所以缺少资料，给研究造成困难。但有些网站在消失之后，却在人们的记忆中存活下来，并通过记忆叙事在网络空间得以表达和流传。因此，关于消逝的网站的记忆，便成为研究网络历史"缺页"的宝贵资料。通过对记忆叙事的分析，可以研究什么样的网站被记忆，为什么会被记忆，又是如何被记忆的。

关于消逝的网站的记忆，不仅能够丰富网络历史的研究，而且也是媒介记忆研究的重要议题。[1] 媒介记忆研究方面，成果较多的是关于电视的记忆。如马修斯通过对美国第一代在童年接触有线电视和录像机的人们的记忆的研究[2]，

[①] 中国互联网络信息中心. 第 26 次中国互联网络发展状况统计报告.
[②] 中国互联网络信息中心. 第 28 次中国互联网络发展状况统计报告.
[③] 中国互联网络信息中心. 第 37 次中国互联网络发展状况统计报告.

发现有线电视和录像机对塑造这代人的自我认同有长时期的影响。布尔东对法国人看电视的记忆的研究，发现电视对社会的影响既不是破坏性的[3]，也不是总像大型媒介事件那样对社会起到整体的整合作用[4]。相反，布尔东发现，电视的社会影响介乎以上两个极端之间。人们记忆中的电视，深深嵌入日常生活和家庭生活，看电视是家庭生活的重要内容。

在媒介记忆的研究中，缺少关于互联网记忆的研究。而在互联网发展的历史上，有关互联网的记忆叙事，一直都存在。如网民对有些关闭的网站，在网上发帖表示怀念，即属于记忆叙事。本文通过分析250余篇网友回忆277个消逝的网站的文章，探讨网友记忆什么网站，为何记忆，以何种方式记忆等问题。

通过探讨关于消逝的网站的记忆叙事，本文发现，网友回忆较多的，是创办较早的网站，特别是早期出现的BBS论坛和在线社区，以及因意识形态原因而关闭的网站。在回忆的内容方面，消逝的网站在网友记忆中是有生命的个体，网友对网站的回忆，常常夹伴着对自己的网络生活的回忆。因此可以说，他们通过回忆，不仅为网站立传，而且书写了个人的网站生活、友谊与青春岁月。另外，网友在回忆中也同时追忆了变迁的时代，怀念中国互联网的"黄金时代"，并表达了对当下互联网发展的批判与期待。

以上经验研究的发现，对媒介历史、媒介传记和媒介记忆三方面的研究都有一定的理论意义。从媒介历史的角度看，本文首次从消逝的网站的角度探讨中国互联网网站的历史，通过对互联网历史的"缺页"的研究，呈现出有关互联网历史的替代性叙事，拓宽了互联网和新媒体研究的视野。从媒介传记角度看，本文印证了媒介传记的视角同样适用于对网站的分析，同时也拓展了媒介传记的分析方法，发现关于媒介的传记性记忆也是关于记忆者本人的自传性叙事。最后，从媒介记忆角度看，本文开拓了中国互联网的记忆研究，发现中国网民对互联网的记忆偏重早期的BBS和论坛，最怀念的是早期互联网的相对开放的环境。

一、互联网历史研究与消逝的网站

互联网历史与网站历史，是近年来渐次勃兴的话题。[5]布鲁格认为，未来的历史学家理解当下的时代，也必须研究互联网历史。[6]安科尔森基于与广播电视史学（broadcast historiography）的比较，指出书写网站历史需要解决权力、保存以及"易消逝的媒介"(ephemeral media)带来的挑战。[7]新近出版的全球互联网历史研究手册,强调去美国中心化的、全球互联网历史书写的重要性。[8]阿巴特呼吁从技术、使用与地方性经验的维度重新定义互联网,把互联网视为一个"形容词"而不是一个名词,采用"互联网的历史"("internet histories")取代"互联网历史"("histories of the internet"),开启新的互联网历史研究。[9]

和报纸可以被用来了解过去一样,网站也是我们了解过去的媒介。网站历史讲述了网络、媒介以及文化或政治相关历史的故事。[10]由于网站以数字形态存在,而且数据量庞大,因此,不少研究者关注如何保存网站以作为研究网站历史的档案。萨马尔等人探索收集未被归档的网站的方法。[11]罗杰斯从技术及其实践的角度指出,截屏存档(screencast documentaries)不失为研究网站历史的一种可行方法。[12]本·戴维和赫德曼则提出"以搜索作为研究"的方法("search as research" method)保存网站。[13]

对于早期或已消逝的网站,有论者提出应当注重从媒介考古学的角度发掘与保存实物,从而在物理上延续网站。① 互联网档案馆(the internet archive)、数字博物馆和百度快照等亦被用来保存网站或网页。不过,由于保存的网站区别于正常运行的网站,因此,研究者开始反思二者的关系,以及如何利用保存的网站。[14]对于保存的网站历史数据,其作为新近的数据("young" data)的隐私与伦理问题也引起了关注。[15]

对于互联网历史研究,艾伦通过分析有关互联网发展阶段(web 1.0、web 2.0等)的话语(the discourse of versions)对网站历史研究的宰制,批判性地提出,可以通过考察网络用户对互联网的日常记忆来研究互联网历史。[16]从社会记忆角度研究网站历史的意义,在于网民对消逝的网站的记忆提供了一种自下而上的、经验的和个体的视角,弥补了政府叙事与大众媒介报道只见技术、媒介或商业,而不见鲜活的个体的问题,提供了一种互联网发展的替代性历史,从而呈现多维的互联网历史。此外,网友的记忆保存了网站历史的史料,能够还原互联网历史中的"片段"。这些"片段"突出了互联网发展过程中的中断,而不是连续性,也在一定程度上弥补了线性互联网史观的不足。[17]

---

① 404 History Not Found: Challenges in Internet History and Memory Studies. http://aoir.org/aoir2016/preconference-workshops/#history. 2017-08-05.

本文获取与保存了网络空间中消逝的网站的故事。网站承载着符号内容，以数码形态存在于互联网空间中，是无形的媒介，区别于书籍、报纸、广播、电视等有形的媒介。网站消逝之后，随着相关的信息丢失，网站会难觅踪迹并被遗忘。本文获取了消逝的网站的故事。这些故事散落于在线论坛、网络社区、博客和微博，是中国互联网发展历史的档案材料。它们与以社会调查法、访谈法以及口述史方法获取的材料不同，是"原汁原味"的。它们亦不同于藏于图书馆的档案，其本身是易逝的，而且很多已经消失，尚存的也面临随时消失的危险。因此，检索这些资料，是一个"保存历史"的过程。

二、媒介记忆、媒介传记与记忆文体

（一）媒介记忆与互联网记忆

记忆一旦诉诸表达，便具有了社会属性[18]，成为集体记忆或社会记忆。① 因此，关于消逝的网站的记忆叙事，是具有社会性的集体记忆。对消逝网站的记忆分析，便可从相关的集体记忆研究中获得理论资源，并为集体记忆理论提供新的素材。在全球化深入推进和新传播技术快速发展的当下，集体记忆正在发生深刻的变化。这突出表现在全球数字记忆场域形成[19]，大众文化成为一种记忆机制[20]，技术成为建构记忆的行动者[21]。不断革新的媒介技术通过改变储存和传播记忆的方式[22]，给集体记忆带来了显著的变化。尤其是，得益于技术赋权，新媒体用户通过现场见证和在线保存记录，生产了大量的数字记忆，在记忆重大的突发性事件中扮演着越来越重要的角色。[23]

网民生产的民间记忆，形成与官方叙事和主流媒体记忆相并存、相竞争的格局。例如，人们利用数字"文革"博物馆等新的记忆载体，生产出了不同于官方的"文革"叙事。[24]民间记忆参与建构集体记忆，进而与官方的记忆进行竞争和对话。[25]有时，网民利用互联网争夺书写历史的话语权。[26]当然，网民之间也会围绕某些话题展开争夺，例如争夺南京大屠杀的维基百科导言。[27]

总之，在"大众自传播"［mass (self-) communication］生态中[28]，个体

---

① 关于集体记忆和社会记忆的概念，学界多有争论。有学者认为，集体记忆中的"集体"，夸大了记忆的共性，忽略了记忆的多样性，倡导用"社会记忆"的概念代替"集体记忆"。本文无意介入以上的论争，沿袭了记忆社会学中常用的"集体记忆"概念。关于相关争论，见 OLICK J K, ROBBINS J. Social memory studies: from "collective memory" to the historical sociology of mnemonic practices. Review of Sociology, 1998, 24 (1): 105-140.

生产的记忆内容正在成为集体记忆的来源,个体也由此参与历史写作,实现了历史书写的公共参与[29]。对于官方和主流媒体有意遮蔽或无意中忽略的议题,个体记忆是书写其历史的替代性资源,也是对抗遗忘的手段。由于官方和主流媒体很少记忆消逝的网站,因此,作为民间记忆的网友回忆补救了网站历史的"缺失"。

媒介记忆(media memory)研究既是集体记忆研究的重要议题,也在传播学领域自成一支。[30]它关注利用或通过媒介对共同的过去的记忆,以及有关媒介的记忆(about the media)。[31]媒介记忆是社会和政治变迁的指标,但针对一种特定媒介的记忆是复杂的。特恩希尔(Sue Turnbull)和汉森(Stephanie Hanson)指出,理解有关电视的记忆,不仅需要将其置于作为社会机构的家庭的情境中理解,而且需要基于更宽泛的日常生活场域来理解电视记忆的形成。[32]

媒介记忆因人们使用媒介而产生,因此,它关注个体与媒介的交往。在这个意义上,媒介记忆既包括有关媒介的记忆,也是有关回忆者的记忆,具有媒介传记和回忆者自传的双重性质。媒介记忆研究关注媒介历史的话题。达里安-史密斯(Darian-Smith)和特恩希尔编辑了《记忆电视:历史、技术与记忆》(*Remembering Television*:*Histories*,*Technologies*,*Memories*)一书,探讨了自 1950 年代以来,电视在澳大利亚和新西兰发展并影响社会的历史,以及人们对电视的记忆。[33]布尔东进一步指出,有必要把个体生命故事与媒介历史研究结合起来,这虽然具有一定的难度,但是可以通过关注观众接收媒介的历史(a history of reception)来建立连接。[34]

如前文所述,关于媒介作为记忆的中介的研究已有很多,但是,有关媒介的记忆的研究还显得不足。[35]近来,由于技术带来的改变,尤其是互联网的发展与数字记忆的出现,人们越来越关注媒介记忆的问题。[36]不过,对受众的媒介传记("media biographies" of audiences)的研究仍是不够。[37]这呼唤从媒介接收的角度开展媒介记忆的研究,从网友的视角开展互联网记忆研究。

媒介记忆研究,近年来在国内也开始受到关注。其中,大众媒介和公众对新闻媒体与新闻人的记忆是热门话题。例如,郭恩强探讨新闻界对《大公报》百年的纪念[38]、白红义考察报人江艺平退休的纪念话语[39],陈楚洁探究媒体对前央视台长杨伟光逝世的纪念[40]、李红涛剖析报业"黄金时代"的媒体记忆[41],等等。针对频发的新媒体事件,张志安、钟智锦、周葆华等研究大众媒介与网民对事件的记忆[42]。不过，对于网民的参与和体验如何影响其数字记忆，网友如何记忆消逝的网站等命题，相关研究尚付阙如。本文首次从媒介记忆角度探讨网站历史，给媒介记忆研究带来了新的内容。

（二）媒介传记与记忆文体

记忆的表达依赖于各种媒介载体和文体。[43]媒介和文体不同，意义也会有所不同。比如纪念碑、纪念馆有别于回忆录，而长篇的回忆录又不同于短小的回忆性散文。而不论是纪念碑还是回忆录，又都与老照片等影像资料有所不同。上述记忆媒介、文体的另外一个区别是，它们具有不同的合法性和权威性。纪念碑、纪念馆，往往由国家和政府支持建造，具有官方色彩和历史叙事的合法性。《人民日报》等党媒发布的讣告和悼文，同样具有浓郁的官方色彩和权威性。

在回忆类的文体中，讣告和悼文最为哀恸，其内容和形式往往反映出社会和写作者的价值取向。例如，在美国文化中，报纸经常刊载普通人的讣告。[44]当然，见报的讣告会体现出阶级差异。[45]有研究发现，在中国，报纸只刊登公众人物（尤其是国家领导人）的讣告，而且男性多于女性。[46]

传记和自传是重要的记忆文体。人类学家有对物体开展传记式研究的传统[47]，他们将物体作为像人一样有生命历程的"有机体"对待。媒介传记的方法在媒介历史的研究中也有所应用。亨迪探讨了媒介从业者的个人生命史[48]，勒萨热和纳塔利分别研究作为有生命的媒介技术的传记[49]。勒萨热以photoshop为例研究指出，采用传记的方法把媒介视为事物或媒介物（media-things），能够从媒介考古学中获得启发。而媒介考古学的目标是"找出那些被遗忘的或藏匿的、从属的媒介话语、技术和实践"[50]。

在研究媒介传记时，纳塔利进一步指出，"当我们试图讨论媒介变化的历史时，媒介诞生、成熟、衰老和死亡等生物节点和生活事件常常被纳入叙事结构之中"[51]。因此，"通过与个人的生命故事类比，能够给媒介传记的概念提供关联与意义，并鼓励我们重新审视媒介在特定的历史叙事中如何成为一个个角色"[52]。本文则发现，在为媒介立传时，作为"亲历者"的使用者会带入自身的视角，从而赋予媒介传记以自传的性质。

自传式记忆是一种特殊的记忆类型，与人们回忆过往的生活的能力有关。[53]个体之所以开展自传式记忆，情感是一个重要的影响因素，过去的事件曾激起回忆者强烈的情绪反应，则更容易被记起，而回忆者回忆时的情绪也会影响其回忆。[54]自传式记忆基于个体的经验而展开，具有如下属性：个体通过记忆复活了过去的经验或经历，可视化的图像更容易引起记忆者的回忆，回忆者相信自己的回忆是真实的，等等。[55]虽然对于回忆者来说，他们相信自己的记忆是真实的，但是自传式记忆的准确性是一大问题。有研究指出，距离回忆时间越近的事件，其出错的可能性越低。[56]

记忆叙事在媒介和文体方面的多样性，说明我们在研究关于消逝网站的记忆的时候，有必要注意这些方面的特点。

三、资料收集方法与分析过程

本文收集资料的方法与过程如下。第一步，基于前期研究和在百度与谷歌中搜索"消失/消逝的网站"的结果，列出消逝的网站的初步名录。第二步，在2016年5月9日至13日集中检索资料，使用关键词"回忆/记忆/怀念/悼念/纪念/想念＋网站名称"于百度、谷歌、新浪微博、天涯论坛、百度贴吧、豆瓣小组中分别检索。第三步，循着已找到的线索，采用滚雪球的方法补充检索。第四步，补充收集媒体报道和网络专题，求证有争议的资料的真伪。第五步，删除主题不明确或表达不清晰的资料。本文最终获得成篇的记忆文章133篇，不成篇章的文字120节（包括关闭公告与讣告23篇/节），共提及网站277个。需要指出的是，部分媒体报道保存了网友的记忆，因此，本文引述这些报道，将其作为佐证性的材料使用。总体上看，本文处理了综合性的材料，但以网友的记忆为主。

上述资料收集方法所得，偏重有影响的网站和使用关键词搜索易于获得的回忆文章，小型网站容易遗漏。不过，这不会影响本文的分析。一方面，网友对网站的记忆散落在网络空间，无法穷尽，而且有些已经丢失，无法全部获得。[57]另一方面，本文无意揭示所有消逝的网站的历史，而是从我们所关注的理论问题出发，分析探讨关于消逝的网站的记忆叙事如何形成新的媒介，又呈现出哪些内容。从这个角度来看，我们收集到的样本，为我们的分析提供了较为充足的资料来源。

本文遵循如下过程开展资料分析：首先，两位研究者分别阅读文本，根据事先议定的研究提纲独立分析。然后，进一步讨论完善提纲，并结合各自的分析"求同存异"，重点讨论分歧之处。在必要时，回到文本，反复阅读，直至达成共识。

四、为消逝的网站"立传"

研究媒介传记的学者勒萨热和纳塔利发现关于媒介变化的叙事结构，类似于关于人的生命历程的叙事结构，因此他们认为可以用媒介传记的视角来分析媒介的变化。本文分析发现，关于消逝网站的记忆叙事，也具有明显的媒介传记特征。消逝的网站，如同逝去的生命，被哀悼和纪念。记忆者往往对网站的早逝或原因不明的关闭表示痛惜之情。这类传记体的叙事有的庄严，有的随意，有的哀怨，但都满怀深情，给早期中国网站的历史涂上了悲剧性的"人生"色彩。

（一）哀悼与追忆逝去的网站

消逝的网站虽多，但引起网友回忆的却是少数。我们收集到的资料显示，具有如下属性的网站被回忆得较多：一是创办较早的网站，如北京大学的 BBS 一塌糊涂和网易社区，都是 20 世纪 90 年代后期创办。二是 BBS 论坛和在线社区，除刚刚提到的一塌糊涂、网易社区外，还有南京大学的 BBS 小百合、清华大学的 BBS 水木清华、猫扑社区、西祠胡同社区，等等。三是因意识形态原因而关闭的网站。如表 5-8 所示，网站关闭的原因很多，有的涉及版权纠纷，有的是在"扫黄打非"等净网运动中关闭，还有的是因为技术进步造成网站形态更迭，导致部分旧的网站消逝。经营困难和人事变动等内部问题也会导致网站关闭。

创办较早的 BBS 论坛和在线社区以及因意识形态原因而被关闭的网站，网友回忆较多，究其根本，是因为这些网站曾经给早期网民提供了两种重要的精神寄托。一种是网络社区所提供的个人归属感，另一种是时事论坛和社区提供的言论空间。这在下文的内容分析中，可以看得更为清楚。

表 5-8　　　　　　　　被网友追忆较多的网站（举例）

网站名称	功能类型	创办年份	关闭年份	关闭原因	追忆文章篇数
一塌糊涂	北京大学 BBS	1999	2004	意识形态原因	23
牛博网	博客网站	2006	2009	意识形态原因	17
网易社区	在线社区	1997	2012	技术进步带来功能革新与形态更迭	12
		1999	2016		
人人影视	影视字幕网站	2006	2014	版权问题、政策原因	12

续前表

网站名称	功能类型	创办年份	关闭年份	关闭原因	追忆文章篇数
8u8.com	提供免费个人空间的网站	1999	2004	内容违规（黄色内容）	11
射手网	影视字幕网站	2000	2014	版权问题、政策原因	7
小百合	南京大学BBS	1997	2005	政策原因	6
百度空间	在线社区	2006	2015	内部问题（迁入百度云）	7
猫扑	在线社区	1997	2004年与2012年两度变更所有权、2006年曾转型成为门户网站	内部问题（所有权变更并大改版）	8
西祠胡同	在线社区	1998	2000年、2015年两度变更所有权	内部问题（所有权变更并大改版）	8
世纪中国	在线社区	2000	2006	意识形态原因	4
水木清华	清华大学BBS	1995	2005	政策原因	15
闪客帝国	专业性（兴趣类）网站（Flash网站）	1999	2009	内部问题（经营困难）	5
Chinaren	在线社区	1999	2012	内部问题（所有权变更后经营调整）	4
中国博客网	博客平台	2002	2013	内部问题、形态更迭	3
大旗网	综合性网站（论坛聚合网站）	2006	2015	内部问题（经营困难），形态更迭	6
瀛海威	综合性网站	1995	2004	内部问题（经营困难）	5
爱枣报	新闻博客	2007	2011	意识形态原因、内部问题	4
FM365	门户网站	2000	2004	内部问题（经营困难，域名被抢注）	6

对于消逝的网站，网友依照悼念"逝者"的仪式来哀悼它们，因此悼念类文体使用频繁。在本文收集到的资料中，共有 23 份为 22 个网站所撰写的关闭公告与讣告。他们有的为网站写悼词，如在悼念水木清华 BBS 的文章中，网友写了六节悼词追悼消逝的版面。[1] 有的则呼吁为网站默哀，如世纪学堂的堂主（版主）呼吁网友在 2006 年 7 月 25 日至 27 日为学堂"默哀"。[2] 还有的发起祭奠活动，如水木清华 BBS 大改版后，清华大学师生进行了公祭。[3] 用哀悼死者的文体来哀悼网站，说明网站在人们心中的重要位置。

哀悼传达着人们悲伤的情绪。网友在哀悼中表达哀伤，也透着对网站的依恋。例如，在《哀悼百度空间》一文中，网友写道："多事的春夜，多情的春雨，怀念百度空间那一篇篇有血有肉的文字，却不肯去点开去浏览，怕触了情伤了心又落泪。清明节刚过，那就再过一次清明节，为将断气的百度空间送别哀悼，一路走好！！！"[4]

（二）记忆中"有生命的"网站

在网友的记忆中，消逝的网站是"有生命的"。他们对逝去的生命的记忆，是情感化的记忆。人们常常用拟人化的称谓指称网站。例如，把网站亲切地称为"你"，"你去得突然，我想这一定非你所愿，许是你有你的不便与无奈……我不敢说我会在这里等你多久，但我会永远地怀念你。"[5] "没人能取代记忆中的你，和那段青春岁月一路，一路我们曾携手并肩，用汗和泪写下永远。"[6] "她"也被用来称呼网站。例如，网友在纪念文学网站"听草阁"时写道："听草阁，我接触到的第一个文学网站。如今她关闭了。原因不明。我无数次想写些什

---

[1] mopper163. 水木已死.（2005 - 10 - 17）［2017 - 01 - 02］. http：//blog. csdn. net/mopper163/article/details/507952.

[2] 萧锐博客二世. 重要通知：世纪中国系列论坛今日关闭.［2017 - 01 - 02］. http：//xiaorui-1982. blog. 163. com/blog/static/13163671520091027644374.

[3] mopper163. 水木已死.（2005 - 10 - 17）［2017 - 01 - 02］. http：//blog. csdn. net/mopper163/article/details/507952.

[4] 唯一海阔天空. 哀悼百度空间.（2015 - 04 - 07）.［2017 - 12 - 12］. http：//tieba. baidu. com/p/3686314548.

[5] 绿杯 2010. 怀念竹露.（2011 - 05 - 26）.［2016 - 12 - 25］. http：//bbs. tianya. cn/post-5185-2259-1. shtml.

[6] 岳清.［绿茵天下］没有想到，真的没有想到，怀念，我很怀念。。.（2008 - 06 - 04）.［2016 - 12 - 28］. http：//bbs. tianya. cn/post-fans-125113-1. shtml.

么来纪念她，心有千言下手无序。从另一种意义上讲，听草阁即使永远地关闭了，也是一种成功，因为她已经如此深刻地被我们记忆"①。网站还被等同于"爱人"，在怀念文学网站"竹露荷风"时，有网友认为"如同怀念一个爱人"②。

在网友看来，网站作为"朋友"，"陪伴"自己度过了难忘的年月。"我同'黔山缘'自从认识后就一直形影不离。它伴我走过了01，和我一同进入了02，又拉着我一块踏进了03，然后几乎没有一天不与我相伴地陪我跨入了04，直到今天。"③ 网站还被网友称作"老师"。"很长一段时间里，牛博网都是我的政治兼语文老师。谢谢老罗，谢谢牛博。"④ 还有网站被网友誉为"先烈"⑤ "猛士"⑥ 等。

在网友的记忆中，网站经历了孩提、少年、青年、中老年等生命过程，是一个个有着不同年龄的"生命体"。"好听网"是网友眼中的"好孩子"，"今天（12月28日）早上，照例打开常进的音乐门户'好听音乐网'，结果出现一个通告栏，一个跟大家分别的通告。……一个好孩子的离去，总会是让人们怀念的"⑦。一塌糊涂BBS是"小姑娘"，"作为姥姥不亲舅舅不爱，没有婆家形影相吊的一个不满5岁却又闻名天下的小小小小姑娘来说，能够一步步发展起来是相当不容易的"⑧。此外，网友记忆的网站是有性别的，以女性居多。例如，微博名为"帮帮那个主"的男网友写道："人人是我的初恋。"⑨ 分析个中缘由，

---

① dingdingd2005. 怀念曾经的 BBS——听草阁．（2005 - 09 - 23）．[2016 - 12 - 26]．http：//bbs. tianya. cn/post-no16-57109-1. shtml.
② 绿杯2010. 怀念竹露．（2011 - 05 - 26）．[2016 - 12 - 25]．http：//bbs. tianya. cn/post-5185-2259-1. shtml.
③ 含笑花．[心情乱弹] 贵州最大的同志网站就要关闭了．（2004 - 02 - 28）．[2016 - 12 - 30]．http：//bbs. tianya. cn/post-motss-35809-1. shtml.
④ 张东锋，张嘉．牛博网关闭国际站走入历史．南方都市报，2013 - 07 - 06（AA12）．
⑤ 阑夕．18年，中国互联网的产品墓场．（2013 - 08 - 23）．[2016 - 12 - 29]．https：//www. huxiu. com/article/19147/1. html.
⑥ 菜菜子．一个时代的起落，纪念人人影视．（2015 - 12 - 26）．[2017 - 01 - 12]．http：//huabao. duowan. com/detail/585. html.
⑦ 被封杀1年．那个音乐网站终于也走了，谨以此文纪念．（2010 - 12 - 30）．[2016 - 12 - 30]．http：//bbs. tianya. cn/post-develop-542829-1. shtml.
⑧ 彼得堡的大师．写在一塌糊涂关站一周年．（2013 - 09 - 12）．[2016 - 12 - 30]．https：//www. douban. com/note/236442130/.
⑨ 新浪微博"@人人影视字幕分享"．离别．（2014 - 12 - 20）．[2017 - 01 - 01]．http：//weibo. com/16606 46684/BBGfrqQVG？type＝comment＃_rnd1468122764581.

这与中国互联网的早期用户以男性网民居多有关。[①]

以上可见，网友对网站投入了很多情感，对网站的消逝感到悲伤。

（三）记录网站的"生命轨迹"

人类学者考皮托夫曾写到，当我们为物（things）来立传的时候，"我们会像为人立传那样来问：从社会层面看，该物体有哪些可能的'生命轨迹'？这些'生命轨迹'又是怎样实现的？"[58]我们从这个角度来审视关于消逝网站的记忆叙事，发现网站记忆叙事具有明显的传记性特征，表现在对网站生命轨迹的记忆。网友在回忆中记录了网站诞生、成熟、衰老和死亡等"生命事件"，仿佛在为消逝的网站立传。

在对网站的生命轨迹的记述中，网友回忆网站生日、忌日或周年（诞辰）最多。网站的生卒年月，犹如人的生卒日期一样，是生命的起始，在生命事件中占据着重要位置。网友较多地回忆消逝的网站的生命起始，折射出对这一生命事件的重视。例如，对一塌糊涂BBS的记忆中，网友写道："被关时（笔者注：2004年9月13日），它还有四天就要过五岁生日。五年来，'一塌糊涂'从日常上站人数仅一两百人，发展到注册网友超过30万、拥有讨论区700多个、最高同时在线21 390人的规模，成为教育网中在线人数最多的BBS，成为中国高校民间BBS的代表、深受学生青年以至海内外华人喜爱的网络社区。"[②]

周年（诞辰）是人们追忆逝者的重要契机，也是激起网友记忆的一个时间节点，因此被较多地回忆。在提供免费个人空间的网站8u8.com诞辰15周年，名为"苹果—九把刀"的网友温情地追忆道："8u8.com，全称深圳市发又发网络有限公司，粗俗的名字下，打造了一个早期中国站长发展平台。2000年起，8u8提供个人主页服务。它所提供的个人主页空间虽不大，却拥有百万用户之多。"[③]

与生日、忌日或周年（诞辰）相比，网友对消逝的网站的成熟与衰老回忆

[①] 第3次《中国互联网络发展状况统计报告》显示，截至1998年12月31日，我国上网用户数210万，男性占86%，女性占14%。此后，女性用户数逐步上升，但男性用户仍占据着优势。例如，第9次《中国互联网络发展状况统计报告》显示，截至2001年12月31日，男性占60.0%，女性占40.0%。

[②] hotiron. [杂文] 滕彪：为什么要捍卫"一塌糊涂"？（转载）. (2005-09-15). [2017-01-03]. http：//bbs.tianya.cn/post-77-543939-1.shtml.

[③] 苹果—九把刀. 在8u8, 15周年之际, 再怀念一下. (2014-12-20). [2016-12-22]. https：//www.douban.com/note/472920671/.

较少,这主要是因为,不少网站的消逝不是一个自然的衰老过程,而可能是突然被关闭(早逝或"夭折"),不少网站的消逝是一个偶然事件。同时,不少消逝的网站也未经历成熟期,而且有些成熟期不容易辨识。这意味着记忆具有选择性,网友选择性地记忆了网站重要的生命轨迹。这些生命轨迹是网站传记的重要组成部分,是传记性质的轨迹。

网友记录的网站的生命轨迹呈现如下特征:一是很多网站的生命轨迹并不平坦,经历了起伏涨落。例如,牛博网经历了关闭、重开,再被关闭、重开,最终被关闭的反复过程,被形象地称为"开关厂"。这种起落跟中国社会转型与互联网产业发展的起伏相关。二是网站的生命轨迹是非连续的和非线性的。这一方面表现为网友较多地追忆网站发展中的重要节点,例如生卒日期和诞辰等。另一方面表现为网友记录网站发展的大事记,是一种基于事件的记忆。大事记记忆类似于电视记忆中的镁光灯记忆(flashbulb memory)[59],重在叙述网站的辉煌事迹,也是网站重要的生命轨迹。例如,牛博网为山西黑砖窑事件中的获救窑工组织捐款活动,等等。① 这似乎是为网站撰写"生平事迹",突出了网站生命中的闪光点。三是某一类型的网站,因受到宏观政策或技术因素的影响,呈现出共同的生命轨迹。例如校园 BBS 因教育部推行实名制以及社会化在线论坛的发展而转型或消逝,思想文化类网站因意识形态原因而被集中关闭,涉及版权纠纷的视听类网站与下载类网站因集中整治而集体消逝,等等。

在记录网站生命轨迹的同时,网友还对网站进行评价,界定其历史方位。因此,出现了诸多评价性的回忆。这些评价犹如人物传记界定"传主"的历史方位或社会坐标,颇有"盖棺定论"的意味。网友在记忆中常常高度评价网站。例如,清韵书院(www.qingyun.com)"创建于 1998 年 2 月,是一个以文化为主题的互联网网站,自创办以来,一直深受海内外对中国文化与历史有兴趣的读者喜爱,被公认为中文网上最有影响力的文化站点和中文原创基地之一"②。网友还将消逝的网站界定为"圣地",一塌糊涂 BBS 是"理想主义者的圣地"③,

---

① wetpaint. 牛博网被封. (2010-02-04). [2017-08-01]. https://www.douban.com/note/59175749/.

② 红孩儿. 清韵书院. (2010-10-08). [2017-07-23]. https://www.douban.com/note/94364994/.

③ 柴生. 纪念一塌糊涂 BBS. (2009-06-26). [2017-01-01]. http://bbs.tianya.cn/post-develop-290182-1.shtml.

牛博网是"启蒙圣地"①。"圣地"承载着网友对消逝的网站的诸多想象,也折射出网站在网友心中的地位。

五、回忆者的自传式记忆

勒萨热和纳塔利等学者的媒介传记研究,着眼点是对媒介的传记特征的分析。然而,我们在搜集的记忆叙事中发现,作为网站的"亲历者",网友不仅在回忆中为消逝的网站立传,也开展了自传式回忆,回忆自己与网站交往的故事、网站生活与朋友、青春岁月和网络成长史等。这说明,网站、网页绝不是简单的技术和媒介形态,而是与使用者的日常生活紧紧地交织在一起,从而使得网站的历史同时也成为一代人成长的历史。

关于消逝网站的自传式回忆,集中在三个方面。一是对个人网络生活的记忆,二是对友谊的记忆,三是对青春的记忆。相比来说,对家庭生活、父母、学校和工作的记忆反而很少。一般来说,自传性的作品都会对家庭生活、学校和工作做较多叙述。当关于网站的自传性记忆避开这些话题的时候,也许间接回答了互联网研究中一直存在的一个问题:人们上网的目的是什么?刘凤淑在研究中国年轻人使用网络的论著中曾经提出,网络给面对现实中家庭、教育和工作各方面压力太大的年轻人提供了更为放松和相对自由的空间。[60]也许正是因为同样的原因,我们搜集的记忆叙事里,记忆者谈到自己的生活时才很少谈家庭、教育和工作。他们怀念的是网络上的快乐、友谊和逝去的青春。

(一)追忆快乐的网络生活

在关于消逝网站的记忆中,夹杂着很多个人网络生活的记忆。相对于哀悼网站的消逝而言,个人网络生活的记忆充满美好。这包括上网带来的兴奋、在BBS论坛发帖带来的表达的喜悦以及在网站中相遇的热情。例如,有网友写道:"当时整个西安的BBS圈仅只有一个女性站友,叫Chen Bo(陈博),她在BBS圈子里的知名度那时很大。这种奇特的现象在各地基本都一样,我上深圳晨星BBS的时候,那里竟然没有一个女站友,当我介绍Cat Sun这个MM上这个BBS后,曾经引起BBS上的一阵骚乱,大家争先恐后跑去冲着MM笑一笑……"②

---

① 李岩,吴达,张文宇.一种情怀的勃发与殆尽:牛博往事,博客天下(133).2013-08-05.
② 月光.CFIDO BBS回忆录,世界上最早的BBS和马化腾的站长.(2010-02-26).[2017-08-03]. http://www.williamlong.info/archives/2099.html.

这里刻骨铭心的记忆，是因为作者在论坛上发现了自我表达的空间，并体验了在论坛上发帖的快乐。这种体验使得网友在回忆中对网站的消逝感到悲伤与惋惜，而在回忆网站生活时倾向于追忆其中的"激情与欢乐"。例如，有人写道："我想起了我的 1998，想起了最初第一次在同志网站聊天的日子。那时大学刚刚毕业，百无聊赖的我在网上浩如烟海的信息中发现了这里——花醉红尘……每天下班后，我就会坐上 232 路公交车用半个小时的时间到达网吧，然后充满热情地与网友聊天。"①

从回忆的内容来看，网络生活所带来的愉悦，源于交流与表达。

（二）怀念网站中的朋友

网站绝不仅仅是电脑屏幕上的一个界面。网站就是生活。所以网友常常在怀念网站时也念及网站中的朋友，突出了网络的社会属性。例如，网友在怀念网易论坛时写道："2000 年正式开始混迹的第一个论坛，网易北京站。常出没大学生活板块，有幸结识一群没理想没道德没文化没素质的损友们，有时候回忆回忆还是非常想念你们。"② 有网友怀念在亿唐网结识的朋友："在亿唐 hompy 里混迹几年，可是有天再也找不到入口了。没心没肺的裸奔的包子，多愁善感的小舞，你们在哪儿，还好吗？"③ 还有网友利用社交媒体等新的沟通工具寻找旧友，试图建立记忆网站的共同体。例如，网友"阿黑哥哥"新建了"花醉红尘"QQ 群，并呼吁"当年曾在《花醉红尘》'明月聊斋'聊天的兄弟请进！"④

还有网友写道："当年混一塌糊涂 BBS 的人们，你们还好吗？突然怀念。"⑤ 亦有网友分别回忆了混在"乌有之乡"的日子⑥和混在《舰船知识》论坛的日

---

① 阿黑哥哥. 怀念 1998? 花醉红尘：中国同志第一网站（转载）.（2012 - 06 - 04）.［2017 - 01 - 05］. http：//bbs. tianya. cn/post-motss-398299-1. shtml.
② 朱雨佳. 网易论坛宣布即将关闭，那些年泡在 BBS 上的日子一去不复返……》（2016 - 09 - 20）［2017 - 03 - 07］. http：//chuansong. me/n/831330452584.
③ 岳清.［绿茵天下］没有想到，真的没有想到，怀念，我很怀念…..（2008 - 06 - 04）.［2016 - 12 - 28］. http：//bbs. tianya. cn/post-fans-125113-1. shtml.
④ 阿黑哥哥. 怀念 1998? 花醉红尘：中国同志第一网站（转载）.（2012 - 06 - 04）.［2017 - 01 - 05］. http：//bbs. tianya. cn/post-motss-398299-1. shtml.
⑤ 知乎. 当年混一塌糊涂 BBS 的人们，你们还好吗？突然怀念.（2017 - 01 - 08）. http：//www. zhihu. com/question/33298467.
⑥ 辛允星. 忆混在"乌有之乡"的那些日子.（2013 - 07 - 04）.［2017 - 01 - 08］. http：//www. 21ccom. net/articles/dlpl/shpl/2013/0704/86938. html.

子①。"混"字很有意味，表示共同经历了患难与共或热火朝天的生活，常用的搭配有"混社会""混江湖"等。网友回忆跟朋友一起"混"网站，突出了网友之间的情谊以及在网站上的一种随意、率性的生活方式。

基于彼时网站所形成的在线社区，网友们还开展了不少线下活动。线下活动是网络社区的延伸，在网友的回忆中，也如同线上活动那样率性、随意。例如，网友回忆西祠胡同电影板块"后窗"的活动："他们搞'六局连放'，先吃晚饭，吃完饭10点，找个地方露天喝酒吃串儿，12点以后去唱歌，唱歌唱到快天亮去喝永和豆浆，喝完永和豆浆，周六完到周日了，白天去爬一天山，爬完山之后晚上去看电影，正好六件事……大的饭局，出国欢送，能有6桌60人，像结婚似的。"②

这个例子隐隐表明，这是一群有经济能力的人。在个人经济状况方面，他们与前文提到的因为能够免费上网而激动的大学生应该有所不同。但可以看出，经济状况不同的社会群体，都同样在网站内外的交往中有情感和友谊的收获，这成为他们美好的回忆。

（三）缅怀青春

网站记忆中的自传性内容还有一个突出的特点，即网友常常把消逝的网站与自己的青春岁月联系在一起，通过追忆网站缅怀青春。例如，网友在回忆人人影视时写道："多年后的字幕组不知道会是怎样的存在，正如周杰伦越看越少的演唱会一样。存在过的，都是青春。"③在网友看来，消逝的网站是青春的一部分，也是寄托或想象青春的载体。

通过把一代人的青春期与中国早期的互联网联系在一起，网友从使用者的角度来回忆网站的消逝，并缅怀一代人的青春。例如，"我们这一代的青春应该和互联网有关，从我们踏入青春期便开始和互联网有染，而青春也在互联网的陪伴下匆匆流逝。那个曾经拿着100元去网吧站了五个小时，因为怕被人嘲笑连电脑都不会开，最后'无功而返'的小伙子，如今也开始在互联网上指指点

---

① wanghaisan. 回忆混在《舰船知识》论坛的日子．（2017-01-08）. http：//bbs.tiexue.net/post_2591098_1.html.

② 张晓琦．混在论坛的日子．（2017-01-08）. 电影世界，2011（9）. http：//site.douban.com/widget/notes/131812/note/173653179/.

③ 香锅里辣影视娱乐．怀念人人影视之你该知道它如何离去．（2014-12-21）．[2017-01-08]. http：//blog.sina.com.cn/s/blog_54d669d70102v91z.html.

点了"①。网站在网友的成长中扮演了不可忽视的角色,因此,网友把网站中的经历视为重要的成长经历。例如,网友"柴生""在一塌糊涂上认识了成百上千的人。我在北京中最重要的人际关系,有一半以上是通过他搭建起来的,我曾经的员工也是在那里与我相逢的,我的至交好友也是在那上面结交的,直到现在,他们仍然在我的生活中有着十分浓厚的一笔"②。从中可见,网站的生活经历对网友的成长有帮助,甚至一直影响着网友后来的生活。网友还表示,网站让自己变得成熟了。例如,牛博网的网友认为,告别牛博,是"向一段段个人成长史告别"③。有网友表达得更为直接:"这个问题,我说起来可以是部长篇小说,也可以用一句话:网络使我成熟——或者,我说得沧桑一点:网络,使我老了一点——网络对我的思想和生活影响太深了……"④

消逝的网站,因此成为青春的见证。网站的历史,承载了个人成长的历史。正是在这样的记忆叙事过程中,媒介的历史同时也成为个人与社会和时代的历史。

六、怀念中国互联网的"一个时代"

网友在回忆中不仅着眼于为消逝的网站立传和开展自传式记忆,而且还关注时代变迁,表达出一种时代焦虑。网友将网站的消逝解读为"一个时代的终结"的标志。例如,网友认为人人影视标志着"一个时代的起落"⑤,网易社区的关闭意味着"又一时代的落幕"⑥。

那么,终结的是一个什么样的时代? 曾长期担任"世纪沙龙"版主的一位学者回忆称:"世纪之交,网络仍是个开放社会,可以从各个方向走,左中右的

---

① 李二狗. 中国互联网的"匆匆那年". (2014-12-15). [2017-01-11]. http://news.mydrivers.com/1/353/353505.htm.

② 柴生. 纪念一塌糊涂BBS. (2009-06-26). [2017-01-11]. http://bbs.tianya.cn/post-develop-290182-1.shtml.

③ 李岩,吴达,张文宇. 一种情怀的勃发与殆尽:牛博往事. (2013-08-05). 博客天下,2013(133).

④ 孤云. BBS,即将沦丧的乌托邦?:为了怀念,让我们回顾论坛上的纷争岁月. (2002-07-20). [2017-01-11]. http://bbs.tianya.cn/post-no01-23345-1.shtml.

⑤ 菜菜子. 一个时代的起落,纪念人人影视. (2015-12-26). [2017-01-12]. http://huabao.duowan.com/detail/585.html.

⑥ 陈都旗.【重要】网易社区停止服务公告后的回帖. (2012-11-25). [2017-01-12]. http://club.domain.cn/forum.php? mod=viewthread&tid=2113964.

论争就是以世纪中国作为平台,所有人物都在论坛上。"① 另有网友写道:"相比很多的老鸟,我网龄很短,上网很晚,可是 03~05 年的网络,感觉真的是快乐与自由并存的网络,而今的网络,充满了金钱和色情,还有那些没完没了的 404……"②

在网友看来,消逝的网站所代表的时代是中国互联网的"黄金时代"。这种对消逝的"黄金时代"的追忆,固然表达了对过去的一种怀旧情绪,而怀旧往往也是一种批判现实的策略。比如有网友回忆说:"贪婪大陆算是当时最红火的动漫网站之一了吧,比如今下限帝横行喷子乱飚的 AVFUN 强多了,只是后来它的迅速瓦解的杯具让人痛心和愤怒。"③ 有时,网友还借回忆批判社会问题。例如,网友在回忆"时光网"的文章中写道:"我每天要吃饭,于是食品价格上调;我每天要穿衣,结果衣服涨价;我每天要开车,所以车船税要改革;我每天要有地方住——这个真不用我多说了。"④

七、结论与讨论

本文首次对消逝的中国网站及网友的记忆进行了研究。对于消逝的网站,主流媒体言之甚少,学界也尚无研究,这导致消逝的网站及其历史容易被遗忘。网友作为历史亲历者,运用民间记忆自下而上地书写网站历史,不仅能够起到抗拒遗忘的作用,而且丰富了中国互联网的社会史,为深入理解互联网的社会意义提供了新的视角。网友记忆能够从以下三个方面助益我们的识见:呈现有关网站历史的替代性叙事,弥补官方历史书写的不足;保存有关网站历史的资料;从用户视角丰富中国的互联网社会史。

那么,本文通过对消逝网站的分析,所展现出来的中国互联网的社会史,有哪些主要特征呢?第一,早期的中国互联网更为人性化,网友热情地投入其中。从网友对网站的记忆中,我们看到了鲜活的个体及其难忘的网络经验,给

---

① 季天琴,唐爱琳. BBS 往事. 南都周刊,2012 (20).

② 冰凌火. 谨以此文怀念当年的互联网:博客里论坛内终不似当年. (2017 - 07 - 12). http: // blog. renren. com/share/265207328/2830926301.

③ 桃子 forever. 都在怀念曾经的天涯,来我们也来怀念怀念如今网站的曾经. (2010 - 10 - 15). [2017 - 01 - 18]. http: //bbs. tianya. cn/post-funinfo-2289828-1. shtml.

④ Shalimar. 怀念时光网. (2010 - 11 - 03). [2017 - 01 - 20]. http: //blog. sina. com. cn/s/blog_5120cc6e0100mowv. html.

人以畅快淋漓之感。后来，互联网发展进入商业和社交主导的时期之后，个体及其经验被商业力量与社交话语遮蔽了。第二，人们对于被强行关闭的网站，不会遗忘，而是会纪念，通过纪念延续网站的生命，实现了网站另一种形式的存在。这些记忆自下而上地展开，是互联网记忆的重要体现。第三，中国互联网不是线性的发展和进步，而是有断裂、缺失，体现为一个曲折的过程。第四，互联网的社会史，也是当代生活社会史的重要组成部分。这样一些特点，显然不同于任何将互联网历史描写为不断因技术飞跃而进步的技术发展史。或者说，互联网的历史，绝不仅仅是新技术的发展史，更重要的是社会、文化、政治相互影响和作用的历史。

对于消逝的网站，网友记忆呈现如下两个显著的特征：其一，网友从个体经历和社交经验的角度，而不是从商业或技术的角度记忆消逝的网站，体现了网站对网友的日常生活经历与社交的影响。其二，网友对消逝的网站的记忆具有怀旧特征，并通过怀旧观照现实。过去总是以与现在产生的某种关联而被记忆，记忆也因此成为批判现实的资源或方法（devices）。[61]这体现了一种乌托邦现实主义。[62]网友怀恋消逝的网站的"美好"，其潜台词一方面是批判现实中"并不美好的"中国互联网，另一方面，也对互联网的怀疑论者做出了回应。互联网怀疑论者否定互联网和新媒体的正面社会意义，看不到互联网能够给社会、文化、生活、政治带来新的想象和表达空间。而网友对于消逝的网站及网络生活的追忆，恰恰展现出那种想象和表达空间的存在，说明互联网的社会意义曾经美好。如果今天它变得不再那样美好，那么它给研究者提出来的问题，就是应该如何深入分析造成这种变化的原因。

基于对消逝的中国网站及网友的记忆的研究，如果我们结合麦克卢汉[63]的假说"媒介即信息"来追问：媒介消失之后，信息何在？那么我们的研究表明，媒介消失之后，记忆便成为它的信息。

通常来说，媒介消失后，其信息（包括媒介承载的信息，以及有关媒介自身的信息）的去与存依赖于历史书写与记忆叙事，而在没有历史书写的情况下，其信息便只留存于记忆叙事之中。这意味着，在某种媒介消失之后，它的历史与记忆便成为它的信息。此时，关于消失的媒介的历史与记忆，实际上已经成为新的媒介。也即是说，记忆即媒介。但是，与麦克卢汉的"媒介即信息"所不同的是，记忆不仅有形式（如记忆文体），而且有主体、有内容。因此，当我们以"记忆即媒介"这样一个命题来研究有关消逝的网站的记忆时，我们必须既要分析媒介的形式，也要分析内容。这也促使我们继续思考"记忆作为媒介"的命题，为什么记忆是一种媒介？它在不同的情境下有何差异性？记忆因承载何种内容而成为媒介？记忆又是如何承载这些内容的？应当如何反思作为媒介的记忆？

消逝的网站及网友记忆是一个新开拓的研究话题，后续研究可以从社会史和媒介史等中观维度切入，通过访谈站务人员以及资深网友，更加丰富地讲述网站在政治、资本、技术等力量共同作用下如何消逝和如何被记忆的故事。未来的历史学家理解当今时代，需要研究互联网历史。[64] 在更为广泛的意义上，消逝的中国网站是中国互联网历史的组成部分。巴尔比（Balbi）、陈昌凤和吴靖等呼吁"召唤（新的）中国媒介历史"，互联网历史是主题之一[65]；杨国斌明确提出，应重视书写中国的互联网历史学，后续研究可以致力于推动中国互联网历史学的研究[66]。对于网友的互联网记忆，不同性别[67]、不同地域的网友的记忆实践有别，后续研究可以发掘不同群体记忆消逝网站的实践，并结合对其数字生活和网络使用经验的考察，探讨互联网使用的社会效应及其与网友记忆实践的关联。

（原载于《国际新闻界》2018 年第 4 期）

引用文献 [References]

[1] NEIGER M, MEYERS O, ZANDBERG E. On media memory: editors' introduction [M]. On media memory. Palgrave Macmillan, London, 2011: 1-24; NIEMEYER K. Introduction: media and nostalgia [M] Media and Nostalgia. Palgrave Macmillan, London, 2014: 1-23.

[2] MATTHEWS D. Media memories: the first cable/VCR generation recalls their childhood and adolescent media viewing [J]. Mass Communication and Society, 2003, 6 (3): 219-241.

[3] BOURDON J. Some sense of time: remembering television [J]. History & Memory, 2003, 15 (2): 5-35.

[4] DANIEL D, KATZ E. Media events: the live broadcasting of history [J]. Cambridge, Mass.: Harvard University Press, 1992.

[5] BRÜGGER N. Australian internet histories, past, present and future: an afterword [J]. Media International Australia, 2012, 143 (1): 159-165; GOGGIN G, MCLELLAND M. Introduction: global coordinates of internet histories [M]. The Routledge Companion to Global Internet Histories. Routledge, 2017: 23-42.

[6] BRÜGGER N. Website history and the website as an object of study [J]. New Media & Society, 2009, 11 (1-2): 115-132.

[7] ANKERSON M S. Writing web histories with an eye on the analog past [J]. New Media & Society, 2012, 14 (3): 384-400.

[8] GOGGIN G, MCLELLAND M. Introduction: global coordinates of internet histories [M]. The Routledge Companion to Global Internet Histories. Routledge, 2017: 23-42.

[9] ABBATE J. What and where is the internet? (re) defining internet histories [J]. Internet Histories, 2017, 1 (1-2): 8-14.

[10] ROGERS R. Doing Web history with the internet archive: screencast documentaries [J]. Internet Histories, 2017, 1 (1-2): 160-172.

[11] SAMAER T, HUURDEMAN H C, BEN-DAVID A, et al. Uncovering the unarchived Web [C]. Proceedings of the 37th international ACM SIGIR conference on Research & development in information retrieval. ACM, 2014: 1199-1202.

[12] ROGERS R. Doing web history with the internet archive: screencast documentaries [J]. Internet Histories, 2017, 1 (1-2): 160-172.

[13] BEN-DAVID A, HUURDEMAN H. Web archive search as research: methodological and theoretical implications [J]. Alexandria, 2014, 25 (1-2): 93-111.

[14] BRÜGGER N. The archived website and website philology [J]. Nordicom Review, 2008, 29 (2): 155-175.

[15] ALBERTS G, WENT M, JANSMA R. Archaeology of the Amsterdam digital city: why digital data are dynamic and should be treated accordingly [J]. Internet Histories, 2017, 1 (1-2): 146-159.

[16] ALLEN M. What was Web 2.0? Versions as the dominant mode of internet history [J]. New Media & Society, 2013, 15 (2): 260-275.

[17] YANG G, WU S. Remembering disappeared websites in China: passion, community, and youth [J]. New Media & Society, 2018, 20 (6): 2107-2124.

[18] WERTSCH J V. Voices of collective remembering [M]. Cambridge University Press, 2002.

[19] READING A. Memory and digital media: six dynamics of the globital memory field [M]. On Media Memory. Palgrave Macmillan, London, 2011: 241-252.

[20] ZANDBERG E. "Ketchup is the Auschwitz of tomatoes": humor and the collective memory of traumatic events [J]. Communication, Culture & Critique, 2014, 8 (1): 108-123.

[21] SMIT R, HEINRICH A, BROERSMA M. Witnessing in the new memory ecology: memory construction of the Syrian conflict on YouTube [J]. New Media & Society, 2017, 19 (2): 289-307.

[22] ZELIZER B. Reading the past against the grain: the shape of memory studies [J]. Critical Studies in Mass Communication, 1995, 12 (2): 214-239; SMIT R, HEINRICH A, BROERSMA M. Witnessing in the new memory ecology: memory construction of the Syrian conflict on YouTube [J]. New Media & Society, 2017, 19 (2): 289-307.

[23] ANDÉN-PAPADOPOULOS K. Journalism, memory and the 'crowd-sourced video revolution' [M]. Journalism and memory. Palgrave Macmillan, London, 2014: 148-163.

[24] YANG G. Alternative genres, new media and counter memories of the Chinese cultural revolution [M]. Northeast Asia's Difficult Past. Palgrave Macmillan, London, 2010: 129-146.

[25] 刘于思. 互联网与数字化时代中国网民的集体记忆变迁. 北京: 清华大学新闻与传播学院博士学位论文, 2013.

[26] DOUNAEVSKY H. Building Wiki-history: between consensus and edit warring [M] //FEDOR J, RUTTEN E, ZVEREVA V. Memory, conflict and new media. Routledge, 2013: 150-162.

[27] 黄顺铭, 李红涛. 在线集体记忆的协作性书写: 中文维基百科"南京大屠杀"条目 (2004—2014) 的个案研究 [J]. 新闻与传播研究, 2015 (1): 5-23.

[28] CASTELLS M. Communication power [M]. OUP Oxford, 2013.

[29] FOSTER M. Online and plugged in? public history and historians in the digital age [J]. Public History Review, 2014 (21): 1-19; HAN R. Defending the authoritarian regime online: china's "voluntary fifty-cent army" [J]. The China Quarterly, 2015 (224): 1006-1025.

[30] NEIGER M, MEYERS O, ZANDBERG E. On media memory: editors' introduction [M]. Palgrave Macmillan, London, 2011: 1-24; NIEMEYER K. Introduction: Media and nostalgia [M]. Palgrave Macmillan, London, 2014: 1-23.

[31] NEIGER M, MEYERS O, ZANDBERG E. On media memory: Editors' introduction [M]. Palgrave Macmillan, London, 2011: 1-24.

[32] TURNBULL S, S. Affect, upset and the self: memories of television in Australia [J]. Media International Australia, 2015, 157 (1): 144-152.

[33] DARIAN-SMITH K, TURNBULL S. Remembering television: histories, technolo-

gies, memories [M]. Cambridge Scholars Publishing, 2013.

[34] BOURDON J. Media remembering: the contributions of life-story methodology to memory/media research [M]. Palgrave Macmillan, London, 2011: 62 - 73.

[35] TURNBULL S, HANSON S. Affect, upset and the self: memories of television in Australia [J]. Media International Australia, 2015, 157 (1): 144 - 152.

[36] NEIGER M, MEYERS O, ZANDBERG E. On media memory: editors' introduction [M]. Palgrave Macmillan, London, 2011: 1 - 24.

[37] Volkmer I. eds. News in public memory: an international study of media memories across generations [M]. Peter Lang, 2006.

[38] 郭恩强. 多元阐释的"话语社群":《大公报》与当代中国新闻界集体记忆：以2002年《大公报》百年纪念活动为讨论中心 [J]. 新闻大学, 2014 (3): 18 - 25.

[39] 白红义. 新闻权威, 职业偶像与集体记忆的建构：报人江艺平退休的纪念话语研究 [J]. 国际新闻界, 2014 (6): 46 - 60.

[40] 陈楚洁. 媒体记忆中的边界区分, 职业怀旧与文化权威：以央视原台长杨伟光逝世的纪念话语为例 [J]. 国际新闻界, 2015, 37 (12): 26 - 45.

[41] 李红涛. "点燃理想的日子"：新闻界怀旧中的"黄金时代"神话 [J]. 国际新闻界, 2016, 38 (5): 6 - 30.

[42] 张志安, 甘晨. 作为社会史与新闻史双重叙事者的阐释社群：中国新闻界对孙志刚事件的集体记忆研究 [J]. 新闻与传播研究, 2014 (1): 55 - 77; 钟智锦, 林淑金, 刘学燕, 杨雅琴. 集体记忆中的新媒体事件（2002—2014）：情绪分析的视角 [J]. 传播与社会学刊（香港）, 2017 (40): 105 - 134; 周葆华, 陈振华. "新媒体事件"的集体记忆：以上海市大学生群体为例的经验研究 [D]. 2013.

[43] WAGNER-PACIFICI R, SCHWARTZ B. The Vietnam veterans memorial: commemorating a difficult past [J]. American journal of Sociology, 1991, 97 (2): 376 - 420; WAGNER-PACIFICI R. Memories in the making: the shapes of things that went [J]. Qualitative Sociology, 1996, 19 (3): 301 - 321.

[44] HUME J. Obituaries in American culture [M]. University. Press of Mississippi, 2000.

[45] FOWLER B. The obituary as collective memory [M]. Routledge, 2007.

[46] 黄顺铭, 刘娜. 逝后的性别差异：一个"资本"视角：《人民日报》讣闻报道的内容分析 [J]. 国际新闻界, 2016, 38 (7): 114 - 137.

[47] KOPYTOFF I. The cultural biography of things: commoditization as process [J]. The social life of things: commodities in cultural perspective, 1986 (68): 70 - 73.

[48] HENDY D. Biography and the emotions as a missing "narrative" in media history: a

case study of Lance Sieveking and the early BBC [J]. Media History, 2012, 18 (3-4): 361-378.

[49] LESAGE F. Cultural biographies and excavations of media: context and process [J]. Journal of Broadcasting & Electronic Media, 2013, 57 (1): 81-96; NATALE S. Unveiling the biographies of media: on the role of narratives, anecdotes, and storytelling in the construction of new media's histories [J]. Communication Theory, 2016, 26 (4): 431-449.

[50] LESAGE F. Cultural biographies and excavations of media: context and process [J]. Journal of Broadcasting & Electronic Media, 2013, 57 (1): 81-96.

[51] NATALE S. Unveiling the biographies of media: on the role of narratives, anecdotes, and storytelling in the construction of new media's histories [J]. Communication Theory, 2016, 26 (4): 431-449.

[52] NATALE S. Unveiling the biographies of media: on the role of narratives, anecdotes, and storytelling in the construction of new media's histories [J]. Communication Theory, 2016, 26 (4): 431-449.

[53] BADDELEY A. What is autobiographical memory? [M]. Theoretical perspectives on autobiographical memory. Springer, Dordrecht, 1992: 13-29.

[54] CHRISTIANSON S A, SAFER M A. Emotional events and emotions in autobiographical memories [M]. Remembering our past. Cambridge University Press, 1996: 218-243.

[55] CONWAY M A. Autobiographical knowledge and autobiographical memories [J]. 1996.

[56] LARSEN S F, THOMPSON C P, HANSEN T. Time in autobiographical memory [M]. Remembering our past. Cambridge University Press, 1996: 129-156.

[57] BEN-DAVID A. What does the web remember of its deleted past? An archival reconstruction of the former Yugoslav top-level domain [J]. New Media & Society, 2016, 18 (7): 1103-1119.

[58] KOPYTOFF I. The cultural biography of things: commoditization as process [J]. The social life of things: commodities in cultural perspective, 1986, 68: 70-73.

[59] BOURDON J. Some sense of time: remembering television [J]. History & Memory, 2003, 15 (2): 5-35.

[60] LIU F. Urban youth in China: modernity, the internet and the self [M]. Routledge, 2011.

[61] ZANDBERG E. "Ketchup is the auschwitz of tomatoes": humor and the collective

memory of traumatic events [J]. Communication, Culture & Critique, 2014, 8 (1): 108-123.

[62] GIDDENS A. The consequences of modernity [M]. Stanford University Press, 1990；杨国斌. 连线力：中国网民在行动 [M]. 邓燕华，译. 桂林：广西师范大学出版社，2013.

[63] MCLUHAN M, LAPHAM L H. Understanding media: the extensions of man [M]. MIT press, 1994.

[64] BRÜGGERr N. Website history and the website as an object of study [J]. New Media & Society, 2009, 11 (1-2): 115-132.

[65] BALBI G, CHEN C, WU J. Plea for a (new) Chinese media history [J]. Interactions: Studies in Communication & Culture, 2016, 7 (3): 239-246.

[66] 杨国斌. 中国互联网的深度研究 [J]. 新闻与传播评论，2017 (1): 22-42；张志安，甘晨. 作为社会史与新闻史双重叙事者的阐释社群：中国新闻界对孙志刚事件的集体记忆研究 [J]. 新闻与传播研究，2014 (1): 55-77.

[67] HERSHATTER G. The gender of memory: Rural women and China's collective past [M]. Univ of California Press, 2014.

语境、演进、范式：网络研究的想象力

■ 刘新传　魏　然

一、互联网技术与网络新语境

互联网作为以信息技术为中心的新传播科技，不仅改变了信息的传播、网民之间的沟通，也重塑了现代社会的结构和社会关系。过去二十多年互联网技术在全球得到快速发展，如宽频、大数据、移动设备、社交媒体、App、传感器、定位系统等，正在改变公众的信息接收和交流的体验。与此同时，互联网在全球日渐普及。根据 IWS 调查所提供的最新统计，截至 2017 年 6 月，世界网民总数已经达到了 38.9 亿人，全球普及率为 51.7%[1]；其中，中国网民占全球网民总数的五分之一。在 7.72 亿中国网民中，手机网民规模达 7.53 亿，占中国网民总数的 97.5%。[2] 可以说，人类正从电脑互联逐步进入移动互联，并且与 4G、5G 智能手机相结合，深刻地改变了信息生产与传播的时间和空间观念，凸显了个性化、碎片化、情景化、智慧化等网络传播的重要特征，推动了信息传递的深度和广度。[3]

随着互联网移动化技术的发展，互联网硬件、软件逐步向移动化发展，移动互联网用户迅速增加，已经成为大众进行信息沟通、情感社交、日常生活的主要空间。这一发展不仅改变了人们的生活方式，也持续将社会结构、组织方式和生活形态等推向更深刻的转变。因此，以 3G 移动互联网为基础的网络传播不仅是一种媒介形态，更是一种信息场域和媒介生态，共同构成了网络传播的新语境。在这种网络新语境中，原有的受众开始从聚合化逐渐走向碎片化，互联网信息接触的时间从原有的固定时段分布到零散时间，互联网信息接触的空间从集体位置拓展到实时定位，互联网与受众的日常生活"水乳交融"，随时、随地、随身传播已经成为常态，更快、更多、更细地融入工作、娱乐、社交等日常生活中。[4] 当然，移动生活形态也带来了新的社会问题，如玩手机成瘾、电信诈骗、信息安全、个人隐私安全等。

网民在使用信息的同时，也提升了互联网信息的内容总量和信息源的多元化。他们在互联网上发出的一条信息可产生多重意义解读，除了内容本身的要素外，受众（用户）的特征信息（如时间、空间、偏好、情绪、行为等）也同时被记录、分析和解读，并且通过标签分类、数据挖掘、聚类算法等进行数据用户画像，同时在网络传播过程中建构其数据之间、拟态环境与现实环境的互补性和关联性。随着5G移动网络时代的到来，物联网（internet of things）即将如火如荼地发展。人们获取信息、沟通与日常生活都将围绕着移动平台而展开，有些网络新技术会让生活更精彩，有些应用则可能让个性化、碎片化、情景化的网络传播变得更加复杂而多元。

二、网络研究的基本问题

面对互联网技术日新月异的发展和网络传播的新语境，互联网研究已经成为社会科学研究的新亮点。本研究通过对中国知网和 Web of Science 数据库的检索发现：中国知网以"互联网"为主题发表的研究论文达到 224 508 篇，Web of Science 数据库发表以"internet"为主题的研究共有 873 228 篇。其中，在 2000—2009 年的 10 年间，SSCI 期刊社科与人文学科论文中，互联网主题仅次于环境主题，并超过了全球化、政策、经济、文化、社会等主题，位居研究议题排名的第二位。同时，网络研究具有明显的跨学科属性，成为多个学科关注和研究的热点[5]，但交叉研究也带来概念、研究对象和范畴的差异，为此笔者将对其进行系统性的梳理。

（一）基本概念与范畴

当前，学术界围绕互联网有两种主要的研究视角："互联网研究"（internet studies）和"网络传播研究"（online/web/internet communication）。前者主要是科学与工程学的研究取向，研究的是互联网技术的网络基础设施，如硬件、软件、编程与应用等。理工科的学者关注的是以计算机为媒介的传播（computer-mediated communication）或者通过计算机中介的人际沟通（human communication via computers）。这类研究注重探究互联网技术的研发，比如如何增加计算机为界面（interface）沟通的表情线索（cues）、现场感（social presence）、同步性（synchronicity）和互动（interaction）。后者主要是社会科学的研究取向，研究对象包括数字化（digitization）对社会的影响，例如，劳动者去技

技能 (deskilled) 问题、数字鸿沟 (digital divide) 和各种网络媒体 (如电子公告服务 BBS、电邮、IM、微博、微信、移动 App 等) 的应用和创新, 特别是数字技术普及、发展的社会因素与环境。这类研究中, 越来越多的学者关注以网络为媒介平台和信息渠道的传播现象和去中心化 (decentralized) 的传播效果, 进而探究网络语境下的社会关系的再构建和社会由工业社会 (industrial society) 向信息社会 (information society) 的大转型。

因此, 围绕互联网展开的学术研究, 视角多元、内容丰富 (经济学学者研究电子银行, 政治学学者热衷电子民主, 社会学学者探讨网络型社会, 而心理学学者钻研虚拟空间)。但是, 上述多元问题导向的研究也存在缺乏系统性、纯网络理论匮乏的现状。回顾互联网、移动网络应用的发展历程, 从电子邮箱、短信、博客, 到社交网站、微信、公众号等多种网络传播形态, 海外学者越来越接受以网络为中介的传播 (communication) 成为互联网最突出的特征这一现实, 并探索去中心化的网络传播对政治、经济和社会的深远意义。曾指导领军互联网研发的哈佛大学心理学和计算机科学教授 Licklider, 一开始就明确地指出电脑是传播的技术, 是人们沟通的工具 (device), 而连接起来的电脑 (即后来的互联网) 将提供人通过计算机媒介沟通、人机沟通的全新经验[6]。通过对互联网传播属性的研究, 香港城市大学祝建华教授认为, 在快速发展的互联网研究中, 最具有研究历史和方法积累传统的是传播学, 如商业调查公司的互联网指标是由电视收视率研究指标演进而来的。[7]

基于网络研究的取向, 纵观海内外的网络研究, 发现各有差异。欧洲网络研究主要使用 "internet studies" 这一概念, 侧重于跨学科的新兴研究领域; 在美国, 网络传播较流行的概念是计算机中介传播[8]、computer-mediated communication (Walther, 1992) 等; 国内受到海外学术和技术发展影响, 使用的概念更多, 包括: 网络传播、新媒体研究、新媒体与网络传播、新媒体传播、社会化媒体、移动互联网、数字媒体、全媒体等, 概念更为广泛, 但界定和范围皆模糊。

虽然表述不同, 但这些概念皆与互联网有关。核心是网络传播, 主要焦点是计算机中介传播 (CMC) 的模式和传统。美国传播学者将 CMC 界定为: 信息发送者以同步或不同步的方式, 通过电子邮件或视频信息, 将编码的信息通过电脑网络传给信息的接收者[9]。这个定义侧重技术导向的传播, 忽视了传播者的状态、情绪、沟通情景等社会性要素, 如匿名性沟通、有限提示等都会影响网络为媒介传播的体验和效果。随着网络技术的进步，从 Web 1.0 到 Web 2.0，新的网络媒体应用如微博、微信的流行，使得 CMC 的概念得到不断丰富。美国网络学者认为：CMC 网络不仅是一个工具，同时也是一个技术平台、媒体和社会关系的引擎。[10] 他的界定涉及社会结构，同时指出网络科技为社会关系的发生和网民的互动提供了新方式。

CMC 的类属是人际传播（即电脑辅助的人际传播），在人与人之间的互动中，增加信任、维持关系，通过比较面对面沟通与 CMC 传播差异，探索 CMC 对传播的心理和行为所造成的影响。随着研究的深入，研究者开始注重人机互动，即人和机器如何沟通，这成为本领域的前沿课题。因此，从 1970 年代出现的 CMC，其概念从狭义走向广义，从技术走向社会，从人际、人群互动走向人机互动。

（二）基本范式与研究框架

欧美主流网络传播研究范式基本传承了信息传播科技（ICTs）研究的传统，其理论体系建立在研究互联网在个人、组织和社会的普及（adoption）、使用（usage）和效果（impact）的框架之上。首先，一种新兴的技术在普及应用过程中需要技术和社会成本。对普及的研究主要是探究哪些人会在何种情况下考虑接受新科技，接受之后又如何使用。因此，网络传播研究的范式也是将互联网视为一种技术，对其在社会中的普及进行研究；关于科技使用方面，研究常常发现人们的使用与技术工程师设计的初衷有所差异，比如，发明电话的初衷是为了提高商人做生意的效率，可是电话后来成为家庭主妇聊天的工具，故"煲电话粥"（电话聊天）就成为电话最普遍的功能，从商务功能转变成社交功能。此类研究把技术使用者的角色与作用考虑进来，进而去研究技术使用的效果，使用者的趋向、偏好和他们的使用习惯如何影响网络传播的效果。值得一提的是此类框架避免了技术导向研究中技术决定论（technology determinism）的陷阱。

牛津大学互联网研究院的 Dutton 教授将欧洲互联网研究归纳总结为"技术-使用-政策法规"（technology-use-policy，TUP）框架[11]，如表 5-9。

表 5-9　　网络研究的"技术-使用-政策法规"（TUP）框架

	技术	使用	政策法规
谁	谁开发和设计了互联网？	用户以何种方式使用互联网？	谁制定了与互联网相关的法律和政策？

续前表

	技术	使用	政策法规
原因	互联网设计和开发的目标是什么？	为何个体、团体、社区、区域在具体的语境中以独特方式使用互联网？	制定有关互联网的法律和政策选择何种目标？
意义	技术设计偏好影响互联网吗？	使用模式支持不同的政治、经济、社会目标或群体吗？	演变的法律和政策生态如何影响互联网的设计和使用？

Dutton 从技术、使用和政策三个维度以及谁、原因和意义三个方面构造了清晰的网络研究的框架。其中，设置政策法规维度是因为：互联网隐私、补贴、技术标准等指标公司和用户不能决定，需要通过政府立法等政策推动。所以，他认为整个互联网研究整体思路要从技术、使用、政策法规这三个维度来展开。

三、网络研究的演进路径与西方学界的重要共识

第一篇研究互联网的论文出现在1988年，首篇以万维网为研究主题的论文发表于2000年。当今方兴未艾的网络传播研究虽然历史不长，仅有20多年的时间，但从社会科学路径进行网络研究却已经历了三个主要的阶段[12]，并且在研究的过程中西方学者们通过交流、研讨逐渐形成了一些重要共识。

（一）网络研究的演进路径

第一阶段是对互联网的乌托邦想象（1990—1998年）。在网络传播研究的最初阶段1990年代，研究者们存在两种想象：一种是乐观派，他们对互联网充满了幻想式的理想，感觉技术是至强的力量，可以改变世界，比如在网络的国度，公众可以在电脑上投票，这样就可以一举解决西方政治选举中投票率低、社会不公等突出问题，从而形成政治生活中的电子民主（e-democracy）。另一种是悲观派，即从负面的角度想象互联网会对公众造成何种破坏性影响，甚至把互联网想象成乔治·奥威尔的小说《1984》中描述的可怕场景，网络化的公民都身处别人的监督之下，互联网让大家的隐私无处安放、无处逃遁。在此阶段，研究者对互联网展开以技术为导向的研究，即将互联网视为提高效能的工具和信息社会的基础设施，但缺乏社会科学的关怀；研究者主体是计算机技术人员、开发工具和软件（如群发电邮、双向视频等）的工程师，主要采取实验室的研究方法，专注开发新的计算机程序和软件工程。

第二阶段是对网民人口和使用的系统统计（从1998—2000年开始，延续至

今)。进入 1990 年代,超过 100 个国家入网——互联网的主干网络在全球扩展,采用 HTML 语言的网站突飞猛进,互联网开始普及到非技术出身的普通用户,上网开始成为普通网民的日常习惯。此阶段的特点是互联网开始走入寻常百姓家,网络的研究者开始关注互联网在发达和不发达国家造成的数字鸿沟(digital divide)问题。同时,他们通过大规模抽样问卷调查的方法描述网民的规模、使用情况,基于此建立数据库,进一步建构对互联网的认识。美国民间智库皮尤做的《互联网发展报告》(Pew Internet Report)和中国 CNNIC 每年发布的《中国互联网络发展状况统计报告》至今持续推进,形成历时多年的网民普查报告。

第三阶段(或称为"节点")则是从 2000 年至今,主要开启了理论导向的研究。在第二阶段系统性持续推进的过程中,互联网由 PC 终端转到移动终端,网络技术的变革,特别是无线网络带来了更多的应用与分享,共创和共有的网络技术为学者提供了发挥想象力的空间。这一阶段的网络研究进入深水区,具有理论导向(theoretically driven)。研究视角开始重视用户体验,并深入分析网络日益复杂多变的社会环境、网络的媒体功能和新闻传播的角色。

2000 年在美国堪萨斯大学召开的第一届网络研究学者年度大会(Association of Internet Researchers,AoIR),是网络研究进入新阶段的标志性事件。这是一个心理学、社会学、计算机等多学科学者参与,全球性、非官方的草根性学术团体。这个阶段的特征是互联网技术正突飞猛进,已经从 Web 1.0 进入了 Web 2.0 时代,从海量信息传播到社交媒体全球流行,网络传播呈现出个性化、便捷性、移动性等特征。同时,网络传播的主体也从团体、家庭等演变成个人。这个阶段的互联网研究延续了传播科技跨学科的研究方式,同时关注互联网与传统媒体的融合,关注互联网的媒体属性特征。

综上,回顾过去二十多年来互联网研究的演进路径,可见网络研究是具有跨学科性、全球性的崭新领域,并且是在社会科学和行为科学的框架下进行的。这与后期的大众传播研究的发展路径相似,即当前的互联网研究与传播学研究日益接近,殊途同归。

(二)网络传播前沿主题

在 AUI 理论框架下,美国加州大学的 Rice 教授对 SSCI 类一流传播学期刊于 2000—2009 年发表的 315 篇论文做了系统的研究分析,挖掘其中的研究主题,以及主题间理论意涵(semantic network)的传承关系。网络传播研究主题的数据是从相关学科期刊的数据库中进行挖掘整理，并且以其中主要研究的核心概念为节点形成了研究路线图（见图5-2）。需要指出的是，此路线图是基于当前英文主要学术期刊的检索结果，这些期刊上发表的互联网网络研究的论文比较多。这些期刊包括传播学、信息学、心理学等不同学科。由此可见，网络传播研究具有多学科、跨学科的显著特征。

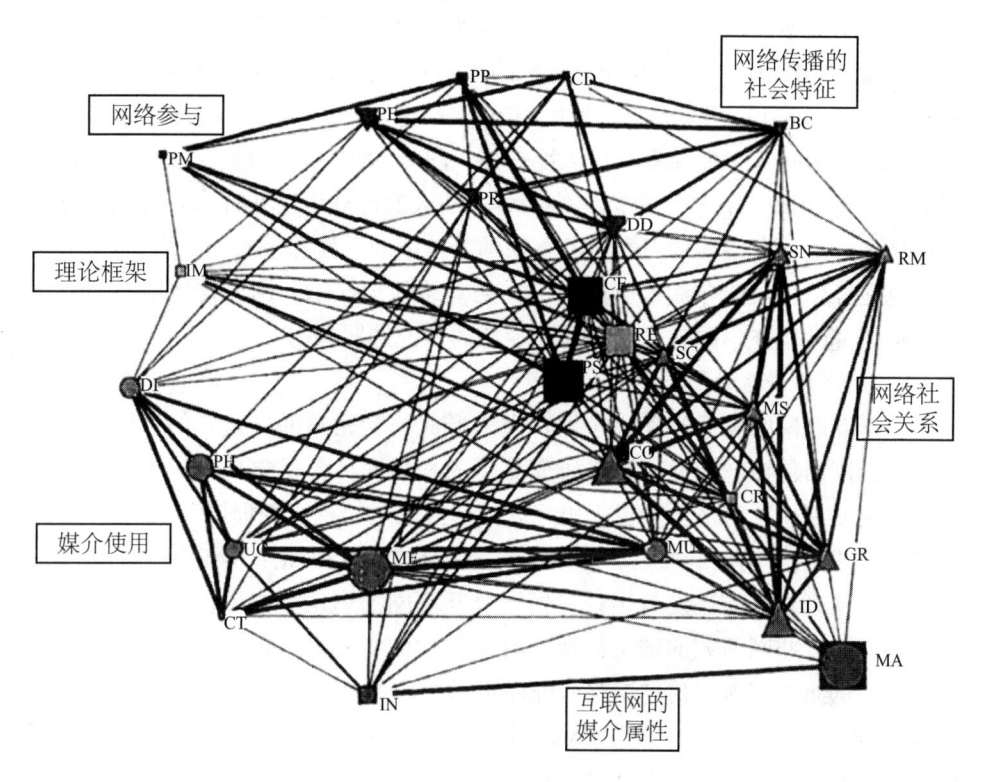

图5-2 网络传播研究主题

注：BC：Boundary Crossing（边界跨越）；CD：Cultural Differences（文化差异）；CE：Civic Engagement（公民参与）；CO：Community（社群）；R：Critiques（批评）；CT：Credibility/Trust（可信度/信任）；DD：Digital Divide（数字鸿沟）；DI：Diffusion Innovations（创新的扩散）；GR：Groups（群体）；ID：Identity（身份）；IM：Integrated and New Models（整合的新模型）；IN：Interactivity（交互性）；MA：Media Attributes（媒介属性）；ME：Media Effects（媒介效果）；MS：Media Use/Sociality（媒体使用/社会性）；MU：Media Use/Adaptation（媒介使用/适应）；PE：Political Economy/Policy（政治经济/政治）；PH：Possibly Harmful Internet Use（互联网使用可能造成的伤害）；PM：Participatory Media Users（参与的媒介使用者）；PP：Political Participation（政治参与）；PR：Privacy（隐私）；PS：Public Sphere（公共领域）；RE：Reviews（评论）；RM：Relational Management（关系管理）；SC：Social Capital（社会资本）；SN：Social Networks（社会网络）；UG：Uses and Gratifications（使用与满足）

Rice 认为当今网络传播研究主要有六个前沿主题，包括：网络参与、理论框架、媒介使用、互联网的媒介属性、网络社会关系、网络传播的社会特征等。[13]如图 5-2 所示。

图中显示的"块儿"越大，说明研究该主题的论文越多。如果两个词同时高频出现，它们之间的连线则较粗，说明这两者之间学理的关系较密切，理论之间的传承关系性较强；反之，若连线很细，就说明关联较弱，甚至属于独立的研究课题。比如，ME（媒介效果）的"块儿"较大，说明媒介效果研究主题的论文较多，它和 MU（媒介使用/社会性）与 CT（可信度/信任）的连线较粗，说明两者间的学理关系、传承性较强。图 5-2 中设置的主题基本上沿袭了 CMC 的研究传统，比较注重以网络为媒介的人的传播活动和行为，特别是互联网传播的一些技术特性如何影响到电脑辅助传播的过程和效果。

总之，Rice 对十年间 300 余篇论文的系统梳理显示，网络传播研究既有大众传播研究的轨迹，同时又有它自己独特的研究选题趋向。

（三）网络研究的重要共识

由于互联网的发展时间比较短，尚未形成一套完整的、独有的互联网理论用以解释网络传播。相反，网络研究更多的是借助社会科学现有学术传统和研究体系而发展。针对部分学者提出互联网研究缺乏"真正的理论"，美国社会学者 Shrum 提出了相反的意见：互联网研究并不是没有理论，当然统一的、单一的互联网新理论可能还没有出现，但研究互联网的理论、网络传播理论并不缺乏。当前，互联网研究的理论框架具有多样性的特征，这种多视角的研究是互联网研究的重要资源，勿把网络研究做窄做小。[14]

笔者认为当前缺少的不是中观、微观指导网络实证研究的理论，而是坚实的基本思想。比如，有学者认同网络去中心化是互联网的重要精神，那么在此之上可以建构出一系列新的理论。显然，互联网重要的思想体系目前还没有完整的表述。另外，关于互联网是全新、独立的学科（discipline），或是一个新兴的研究领域（field）的问题，海外学者尚存在争议。Shrum 比较了学科发展的两种不同路径：一是在大学里增添建制的路径。该路径的好处是能将当前研究变为大学长期系所建设规划中的学科（discipline），缺点是学术的灵活性、多学科性将在大学的官僚管理中，因僵化、限制性等因素而难以获得可持续发展。二是他称之为"非学科化"（indiscipline）的路径。即网络的学术研究可以采用灵活的建设方式，重点是保障学者们之间不受大学体制牵制的学术交流、研究互动，进而探索学术创新。他呼吁全球的互联网学者不拘一格，打破窠臼，走非学科化的路径来推动网络研究。

目前研究互联网的学者们（既有计算机科学也有社会科学和人文学科）达成的共识是反对将互联网视为自成一体的、独立的单一学科。因为学者们担心互联网研究的范畴会越来越窄，划分学术地盘将导致互联网研究愈发封闭且僵化。互联网研究最好不是一个独立、封闭的研究系统，而是现存完整学科下面的一个富有特色的次级研究领域（subfield）。事实上，目前海外对互联网的研究的确是按此布局发展，如：在社会学中，有一个新兴的研究领域"网络社会学"（The Sociology of the Internet）；在政治学中，政治学者建立了"网络与政治研究"（Internet and Politics）；在心理学中，有次级的"网络心理学研究"（Internet Psychology）；在经济学中，出现了"网络经济学研究"（Internet Economics）；在营销学中，网络研究重点是"电子商务"（e-commerce）；在人类学中，"数字人类学"（Digital Anthropology）成为该学科下一个蓬勃发展的研究领域；在人文学科中，新出现的次级研究领域则是"数字人文"（Digital Humanities）。如前所述，在传播学领域，与互联网相关的研究（internet-related scholarship conducted within communication studies）的定位是网络传播研究（online/web/internet communication）。

此外，海外互联网学者还达成了另外一个共识：避免网络研究中单纯的二元对立，如新媒体与旧媒体、现实与虚拟、线上与线下等现象和概念的对立。学者们认识到新旧之间具有的传承关系、现实与虚拟之间存在的辩证关系，以及线上与线下的互存关系。例如，每当新的科技出现，就被称为横空出世的新媒体，从微博到微信，皆如此。于是，新媒体这一概念的重复使用备受批评[15]。其实新媒体和旧媒体是相对的概念，唯"新"论（媒体必须是新的才值得研究）会缺乏历史感（ahistorical），缺乏媒体发展的脉络（context-free），成为网络媒体研究的一个困境。

从未来发展的角度来看，学者们认为将来互联网的媒体属性会越来越突出，社会网络（social network）会越来越受到重视。在这些共识下检视网络传播研究，可以看到新闻传播学的学术优势。互联网研究需要考虑网络活动和传播发生的新语境，传播语境即涉及传播发生的社会场景、社会角色、互动、过程等维度，应从传播学的视角，将其纳入传播学和传播科技的理论体系。未来的网络传播将传播学带入了互联网研究的核心，探究社会传播互动的语境与过程是重要的趋势。可以说，传播学研究其实走在网络研究的前沿，而前沿的互联网社会科学范畴的研究，其核心就是研究传播。

四、网络研究创新与启示

回顾传播学理论发展的历史，可以发现每次技术的重大革新都会带来研究范式的重要转变（paradigm shift）。当前互联网技术的移动化、智能化等重要变革，为研究范式转向和传播理论创新带来了新的机遇。

（一）网络传播研究的属性与范式转变

互联网出现后，尤其是移动互联快速发展普及的当下，传播学者迫切需要重新考察传统传播理论中的变与不变。如同1960年代一度出现的低潮，传媒弱效果论主导传播理论，初步形成的传播理论体系似乎要走入困境，无疾而终。然而，若在危机中善于发现机遇，则会将其变为重要的转机——从1940年代开始发展的电视广播技术进入快车道，尤其是彩色电视出现，电视广播网开始脱离收音机中的节目形式，自创电视节目，从厨艺、体育赛事、黄金时段电视剧到突发新闻，不断创新，看电视成为美国大众首选的娱乐活动。1962年首颗卫星开始在全球范围内转播电视节目，欧洲的观众第一次看到现场播出的美国纽约的画面。传播技术突破性地发展，同时西方1960年代反战运动风起云涌，民权运动声势浩大，这些历史动力令传播理论研究走出低潮，助推新传播理论黄金发展期的出现，产生了主流的传播理论如议程设置、涵化理论、媒介依赖理论、麦克卢汉的"媒介即信息"（the media is the message）的电子媒体理论体系，以及电视语境下的地球村（global village）等前瞻性的观点。那么，纵观互联网的快速发展，在网络传播语境下，未来的传播理论一定要有以下属性与范式的转变：

第一，网络的属性转变——从工具属性到媒体属性。在互联网发展初始阶段，海外学者主要研究网络传播工具，作为工具的技术属性主要具备的五大特征，即多媒体（multimedia）、超链接（hypertextuality）、信息包交换（packet switching）、同步即时性（synchronicity）和双向互动性（interactivity）。[16]然而，从互联网1.0到2.0时代，互联网的媒体特征愈发凸显，尤其是网络2.0技术超越人际传播、社群媒体的平台，信息在社会网络中以多面向的方式进行多终端、极速性和个性化传播，传播的方式从点对面（one-to-many）的大众模式发展到点对点（point-to-point）的人际间、同辈间（peer-to-peer）的传播，互联网的媒体属性得到充分展现。从网民个体视角来看，只要上网交流，网民就成为信息的发布者、内容的创造者。传媒的来源出现了"传受同体"（prosumer）的现象，这是互联网2.0时代媒体属性的典型特征。

第二，研究范式转变。传统的大众传播媒体研究范式主要是拉斯韦尔提出的点到面5W模式的线性（linear）传播框架，传播学研究主要将传媒作为内容制作、社会治理的工具，由此产生了把关人理论、议程设置理论、框架理论等效果理论。这些经典传播理论的核心是认识媒体如何利用不同的框架报道，进而如何影响民众的认知、态度和行为。所以，媒体研究的理论近似于社会治理的范畴。在互联网的语境下，研究范式在经历从信息控制、分发模式到社区空间、共享服务，从传播效率到参与共享式传播的根本性转变。同时，制约网络传播的社会、经济和文化等因素受到关注。

表5-10比较了两种传播研究范式的传统、研究取向、代表性理论和视点。具体而言，在新的网络语境下，新传播范式是网络化社区传播，传播研究更多关注技术背后人的社会关系。大众传媒通过大规模的机器信息生产进行高效率的传播，扩大了人际传播的范围和边界，但也弱化了人际传播中人与人之间的关系。新的传播方式与此相反，网络的传播是依靠人际关系网络进行信息的传递，这是一种网络化与社区化的传播，不同于之前点到面的大众传播，是用平行的社会网络进行的传播。传媒既是人的一个关系，也是人的社会关系的一部分。同时传媒也变为用户，包括每个网民、社会团体和工商机构手中的一个工具。此前传媒主要被社会精英、政府机构、商业财团等掌控，并被作为一种社会治理的工具。然而，今天新的网络媒介范式中，传媒虽然仍是工具，但中心已经开始向公众转移，每个互联网用户都可以作为信息传播节点，进行社会动员、大众传播和社会参与，这种参与、动员与传播对政府、公众事务的影响，以及对公众舆论形成的影响（如议程设置的话语权）等，都将是新研究范式需要重点关注的内容。在人际关系上，此前大众传播主要是陌生人的传播，彼此互不相识，新的范式则更加关注熟人之间、熟人加陌生人的传播，即"强连接"（strong ties）和"弱连接"（weak ties）。研究发现强连接中最强的关系就是基于情感联系的亲朋好友关系，如面对巨大压力、身处逆境的时刻，人们会从这些社会距离最亲近的人中获得物资帮助和情感支持；相比之下，人们的社会关系中的弱连接，在网络当中也会获得巨大的赋能力量，这种支持不同于情感，更多的是信息的支持（主要是信息的分享）。社会网络的强连接和弱连接、社会

公共社区与公共领域等，这些都将成为网络传播研究新范式当中的重要内容。

表 5-10　　　　　　　　　　两种网络传播范式对比

传统范式：点到面线性 5W 传播	新范式：网络化社区传播
传媒＝内容制作＋社会治理	传媒＝人的关系
把关人理论 议程设置理论 框架理论	熟人＋陌生人 社会网络：强连接与弱连接 社区公共领域
传媒＝效果	传媒＝平台
议程设置理论 涵化效果	动员/参与 社会动员/文化交流 共享

大众传播时代强调的是效率，即如何把由专业守门人制作的信息高效率、低成本地传达给亿万社会大众。相比之下，网络传播时代的传播模式是一种倡议式、自连接的共享网络，网络中每一个个体都是一个重要的节点，由此实现信息的传递和分享。在这个共同的社会网络中，一个节点与更多的节点相连，形成了传播的脉络，因此，连接即传播。同时，网民连接起来的网络也形成公共空间，在这个空间中因连接起来的（networked）个体网民的参与而变得有社会意义，因参与信息网络，网民之间形成互动，因而出现传播的效果（如信息分享、情感支持、共同行动等等）。从学理研究可总结分析出点到面的线性传播是大众传播的模式，而在新的网络模式里，线上线下的社会网络、传播渠道、互动过程是重要内容。例如，公众用微信建立互相连接的社区、群组、圈子，进行日常信息分享，沟通感情，这些都是在一个特定的现实社会网络中发生的（比如，只有小区的居民可以加入某个微信圈子，非居民就不得而入）。

综上所述，新范式中包括不同类型的传播，即大众化传播和网络化的社区传播。前者利用网络技术推动传统媒体与时俱进发展。后者属于面对面网络传播的一种模式，它有别于前者垂直的（vertical）、分等级和点到面的传播特点。目前重点研究的网络传播是横向的（horizontal）、平等的和参与式的社区传播模式（平台转化）。

（二）海外网络研究的创新与启示

通过对互联网技术发展的轨迹、海外网络研究发展的回顾，本文对其研究属性与范式进行了系统化的梳理，目的是为了站在互联网新语境的节点上，为中国新闻传播学在 21 世纪的发展提供创新性的思考和启示。

对互联网这种新技术的研究，中国与海外的学者几乎是同步展开的。然而，两者研究的视角有所差异。笔者曾经对国内外新媒体研究论文做过系统对比分析[17]，结果显示：在选题上，国内的研究与海外同步，占80%的论文关注新媒体带来的一般问题和应用（例如手机用户的快速增长，手机是否已成为第四媒体）；但在研究执行和方法上，国内的研究倾向于描述，理论体系较薄弱。尤其是在技术决定社会还是社会影响技术这个核心问题上，亚洲学者（包括中国的学者）更倾向于认为传播科技是推动亚洲地区社会进步的力量，很多社会问题通过互联网技术（如疾病的防治、疾病信息的扩散）可以得到解决。网络的正面应用被直观地得以观察、验证。而西方传播学者的看法似乎更倾向于认为技术对社会的正面进步的力量，往往受到当时社会政治经济和文化因素的制约。因此，互联网技术并不能无限制地做它能够做到的事情。他们进而认为，社会制度和社会形态，甚至一个社会的文化习惯，会扮演一种过滤器，把信息技术的某些部分过滤掉，即社会决定技术。

此外，对以互联网技术为核心的网络传播研究，海外与国内学者也有一些差别。国内的研究倾向于描述性的、对现象的研究，特别是对新出现的信息技术有及时的关注；而海外的研究倾向于以探索理论模式、建立因果关系模型为导向的研究。

基于上述背景和差异，如何更好地建立并发展具有中国特色，在理论性、系统性和新语境下具有解释力的中国新闻传播学理论，成为学界共同关注的问题。基于本文的回顾与梳理，笔者提出以下三点理论创新的启示：

第一，持续聚焦具有理论高度的核心研究问题，形成中国特色传播学研究体系。基于中国新时代和互联网新语境下的发展阶段，发扬传承创新的精神，关注学科前沿的科学问题，做宏观、全面性的课题，避免太实用、分散的问题消耗内部已有的传播力量和学术积累。简言之，要关注技术、语境和社会关系等维度。

第二，加强历史性研究，挖掘网络传播规律。虽然网络技术发展日新月异，但人类的传播活动具有一定的稳定性和延续性，因此，要重视基础的理论研究，挖掘其中的规律和理论模式，从而提升网络传播研究理论的解释力、预测力。要达到这一目标，学者需要避免用以概念去解释概念的方法做理论创新，更有效的路径是探索新方法并进行创新性试验。采用非传统的研究方法、多元化的思考方式都是发展创新理论的重要突破点，毕竟理论的突破需要研究方法的创新和想象力。

第三，深入开展大型比较性研究，特别是共同课题（如网络隐私问题、网络信息安全等），通过与欧洲、北美等区域的学者合作，展开中西方的比较分析，找出异同，实现创新。在网络媒体兴起的背景下，应探讨互联网技术的兴起对转型期中国的影响，以及如何借助新媒体推动中国向"知识型经济"转型。

（原载于《新闻大学》2018年第3期）

引用文献 [References]

[1] http：//www.internetworldstats.com/stats.htm.

[2] 第41次中国互联网络发展状况统计报告 [EB/OL]. [2018-03-05]. http：//www.cnnic.net.cn.

[3] 宋建申. 移动互联时代思政教育与舆论引导模式创新 [J]. 中国广播电视学刊，2017（1）：59-61.

[4] WILLIAM D, GRANT B. The emergence of next-generation internet users [J]. International Economics and Economic Policy, 2014 (1): 29-47.

[5] SHRUM W. Internet indiscipline: two approaches to making a field [J]. The Information Society, 2005 (4): 273-275.

[6] LICKLIDER J C R, TAYLOR R W. The computer as a communication device [J]. Science and Technology, 1968 (4): 21-31.

[7] 祝建华. 计算传播学与传播研究范式转移 [EB/OL]. http：//mp.weixin.qq.com/s/HfrGdrtJEx8cjmSlForhUw, 2017.

[8] 张放. 论"computer-mediated communication"的中译定名问题 [J]. 新闻与传播研究，2016（9）：104-112.

[9] WALTHER J B. Interpersonal effects in computer-mediated interaction: a relational perspective [J]. Communication Research, 1992 (1): 52-90.

[10] JONES S G. Cybersociety: computer-mediated communication and community [M]. Thousand Oaks, CA: Sage, 1995.

[11] DUTTON WILLIAM H. The Oxford handbook of internet studies [M]. Oxford: Oxford University Press, 2013.

[12] WELLMAN B. The three ages of internet studies: ten, five and zero years ago [J]. New Media & Society, 2004 (1): 123-129.

[13] RICE R E, FULLER R. Theoretical perspectives in the study of communication and the internet [M]. Oxford: Oxford University Press, 2013.

[14] SHRUM W. Internet indiscipline: two approaches to making a field [J]. The Information Society, 2005 (4): 273-275.

[15] 魏然. 新媒体研究的困境与未来发展方向 [J]. 传播与社会学刊, 2015 (31): 221-240.

[16] NEWHAGEN J, RAFAELI S. Why communication researchers should study the internet: a dialogue [J]. Journal of Communication, 1996 (1): 4-13.

[17] WEI R. The state of new media technology research in China: a review and critique [J]. Asian Journal of communication, 2009 (1): 15-126.

图书在版编目（CIP）数据

解析中国新闻传播学.2019/刘海龙主编.--北京：中国人民大学出版社，2019.11
ISBN 978-7-300-27535-2

Ⅰ.①解… Ⅱ.①刘… Ⅲ.①新闻学－传播学－研究－中国 Ⅳ.①G219.2

中国版本图书馆CIP数据核字（2019）第221159号

解析中国新闻传播学 2019
主编 刘海龙
Jiexi Zhongguo Xinwen Chuanboxue 2019

出版发行	中国人民大学出版社	
社　址	北京中关村大街31号	邮政编码　100080
电　话	010－62511242（总编室）	010－62511770（质管部）
	010－82501766（邮购部）	010－62514148（门市部）
	010－62515195（发行公司）	010－62515275（盗版举报）
网　址	http://www.crup.com.cn	
经　销	新华书店	
印　刷	天津中印联印务有限公司	
规　格	170 mm×240 mm　16开本	版　次　2019年11月第1版
印　张	24 插页2	印　次　2019年11月第1次印刷
字　数	391 000	定　价　79.80元

版权所有　　侵权必究　　印装差错　　负责调换